上古婦女傳記辭典

總編纂 蕭虹
副總主編 陳玉冰

主編
Elizabeth Childs-Johnson
Constance A. Cook
黃嫣梨
蕭虹

本辭典以中英文分別出版。英文版名為 *Biographical Dictionary of Chinese Women*，由蕭虹（Lily Xiao Hong Lee）、A.D. Stefanowska 擔任主編，Sue Wiles 擔任副主編。其中上古卷 *Antiquity Through Sui, 1600 B.C.E.-618 C.E.* 於 2007 年由紐約 M.E. Sharpe Inc. 出版。

 蘭臺出版社

目錄

一、英文版前言　VI

二、中文版編者的話　IX

三、鳴謝　X

四、撰傳者名錄　XI

五、譯者名錄　XIII

六、歷朝主要統治者年表　XIV

七、按背景或所屬領域劃分的人名索引　XXII

八、傳主名錄　XXXI

九、傳記　1

十、附錄

   1. 人名筆畫索引　329

   2. 非傳主名稱　334

   3. 編者簡歷　335

英文版前言

　　早於二十世紀八十年代中期，澳洲悉尼大學亞洲研究學院的一些同仁已有意編製一套《中國婦女傳記辭典》，分卷發行。首卷面世的是 1998 年出版的《中國婦女傳記辭典：清代卷，1644-1911》，接著就是 2003 年的《中國婦女傳記辭典：二十世紀卷，1912-2000》，而第三卷就是本卷《中國婦女傳記辭典：上古至隋卷，公元前 1600- 公元 618 年》。經過查考後，我們發現，過往多年，以英文編撰的權威中國人物傳記辭典很多，且涵蓋多個朝代，如《秦朝、西漢及新朝人物傳記辭典》（*A Biographical Dictionary of Qin, Former Han and Xin Periods, 221B.C.-A.D.24,* Michael Loewe, 2000）；《宋代名人傳》（*Sung Biographies*, Herbert Franke〔福赫伯〕編，1976）；《明代名人傳》（*Dictionary of Ming Biography (1368-1644)*，L. Carrington Goodrich〔富路特〕及房兆楹〔Chaoying Fang〕編，1976）；《清代名人傳略》（*Eminent Chinese of the Ch'ing Period (1644-1912)*，Arthur W. Hummel〔恆慕義〕編，1943），《中華民國人物傳記辭典》（*Biographical Dictionary of Republican China*, Howard L. Boorman〔包華德〕及 Richard C. Howard 編，1967）及《中國共產主義人物辭典》（*Biographic Dictionary of Chinese Communism, 1921-1965*，Donald W. Klein〔克萊恩〕及 Anne B. Clark〔克拉克〕編，1971）等，但對婦女的生平，大都不予關注。只有最近出版的譯作《陳壽三國志（裴松之注）后妃傳記選譯》(*Empresses and Consorts: Selections from Chen Shou's Records of the Three States with Pei Songzhi's Commentary*, Robert J. Cutter and William G. Crowell 譯，1999) 是婦女專著，可是涵蓋的年代和範圍都很有限。為此，《中國婦女傳記辭典》希望能盡收古往今來中國婦女的事蹟，為她們立專傳。以資料而言，較之近三十年來出版的綜合辭書，應更見詳備。

　　一如首兩卷，本卷內的傳記不屬原創研究，而是對現有知識及資料的歸納。即使目標不算高遠，有時也難達到，因為準確可靠的材料很少，尤以早期的中國歷史為然。秦和東西漢的傳記大多由中國大陸學者撰寫，至於秦以前最早為人所知的婦女和兩漢以後的婦女，她們的傳記，則大多由西方學者撰寫。

傳記內所引用的譯文，一般屬該傳記作者的譯作。然而，很多中國古籍已有名家的英譯本，我們會盡量引用他們的英譯，引用後，會在有關傳記本文後的書目內列明他們的名字和著作。唯一例外的是 Burton Watson。因為他將所選譯的班固《漢書》結集成書出版，書名為《中國古代的臣民》（*Courtier and Commoner in Ancient China*）。我們按照一貫做法，在書目中將他的書改列班固名下。

本卷力求追溯至最遠古的年代。我們稱這個時期為「上古」，只因找不到更清晰明確的用詞。這個時期始於遙遠的中國傳說年代，大概由史前到記錄占卜事宜的甲骨文出現的年代，該是公元前十三世紀前後。雖然不能肯定這個傳說或半傳說年代的一些婦女是否真有其人，由於她們極具文化意義，本卷決定為她們立傳。

中國最早的文字記載，見於殷商時期（公元前十六世紀 - 公元前 1066 年）的甲骨。最早有歷史記載的一個婦女——婦子，已確定是這個時期的歷史人物。我們為她立傳，一者她是最早留下當時的文字記載和考古物料的女子，這些都能證明她真有其人，二者她留下的記錄和用品提供了豐富詳實的資料。

周朝（公元前 1066-256 年）國祚近八百年，但它的大部分疆土一直由或多或少的大小諸侯國分割而治，他們各自爭雄稱霸，周天子很多時候只是名義上的領袖。這段時期雖長，也有史書，可是當中少有提及婦女。若非歷史學家劉向（公元前 77-6 年）撰寫了用來教育時下婦女的《列女傳》，這個時期婦女的資料，恐怕更難找到。這部書收集了周朝約一百二十個婦女的生平，為我們提供了寶貴資料。可是，這部書的文字說教意味甚濃，確實貶損了它的價值。現代學者還質疑它提供的歷史材料是否全然確實無誤，因為他們認為書中的傳記可能有誇張，甚至杜撰的成分。可是，《列女傳》畢竟是唯一提供大量周朝婦女資料的著作，我們採納了它大部分傳記，凡有疑似不符歷史事實之處，均予刪裁。這樣做，起碼能將周朝婦女的故事，點點滴滴的說出來。當然，我們也會參考其他史書如《左傳》、《史記》等，但它們記載婦女生平的文字不多。

周朝之後便是漢朝（公元前 206 年 - 公元 220 年）。自漢朝起，便由史官編寫正史，自此每個朝代均有其正史，通常由下一個朝代的史官編撰。即使這樣，亦不一定能在這些正史內找到婦女的資料。誠然，正史收入后妃的生平，但對社會低下階層的婦女，卻少有提及。那怕是貴族婦女，包括公主在內，除非屬於那特殊階層，也只能在一些特殊情況下才會在史書爭得一席位。故此，

透過史書看到的帝制時期婦女的面貌，並不全面。可是，正史以外的材料不是幾近闕如，就是公認的不可靠。這成了我們的難題：若不採納史書內片面的觀點，便沒有觀點可依。我們只能選用史書的材料，清楚明白會有以偏概全之虞。但有一點還是值得慶幸的，很多皇室女子出身貧寒，正史裡述說她們的生平時，會涉及她們入宮前片片斷斷的生活，讓人略知當代民間婦女的生活狀況。

傳統上，正史被視為最可靠的資料來源。除此以外，也可從其他書籍找到婦女的資料，如文學與哲學作品，未經官方批准而編寫的秘史，以及地理書。從正統的角度看，這些著作並不可靠。回看正史，它經常為統治階層掩飾過失與罪行，又誇說他們出身高貴、聰慧過人、心懷天下。從這角度看，正史和非正統的著作，並無分別。再者，有時只能在這些非正統的來源找到所需資料，自然不能不用。一旦用了，我們定必提示讀者。

將傳奇及半傳奇婦女納入本卷，是個艱難的決定。即便她們作為歷史人物的身份成疑，她們在文化方面的重要意義，足以彌補這個缺憾。我們認為，這群婦女在中國婦女傳統、在整個中國文化與傳統中都是重要的一環，加上她們富含象徵意義，為她們立傳，理所當然，實不應過多計較她們是否真有其人。我們也理解，不是所有學者都認同這個想法。研究婦女的人，甚至只是想多點了解她們的人，也會認為本卷既是提供婦女材料的參考書籍，就應收入她們這些在文化上極具代表性的人物。

本卷橫跨二千多年。卷內傳主並非按姓氏的英文字母一同排序。為了讓讀者更全面的掌握各個時期婦女的生活地點和活動，我們將全卷分成三個時期：上古到戰國，秦到漢，三國魏晉到南北朝。這樣的劃分，旨在說明中國歷史上有過這段四分五裂的時期，進而探視在這段時期生活的婦女所受到的影響。不論是社會、經濟、宗教，還是政治，早期帝制時期的秦和東西漢與之前的周朝和戰國、與隨後政局分崩離析的四個世紀，都有顯著分別。史家一般將隋唐雙提並論，但本卷收入隋朝，因為隋在很多方面更像之前的北朝。兩朝皇室的關係根本密不可分（參見楊麗華，北周宣帝皇后傳）。

我們相信，要評估婦女在這段時期所受到的多方影響，以及她們對社會的多方影響，循本卷的體制開步，不失為上佳之策。

蕭虹
A.D. Stefanowska
Sue Wiles

中文版編者的話

　　本卷的文體和版式，與「英文版前言」所提及的中國著名人物傳記辭典和已出版的二十世紀卷大致相同。

　　一如二十世紀卷，所有傳主均按姓氏的漢語拼音排序，以傳統的先姓後名方式列出。若傳主姓名不詳，則按傳記標題首字的漢語拼音排序。

　　本卷的「按背景或所屬領域劃分的人名索引」為讀者提供查閱傳主的另一途徑。該索引根據婦女最著名的研究範疇、專業、技能分類；所以，部分婦女會同時出現於不同類別。為照顧並非專家的讀者，本卷還附有「歷朝主要統治者年表」。另附「人名筆畫索引」及「非傳主名錄」，以便查閱。

　　傳記後附的書目，僅供參考探討之用，實非詳盡無遺。此等書目分中文、外文、網址三類依次列出，個別書目則以出版年份先後排序。其他附件如撰傳者名錄及譯者名錄，均依據姓氏的漢語拼音及英文字母為撰傳者、譯者排序。

　　由於英文版成書於 2007 年，距今已十餘載，故全部傳記內容、書目，以至撰傳者名錄、譯者名錄與編者簡歷，均已按查找得到的最新資料作出補充和更新。資料除編者個人所知、向知情人士查問得來、從書刊尋獲者外，主要來自網上，雖然所選取的網站均屬翔實可信，引用前也經多方印證，若仍有失實，歡迎讀者雅正。

蕭虹
陳玉冰

鳴謝

多年來，本辭典編纂計劃承蒙悉尼大學給予經濟支持，辭典總主編謹此致謝，同時亦感謝語言文化學院在本卷南北朝傳記的編寫上，提供了研究資金與材料。

編纂期間，幸獲多位撰傳者不吝時間，發揮所長，研究編寫傳記，謹致衷心謝意。各譯者不辭辛苦，將英文寫成的傳記翻譯成中文，亦功不可沒。

本卷各朝代傳記分由個別專家負責組織編撰與翻譯，此任務耗時費力，他們一直無私付出，實在感激萬分。

悉尼大學東亞圖書館的李倩和田盛果女士，不厭其煩地為我們提供專業協助，早遠超她們的職責範圍，對此一併致謝。

撰傳者名錄

（撰傳者所屬院校機構按本名列出，由於英文版成書於 2007 年，有關資料或許已經改變，雖已按查找得到的最新情況更新，恐尚有遺漏，希為諒察。）

- Au Yeung Ka Yi，香港中文大學歷史系
- 鮑家麟，Department of East Asian Studies, University of Arizona, USA
- 鮑善本，中國江蘇南京
- Chan, Hui Ying Sarah，香港中文大學歷史系
- 陳玉冰，Department of Chinese Studies, University of Sydney, Australia
- Childs-Johnson, Elizabeth, Old Dominion University, Departments of Art History and Asian Studies, Diehn Fine and Performing Arts Center, USA
- Cook, Constance A., Department of Modern Languages and Literature, Lehigh University, USA
- De Crespigny, Rafe, Faulty of Arts, Australian National University, Canberra, Australia
- Edwards, Louise, Institute for International Studies, University of Technology Sydney, Australia
- Farmer, J. Michael, Department of History, Brigham Young University, USA
- 何天成，中國成都四川大學
- Hendrischke, Barbara, Sydney, Australia
- 黃嫣梨，香港浸會大學歷史系
- 黃兆顯，香港樹仁學院中國語言文學系
- Jay, Jennifer W., Department of History and Classics, University of Alberta, Canada
- Kucera, Karil, Departments of Asian Studies and Art and Art History, St.Olaf College, USA
- Lau Lai Ming，香港中文大學歷史系
- 黎明釗，香港中文大學歷史系
- 李又寧，Institute of Asian Studies, St. John's University, New York, USA

- 龍茵，Wollongong, Australia
- 母美春，中國南京師範大學文學院
- 區志堅，香港理工大學香港專上學院
- 秦家德，香港中文大學歷史系
- 沈劍，中國江蘇南京東南大學中文系
- 沈立東，中國南京農業大學教育資訊中心
- 蘇者聰，中國武漢大學中國語言文學系
- 孫國棟（已歿），香港中文大學新亞書院
- 孫康宜，Department of East Asian Languages and Literature, Yale University, USA
- Tai Po Ying，香港中文大學歷史系
- Tsai, Kathryn A., San Jose, USA
- 王步高，中國江蘇南京東南大學
- 王麗華，中國江蘇文藝出版社
- 王樹槐，台灣中央研究院近代史研究所
- 王曉雯，中國江蘇連雲港經濟幹校主任辦公室
- Wiles, Sue, Department of Chinese Studies, University of Sydney, Australia
- 吳國樑，香港中文大學歷史系
- 吳錦，中國江蘇南京師範大學
- 吳調公（已歿），中國南京師範大學文學院
- 西村富美子，Faculty of Humanities and Social Sciences, Mie University, Japan
- 夏春豪，中國淮海工學院中國語言文學系
- 蕭虹，Department of Chinese Studies, University of Sydney, Australia
- 嚴志雄，台灣南港中央研究院中國文哲研究所
- 楊海明，中國蘇州大學文學院
- 姚維斗，中國北京中國婦女出版社
- 葉嘉瑩，Department of Asian Studies, University of British Columbia, Canada
- 臧健，中國北京大學中國古代史研究中心
- 張琦，中國成都四川大學
- 鄭必俊，中國北京大學歷史系 / 婦女研究中心
- 祝曉風，中國北京

譯者名錄

中文版譯者二人，茲列如下：

◈ 龍仁（已歿），中國廣東自由譯作家
◈ 蕭虹，Department of Chinese Studies, University of Sydney, Australia

歷朝主要統治者年表

（注：此表並未羅列各朝所有統治者。重要朝代均列出統治者，但不包括影響不大者，有名無實者及在位時間不長者。其他朝代則只列出朝代名稱及年份。）

上古至周	
夏 (約公元前 2000-1500 年)	
殷商 (公元前 1700-1027 年)	
西周 (公元前 1027-771 年)	魯 (公元前 1108-250 年)
東周 (公元前 770-221 年)	齊 (？- 公元前 264 年)
春秋 (公元前 770-476 年)	晉 (約公元前 1000-376 年)
戰國 (公元前 475-221 年)	秦 (？- 公元前 209 年)
	楚 (約公元前 1000-223 年)
	宋 (約公元前 1000-286 年)
	衛 (？- 公元前 209 年)
	陳 (？- 公元前 479 年)
	蔡 (約公元前 1000-447 年)
	曹 (約公元前 1000-488 年)
	燕 (？- 公元前 221 年)

	鄭（公元前 806-374 年）
	杞（？- 公元前 444 年）
	吳（公元前 585-473 年）
	趙（公元前 424-221 年）
	韓（公元前 424-229 年）
	魏（公元前 424-224 年）

秦漢	本名	生卒年份	諡號 / 別名	在位年份
秦（公元前 221-206 年）	嬴政	259-210	始皇帝	221-210
	嬴胡亥	230-207	二世	209-207
西漢（公元前 206- 公元 8 年）	劉邦	256-195	高祖	206-195
	劉盈	210-188	惠帝	194-188
	劉恭	？-184	前少帝	188-184
	劉弘	？-180	後少帝	184-180
	呂雉	241-180	呂后	187-180
	劉恆	202-157	文帝	179-157
	劉啟	188-141	景帝	156-141
	劉徹	156-87	武帝	140-87
	劉弗陵	94-97	昭帝	86-74

	劉詢 / 劉病已	91-48	宣帝	73-48
	劉奭	76-33	元帝	48-33
	劉驁	51-7	成帝	32-7
	劉欣	25-1	哀帝	6-1
	劉衎（劉箕子）	公元前 8 年 - 公元 6 年	平帝	公元 1-6 年
	劉嬰	4-25	孺子	6-9
新 (公元 9-23 年)	王莽	公元前 45 年 - 公元 23 年	新	9-23
東漢 (25-220)	劉秀	公元前 6 年 - 公元 57 年	光武帝	25-57
	劉莊 (劉陽)	27-75	明帝	58-75
	劉炟	57-88	章帝	76-88
	劉肇	78-106	和帝	89-106
	劉隆	105-106	殤帝	106
	劉祜	93-125	安帝	107-125
	劉懿	約 120-125	少帝	125
	劉保	115-144	順帝	126-144
	劉志	132-168	桓帝	147-168
	劉宏	156-189	靈帝	168-189
	劉協	181-234	獻帝	189-220

歷朝主要統治者年表

三國至隋	本名	生卒年份	諡號/別名	在位年份
三國				
魏 (220-265)	曹操	155-220	魏王	
	曹丕	187-226	文帝	220-226
	曹叡	205-239	明帝	226-239
	曹芳(養子)	231-274	齊王	239-254
	曹髦	241-260	高貴鄉公	254-260
	曹奐	245-302	陳留王(元帝)	260-265
蜀 (221-263)	劉備	161-223	昭烈帝	221-223
	劉禪	207-271	後主	223-263
吳 (222-280)	孫權	182-252	大帝	222-252
	孫亮	243-260	會稽王	252-258
	孫休	236-264	景帝	258-264
	孫皓	?242-284	烏程侯	264-280
西晉 (266-316)	司馬昭	211-265	文帝(追封)	
	司馬炎	236-290	武帝	265-290
	司馬衷	259-306	惠帝	290-306
	司馬熾	284-313	懷帝	307-312
	司馬鄴	270-317	愍帝	313-316
東晉 (317-420)	司馬睿	276-322	元帝	317-322

	司馬紹	299-325	明帝	322-325
	司馬衍	321-342	成帝	325-342
	司馬岳	321-344	康帝	342-344
	司馬聃	343-361	穆帝	344-361
	司馬丕	340-365	哀帝	361-365
	司馬奕	342-386	海西公(廢帝)	365-371
	司馬昱	320-372	簡文帝	371-372
	司馬曜，字昌明	362-396	孝武帝	372-396
	司馬德宗	382-419	安帝	396-419
	司馬德文	385-421	恭帝	419-420
十六國	**本名**	**生卒年份**	**謚號 / 別名**	**在位年份**
成漢(303-347)				
前趙(304-329)				
前涼(314-376)				
後趙(328-350)				
代(338-376)				
前秦(351-394)				
前燕(352-370)				
後秦(394-417)				

後燕(384-409)				
西燕(384-394)				
西秦(385-431)				
後涼(386-403)				
南涼(397-414)				
北涼(397-460)				
南燕(400-410)				
西涼(400-421)				
夏(407-431)				
北燕(409-436)				
南北朝	**本名**	**生卒年份**	**諡號／別名**	**在位年份**
劉宋(420-479)	劉裕	363-422	武帝	420-422
	劉義符	406-424	少帝	422-424
	劉義隆	407-453	文帝	424-453
	劉駿	430-464	孝武	454-464
	劉子業	449-?466	前廢帝	464-465
	劉彧	439-472	明帝	465-472
	劉昱	463-476	後廢帝	472-477
	劉準	469-479	順帝	477-479
南齊(479-502)	蕭道成	427-482	高帝(太祖)	479-482

		蕭賾	440-493	武帝	483-493
梁(502-557)		蕭衍	464-549	武帝	502-549
陳(557-589)		陳霸先	503-559	武帝	557-559
		陳叔寶	553-604	後主	582-589
北魏(386-534)		拓跋珪	371-409	道武帝	386-409
		拓跋嗣	393-423	明元帝	409-423
		拓跋燾	408-453	太武帝	423-451
		拓跋濬	440-465	文成帝	452-465
		拓跋弘	454-476	獻文帝	465-471
		拓跋宏(元宏)	467-499	孝文帝	471-499
		元恪	483-515	宣武帝	499-515
		元詡	510-528	孝明帝	515-528
		元子攸	?506-530	孝莊帝	528-530
東魏(534-550)		元善見	?523-551	孝靜帝	534-550
北齊(550-577)		高歡	496-547	神武帝(追封)	
		高洋	529-559	文宣帝	550-559
		高殷	544/545-560	廢帝	559-560
		高演	?534-561	孝昭帝	560-561
		高湛	537-569	武成帝	561-565
		高緯	556-578	後主	565-577

西魏(535-556)	元寶炬	?506-551	文帝	535-551
北周(557-581)	宇文邕	543-578	武帝	561-578
	宇文贇	558-580	宣帝	578-579
	宇文闡	573-581	靜帝	579-581
隋 (581-618)	楊堅	541-604	文帝	581-604
	楊廣	569-618	煬帝	605-617

上古婦女傳記辭典

按背景或所屬領域劃分的人名索引

▪ 辯才

阿谷處女
安令首
陳思謙
楚野辯女
江乙母
普弓工妻
婧，管仲妾
婧，傷槐衍女
娟，趙津吏女
叔姬
宿瘤女
王霸妻
魏曲沃婦
徐吾
虞姬，齊威王夫人
趙佛肸母
鍾離春，齊宣王夫人
莊姪，楚頃襄王夫人

▪ 朝廷大使 / 聯姻結盟

馮嫽
劉解憂
劉細君
王昭君
嬴氏，晉懷公夫人
宇文氏，北周千金公主

▪ 傳奇人物

貂蟬
娥皇
簡狄
劉蘭芝
孟姜女
女媧
女英
大姜（姜源）
大任
大姒，周文王妻
塗山女
西王母

▪ 道德典範

愛國

魯孝義保
魯義姑姊
衛姬，齊桓公夫人
魏節乳母

西施

許穆公夫人

嬴氏，晉懷公夫人

虞姬，齊威王夫人

周主忠妾

道德勇氣

伯嬴，楚平王夫人

淳于緹縈

高行，梁國寡婦

劉英媛

魯孝義保

嬴氏，晉懷公夫人

友娣

反面人物

哀姜，魯莊公夫人

褒姒，周幽王妻

馮皇后，北魏文成帝

馮皇后，北魏孝文帝

郭槐

郭氏，西晉

賈南風，晉惠帝皇后

孔伯姬

驪姬，晉獻公夫人

妹喜

穆姜，魯宣公夫人

南子，衛靈公夫人

孫壽

文姜，魯桓公夫人

宣姜，衛宣公夫人

朱買臣妻

矯正他人不當行為

伯嬴，楚平王夫人

樊姬，楚莊王夫人

蓋將妻

姜后，周宣王

接輿妻

敬姜

老萊子妻

魯公乘姊

穆姬，秦穆公夫人

齊姜，晉文公夫人

秋胡妻

陶荅子妻

田稷母

衛姬，齊桓公夫人

魏曲沃婦

晏子僕御妻

於陵妻

臧孫母

趙括將軍母

周南大夫妻

仁愛

劉元

漂母

大姒，周文王妻

仲子，齊靈公夫人

睿智

曹僖氏妻

上古婦女傳記辭典

鄧曼，楚武公夫人
娥皇
姜后，周宣王
接輿妻
婧，管仲妾
敬姜
老萊子妻
柳下惠妻
魯公乘姊
呂嫂
孟軻母
穆姬，秦穆公夫人
穆姜，魯宣公夫人
女英
齊女傅母
黔婁妻
漆室女
司馬氏，楊敞妻
叔姬
孫叔敖母
陶荅子妻
王霸妻
王章妻
魏芒慈母
魏曲沃婦
許穆公夫人
嚴憲
嚴延年母
晏子僕御妻

於陵妻
臧孫母
湛氏，陶侃母
張氏，苻堅妾
趙括將軍母
鄭瞀，楚成王夫人
仲子，齊靈公夫人
莊姪，楚頃襄王夫人

順從

伯姬，宋恭公夫人
黎莊公夫人
孟姬，齊孝公夫人
衛宗二順
貞姜，楚昭王夫人

孝行

陳寡孝婦
淳于緹縈
婧，傷槐衍女
京師節女
秋胡妻
趙娥
周青，東海孝婦

正直

阿谷處女
伯姬，宋恭公夫人
陳寡孝婦
蓋將妻
高行，梁國寡婦
桓氏，劉長卿妻

皇甫規妻
劉元
柳下惠妻
魯義姑姊
魯之母師
馬皇后，漢明帝
孟光
孟姬，齊孝公夫人
孟姜女
女宗，鮑蘇妻
齊義繼母
黔婁妻
秋胡妻
如姬
召南申女
宿瘤女
田稷母
衛寡夫人
衛宗二順
越姬，楚昭王夫人
樂羊子妻
趙夫人，代王
貞姜，楚昭王夫人
鄭瞀，楚成王夫人
周主忠妾
珠崖二義

忠心

伯姬，宋恭公夫人
伯嬴，楚平王夫人

蔡人妻
定姜，衛定公夫人
娥皇
高行，梁國寡婦
晉弓工妻
婧，傷槐衍女
黎莊公夫人
劉元
魯孝義保
魯義姑姊
孟姜女
女英
齊義繼母
秋胡妻
陶嬰
衛寡夫人
魏節乳母
虞姬，西楚霸王妃
越姬，楚昭王夫人
趙夫人，代王
周南大夫妻
周主忠妾

公主

劉解憂
劉嫖，長公主
劉細君
劉英媛

劉元
宇文氏，北周千金公主

▋ 后妃

班婕妤，漢成帝
褒姒，周幽王妻
卞夫人，魏王曹操
薄皇后，漢景帝
薄姬，漢高祖
伯嬴，楚平王夫人
步夫人，孫權
曹節，漢獻帝皇后
陳嬌，漢武帝皇后
鄧曼，楚武公夫人
鄧猛女，漢桓帝皇后
鄧綏，漢和帝皇后
丁夫人，魏王曹操
竇皇后，漢章帝
竇妙，漢桓帝皇后
竇猗房，漢文帝皇后
獨孤皇后，隋文帝
娥皇
樊姬，楚莊王夫人
馮皇后，北魏文成帝
馮皇后，北魏孝文帝
馮昭儀，漢元帝
伏壽，漢獻帝皇后
傅昭儀，漢元帝

婦子
甘夫人，蜀先主
郭皇后，魏明帝
郭皇后，魏文帝
郭聖通，漢光武帝皇后
胡氏，北魏宣武帝妃
華容夫人，漢燕刺王
霍成君，漢宣帝皇后
賈南風，晉惠帝皇后
簡狄
姜后，周宣王
李夫人，漢武帝
梁妠，漢順帝皇后
梁女瑩，漢桓帝皇后
婁昭君，北齊神武帝皇后
呂雉，漢高祖皇后
馬皇后，漢明帝
毛皇后，魏明帝
女媧
女英
潘夫人，孫權
戚夫人，漢高祖
上官皇后，漢昭帝
慎夫人，漢文帝
宿瘤女
大姜（姜源）
大姒，周文王妻
唐姬，漢弘農王
唐山夫人，漢高祖

按背景或所屬領域劃分的人名索引

塗山女
王皇后，漢平帝
王皇后，漢宣帝
王皇后，新莽
王翁須
王貞風，劉宋明帝皇后
王政君，漢元帝皇后
王娡，漢景帝皇后
衛子夫，漢武帝皇后
吳夫人，蜀先主
吳夫人，孫破虜將軍
蕭皇后，隋煬帝
許皇后，漢成帝
許平君，漢宣帝皇后
楊麗華，北周宣帝皇后
楊艷，晉武帝皇后
楊芷，晉武帝皇后
陰麗華，漢光武帝皇后
虞姬，齊威王夫人
虞姬，西楚霸王妃
袁齊嬀，劉宋文帝皇后
越姬，楚昭王夫人
張嫣，漢惠帝皇后
趙飛燕，漢成帝皇后
趙夫人，代王
趙氏（鉤弋夫人），漢武帝妾
趙合德，漢成帝妾
甄皇后，魏文帝
貞姜，楚昭王夫人

鄭瞀，楚成王夫人
鍾離春，齊宣王夫人
莊姪，楚頃襄王夫人

教育

敬姜
魯之母師
孟軻母
齊女傅母
宋氏，宣文君
大姜（姜源）
大任
大姒，周文王妻
塗山女

浪漫人物

娥皇
綠珠
木蘭
女英
西施
虞姬，西楚霸王妃
卓文君

母親與繼母

陳嬰母
簡狄

敬姜
驪姬，晉獻公夫人
李絡秀
李穆姜
魯孝義保
魯義姑姊
魯之母師
呂母
孟軻母
女媧
齊義繼母
孫叔敖母
大姜（姜源）
大任
大姒，周文王妻
田稷母
塗山女
王陵母
魏芒慈母
文季姜
吳夫人，孫破虜將軍
厓明
嚴延年母
臧孫母
湛氏，陶侃母
張魯母
張湯母
趙佛肸母
趙姬

叛軍領袖

呂母
徵側徵貳姊妹

企業家

郭氏，西晉
清，巴蜀寡婦

攝政

鄧綏，漢和帝皇后
竇皇后，漢章帝
馮皇后，北魏孝文帝
胡氏，北魏宣武帝妃
梁妠，漢順帝皇后
婁昭君，北齊神武帝皇后
呂雉，漢高祖皇后
上官皇后，漢昭帝

文學

詩

班婕妤，漢成帝
鮑令暉
蔡琰
定姜，衛定公夫人
胡氏，北魏宣武帝妃
娟，趙津吏女
麗玉

按背景或所屬領域劃分的人名索引

劉令嫻
齊女傅母
召南申女
蘇伯玉妻
蘇蕙
唐山夫人，漢高祖
陶嬰
衛寡夫人
謝道韞
許穆公夫人
徐淑
左芬

文章

班婕妤，漢成帝
班昭
韓蘭英
劉令嫻
柳下惠妻
謝道韞
徐淑
左芬

▪ 舞蹈

綠珠

▪ 武術，軍事戰略

鄧曼，楚武公夫人
婦子

韓氏，東晉
木蘭
冼氏，譙國夫人
荀灌
越女

▪ 學者

班昭
伏羲娥
韓蘭英
宋氏，宣文君
謝道韞

▪ 藝術

秋胡妻
衛鑠

編織

蘇蕙

音樂

韓娥
簡狄
綠珠
塗山女

▪ 醫藥

魏華存
徐登

XXIX

▎政治

卞夫人，魏王曹操
鄧綏，漢和帝皇后
定姜，衛定公夫人
竇猗房，漢文帝皇后
獨孤皇后，隋文帝
樊姬，楚莊王夫人
馮皇后，北魏文成帝
伏壽，漢獻帝皇后
婦子
公孫述妻
郭槐
郭氏，西晉
胡氏，北魏宣武帝妃
賈南風，晉惠帝皇后
梁妠，漢順帝皇后
婁昭君，北齊神武帝皇后
陸令萱
呂雉，漢高祖皇后
穆姜，魯宣公夫人
齊姜，晉文公夫人
漆室女
孫魯班
孫魯育
文姜，魯桓公夫人
西施
冼氏，譙國夫人
宣姜，衛宣公夫人

楊艷，晉武帝皇后
楊芷，晉武帝皇后
嬴氏，晉懷公夫人
虞姬，齊威王夫人
宇文氏，北周千金公主
鍾離春，齊宣王夫人
莊姪，楚頃襄王夫人

▎宗教

安令首
寶賢
道瓊
法淨
慧果
令宗
僧敬
曇備
曇羅
魏華存
徐寶光
張魯母
支妙音
竺道馨
竺淨檢

傳主名錄

01. 阿谷處女 Agu chunü — 1
02. 哀姜，魯莊公夫人 Ai Jiang — 2
03. 安令首 An Lingshou — 2
04. 班婕妤，漢成帝 Ban Jieyu — 4
05. 班昭 Ban Zhao — 7
06. 鮑令暉 Bao Linghui — 9
07. 褒姒，周幽王妻 Bao Si — 11
08. 寶賢 Baoxian — 13
09. 卞夫人，魏王曹操 Bian Furen — 14
10. 薄皇后，漢景帝 Bo Huanghou — 17
11. 薄姬，漢高祖 Bo Ji, Han Gaozu — 17
12. 伯姬，宋恭公夫人 Bo Ji, Song Gonggong Furen — 19
13. 伯嬴，楚平王夫人 Bo Ying — 20
14. 步夫人，孫權 Bu Furen — 21
15. 蔡琰 Cai Yan — 22
16. 蔡人妻 Cairen qi — 25
17. 曹節，漢獻帝皇后 Cao Jie — 25
18. 曹僖氏妻 Cao Xi shi qi — 26
19. 陳寡孝婦 Chen guaxiaofu — 27
20. 陳嬌，漢武帝皇后 Chen Jiao — 28
21. 陳思謙 Chen Siqian — 29
22. 陳嬰母 Chen Ying mu — 29
23. 淳于緹縈 Chunyu Tiying — 30
24. 楚野辯女 Chuye Biannü — 31
25. 道瓊 Daoqiong — 32
26. 鄧曼，楚武公夫人 Deng Man — 32
27. 鄧猛女，漢桓帝皇后 Deng Mengnü — 33
28. 鄧綏，漢和帝皇后 Deng Sui — 36

XXXI

29.	貂蟬 Diao Chan	39
30.	丁夫人，魏王曹操 Ding Furen	40
31.	定姜，衛定公夫人 Ding Jiang	41
32.	竇皇后，漢章帝 Dou Huanghou	42
33.	竇妙，漢桓帝皇后 Dou Miao	43
34.	竇猗房，漢文帝皇后 Dou Yifang	46
35.	獨孤皇后，隋文帝 Dugu Huanghou	50
36.	娥皇、女英 Ehuang, Nüying	53
37.	法淨 Fajing	54
38.	樊姬，楚莊王夫人 Fan Ji	55
39.	馮皇后，北魏文成帝 Feng Huanghou, Beiwei Wenchengdi	56
40.	馮皇后，北魏孝文帝 Feng Huanghou, Beiwei Xiaowendi	59
41.	馮嫽 Feng Liao	61
42.	馮昭儀，漢元帝 Feng Zhaoyi	62
43.	伏壽，漢獻帝皇后 Fu Shou	64
44.	傅昭儀，漢元帝 Fu Zhaoyi	65
45.	婦子 Fu Zi	66
46.	蓋將妻 Gai jiang qi	71
47.	甘夫人，蜀先主 Gan Furen	72
48.	高行，梁國寡婦 Gao Xing	73
49.	公孫述妻 Gongsun Shu qi	74
50.	郭槐 Guo Huai	75
51.	郭皇后，魏明帝 Guo Huanghou, Wei Mingdi	77
52.	郭皇后，魏文帝 Guo Huanghou, Wei Wendi	78
53.	郭聖通，漢光武帝皇后 Guo Shengtong	80
54.	郭氏，西晉 Guo shi	82
55.	韓蘭英 Han Lanying	83
56.	韓氏，東晉 Han shi	84
57.	韓娥 Han'e	85
58.	胡氏，北魏宣武帝妃 Hu shi	85

59.	華容夫人，漢燕刺王 Hua Rong Furen	89
60.	桓氏，劉長卿妻 Huan shi	90
61.	皇甫規妻 Huangfu Gui qi	91
62.	慧果 Huiguo	92
63.	霍成君，漢宣帝皇后 Huo Chengjun	94
64.	賈南風，晉惠帝皇后 Jia Nanfeng	95
65.	簡狄 Jiandi	99
66.	姜后，周宣王 Jiang Hou	100
67.	江乙母 Jiang Yi mu	101
68.	接輿妻、於陵妻 Jieyu qi, Yuling qi	102
69.	晉弓工妻 Jin gonggong qi	103
70.	婧，管仲妾 Jing, Guan Zhong qie	103
71.	婧，傷槐衍女 Jing, Shanghuai Yan nü	104
72.	敬姜 Jing Jiang	104
73.	京師節女 Jingshi jienü	105
74.	娟，趙津吏女 Juan, Zhao jinli nü	106
75.	孔伯姬 Kong Bo Ji	107
76.	老萊子妻 Lao Laizi qi	107
77.	李夫人，漢武帝 Li Furen	108
78.	驪姬，晉獻公夫人 Li Ji	109
79.	李絡秀 Li Luoxiu	110
80.	李穆姜 Li Mujiang	111
81.	黎莊公夫人 Li Zhuanggong Furen	112
82.	梁妠，漢順帝皇后 Liang Na	113
83.	梁女瑩，漢桓帝皇后 Liang Nüying	116
84.	令宗 Lingzong	118
85.	劉解憂 Liu Jieyou	119

XXXIII

86. 劉蘭芝 Liu Lanzhi	121
87. 劉令嫻 Liu Lingxian	122
88. 劉嫖，長公主 Liu Piao	125
89. 劉細君 Liu Xijun	127
90. 劉英媛 Liu Yingyuan	129
91. 劉元 Liu Yuan	130
92. 柳下惠妻 Liuxia Hui qi	131
93. 麗玉 Liyu	131
94. 婁昭君，北齊神武帝皇后 Lou Zhaojun	132
95. 魯公乘姊 Lu Gongcheng zi	135
96. 陸令萱 Lu Lingxuan	136
97. 魯孝義保 Lu Xiao yibao	140
98. 魯義姑姊 Lu yi guzi	140
99. 魯之母師 Lu zhi mushi	141
100. 呂母 Lü mu	142
101. 呂嫕 Lü Xu	143
102. 呂雉，漢高祖皇后 Lü Zhi	144
103. 綠珠 Lüzhu	147
104. 馬皇后，漢明帝 Ma Huanghou	149
105. 毛皇后，魏明帝 Mao Huanghou	151
106. 妹喜 Meixi	152
107. 孟光 Meng Guang	153
108. 孟姬，齊孝公夫人 Meng Ji	155
109. 孟姜女 Meng Jiangnü	156
110. 孟軻母 Meng Ke mu	158
111. 穆姬，秦穆公夫人 Mu Ji	159
112. 穆姜，魯宣公夫人 Mu Jiang	160

113. 木蘭 Mulan　　　　　　　　　　　　　　161

114. 南子，衛靈公夫人 Nanzi　　　　　　　166

115. 女媧 Nü Wa　　　　　　　　　　　　166

116. 女宗，鮑蘇妻 Nüzong　　　　　　　　169

117. 潘夫人，孫權 Pan Furen　　　　　　　169

118. 漂母 Piao mu　　　　　　　　　　　　171

119. 戚夫人，漢高祖 Qi Furen　　　　　　172

120. 齊姜，晉文公夫人 Qi Jiang　　　　　173

121. 齊義繼母 Qi yi jimu　　　　　　　　　173

122. 黔婁妻 Qian Lou qi　　　　　　　　　174

123. 清，巴蜀寡婦 Qing　　　　　　　　　175

124. 齊女傅母 Qinü fumu　　　　　　　　175

125. 漆室女 Qishi nü　　　　　　　　　　176

126. 秋胡妻 Qiu Hu qi　　　　　　　　　　177

127. 如姬 Ruji　　　　　　　　　　　　　177

128. 僧敬 Sengjing　　　　　　　　　　　178

129. 上官皇后，漢昭帝 Shangguan Huanghou　180

130. 召南申女 Shaonan Shennü　　　　　　182

131. 慎夫人，漢文帝 Shen Furen　　　　　183

132. 叔姬 Shu Ji　　　　　　　　　　　　184

133. 司馬氏，楊敞妻 Sima shi　　　　　　185

134. 宋氏，宣文君 Song shi　　　　　　　186

135. 蘇伯玉妻 Su Boyu qi　　　　　　　　188

136. 蘇蕙 Su Hui　　　　　　　　　　　　190

137. 宿瘤女 Suliu nü　　　　　　　　　　192

138. 孫魯班 Sun Luban　　　　　　　　　193

139. 孫壽 Sun Shou　　　　　　　　　　　195

上古婦女傳記辭典

140. 孫叔敖母 Sunshu Ao mu	196
141. 大姜 Tai Jiang	197
142. 大任 Tai Ren	198
143. 大姒，周文王妻 Tai Si	199
144. 唐姬，漢弘農王 Tang Ji	299
145. 唐山夫人，漢高祖 Tangshan Furen	200
146. 曇羅 Tanluo	203
147. 陶答子妻 Tao Dazi qi	203
148. 陶嬰 Tao Ying	204
149. 田稷母 Tian Ji mu	205
150. 塗山女 Tushan nü	205
151. 王霸妻 Wang Ba qi	206
152. 王皇后，漢平帝 Wang Huanghou, Han Pingdi	207
153. 王皇后，漢宣帝 Wang Huanghou, Han Xuandi	208
154. 王皇后，新莽 Wang Huanghou, Xinmang	209
155. 王陵母 Wang Ling mu	210
156. 王翁須 Wang Wengxu	210
157. 王章妻 Wang Zhang qi	211
158. 王昭君 Wang Zhaojun	212
159. 王貞風，劉宋明帝皇后 Wang Zhenfeng	217
160. 王政君，漢元帝皇后 Wang Zhengjun	218
161. 王娡，漢景帝皇后 Wang Zhi	220
162. 衛寡夫人 Wei guafuren	222
163. 魏華存 Wei Huacun	223
164. 衛姬，齊桓公夫人 Wei Ji	225
165. 魏節乳母 Wei jie rumu	226
166. 魏芒慈母 Wei Mang cimu	226

167. 魏曲沃婦 Wei Quwo fu	227
168. 衛鑠 Wei Shuo	228
169. 衛子夫，漢武帝皇后 Wei Zifu	230
170. 衛宗二順 Weizong ershun	232
171. 文姜，魯桓公夫人 Wen Jiang	233
172. 文季姜 Wen Jijiang	234
173. 吳夫人，蜀先主 Wu Furen, Shu Xianzhu	235
174. 吳夫人，孫破虜將軍 Wu Furen, Sun Polu Jiangjun	236
175. 西施 Xi Shi	239
176. 冼氏，譙國夫人 Xian shi	242
177. 蕭皇后，隋煬帝 Xiao Huanghou	245
178. 謝道韞 Xie Daoyun	247
179. 西王母 Xiwangmu	251
180. 徐寶光 Xu Baoguang	255
181. 徐登 Xu Deng	257
182. 許皇后，漢成帝 Xu Huanghou	258
183. 許穆公夫人 Xu Mugong Furen	259
184. 許平君，漢宣帝皇后 Xu Pingjun	260
185. 徐淑 Xu Shu	261
186. 徐吾 Xu Wu	264
187. 宣姜，衛宣公夫人 Xuan Jiang	264
188. 荀灌 Xun Guan	265
189. 厭明 Yan Ming	266
190. 嚴憲 Yan Xian	268
191. 嚴延年母 Yan Yannian mu	269
192. 楊麗華，北周宣帝皇后 Yang Lihua	270
193. 楊艷，晉武帝皇后 Yang Yan	272

194. 楊芷，晉武帝皇后 Yang Zhi	275
195. 晏子僕御妻 Yanzi puyu qi	277
196. 陰麗華，漢光武帝皇后 Yin Lihua	278
197. 嬴氏，晉懷公夫人 Ying shi	279
198. 友娣 Youdi	280
199. 虞姬，齊威王夫人 Yu Ji, Qi Weiwang furen	281
200. 虞姬，西楚霸王妃 Yu Ji, Xichu Bawang fei	282
201. 袁齊媯，劉宋文帝皇后 Yuan Qigui	283
202. 越姬，楚昭王夫人 Yue Ji	284
203. 樂羊子妻 Yue Yangzi qi	285
204. 越女 Yuenü	286
205. 宇文氏，北周千金公主 Yuwen shi	287
206. 臧孫母 Zang Sun mu	288
207. 湛氏，陶侃母 Zhan shi	289
208. 張魯母 Zhang Lu mu	290
209. 張氏，苻堅妾 Zhang shi	291
210. 張湯母 Zhang Tang mu	292
211. 張嫣，漢惠帝皇后 Zhang Yan	293
212. 趙氏（鉤弋夫人），漢武帝妾 Zhao shi (Gouyi Furen)	295
213. 趙娥 Zhao E	296
214. 趙飛燕，漢成帝皇后 Zhao Feiyan	298
215. 趙佛肸母 Zhao Foxi mu	300
216. 趙夫人，代王 Zhao Furen	301
217. 趙括將軍母 Zhao Gua Jiangjun mu	302
218. 趙合德，漢成帝妾 Zhao Hede	302
219. 趙姬 Zhao Ji	304
220. 甄皇后，魏文帝 Zhen Huanghou	305

221.	貞姜，楚昭王夫人 Zhen Jiang	308
222.	徵側徵貳姊妹 Zheng Ce, Zheng Er	309
223.	鄭瞀，楚成王夫人 Zheng Mao	310
224.	支妙音 Zhi Miaoyin	311
225.	智勝 Zhisheng	312
226.	智仙 Zhixian	313
227.	仲子，齊靈公夫人 Zhong Zi	315
228.	鍾離春，齊宣王夫人 Zhongli Chun	315
229.	周青，東海孝婦 Zhou Qing	316
230.	周南大夫妻 Zhounan dafu qi	317
231.	周主忠妾 Zhouzhu zhongqie	318
232.	竺道馨 Zhu Daoxin	318
233.	竺淨檢 Zhu Jingjian	319
234.	朱買臣妻 Zhu Maichen qi	321
235.	莊姪，楚頃襄王夫人 Zhuang Zhi	322
236.	卓文君 Zhuo Wenjun	323
237.	珠崖二義 Zhuya eryi	325
238.	左芬 Zuo Fen	326

01 阿谷處女 Agu chunü

　　阿谷處女是個年輕女子，活躍於約公元前五世紀初。孔子和弟子遊歷南方時，她引起了孔子的注意。那日，孔子一行經過她身旁，她佩戴著玉飾，在路邊洗衣服。孔子想知道她對禮的認識有多深，於是吩咐弟子子貢，先後三次請求她做三件不同的事。正如孔子所料，她一一通過了他的測試。

　　首先孔子給子貢一個杯子，命他和女子攀話，從中觀察她的志向。子貢於是向她求取一杯水，她對他說，溪水一清一濁。她拿著杯子先逆著溪流將杯裝滿水，倒去後又順流取水，將杯灌滿，直到溢出為止。最後她將杯子放置在沙地上說：「禮不親授」。之後，孔子又給子貢一把卸下琴軫的琴，要他請她調正琴音。這回她拒絕了，說「我鄙野之人也，陋固無心，五音不知，安能調琴？」最後，孔子拿出一塊葛布，交給子貢。子貢拿去對她說：「……有絺紵五兩，非敢以當子之身也，願注之水旁。」她回答說：「行客之人，嗟然永久，分其資財，棄於野鄙，妾年甚少，何敢受子，子不早命，竊有狂夫名之者矣。」說自己已經有了婆家，不能接受他的禮物。

　　子貢一次次地將情況轉告孔子後，孔子都說知道了。他對阿谷處女作了一番評價：「斯婦人達於人情而知禮」，「知禮不淫」。她的傳記收入《列女傳》的〈辯通傳〉內。

　　《列女傳》的這故事，內容和韓嬰的《韓詩外傳》中所載的幾乎一模一樣。韓嬰（活躍於公元前150年）比劉向（公元前77？-6年？）早活了約一個世紀，看來他的文字正好為劉向提供了素材。

Constance A. Cook
龍仁譯

◈ 劉向，《列女傳》，見《四部備要》本，卷6，頁5上－下。
◈ 韓嬰，《韓詩外傳》，見《四部叢刊》本，卷1，頁1下－3下。
◈ 洪邁，《容齋隨筆五集》，見《四部叢刊》本，冊Ⅱ，卷8，頁4下。
◈ Han Ying. *Han shih wai chuan: Han Ying's Illustrations of the Didactic Application of the Classic of Songs; An Annotated Translation by James Robert Hightower.* Havard-Yenching Institute Monograph Series, no. 11. Cambridge, MA: Havard Unversity Press, 1952, 13-15.
◈ O'Hara, Albert R. *The Position of Woman in Early China According to the Lieh Nü Chuan, "The Biographies of Chinese Women."* Taipei: Mei Ya, 1971; 1978, 163-65.

02 哀姜，魯莊公夫人 Ai Jiang

哀姜（公元前 659 年卒）。她是齊國（今山東境內）國君的女兒；又稱「夫人姜氏」、「小君」。公元前 670 年，嫁給魯國（今山東境內）國君莊公（公元前 692-661 年在位）。莊公是文姜（參見該傳）的兒子。他們結婚前三年，即文姜去世那年，已開始籌辦納聘等事宜。有資料稱，哀姜在嫁到魯國之前，就和未來夫婿「有苟且之事」。她未曾生育，外嫁莊公時陪嫁到魯國的妹妹叔姜生有一子名啟，哀姜想立啟為太子。當她與小叔慶父私通之事被揭發之後，她不得不外逃。但慶父仍然完成了她的計劃，殺死原有太子，令她的姨侄啟登上新君寶座，是為閔公。閔公即位後，哀姜和慶父繼續打得火熱，兩人又圖謀殺害閔公，奪取國君之位，陰謀洩露後，哀姜逃至邾國，慶父逃到莒國。這時哀姜母國國君齊桓公，插手魯國亂局，扶持僖公為國君。公元前 659 年，桓公逮捕哀姜，將她毒死，屍體運至齊國；後又應僖公的請求，將她送回魯國下葬。公元前 652 年，僖公於「禘」祭（宗廟大祭）時，在太廟為她立了牌位。此事有評論說，按她去世與下葬的情節而言，實為不當之舉；《左傳》作者認為，齊國殺死哀姜，有點「過分」，因為她應由夫家魯國，而非由娘家齊國來處置。

《列女傳》以〈魯莊哀姜〉為題，收入哀姜的傳記，放在〈孽嬖傳〉內，其傳末指稱：「哀姜好邪，淫於魯莊，延及二叔，驕妒縱橫。」

Constance A. Cook
龍仁譯

◇ 劉向，《列女傳》，見《四部備要》本，卷 7，頁 4 上－下。
◇ 《春秋左傳》，莊公 22 年，24 年；閔公 2 年；僖公 1 年，2 年，8 年，台北：鳳凰出版社，1977 年，卷 1，3.59，頁 70–71；4.8，頁 14；5.1，頁 4–5，45。
◇ 瀧川龜太郎，《史記會注考證》，台北：洪氏出版社，1977 年，卷 33，頁 31–34。
◇ Legge, James, trans. *The Chinese Classics, Vol. 5: The Ch'un ts'ew, with the Tso chuen.* Hong Kong: Hong Kong University Press, 1960；1970, 101, 108, 126-36, 150-51.
◇ O'Hara, Albert R. *The Position of Woman in Early China According to the Lieh Nü Chuan, "The Biographies of Chinese Women."* Taipei: Mei Ya, 1971；1978, 194-96.

03 安令首 An Lingshou

安令首，活躍於四世紀上葉，山東東莞人，俗姓徐，名字不詳，師傳於西域龜茲僧人佛圖澄。父親不允許她出家，她提出辯解，極有說服力，以此為人

所知。

安令首的父親徐沖是後趙的官員。後趙的統治者石勒（274-333；319-333年在位）是羯族人，極為尊崇佛教；向佛門捐輸金錢物資，又興建佛寺。他信賴名僧佛圖澄，視他為顧問。據說佛圖澄神跡異事頗多。因此，安令首是在一個佛教氣息濃烈的環境中成長的。

據說安令首自幼聰慧過人，愛讀書，包括佛家和儒家的經典。性好靜，不涉俗務，只好修習佛法。她對父母為她訂的親事不感興趣。當時漸漸開始有女性出家為尼，儒佛兩教中人為此爭辯不休，《比丘尼傳》內她的傳記中所記載的一段她與父親的辯論，正代表了那個時代儒家和佛家對女性出家的兩個觀點。父親指責她不出嫁不合禮法，她回應道既然她專注於靈性的事物，對於世俗的事物完全不關心，就不能以世俗的標準來評判她。她否定婦女必須在家從父，出嫁從夫和夫死從子的三從四德的規定。這個規定限制了婦女在社會的活動空間，在她同時期的人看來，就是剝奪了她離開既定的空間到別處生活或工作的權利。當她對父親提出為什麼一定要遵從「三從」才是合乎禮法時，她不啻是在質疑儒家的女性觀。她父親又動之以情，說她不顧父母只顧自己。她秉承佛家相信眾生唯有通過修行才能脫離苦海的信念，回應父親說，尋找佛法的真諦是為了使眾生脫離苦海，因此她信佛可以幫助父母得到救贖。

也許她父親覺得她說得很有道理，於是去求教於佛圖澄。佛圖澄使他從幻象裡看到安令首前世是一個女尼。佛圖澄預言如果遂了她的心願，她將為家族帶來榮耀並能帶領全家得到拯救。徐沖因此軟化；安令首便拜佛圖澄和竺淨檢（參見該傳）為師，並建立了建賢寺。佛圖澄並將石勒所賜的珍寶轉送給她。

安令首以她的悟性與對抽象、靈性事物的深切體會聞名。她閱讀群書，過目成誦。後來成為佛教信眾的領袖人物，有二百餘人因她而信佛。由於她勤奮苦幹，最後建成了五座寺廟和一座精舍。後趙的另一統治者石虎（字季龍，295-349；334-349年在位）極其看重她；晉升她父親為黃門侍郎兼清河（今河北清河）太守。她的傳記末段記載這些資料，也許是為了證實佛圖澄的預言，就是如果允許安令首出家，她將光耀門楣。

在安令首出家之時，婦女脫離家庭生活是違背當時的傳統（主要是儒家的）社會秩序；那就是婦女均應出嫁，住在夫家，生養子嗣為夫家延續香火。這是整個以家庭為中心的父權社會，不容許婦女不嫁；因為婦女不嫁，勢必對父權社會造成威脅。安令首的辯詞為自己爭取到追求宗教生活的權利，也奠定

了女性選擇佛教捨棄家庭的理論基礎：為家族帶來榮耀和救贖。這個目的是完全合乎傳統要求的。她的經歷使無數婦女，更容易的跟隨她的腳步進入尼寺。她所說婦女不必照著傳統模式走，才合乎正道，無異是女性的獨立宣言。在尼寺裡，婦女不必依賴男性親屬，而且可以從事家務和養育子女之外的各種有價值的工作，這些工作包括修習，教授，講經，行政，理財以及建設與維修寺院的屋宇和佛像，為捨棄傳統模式的婦女開闢了廣闊的視野。

安令首爭取出家的權利一事，在中國南方也有迴響。東晉婦人僧基（活躍於四世紀中葉），俗姓明，據載是山東濟南人，在南方出家。她母親阻止她出家，竟秘密為她定了親，還籌辦了婚禮。然而當準新郎得知新娘堅持出家時，他說服她的母親讓她選擇自己的未來。僧基出家的時候，她的家人與當地州郡的政要都出席了典禮。這顯示了中國社會對於女性出家的態度已隨時代而改變。

蕭虹

◊ 寶唱，〈安令首尼傳〉見《比丘尼傳》，卷1，載《大正新修大藏經》，高楠順次郎、渡邊海旭、小野玄妙編，東京：大正一切經刊行會，1924–1929，冊50，頁935。
◊ 寶唱，〈僧基尼傳〉，見《比丘尼傳》，卷1，載〔梁〕慧皎等撰，《高僧傳合集》，附一，上海：上海古籍出版社，1991年，頁964。
◊ 洪丕謨，《中國名尼》，上海：上海人民出版社，1995年，頁5–7。
◊ Wright, Arthur. "Biography of the Nun An Ling-shou." *Harvard Journal of Asiatic Studies* 15 (1952): 193–96.
◊ Tsai, Kathryn Ann. "The Chinese Buddhist Monastic Order for Women: The First Two Centuries." In *Women in China: Current Directions in Historical Scholarship,* ed. Richard W. Guisso and Stanley Johannesen. Youngstown, NY: Philo Press, 1981, 1-20.
◊ Baochang [Shih Pao-ch'ang]. *Lives of the Nuns: Biographies of Chinese Buddhist Nuns from the Fourth to Sixth Centuries: A Translation of the Pi-ch'iu-ni chuan,* trans. Kathryn Ann Tsai. Honolulu: University of Hawaii Press, 1994, 20-21.

04 班婕妤，漢成帝 Ban Jieyu

班婕妤（孝成班婕妤），本名不詳，西漢扶風安陵（在今陝西咸陽興平附近）人，活躍於公元前一世紀末期。她是成帝（劉驁，公元前51-7年；公元前32-7年在位）的妃子；父班況是成帝的越騎校尉；《漢書》編撰者班固（32/34-92/94）、班昭（參見該傳）均為其侄孫輩。

班婕妤美而能文，是西漢唯一的女文學家，漢代以賦著稱，現僅存的一篇由女性所寫的賦，就是她的〈自悼賦〉。根據《漢書》所載傳記材料，班婕妤

品學兼優、聰穎美慧,在成帝即位之初被選入宮,初任少使(下等女官),不久升為婕妤,倍受恩寵。她為成帝生下二個兒子,但都在出生數月後夭折。

《漢書》讚揚班婕妤,因為她體現了儒家所推崇的德行,教人肅然起敬,並稱她對《詩經》所描述的情感,尤其涉及婦女的,有深切體會。成帝的寵愛非但沒有使她驕縱放肆,反倒讓她覺得受之有愧。她在〈自悼賦〉中憶及當時的心情時說:

既過幸於非位兮,竊庶幾乎嘉時。

每寤寐而累息兮,申佩離以自思。

〈自悼賦〉得以流傳後世,可能不單因為它意境優美,更可能因為作者旗幟鮮明的推許儒家價值,並聲言以先王妃嬪的事蹟,作為自己行為的準則。班婕妤恪守傳統婦德,絕不讓自己行為不慎,影響到成帝。她以舜帝的兩個賢慧忠貞的妃子娥皇與女英(參見娥皇、女英傳)、周文王母親大任(參見該傳)和周武王母親大姒(參見該傳)為榜樣;又以周幽王的妃子褒姒(參見該傳)為戒,褒姒迷惑幽王,斷送了他的江山。一日,成帝遊後宮,要班婕妤同車而行,她堅辭,且說:「觀古圖畫,賢聖之君皆有名臣在側,三代之末主乃有嬖女,今欲同輦,得無似之乎?」成帝表示贊同。太后(參見王政君,漢元帝皇后傳)聽了很高興,說「古有樊姬,今有班婕妤。」(參見樊姬,楚莊王夫人傳,莊王沉迷狩獵,為了勸止他,她拒絕吃禽獸的肉。)然而,公元前20年以後,成帝日益沉迷女色,先立班婕妤女侍李平為婕妤,賜姓衛,再將歌舞女趙飛燕(參見趙飛燕,漢成帝皇后傳)及其妹合德(參見趙合德,漢成帝妾傳)先後召入宮中,雙雙立為婕妤。從此班婕妤及許皇后(參見許皇后,漢成帝傳)皆失寵,難以再見到成帝了。

那時,成帝母王太后的家族把持朝政,趙飛燕姊妹專寵後宮,朝政混亂,正如《漢書・成帝本紀》載:「趙氏亂內,外家擅朝。」許皇后失寵後,趙飛燕立刻謀劃爭奪后位。公元前18年,趙飛燕誣衊許皇后與班婕妤,稱許皇后與其姐平安剛侯夫人許謁等用詛術詛咒後宮已有身孕的王美人,以及任大將軍大司馬的太后兄長王鳳。太后大怒,下令徹查。最後許皇后被廢,許謁等人遭處決。班婕妤接受查問時,臨危不懼,說:「妾聞『死生有命,富貴在天。』修正尚未蒙福,為邪欲以何望?且使鬼神有知,不受不臣之訴,如其無知,訴

之何益？故弗為也。」成帝認為她說得有道理，不僅沒有治罪，還賜她黃金百斤。

班婕妤眼見宮中危機四伏，自己性命堪虞，便請求到長信宮去侍奉王太后。她在〈自悼賦〉中說：

> 奉共養於東宮兮，託長信之末流。
> 共灑掃於帷幄兮，永終死以為期。
> 願歸骨於山足兮，依松柏之餘休。

即便如此，當死一般的孤寂變為現實的時候，她感到絕望，悲從中來，〈自悼賦〉正是在此情此景之下寫就。其中有一段說，清冷幽深的宮室終日門窗緊閉，華麗的殿堂積滿了灰塵。潔白如玉的台階青苔遍佈，庭院裡雜草叢生。幃簾已暗淡褪色，穿堂而過的寒風把羅衣吹得習習作響。空寂無人處有一個被遺棄的女子，不再被人放在眼裡、記在心上了。最後，班婕妤無限感慨地總結人生說：

> 惟人生兮一世，忽一過兮若浮。
> 已獨向兮高明，處生民兮極休。
> 勉娛精兮極樂，與福祿兮無期。
> 祿衣兮白華，自古兮有之。

她認為被成帝所棄，固然是個人命運不濟，但她的情況並非獨特，古已有之。像周幽王（公元前 771 年卒）廢申后（參見褒姒，周幽王妻傳），便是個例子。〈自悼賦〉中的祿衣是指被妾所取代的妻，白華是指被廢掉的申后。班婕妤儘管被棄，在成帝死後仍去為他守陵。她走完悲劇的一生後，葬成帝陵園中。

鄭必俊

◇ 劉向，《列女傳》，見《四部備要》本，卷 8，頁 6 下–7 下。
◇ 《後漢書》，北京：中華書局，1973 年。

◇ 《漢書》，北京：中華書局，1975 年，冊 8，卷 97 下，頁 3983-3988。
◇ O'Hara, Albert R. *The Position of Woman in Early China According to the Lieh Nü Chuan, "The Biographies of Chinese Women."* Taipei: Mei Ya, 1971; 1978, 230-35.
◇ Loewe, Michael. *Crisis and Conflict in Han China: 104 BC to AD 9.* London: George Allen & Unwin, 1974, 87, 156-57.
◇ Ban Gu. *Courtier and Commoner in Ancient China. Selections from the "History of the Former Han" by Pan Ku.* trans. Burton Watson. New York: Columbia University Press, 1974, 261-65.

05 班昭 Ban Zhao

班昭（曹世叔妻，約 40- 約 120 年），又名班惠姬，或被尊稱為曹大家，扶風（在今陝西咸陽興平附近）人，以著述極度崇儒的《女誡》及續成《漢書》而知名。她是文學家、史學家班彪（3-54）最小的孩子，班固（32-92）、班超（33-103）的妹妹。班固編撰《漢書》，所作〈兩都賦〉，天下聞名；班超出使西域，成就非凡。她嫁給曹壽（又名世叔）。

班昭雖然十四歲出嫁，且生了幾個孩子，但熟讀儒家典籍，精通史學，著作有十六種，可歸類為賦、頌、銘、誄、問、注、哀辭、書、論、上疏、遺令等。她的著作由兒媳丁氏編成〈班昭集〉三卷，後著錄於《隋書・經籍志》，至今大部分已散佚。清嚴可均的《全後漢文》錄有她的〈東征賦〉、〈針縷賦〉、〈大雀賦〉、〈蟬賦〉、〈為兄超求代疏〉、〈上鄧太后疏〉、〈欹器頌〉等篇。除〈大雀賦〉、〈蟬賦〉、〈欹器頌〉三篇外，都是完整篇什。〈東征賦〉短小典麗，對漢末短賦的發展，不無影響。內容敘述班昭自洛陽出發往東行，到兒子為官的地方，描寫了所經路線及沿途景物，間雜典故。〈針縷賦〉用典切近，〈大雀賦〉與〈蟬賦〉則文字清雅。

班昭博學，除經史文章外，又精於訓詁，她曾為劉向的《列女傳》和班固的〈幽通賦〉作注。前者已經散佚，王照圓的《列女傳補注》載有佚文，後者則見於其他人的注引中。此外，班昭為劉向《列女傳》補上十六篇這個傳統說法，現在也受到質疑。

班固去世時，班昭已經五十歲上下。當時《漢書》尚未完成，〈天文志〉和八表仍待整理。和帝（劉肇，78-104；89-104 年在位）下詔命「博學能屬文」的班昭與著名學者馬續把《漢書》續成。最後完成的《漢書》見證了班昭的治史功力，她在這領域不但學養深，而且洞察力強。馬續獨力完成〈天文志〉後，便和班昭一起編寫關於諸侯王、功臣及古今傑出人物的八表。《漢書》當初面

世時，很多人都覺得難懂。根據《後漢書》，馬續的弟弟馬融（79-165）跟隨班昭學習《漢書》，足見班昭學識淵博。從此事可以想到，班昭必屬德高望重，地位比馬融為高。

《後漢書》說，和帝多次召班昭入宮，令鄧皇后（參見鄧綏，漢和帝皇后傳）和諸貴人隨班昭學習，並頒予「大家」的稱號。「及鄧太后臨朝，又聞政事。昭卒，皇太后素服舉哀，使者監護喪事。」

班昭在朝堂上極具影響力，在有需要時，她會善加利用。她的兄長班超是西域都護，以功封定遠侯，在西域幾近三十年，年老思歸，上書未許。她代班超上疏，說明原因，更闡明兄長年事已老，一旦有病，後果堪虞，疏上後，和帝立刻命班超歸國。班昭也為太后兄長大將軍鄧騭（121年卒）提出類似請求。鄧騭以母喪上書乞罷官，太后不許，徵問班昭的意見，班昭上疏陳情，鄧騭得以歸里。班昭起碼有一個兒子受到朝廷封賞，封關內侯，官至齊國國相。

班昭作《女誡》時，大概剛過五十歲。那時她已從事文學創作多年，在政壇上極具影響力，出任皇太后的老師，奉詔續成一部正史。她表示是為了女兒編撰《女誡》，但不難看出，她是要為所有女子訂下道德規範。她在《女誡》序中說：「傷諸女方當適人，而不漸訓誨，不聞婦禮，懼失容它們，取恥宗族，每用惆悵。因作女誡七章。」這七章包括〈卑弱〉、〈夫婦〉、〈敬慎〉、〈婦行〉、〈專心〉、〈曲從〉和〈叔妹〉。《女誡》列出嚴苛的社會規範，要求婦女在日常生活中遵行，她相信婦女應該接受這些規範。雖然她一生載譽文壇，參與政事，見多識廣，她並不鼓勵婦女發揮所長，爭取出色表現，反引導她們凡事不過不失即可。她說婦女不用光芒四射、出類拔萃或別樹一幟，做起事來也不用顯得比別人聰明。她本身的經歷與她對一般婦女的期望，有著鮮明的對比。

《女誡》的指導原則，即「男以強為貴，女以弱為美」，並非班昭所創，它來自她從小就開始研讀的多種儒家典籍。《女誡》問世後，時人反應不一，它沒有立刻得到普遍認可。她的學生馬融很推許《女誡》，要求妻女學習。不過，根據班昭的傳記，她丈夫的妹妹曹豐生，對《女誡》不表贊同，去信反駁，由於此信已散失，曹氏反駁內容，不得而知。在班昭年代，《女誡》受到男子讚揚、女子質疑，或許反映出兩性的不同看法。到了帝制的末期，婦女所承受的約束更甚，那時更多的社會大眾，甚至婦女認可《女誡》。《女誡》之後的數百年間，類似的專書陸續出現，凡數十種，如《女訓》（晉代，三世紀）、《女

論語》（唐代或宋代）、馬皇后（1333-1382）的《內訓》（明代）等。明神宗（1563-1620）下令，把《內訓》和《女誡》合刻刊行，讓萬世女子引為模範。神宗還為此書作序，頒行天下，班昭這套保守觀念遂得以流傳。事實上，宋代的新儒學最後亦紮根於明清兩代。

至今，班昭仍是公認的重要中國女學者。她博學多才，毋容置疑，鑽研的領域涵蓋文學、歷史、倫理、哲學等。在這方面，她可算是歷代中國婦女的榜樣。可是，在兩性關係上，她的見解引來爭議。她的《女誡》，在前現代時期的中國社會，被視為論述婦女的開創性專書，書內提出理據，指婦女應有接受教育的權利，她為此得到稱許；在現代社會，此書惹人非議，指它過分約束婦女。更不該的是，班昭認為，不論在任何領域，都不應鼓勵婦女有卓越的表現，即使在縫紉、烹飪等傳統的婦女職責上也不例外。數百年來，這部書可能大大的限制了婦女的個人發展。

黃兆顯

蕭虹增補

◇ 劉向，《列女傳》，見《四部備要》本。
◇ 陳東原，《中國婦女生活史》，上海：商務印書館，1937年。
◇ 嚴可均編，《全上古三代秦漢三國六朝文‧全後漢文》，台北：世界書局，1963年，卷96。
◇ 蕭統，《昭明文選》，台北：廣文書局，1964年。
◇ 《後漢書》，北京：中華書局，1973年，冊5，卷84，頁2784–2792。
◇ 《漢書》，北京：中華書局，1975年。
◇ 黃嫣梨，《漢代婦女文學五家研究》，香港：API Press，1990年。
◇ Swann, Nancy Lee. *Pan Chao: Foremost Woman Scholar of China, First Century A.D.* New York: Century, 1932.
◇ Dull, Jack. "Marriage and Divorce in Han China: A Glimpse at 'Pre-Confucian' Society." In *Chinese Family Law and Social Change in Historical and Comparative Perspective*, ed. David C. Buxbaum. Seattle: University of Washington Press, 1978, 23-74.
◇ Xiao Tong. *Wenxuan, or, Selections of Refined Literature,* trans. David R. Knechtges. Princeton, NJ: Princeton University Press, 1982-1996.
◇ Lee, Lily Xiao Hong. *The Virtue of Yin: Studies on Chinese Women.* Sydney: Wild Peony, 1994, 11-24.

06 鮑令暉 Bao Linghui

鮑令暉，（414後-466前），與其兄鮑照（約414-466年）都是以樂府詩聞名的詩人。

鮑照兄妹出身寒微。他們的年代十分重視門第，所以他們的一生也在方方

面面處於劣勢。也許因為這個原因,關於他們的資料不多。鮑照的傳記附在臨川王劉義慶(403-444)的傳後:劉義慶是賞識他的人,也是他的上司。傳中透露他很有才華,對自己低微的社會地位很是不滿,因為寒門子弟在事業上毫無發展的機會。鮑令暉的生平不見於任何史籍,只能從一些文學評論以及她兄長的敘述得知一二。她的生卒年雖不詳,但可以推算的是:她既是鮑照的妹妹,自然後鮑照而生,而她又早於鮑照去世。鮑照曾在一封書信中提到,未能在妹妹去世時與她訣別,也沒有出席她的葬禮。

鮑氏家族祖籍上黨(今山西省),後遷移至東海(今山東江蘇之間)。資料強調鮑氏兄妹出身低微,然而兩人看來卻受過良好教育,尤其在文學和音樂方面。他們的作品有不少是刻意模仿漢代詩歌的,這說明了他們對漢詩的內容和形式都很熟悉。他們專注於樂府形式,顯示鮑家和曲藝界有某些聯繫,或是作曲或是作詞。從鮑照的作品知道,他們並無其他兄弟姐妹。

鮑令暉是否曾結婚,無從查考。她的作品中提到一個「君」,這是女性對丈夫或愛人的稱呼;因此可以假設,她心中是有一個男子的。但這假設也並不一定成立,因為「君」可能只是她在愛情詩裡運用的一種手法。資料提到她有題為《香茗賦集》的詩集,但已失傳。她的詩至少還可以從徐陵(507-583)專收愛情詩的《玉台新詠》中找到。這些詩也附在錢仲聯編的鮑照作品集的書末。

鮑令暉的詩,主題都圍繞著女子的心境——往往是愛人為了事業或從軍而離去後她感到的寂寞、思念與愁悶。這些感情是通過意象或借用典故的手法委婉地表現出來。例如鴻雁的春去秋來、花開花落、空閨寂寥、四季更替以及其他撩人思緒的事件。她以下的詩作可以更好地說明這一點。

〈代葛沙門妻郭小玉作〉
1

明月何皎皎,垂幌照羅裯,

若共相思夜,知同憂怨晨。

芳華豈袗貌,霜露不憐人。

君非青雲逝,飄跡事咸秦。

妾持一生淚,經秋復度春。

2
君子將遙役，遺我雙題錦，

臨當欲去時，復留相思枕。

題用常著心，枕以憶同寢。

行行日已遠，轉覺思彌甚。

　　鮑令暉的風格直接而感性，近似她自稱模擬的樂府。但不同的地方是，她多用後來才盛行的駢句。採用這種句式使樸素的詩歌讀來更豐潤、更優美。因此她的擬作不純粹是擬作，還標誌著古樂府的發展。

　　鮑令暉有時被稱為情色詩人。鍾嶸《詩品》對她的評語是「令暉歌詩，往往嶄絕清巧。擬古尤勝，唯〈百願〉淫矣。」她的〈百願〉現已失傳，所以無從判斷鍾嶸的評論是否公允。從她傳世的作品來看，並沒有過於情色的表現。但這些都是愛情詩，在用詞與意象上不免帶有情慾色彩。如果說有情色的暗潮的話，也是較為微妙而不粗俗露骨的。更有進者，不要忘記，她現存的作品應該只佔她全部作品的一小部分。

　　本傳記取材自劉婉君在筆者指導下所撰寫的論文。

蕭虹

◇ 謝無量編，《中國婦女文學史》，上海：上海中華書局，1916 年；鄭州：中州古籍出版社，1992 年重印，第 2 編，頁 79–80。
◇ 徐陵編，《玉台新詠》，見《四部備要》本，卷 4，頁 9 下–10 下；卷 10，頁 3 下。
◇ 錢仲聯，《鮑參軍集注》，上海：上海古籍出版社，1980 年，頁 419–426。
◇ 江民繁、王瑞芳，《中國歷代才女小傳》，杭州：浙江文藝出版社，1984 年，頁 71–75。
◇ 譚正璧，《中國女性文學史》，天津：百花文藝出版社，1984 年，頁 96–97。
◇ 何慶善，〈鮑令暉——擬青河畔草〉，見《漢魏六朝詩鑒賞辭典》，吳小如等撰寫，上海：上海辭書出版社，1992 年，頁 795–797。
◇ 王延梯輯，《中國古代女作家集》，濟南：山東大學出版社，1999 年，頁 104–105。
◇ Birrell, Anne, trans. *New Songs from a Jade Terrace: An Anthology of Early Chinese Love Poetry*. London: Allen & Unwin, 1982, 122–24, 269.
◇ Lau, Winnie Yuen Kwan. "Links in an Unbroken Chain: The Poetry of Zuo Fen and Bao Linghui of the Six Dynasties." Bachelor of Arts (Honors) thesis, The University of Sydney, 1996.

07 褒姒，周幽王妻 Bao Si

　　褒姒，褒國姒族女子，活躍於公元前八世紀，周朝（位處華中）周幽王（公

元前781-771年在位）的妻子，極受幽王寵愛，世人將周室的覆亡歸罪於她。

據說幽王為了褒姒而廢去元配申后（申后是申國國君申侯的女兒），立褒姒為后；還廢黜申后所生的太子，代之以褒姒的兒子伯服。褒姒邪惡的本性，源自母家褒國（今陝西境內）。傳說遠在夏朝（約公元前2100-1600年）末期，兩條神龍出現，自稱為「褒國的兩個先王」。夏帝將龍的唾沫用匣子裝起來。到周厲王（公元前878-841年在位）執政期間，匣子被打開，唾沫流出，充溢庭院。厲王命婦人赤著身子對它大聲呼喊，以為這樣可以阻止唾沫流動，卻並不奏效，唾沫化為一隻黑烏龜（一說是黑蜥蜴），竄入後宮，碰上一個七歲左右的侍女，令她受孕。但她並未馬上懷孕：《列女傳》稱她到十五歲時才懷孕（「既笄而孕」），按七歲計算，她八年後才懷孕。她是在周宣王（公元前827-781年在位）時期把孩子生了下來，因為畏懼流言蜚語，只得把孩子棄於路旁，這嬰兒就是褒姒。後來有兩個逃亡的人將嬰兒救起，帶到褒國，她在那兒長大，出落得貌如天仙。由於她貌美，褒國一位公子為求免於罪責，把她獻給周幽王。

雖則人們向幽王進諫要提防褒姒，他仍將她立為王后，按後人評說，他已經「惑於褒姒」。為博她一笑，幽王多次燃點烽火召集諸侯前來救援王室，其實並無外寇侵擾，不過是戲弄諸侯。這樣一來，當申侯為報復女兒無端被廢，聯合西夷犬戎部落，進襲周室時，各路諸侯認為烽火並非確有軍情，故沒有趕來營救，於是周朝戰敗，幽王被殺而褒姒成為階下之囚。其後各諸侯釋怨與周室修好，褒姒之名從此就與美女禍國聯在一起。她的傳記以〈周幽褒姒〉為題收入《列女傳》的〈孽嬖傳〉內。

Constance A. Cook
龍仁譯

◇ 國語，〈晉語〉，卷1，見《四部備要》本，卷7，頁2下。
◇ 劉向，《列女傳》，見《四部備要》本，卷7，頁2下–3上。
◇ 屈萬里，《詩經釋義》，〈正月〉，毛詩第192首，台北：華岡出版社，1977年，頁152–155。
◇ 瀧川龜太郎，《史記會注考證》，台北：洪氏出版社，1977年，卷4，頁64–66。
◇ O'Hara, Albert R. *The Position of Woman in Early China According to the Lieh Nü Chuan, "The Biographies of Chinese Women."* Taipei: Mei Ya, 1971；1978, 189-92.

08 寶賢 Baoxian

比丘尼寶賢（401-477），俗姓陳，名字不詳，祖籍淮河流域的陳郡（今河南境內）。寶賢活在南朝時期，在京城建康（今南京市），與比丘尼法淨（參見該傳）一同擔任管理尼眾的要職。

四世紀初，中國北方遭受異族侵佔（317年），許多豪門大戶避亂南遷。東晉時期，佛教在南方廣受歡迎；到了南朝，佛教在長江流域下游的幾個城市尤為興盛，其中包括建康。

420年，寶賢為母親守孝三年之後出家，住進京城的建安寺，那年她十九歲。她從此在建安寺精研禪修和佛家戒律，頗有心得。十多年後，即433年，中國的比丘尼第一次在比丘和比丘尼二眾之前受具戒（參見慧果傳）。在此之前，中國礙於戒律的規定，一直沒能為比丘尼授戒。根據戒律，授具戒的比丘尼起碼有十位，且必須具備足夠資歷並已在二眾之前受具戒。但國內找不到這麼多位合資格的比丘尼，為了確保本地的比丘尼嚴格遵循戒律受具戒，就只有不授具戒。寶賢和法淨大概都參加了重受具戒的儀式，二位都以嚴守佛家戒律知名。

寶賢高潔無瑕的名聲，連皇帝都知道。劉宋的文帝（劉義隆，407-453；424-453年在位），對寶賢深為禮遇，贈以禮物，供以衣食。文帝兒子孝武帝（劉駿，430-464；454-464年在位），也對她極為敬重，每月給她不少金錢。文帝的另一個兒子明帝（劉彧，439-472；465-472年在位），則在465年，任命寶賢為京城普賢寺主，並將法淨遷往該寺。次年，明帝任命寶賢為「都邑僧正」、法淨為「京邑都維那」。僧正一職是姚秦時代（384-417）在華北設立的，職責是監管僧尼，防止寺廟違規。

明帝對寶賢和法淨的任命，非比尋常，因為這是第一次由比丘尼主理一個大管轄區。在南朝時代，比丘尼非常獨立自主，具影響力，聲望也高。個別的比丘尼以一己的學識貢獻社會，其著述、講學、傳道，以及高深的修行與禪修，為人所稱頌，其人亦活躍於社會的最高層。

453年，精研戒律的名僧法穎（416-482）從位處絲綢之路東端的敦煌來到劉宋京城。他是十誦律經文的專家，經常演講這方面的題材。同時他又翻譯了《十誦比丘尼波羅提木叉戒本》。474年，法穎在晉興寺演講十誦律，一群比丘尼在聽完他的演說之後，希望重受出家的戒律，寶賢不准。她以都邑僧正的

權力,下令比丘尼必須通過調查,才能重受具戒。她反對的重點,看來是在比丘尼出家的年齡,或在沙彌尼成為比丘尼前受訓期限的長短。為此,她規定想要重新受戒的比丘尼,必須經過檢查,如果她們沒有達到戒律中所規定的年齡或受訓期限的要求,便必須公開承認違反了戒律,她們的老師則必須向僧局報告此事。僧局認可有關報告之後,會派人調查,以決定除此問題之外,她們是否適合成為比丘尼,待一切確認後,她們才能重受出家之戒,成為正式的比丘尼。任何反對寶賢要求的人,都不得為比丘尼。

433年,比丘尼第一次在僧尼二眾面前受具戒。往後四十年,尼眾間漸漸出現非正規的做法。寶賢身為領導,推行嚴明紀律,消除了這些惡習。她任內再沒有類似事故。她在477年去世,終年七十七歲。

Kathryn A. Tsai

◊ 高楠順次郎、渡邊海旭、小野玄妙編,《大正新修大藏經》,東京:大正一切經刊行會,1924–1929。
◊ 寶唱,〈寶賢尼傳〉,見《比丘尼傳》,卷2,載《大正新修大藏經》,高楠順次郎、渡邊海旭、小野玄妙編,東京:大正一切經刊行會,1924–1929,冊50,頁941。
◊ 贊寧,《大宋僧史略》,卷2,242c–243a,見《大正新修大藏經》,高楠順次郎、渡邊海旭、小野玄妙編,東京:大正一切經刊行會,1924–1929,冊54。
◊ 法穎集出,《十誦比丘尼波羅提木叉戒本》,485a–b,見《大正新修大藏經》,高楠順次郎、渡邊海旭、小野玄妙編,東京:大正一切經刊行會,1924–1929,冊23。
◊ 慧皎,見《高僧傳·法穎傳》,卷11,載《大正新修大藏經》,高楠順次郎、渡邊海旭、小野玄妙編,東京:大正一切經刊行會,1924–1929,冊50。
◊ 李玉珍,《唐代的比丘尼》,台北:台灣學生書局,1989年,頁1264–137。
◊ Tsai, Kathryn Ann. "The Chinese Buddhist Monastic Order for Women: The First Two Centuries." In Women in China: Current Directions in Historical Scholarship, ed. Richard W. Guisso and Stanley Johannesen. Youngstown, NY: Philo Press, 1981, 1-20.
◊ Baochang [Shih Pao-ch'ang]. Lives of the Nuns: Biographies of Chinese Buddhist Nuns from the Fourth to Sixth Centuries: A Translation of the Pi-ch'iu-ni chuan, trans. Kathryn Ann Tsai. Honolulu: University of Hawaii Press, 1994, 62-64.

09 卞夫人,魏王曹操 Bian Furen

卞太后(160–230),琅邪(今作琅琊)開陽(今山東臨沂市北)人,東漢末魏王曹操(155-220)繼室,魏文帝(曹丕,187-226;220-226年在位)的生母。

這位未來的卞夫人生逢亂世,當時東漢覆亡,三國鼎立,北有魏,西有蜀漢,東南有吳。她因出身微賤,淪為娼家。178年,曹操為避禍而辭官,回到

家鄉譙郡（今安徽亳州），遇到年方二十歲的卞氏，隨後納她為妾。卞夫人常隨曹操於軍中，據說特別關心老人。189年，大將軍董卓（192年卒）作反叛漢，她那時也身在洛陽。董卓廢掉少帝（劉辯，171-190；189年在位），另立八歲的劉協（獻帝，181-234；189-220年在位）為帝，並遷都長安。曹操微服東逃避難，打算沿途聚眾成軍。後來忽傳曹操的死訊，他的下屬覺得大勢已去，準備解散隊伍，返回老家。但卞夫人勸止他們：「曹君吉凶未可知，今日還家，明日若在，何面目復相見也？正使禍至，共死何苦！」他們聽從她的話，沒有一人離開。196年，曹操終於回到洛陽，得知此事後，對她的忠心稱譽有加。

196年，獻帝接受曹操的提議，再次遷都，這次是遷往許昌（今河南境內）。遷都後，曹操權勢日隆，最後演變成挾天子以令諸侯的局面。曹操於208年出任丞相，213年拜魏公。翌年，他廢掉伏皇后（參見伏壽，漢獻帝皇后傳），好讓他另立自己的一個女兒為皇后（215年）。216年，他獲冊封為魏王，打破了非皇室血脈不得封王的不成文規定。

196年，曹操的原配丁夫人（參見丁夫人，魏王曹操傳）痛失養子，返回故鄉療傷，卞夫人扶為正室。卞夫人有四個兒子，包括曹丕、曹彰、她最寵愛的東阿王曹植（192-232）和早逝的曹熊。丁夫人被廢后，卞夫人負責養育曹操的所有兒子：共有二十五個，由十三個妻妾所生。卞夫人不僅識見非凡，為人謹慎，且通曉大義，性好節儉。以下就是一例。曹操封魏公時，冊立她兒子曹丕為嗣，從屬官員都祝賀她，慫恿她賞賜他們。但她卻說：「王自以丕年大，故用為嗣，我但當以免無教導之過為幸耳，亦何為當重賜遺乎！」曹操知道她這樣說之後，十分高興的表示：「怒不變容，喜不失節，故是最為難。」219年，曹操封她為王后時，策書上說：「夫人卞氏，撫養諸子，有母儀之德，今進位王后。」

卞夫人十分愛護弟弟卞秉（約230年卒）。卞秉任別部司馬時，她請求曹操給卞秉升官，並送他金錢布帛。此舉多少也算是要求特殊待遇了。曹操雖然沒有答應，但還是為卞秉建了座府邸，卞夫人曾在府中設宴招待卞家親戚。那次宴會毫不奢華，「太后左右，菜食粟飯，無魚肉。」她告訴家人，她這樣服侍曹操已四十多年，不會改變節儉的習慣。她還勸告他們應當節約有度，不應祈求賞賜；又警告說，若他們犯法，她會要求罪加一等。

220年，曹操去世，曹丕自立為魏王。同年，獻帝退位，曹丕稱帝，國號魏，封卞夫人為皇太后，居永壽宮。卞太后生活儉樸，不尚華麗，不喜文繡，凡器

皿皆選黑色。曹操曾經拿著一些珍寶給她看，讓她挑選一件，她選了件價值不高不低的。她解釋說：「取其上者為貪，取其下者為偽，故取其中者。」當上皇太后之後，她的態度依然沒變。當國庫空乏之時，她提議減少自己的飲食開支，並停用那些金銀器物。

有說卞氏為人公正，品德高尚，但事實上，她會為了達到目的而向文帝施壓。以下就是一些例子。一次，曹植醉酒犯法，行將判刑之時，她請人轉告文帝：「不意此兒所作如是，汝還語帝，不可以我故壞國法。」文帝聽到她的話後，果然對弟弟從輕發落，或許這就是她想要的結果。另一例子涉及曹操的堂弟曹洪。曹洪在190年救過曹操的性命，但因不肯借一百匹絹給曹丕，令曹丕懷恨於心。後來曹洪一個門客犯事，曹丕便借機要處死曹洪。卞太后威脅文帝，如果他真要曹洪的命，她會廢掉郭皇后（參見郭皇后，魏文帝傳）。最後，曹洪得免一死，僅被削奪官位、爵號、封邑，沒收財產。卞太后又再干預，曹丕於是歸還曹洪的家財。此外，據說文帝在夢中磨錢，想使錢上的紋絡消失，卻越磨越明顯，於是請人解夢，得到的答案是，他母親不贊同他的財政政策。

文帝駕崩，兒子曹叡（明帝，205-239；226-239年在位）即位，尊卞太后為太皇太后。她在230年去世，享年七十一歲，與曹操合葬於臨漳（今河北境內）高陵，諡號武宣皇后。她活在亂世，而亂世並不重視儒家那套女子（不論是宮廷還是民間女子）必須力保貞節的觀念，所以她雖曾當娼，亦無人計較，或許這就是她的福分。

蘇者聰、秦家德
龍仁譯

◇ 《三國志》，北京：中華書局，1975年，冊1，卷5，頁156–159；冊1，卷9，頁278；冊2，卷19，頁561。
◇ 司馬光，《新校資治通鑑注》，楊家駱主編，台北：世界書局，1977年，冊4，卷69–78，頁2175–2490。
◇ 安作璋主編，《后妃傳》。鄭州：河南人民出版社，1990年，上冊，頁180–188。
◇ 陳全力、侯欣一編，《后妃辭典》，西安：陝西人民教育出版社，1991年，頁30。
◇ 劉士聖，《中國古代婦女史》，青島：青島出版社，1991年，頁148–149。
◇ Sima Guang. *The Chronicle of the Three Kingdoms (220-265), Chapters 69-78 from the Tzu chih t'ung chien of Ssu-ma Kuang,* trans. Achilles Fang, ed. Glen W. Baxter. Cambridge, MA: Harvard University Press, 1965, vol. 1, 106, 124-25, 200-201, 210-11.
◇ Chen Shou. *Empresses and Consorts: Selections from Chen Shou's "Records of the Three States" with Pei Songzhi's Commentary,* trans. Robert J. Cutter and William Gordon Crowell. Honolulu: University of Hawaii Press, 1999, 90–95; 139; 178; 193-97, 211.

10 薄皇后，漢景帝 Bo Huanghou

薄皇后（孝景薄皇后，公元前 147 年卒），名字不詳。她是薄太后（參見薄姬，漢高祖傳）的侄孫女，景帝（劉啟，公元前 188-141 年；公元前 156-141 年在位）的第一位皇后。

公元前 179 年，薄太后將侄孫女薄氏許配給位居太子的孫兒劉啟。但薄氏一直沒有生育，劉啟轉而寵幸栗姬和王夫人（參見王娡，漢景帝皇后傳）。栗姬為太子誕下長男劉榮，而王娡則生育了三個女兒和兒子劉徹。薄氏無子女，雖在景帝即位時獲冊封為皇后，地位並不穩固。薄太皇太后去世（公元前 155 年）後，薄皇后失去靠山，地位岌岌可危。不到兩年，栗姬的兒子劉榮被立為太子。再過兩年（公元前 151 年），薄皇后被廢黜。四年後（公元前 147 年），薄皇后在鬱鬱寡歡中去世，葬於長安城東平望亭南。

薄太后雖然是景帝的祖母，薄家卻沒有多大的政治勢力。那怕薄皇后有娘家的大力支持，只要她沒有生育，特別是沒有兒子，便足令她權位盡失。她就是這類女子的經典例子。

鮑善本

◇ 司馬光，《資治通鑑》，北京：中華書局，1956 年，冊 1，卷 16，頁 532。
◇ 《史記》，北京：中華書局，1973 年，冊 4，卷 49，頁 1976。
◇ 《漢書》，北京：中華書局，1975 年，冊 8，卷 97 上，頁 3945。
◇ 陳全力、侯欣一編，《后妃辭典》，西安：陝西人民教育出版社，1991 年，頁 13。

11 薄姬，漢高祖 Bo Ji, Han Gaozu

薄姬（公元前 155 年卒），吳縣（今江蘇境內）人，名字不詳。她是高祖（劉邦，公元前 256-195 年；公元前 202-195 年在位）的宮人，文帝（劉恆，公元前 202-157 年；公元前 179-157 年在位）的母親。

薄姬的母親是戰國時期魏國的宗室女，與薄氏私通，生下薄姬。魏女將女兒藏在宮中撫養。一日，魏女請相士為女兒算命，相士說其女會生下天子。他的話被魏王魏豹聽到，便將薄氏女納為妾。此時，楚漢正爭奪天下。魏豹先後投靠劉邦與項羽，最後被劉邦俘虜。魏豹被本國人視為叛徒，最後被手下大臣殺掉。

薄氏女作為俘虜被送進漢後宮的織室為奴。一日，劉邦到織室，見薄氏女

很有姿色，就下詔納為宮人。入宮時，薄氏女尚年輕，與年齡相若的管夫人、趙子兒要好，曾相約說：若得皇帝寵幸，便相互提攜。不久，管夫人和趙子兒都得到劉邦的寵幸。她們譏笑薄氏女，當初竟與她們相約，劉邦聽到後，查問她們相約的情況，以及薄氏女的事。他知道實情後，動了感情，當天就召幸薄氏。薄氏告訴劉邦，她前一晚夢見青龍伏在自己的腹部。劉邦聽了十分高興。那晚之後，薄氏就懷孕，後來生下一男，名劉恆，即後來的文帝，薄氏立為薄姬。但這以後，薄姬很少見到劉邦。即使劉邦自立為帝，薄姬也未再獲封，一直地位不高。

劉邦去世以後，呂后（參見呂雉，漢高祖皇后傳）將曾經受到劉邦寵幸的妃子都幽禁宮內。而薄姬就因為少受劉邦的寵愛，准許出宮。當時受到封賞的人包括薄姬母子。劉恆獲封為代王，薄姬獲封為代王太后，跟從兒子到代國生活。

呂太后臨朝專權，直到公元前180年去世為止。那時呂氏外戚已失勢。大臣都覺得薄氏仁愛善良，遂決定迎立代王劉恆為帝。他們肯定認為薄氏沒有能力如呂后般操控朝政多年。代王登上帝位後，薄氏被尊為皇太后。

按漢朝禮制，薄太后既被視為魏王後人，便應該按親疏賞賜娘家各人。作為太后，她亦負責皇室封立大事。她的弟弟薄昭獲封為軹侯，以重振魏人聲威。文帝立劉啟（景帝，公元前156-141年在位）為太子時，薄太后按母以子貴的規矩，建議將太子母親竇猗房（參見竇猗房，漢文帝皇后傳）立為皇后。

薄太后為人小心謹慎，儘量避免以身犯險。淮南王劉長是高祖幼子，趙姬所生，由呂后撫養成人。文帝即位後，劉長自以為是至親，就驕橫不馴。文帝作為兄長，常寬厚待弟。劉長力大能扛鼎。他為了母親含恨早死，對呂后的情人審食其（公元前177年）結恨很深。後來獨自往見審食其，並用鐵椎將他殺害，然後向文帝請罪。文帝因知他為報母仇而犯法，就赦免了他。自此劉長越加驕橫。薄太后對此保持緘默。

有一次，薄太后看到孫輩行為不檢，對兒子動了真氣。太子劉啟與弟劉武一同乘車入朝，沒有按宮規在司馬門下車，直闖宮室。公車令張釋之追上來制止了他們，並將此事上奏文帝。薄太后知道後，文帝承認疏於教導兒子，她才原諒兩個孩子，讓他們進宮。文帝認為張釋之在這事上忠於職守，封他為中大夫。

公元前157年，文帝去世。太子劉啟即皇帝位，是為景帝，尊薄太后為太

皇太后。兩年後，薄太皇太后去世，葬於南陵。

薄姬和上一任皇后呂后，對比鮮明。呂后暴躁，薄姬卻被視為心地善良、循規蹈矩、品格高尚。據說就是因為有關人等考慮到她的性情，才讓她的兒子登上帝位。或許她真的溫良謙恭，但她的優點全都體現在恪守朝廷禮法與傳統上，在皇室與大臣眼中，皇帝的母親秉性如此，無疑是求之不得，可堪重用。

鮑善本

◇ 《史記》，北京：中華書局，1973 年，冊 4，卷 49，頁 1970–1972。
◇ 《漢書》，北京：中華書局，1975 年，冊 8，卷 97 上，頁 3941–3942。
◇ 司馬光，《資治通鑑》，北京：中華書局，1976 年，冊 1，卷 14，頁 456–459。
◇ 陳全力、侯欣一編，《后妃辭典》，西安：陝西人民教育出版社，1991 年，頁 12。

12 伯姬，宋恭公夫人 Bo Ji, Song Gonggong Furen

伯姬（活躍於公元前六世紀初），是諸侯小國魯國（今山東境內）國君宣公（公元前 608-591 年在位）和穆姜（參見該傳）的女兒，也是魯成公（公元前 590-573 年在位）的妹妹。她因恪守婦道而為人所稱頌。

伯姬堅決遵循禮節，可舉兩例說明。其一是她與宋恭公（公元前 588-575 年在位）的婚事。兩人在公元前 582 年成婚，宋國在魯國南面，面積略大於魯國。當新娘伯姬抵達宋國時，恭公並沒有出來迎親。伯姬認為恭公輕視她，有違禮節，於是拒絕前往宗廟完成婚姻大典；最後因寡母出面調停，她才答應行禮。其二是致命事件，發生在公元前 543 年某夜，伯姬的居屋著了火，按禮節規定，沒有保母與傅母的陪同，婦女夜間不得離開居屋，而這時保母及時來到，但傅母未到，伯姬拒絕走出屋子而死於火中。在《列女傳》作者劉向等後世儒家學者眼中，伯姬這種行為教人敬仰。而劉向讚揚女性這類極端行為，必然對晚清崇尚女子守節，起了推波助瀾的作用。據說宋國因伯姬之死而得到補償，伯姬本人的傳記也以〈宋恭伯姬〉為題收入《列女傳》的〈貞順傳〉，讓她成為不朽的人物。

伯姬死於火中，《左傳》中有也有記載，並援引時人評論，說她在緊急時刻堅持等待導引之人，行事如同少女而不像是已婚婦女；換言之，她如按情況所需獨自離開著火的屋子，也屬合理，畢竟她已守寡近三十年，該是五十多歲的人了。

Constance A. Cook
龍仁譯

◈ 劉向，《列女傳》，見《四部備要》本，卷4，頁1下–2上。
◈ 《左傳》，成公9年，襄公30年，見《春秋經傳引得》，上海：古籍出版社，1983年，頁228，330。
◈ Legge, James, trans. *The Chinese Classics, Vol. 5: The Ch'un ts'ew, with the Tso chuen.* Hong Kong: Hong Kong University Press, 1960；1970, 555, 556.
◈ O'Hara, Albert R. *The Position of Woman in Early China According to the Lieh Nü Chuan, "The Biographies of Chinese Women."* Taipei: Mei Ya, 1971; 1978, 103-6.

13 伯嬴，楚平王夫人 Bo Ying

　　伯嬴活躍於公元前六世紀。她是嬴氏女子，父親是秦國（今甘肅陝西境內）國君（可能是哀公，公元前538-501年在位）。她嫁到當時的大國楚國（在今長江以北華中一帶），成為平王（公元前528-516年在位）的妻子。平王去世後，她的兒子繼位，是為昭王（公元前515-489年在位）。當吳國（今江蘇安徽境內；另說蘇南、浙北、淮河下游一帶）攻陷楚國都城郢（今湖北境內）時，昭王逃至母親娘家——西北的秦國。吳王闔閭進城後，將楚後宮妃嬪全部據為己有，甚至連昭王之母也不願放過。但伯嬴膽識過人，手持利刀威脅著要自殺，她說：凡是娶妾都是為了取樂，既然我要死，有什麼樂可說呢？如果你先殺了我，對你又有什麼好處呢？她告誡吳王，不得將綱常置於腦後，還說：你的一個舉動，羞辱你我兩人，我會以死來守節。吳王羞慚而退，將她安置於後宮，派人看守，達一月之久。在此期間，昭王帶同秦國救兵來到，光復了楚國。伯嬴因為忠於丈夫而得到讚譽，她敢於反抗，令對方逼姦不成，更是讓人敬佩。她的傳記以〈楚平伯嬴〉為題收入《列女傳》的〈貞順傳〉內。

Constance A. Cook
龍仁譯

◈ 劉向，《列女傳》，見《四部備要》本，卷4，頁5下–6上。
◈ O'Hara, Albert R. *The Position of Woman in Early China According to the Lieh Nü Chuan, "The Biographies of Chinese Women."* Taipei: Mei Ya, 1971；1978, 115-17.

14 步夫人，孫權 Bu Furen

步夫人（約 190-238 年），臨淮淮陰（今江蘇北部）人，三國時期吳國開國皇帝孫權（吳大帝，182-252；222-252 年在位）的寵妃。她為孫權生了兩個女兒，就是孫魯班（參見該傳）和孫魯育（參見孫魯班傳）。兩個公主參與權勢鬥爭，手段殘忍，惡名昭著。

步夫人在東漢覆亡前數十年出生，因為社會動盪，在童年時便隨母親遷居廬江（約今安徽北部）。194 年，廬江被孫權的兄長孫策（175-200）攻佔，她和母親也隨人潮南渡長江。關於她早年情況，僅知道她和吳國丞相步騭（247 年卒）同族，大概她是通過步騭的引見，在某些場合走進孫權的視線。

孫權為她的美貌而癡狂，娶她為妃之後，對她幾近專寵，而周圍的人也喜歡她。她生性不善妒，會向孫權引薦女人，所以多年來寵愛不衰。孫權 211 年稱吳王，欲立她為王后，受到大臣們反對，認為應該立在吳郡（今浙江境內）的原配徐夫人（約 229 年卒）為后，而且時為太子的孫登（209-241）幾乎剛出生就由徐夫人撫養。對孫權來說，徐夫人當日娶來已是寡婦，妒忌心又重，十年前便將她遺棄在吳郡。他既不想將她迎回，又不便完全駁回臣子們的勸諫，於是往後十年，沒有正式冊封皇后。但步夫人在宮中，地位無異於皇后，平日裡眾人也喊她皇后。文獻中說「親戚上疏稱『中宮』。」她去世時（238 年），孫權追贈以皇后稱號，葬於蔣陵。

在追封步夫人為后的儀式上，孫權對她的早逝，表示哀痛，提到她時，情深意切：「寬容慈惠，有淑懿之德。民臣繫望，遠近歸心。」他後悔未能更早地封她為后，因為一直以為她會長壽，「永與朕躬對揚天休。不寤奄忽，大命近止（和我長遠地分享天賜的榮華，沒想到突然患起重病，以致不起）。」

秦家德
龍仁譯

◇ 司馬光，《新校資治通鑑注》，楊家駱主編，台北：世界書局，1977 年，冊 4，卷 69-78，頁 2175-2490。
◇ 《三國志·吳書》，北京：中華書局，1982 年，冊 5，卷 50，頁 1198。
◇ Sima Guang. *The Chronicle of the Three Kingdoms (220-265), Chapters 69-78 from the Tzu chih t'ung chien of Ssu-ma Kuang,* trans. Achilles Fang, ed. Glen W. Baxter. Cambridge, MA: Harvard University Press, 1965, vol. 1, 576, 600-2, 690.
◇ De Crespigny, Rafe. *Generals of the South: The Foundation and Early History of the Three Kingdoms State of Wu.* Canberra: Australian National University, 1990, 511.
◇ Chen Shou. *Empresses and Consorts: Selections from Chen Shou's "Records of the Three States" with*

Pei Songzhi's Commentary, trans. Robert J. Cutter and William Gordon Crowell. Honolulu: University of Hawaii Press, 1999, 53, 56, 126-27, 218-19.

15 蔡琰 Cai Yan

蔡琰，字文姬，又名蔡昭姬，陳留（今河南省杞縣）人，活躍於二世紀末期。關於她的出生年份，有諸種說法（包括 174，177 及 178 年），未有定論。有說她是漢代最薄命的詩人，但她的〈悲憤詩〉兩首，及長篇詩歌〈胡笳十八拍〉，皆屬文學傑作。

蔡琰是東漢末著名學者蔡邕（字伯喈，133-192）的女兒。後來蔡邕死於獄中。蔡琰博學多才能辯，很有音樂天賦。她一生中最少結了三次婚，但不是每次都是她自願的。她第一任丈夫是河東的衛仲道，兩人沒有孩子，丈夫去世後，她返回故里。二世紀最後十年，天下戰亂，她被南匈奴軍隊所虜，成為他們左賢王的姬妾。她在異域與異族生活了十二年，生下了兩個兒子。有資料稱，左賢王死後，她又被嫁給另一個匈奴人。曹操（155-220）過去曾與蔡邕交好，痛惜蔡邕沒有漢族後嗣，故派使者去南匈奴（約 206 年），以金璧贖回蔡琰。她回到漢地，但兒子不能隨行。

曹操出於一己之私，把蔡琰贖回，但卻為她帶來無盡的痛苦。正如美國學者李德瑞（Dore Levy）指出，蔡琰覺得朝中各人排擠她，一是為了她的家庭關係，二是認為她恬不知恥，多番出嫁。

後來，蔡琰又奉曹操命嫁給他手下的一個軍官董祀。《後漢書》便是以她作為董祀妻子的身份來記載她的。這樁婚姻突顯了她博學多才、能言善辯的一面。董祀任屯田都尉，因犯法而被處死刑，她到曹操處求情，當時有不少公卿名士及遠方使驛在場。曹操告訴賓客，蔡伯喈的女兒快要來了。文姬到來後，便向曹操叩頭請罪，言辭悽楚而雄辯，座中各人都被她感動。曹操說，公文已經送出了，文姬問：明公有那麼多勇士快馬，為什麼不派去救他一命呢？

曹操被她打動，赦免了董祀的死罪。曹操問她，還記得小時候家中眾多藏書內容。這個提問，顯然間接說出她還是孩子時，他常探訪蔡邕。她回答說，「昔亡父賜書四千許卷，流離塗炭，罔有存者。今所誦憶，裁四百餘篇耳。」據說她將仍然記得的文章，默寫出來，字體清雅秀麗。

《隋書‧經籍志》（隋朝，581-618）記有〈蔡文姬〉一卷，但已散佚。她現存的作品只有三篇：〈悲憤詩〉二首及一首〈胡笳十八拍〉。〈悲憤詩〉

二首被《後漢書》收錄，但是否全屬蔡琰所作，仍有爭論。第一首〈悲憤詩〉是敘事詩，為五言古詩，五百四十字，一百零八句；一般認為是她的作品。第二首是抒情詩，為七言的「楚辭體」詩，二百六十六字，三十八句；一般認為是偽作。第一個質疑〈悲憤詩〉是否蔡琰所作的，是宋代詩人蘇軾（蘇東坡，1036-1101）。他說：「蔡琰二詩，其詩明白感慨，頗類〈木蘭詩〉，東京無此格也。」那就是說，在蔡琰的年代，洛陽尚未出現此類詩體。他又補充說，詩中敘述蔡琰因董卓（192年卒）奪位而顛沛流離，最後為匈奴所虜，這個說法令他更增疑竇，因為當時她的父親健在，應該可以保護她。不過，後來有學者不同意蘇軾的觀點。縱使作品真偽成疑，清代（1644-1911）評論家沈德潛對〈悲憤詩〉仍推崇備至。他形容它：「段落分明，而減去脫卸轉接痕跡，若斷若續，不碎不亂。少陵〈「自京赴」奉先詠懷「五百字」〉、〈北征〉等作，往往似之。」現在主流的說法是，五言詩是蔡琰所作，「楚辭體」的一首，是後人所作。以下摘錄的一段〈悲憤詩〉，講述一個婦人離開中土多年，故里已舉目無親，忽被送返國門，但卻要留下兩個心愛的兒子，被迫與兒子生離，教她肝腸寸斷。

> 煢煢對孤景，怛咤糜肝肺。
> 登高遠眺望，魂神忽飛逝。
> 奄若壽命盡，旁人相寬大。
> 為復彊視息，雖生何聊賴。
> 託命於新人，竭心自勖勵。
> 流離成鄙賤，常恐復捐廢。
> 人生幾何時，懷憂終年歲。

〈胡笳十八拍〉是由十八拍（節）構成的一篇長篇抒情詩，一千二百九十七字，最早收錄於宋代（十一世紀）《樂府詩集》的〈後漢·蔡琰〉條下。朱熹（1130-1200）的《楚辭集注後語》也視之為蔡琰的作品而加以收錄，對其評價更高於兩首〈悲憤詩〉。可是，關於真偽問題，爭論比〈悲憤詩〉還要多，至今未有定論。郭沫若（1892-1978）斷言是蔡琰所作；學者王達津聲稱是偽作。李德瑞則認為，要確證蔡琰是作者，或許永遠做不到，但〈胡笳十八拍〉一拍接一拍的

直接由一個女子的聲音激情地訴說，正好與早期詩歌的特色吻合。她又認為〈胡笳十八拍〉特別強調敘事者獨特的聲音，反覆使用「我」等代名詞，而且所描繪的感情是赤裸裸的。凡此種種，都與詩中那份悲痛難平遙相呼應，這種風格，不可能在五世紀以後採用女性敘事者的（男性）詩歌找到，因為這些女性敘事者的聲音都是如出一轍的。在〈胡笳十八拍〉的第十三拍，蔡琰為失去兒子而低泣：

> 不謂殘生兮卻得旋歸，撫抱胡兒兮淚下沾衣。
>
> 漢使迎我兮四牡騑騑，悲號失聲兮誰得知，與我生死兮逢此時。
>
> ……
>
> 十有三拍兮弦急調悲，肝腸攪刺兮人莫我知。

〈胡笳十八拍〉對魏晉六朝（三至六世紀）的北方文學影響尤大。沈德潛認為〈悲憤詩〉「激昂酸楚，讀去如驚蓬坐振，砂礫自飛，在東漢人中，力量最大。」〈悲憤詩〉和〈胡笳十八拍〉雖風格不同，但對蔡琰命途坎坷的描繪，都同樣感人。蔡琰一生淒苦艱辛，只因生逢亂世，便悲慘地成為戰爭與政治的受害者。然而，千百年來，她堅毅頑強、百折不撓、沉痛悲戚的形象已深入人心。

西村富美子

◇ 郭沫若，《蔡文姬》，北京：文物出版社，1959 年。
◇ 劉開揚，〈關於蔡琰的生年〉，見《文學遺產》編輯部編，《〈胡笳十八拍〉討論集》，北京：中華書局，1959 年，頁 171–177。
◇ 王達津，〈〈胡笳十八拍〉非蔡琰作補證〉見《文學遺產》編輯部編，《〈胡笳十八拍〉討論集》，北京：中華書局，1959 年，頁 184–186。
◇ 鄭振鐸，《插圖本中國文學史》，北京：文學古籍社，1959 年，冊 1，頁 110–112。
◇ 《後漢書》，北京：中華書局，1965 年、1973 年，冊 5，卷 84，頁 2800–2803。
◇ 沈德潛，《古詩源》，北京：中華書局，1973 年，卷 3，頁 63–65。
◇ 羅根澤，《樂府文學史》，台北：文史哲出版社，1974 年，頁 75–77。
◇ 劉大杰，《中國文學發展史》，香港：古文書局，1976 年，上卷，頁 206。
◇ 郭茂倩，《樂府詩集》，北京：中華書局，1979 年，冊 3，卷 59，頁 860–865。
◇ 胡國瑞，《魏晉南北朝文學史》，上海：上海文藝出版社，1980 年，頁 28–32。
◇ 胡仔，《苕溪漁隱叢話》，北京：人民文學出版社，1981 年，前集，卷 1，頁 1–6。
◇ 陳祖美，〈蔡琰生年考證補苴——兼述其作品的真偽及評價的問題〉，見《中華文史論叢》，1983 年 2 期，頁 219–230。
◇ 朱熹，《楚辭集注後語》，台北：台灣商務印書館，1985 年，卷 3，頁 428–431。
◇ 梁乙真，《中國婦女文學史綱》，上海：上海書店，1990 年重印版，頁 78–94。
◇ Levy, Dore J. *Chinese Narrative Poetry: The Late Han Through T'ang Dynasties.* Durham, NC: Duke

University Press, 1988, 82-102，125-28.
◇ ———. "Cai Yan." In *Women Writers of Traditional China: An Anthology of Poetry and Criticism*, ed. Kang-i Sun Chang and Haun Saussy. Stanford, CA: Stanford University Press, 1999, 22-30.

16 蔡人妻 Cairen qi

　　蔡人妻就是一個蔡國人的妻子，來自宋國（在今華中一帶），生卒年不詳。她為人所稱道的，是在發現丈夫身患惡疾，而且無法治癒（可能是麻風病）後，儘管母親要她改嫁，她還是留了下來。她的故事一貫和《詩經》的〈芣苢〉（車前草；毛詩第 8 首）聯繫在一起，因為兩者有相類似的地方：車前草氣味難聞，但可製成藥物治病。詩中有這樣的句子：

　　采采芣苢，薄言采之。

　　……

　　采采芣苢，薄言掇之。

　　她的傳記收入《列女傳》的〈貞順傳〉內，傳裡形容她為「專慤」（專一誠實）。她明知丈夫身患惡疾，令人難以忍受，仍以貞潔自持，從一而終，成為了後代婦女的榜樣。

Constance A. Cook
龍仁譯

◇ 劉向，《列女傳》，見《四部備要》本，卷 4，頁 2 下 – 3 上。
◇ 屈萬里，《詩經釋義》，毛詩第 8 首，台北：華岡出版社，1977 年，頁 6–7。
◇ Waley, Arthur. *The Book of Songs*. London: George Allen & Unwin, 1937；1969, 91.
◇ O' Hara, Albert R. *The Position of Woman in Early China According to the Lieh Nü Chuan, "The Biographies of Chinese Women."* Taipei: Mei Ya, 1971; 1978, 107-8.

17 曹節，漢獻帝皇后 Cao Jie

　　曹皇后（獻帝曹皇后，約 196-260 年），東漢獻帝（劉協，181-234；189-220 年在位）的皇后，曹操（魏武帝，155-220）的第二個女兒，名節。

　　東漢末年，黃巾農民起義，州牧割據，丞相曹操把持朝政，權傾華北黃河與淮河流域。他削平各自為政的群雄後，在 213 年陰曆五月進位為魏公，並自

行「加九錫」，作為篡位的前奏。兩個月後，他把三個女兒——曹憲、曹節和曹華，送入宮給獻帝做嬪妃。三人都拜為貴人，但由於曹華年齡太小，所以留在家中，第二年才入宮。為了顯示權勢，曹操令代理太常的大司農安陽亭侯王邑送來玉璧絹帛，作為聘禮。同來的有五個攜帶武器的官員，均具文官議郎的官銜，還有一個屬員。

獻帝的伏皇后（參見伏壽，漢獻帝皇后傳）眼見曹操勢力日大，跋扈專橫，深感擔憂。她寫信給父親，請他想辦法抑制曹操的權勢。214 年，她的計劃洩露，曹操把她幽禁在暴室，即宮中曬乾染織物的地方。她在那裡去世。第二年貴人曹節晉封皇后，她一直身居后位，到 220 年漢朝覆亡為止。

曹操死於 220 年，他的兒子曹丕（187-226），也就是曹節的哥哥，逼漢獻帝退位，將他降為山陽公。曹丕另建新朝，改國號為魏，自稱魏文帝（220-226 年在位）。不久，他派人去向妹妹曹皇后索取漢朝皇帝的璽綬。她多次拒見來使。最後她把來使叫進來，逐一數落他們篡國之罪。然後大怒將璽綬擲向他們，眾人不敢仰視。她大聲斥責道，「天不祚爾！（上天不會護佑你們！）」

曹皇后被貶為山陽公夫人，和退位的皇帝一起過著退隱的生活，直到他去世（234 年）。她又寡居了二十六年，卒於 260 年。她死後與夫合葬在禪陵，車服禮儀皆依漢朝舊制。值得注意的是，曹節選擇忠於丈夫而不是父親和哥哥；遵從儒家的「三從」觀念，以夫為天，故此從屬於夫，是為「雙重天」。

王步高

◇《後漢書》，北京：中華書局，1973 年，冊 1，卷 9，頁 388–391；冊 1，卷 10 下，頁 455-458。
◇《三國志》，北京：中華書局，1982 年，冊 1，卷 1，頁 1–55。
◇ 陳全力、侯欣一編，《后妃辭典》，西安：陝西人民教育出版社，1991 年，頁 29。

18 曹僖氏妻 Cao Xi shi qi

曹僖氏妻，小國曹國（今山東境內）大夫僖負羈的妻子，活躍於公元前七世紀中葉。她從晉國（今山西河北境內）國君晉文公（公元前 696-628 年；公元前 636-628 年在位）怒火中，救了丈夫所住村莊的村民，因而受到讚揚。事情的來由，追溯至晉文公（當年尚稱重耳）流亡期間，路經曹國，受到國君曹恭公的羞辱。恭公聽說重耳有「駢脅」（胸兩側的肋骨處長有硬骨），就在重耳入浴時偷窺。僖負羈的妻子看出重耳和他的從人，決非等閒之輩，有執掌國

家之才；只要這些人覺得受到輕慢，曹國肯定後患無窮。於是她鼓動丈夫以禮善待重耳等人。重耳將此事記在心中，多年之後他當了國君攻伐曹國時，下令士兵不要闖入僖負羈的村子；全村百姓靠著僖氏妻子的遠見和政治眼光，才保住了性命。她的傳記收入《列女傳》的〈仁智傳〉內。

Constance A. Cook
龍仁譯

◇ 劉向，《列女傳》，見《四部備要》本，卷 3，頁 2 下 –3。
◇ 《左傳·左傳會箋》，僖公 23 年，台北：鳳凰出版社，1977 年，卷 1，6，34–35。
◇ O'Hara, Albert R. *The Position of Woman in Early China According to the Lieh Nü Chuan, "The Biographies of Chinese Women."* Taipei: Mei Ya, 1971; 1978, 79-81.

19 陳寡孝婦 Chen guaxiaofu

陳寡孝婦（活躍於公元前 179-157 年），來自陳國（今河南境內），西漢文帝時人。據郝繼隆（Albert R. O'Hara）的《列女傳》英文譯本，陳國是周朝一個諸侯國，在公元前 479 年為楚國所吞併。他認為陳寡孝婦是漢朝以前的人，活在孝文帝時期，但這位孝文帝不是漢朝那位孝文帝，《列女傳·陳寡孝婦》內的「漢」字屬手民所誤加。

陳寡孝婦十六歲出嫁，丈夫隨軍戍邊之時，兩人尚未有子女。臨行前，丈夫問她：「我生死未可知，幸有老母，無他兄弟，備吾不還，汝肯養吾母乎？」她答應了。丈夫果然死於戍任。她盡心照顧婆母，靠紡織維持生計，始終無再嫁之意。她按照習俗守寡三年後，父母認為她尚年輕，想領她回家讓她改嫁。她卻答道：丈夫臨去的時候囑咐我替他照顧老母，我已答應他，怎麼可以背信棄義呢？母親覺得她年輕守寡，不應這樣一輩子。她回應道：我的丈夫不幸已死，不能奉養他的母親，是為不肖，如果我也不能奉養，就是我的不孝，不如死去。說畢欲自殺，父母十分害怕，不敢再逼她改嫁。她奉養婆母整整二十八年，直至婆母去世，下葬後，終身奉祀。

淮陽太守將她的孝行上奏天子。天子「高其義，貴其信，美其行」，給予高度讚揚，還送她四十斤黃金，封她為「孝婦」。明顯地，她是因尊重道德規條，行為符合儒家重孝的傳統，而得到太守與天子的敬重。她拒絕改嫁，非為從一而終，而是為信守承諾，代替死去的丈夫，奉養婆母。

沈劍

◈ 劉向，《列女傳》，見《四部備要》本，卷4，頁9。
◈ 劉子清，《中國歷代賢能婦女評傳》，台北：黎明文化事業公司，1978年，頁82–84。
◈ O'Hara, Albert R. *The Position of Woman in Early China According to the Lieh Nü Chuan, "The Biographies of Chinese Women."* Taipei: Mei Ya, 1971; 1978, 124-26.

20 陳嬌，漢武帝皇后 Chen Jiao

陳嬌（孝武陳皇后，約公元前160年生），又稱阿嬌，漢武帝（劉徹，公元前156-87年；公元前140-87年在位）第一位皇后。她本人也是皇室之後。她是文帝（劉恆，公元前202-157年；公元前179-157年在位）和竇皇后（參見竇猗房，漢文帝皇后傳）的外孫女，長公主劉嫖（參見劉嫖，長公主傳）的女兒。她的父親陳午，世襲為堂邑侯。陳午的祖父陳嬰，曾與項羽（參見虞姬，西楚霸王妃傳）一起舉事反秦，後歸漢，封堂邑侯。

劉徹尚在襁褓，已被封為膠東王，年方數歲，姑母劉嫖抱著他坐在膝上問：「欲得婦否？」並指著女兒陳嬌問他：「阿嬌好否？」劉徹答：「若得阿嬌作婦，當作金屋貯之。」劉嫖後來把陳嬌嫁給了劉徹，且幫助劉徹登上太子之位。

劉徹十六歲即位，冊立陳嬌為皇后。劉徹寵幸陳皇后十年，她卻膝下無兒。據說她又變得驕橫善妒，日漸失寵。武帝轉而寵愛衛子夫（參見衛子夫，漢武帝皇后傳）。衛子夫是由武帝姊姊平陽公主推薦入宮的。為了此事，陳皇后要向武帝施壓，數次以死相抗，武帝十分惱怒。後來他發覺陳皇后使用媚道巫蠱之術，由女巫楚服施術詛咒。武帝追究治罪，牽涉入內的達三百餘人，全遭殺戮。當時是公元前130年。武帝沒有殺陳皇后，但下了詔書說：「皇后失序，惑於巫祝，不可以承天命。」

接著，陳皇后交回璽綬，被廢后退居長門宮。陳嬌送了黃金百斤給知名文人司馬相如（公元前179-117年），請他為她作賦，表達她的愁苦，這就是眾所皆知的〈長門賦〉。武帝讀後的確大為感動，曾前往探望，但沒有恢復她的后位。後世文人墨客遂以此為佳話，對他們的故事，吟詠不息。

陳嬌孤獨終老於長門宮，死後葬於霸陵（今陝西西安東郊）郎官亭東面。

王麗華

◈《史記》，北京：中華書局，1973年，冊4，卷49，頁1967–1986。
◈《漢書》，北京：中華書局，1975年，冊6，卷59，頁2638；冊8，卷97上，頁3948–3949。
◈ 安作璋編，《后妃傳》，鄭州：河南人民出版社，1990年，頁45–56。
◈ 陳全力、侯欣一編，《后妃辭典》，西安：陝西人民教育出版社，1991年，頁13。

◈ Loewe, Michael. *Crisis and Conflict in Han China.* London: George Allen & Unwin, 1974.

21 陳思謙 Chen Siqian

陳思謙（張亮則妻陳思謙），東漢成固（今陝西境內）人，嫁南鄭（今陝西境內）張亮則為妻。

張亮則在陝西扶風當官，下屬建議製定一套嚴防制度，以防治安混亂、百姓作惡。張亮則就此徵求妻子的意見。陳思謙認為：「恢弘德教，養廉免恥，五刑三千蓋亦多矣，又何加焉！」意思是說應該以德教民，嚴刑峻法未必有用。張亮則深以為然，沒有採用下屬的建議。他後來調升牂牁（今貴州德江境內）太守，實施懷柔政策，威震南土，人譽之為「臥虎」。其後出任溧州刺史、魏郡太守，不論在哪個崗位，皆能使當地社會安定。

陳思謙的兄弟陳伯思沉迷於仙道，她勸誡他說：君子應該擔心不能留名後世，而不是希冀長生。修仙之術很不可靠。陳伯思聽罷，便不再渴求得道成仙了。她另一兄弟陳伯台，稱讚她為「女尚書之後耳！」她識見非凡，男子亦有所不及，在史冊上留名，理所當然。

沈立東

◈〈閨媛典・閨識部〉，見《古今圖書集成》，陳夢雷編，上海：中華書局，1934 年，冊 420，頁 15 上。

22 陳嬰母 Chen Ying mu

陳嬰的母親（活躍於約公元前 208 年），秦朝（公元前 221-206 年）秦二世時期住在東陽（今安徽天長境內）。她姓名不詳，史書上稱她為陳嬰母，而陳嬰是東陽令史。

秦朝國祚不長，末年天下大亂，群雄並起。陳勝（公元前 208 年卒）首先起兵倒秦，事敗後，東陽少年殺縣令，聚眾數千人，欲推舉首領，一時無恰當人選，最後擁戴陳嬰，因為他是東陽令史，住在當地。陳嬰平素謹慎可靠，眾人皆以他有睿智而尊稱他為長者。陳嬰卻以自己無能，推辭不就。當時起義群眾已近二萬人，他們強行立陳嬰為主帥，還說要擁立他為王。

陳嬰的母親勸兒子說：不如讓給別人，事成還可以封侯，一旦事敗，也不

致丟命。陳嬰聽取母親勸告，不敢為王，並對手下士兵說：項氏世代是將家，有名於楚，今欲舉大事，將非其人，不可。我們倚靠名族，一定能滅亡秦朝。於是眾人從其言，以兵歸附項梁（公元前 208 年卒）。後來項梁項羽等人敗於劉邦（參見呂雉，漢高祖皇后傳）。一如陳嬰的母親所料，陳嬰那時可以轉向劉邦效忠，還獲封堂邑侯。

《列女傳》稱許陳嬰母「知天命，又能守先故之業，流祚後世，謀慮深矣」。有說她是個賢明的母親，能為兒子出謀劃策，保他平安，助他建功立業。

沈劍

◈ 劉向，《列女傳》，見《四部備要》本，卷 8，頁 2。
◈ 《史記》，北京：中華書局，1973 年，冊 1，卷 7，頁 298。
◈ O' Hara, Albert R. *The Position of Woman in Early China According to the Lieh Nü Chuan, "The Biographies of Chinese Women."* Taipei: Mei Ya, 1971; 1978, 218-219.

23 淳于緹縈 Chunyu Tiying

淳于緹縈，活躍於公元前二世紀中葉，齊國（今山東境內）太倉人，太倉令淳于意的第五個女兒。

西漢文帝（劉恆，公元前 202-157 年；公元前 179-157 年在位）時，淳于意因事獲罪，被判肉刑（指墨、劓、宮等酷刑）。押送長安受刑前，淳于意哀歎膝下無兒，怨道：「生子不生男，緩急非有益。」五女緹縈聽到後十分悲痛，跟隨父親到長安，並向文帝上書說：

妾願入身為官婢，以贖父罪，使得自新。

文帝深受感動，於是下詔說：人民有罪，我還沒有教化就動用刑罰，沒給他們一個改過的機會，太殘忍了，怎麼能稱得上人民的父母呢？從此廢止肉刑。

自此之後，肉刑被廢。淳于意亦得免於刑。「君子謂：緹縈一言發聖主之意，可謂得事之宜矣。」

緹縈以一弱女，上書皇帝，非止仁孝，且膽識非凡。她的話，使皇帝廢除酷刑，澤及後人，功德無量。千百年來，她的事蹟廣為傳頌。班固曾作〈詠史〉詩一首來紀念她，詩內對她推崇備至。

姚維斗

◈ 劉向，《列女傳》，見《四部備要》本，卷 6，頁 13–14。
◈ 《漢書》，北京：中華書局，1975 年，冊 3，卷 23，頁 1097–1098。
◈ 劉子清，《中國歷代賢能婦女評傳》，台北：黎明文化事業公司，1978 年，頁 85–89。
◈ 劉士聖，《中國古代婦女史》，青島：青島出版社，1991 年，頁 114–115。
◈ O'Hara, Albert R. *The Position of Woman in Early China According to the Lieh Nü Chuan, "The Biographies of Chinese Women."* Taipei: Mei Ya, 1971; 1978, 183-85.

24 楚野辯女 Chuye biannü

楚野辯女是楚國鄉野一個能言善辯的女子，活躍於公元前六世紀。她這個外號源於一次事件。那日她與一位來自鄰國的官員狹路相逢，受到該官員威嚇，但仍不畏強權與對方爭辯，最終全身而退。

辯女嫁給昭氏，丈夫是楚國（今長江以北華中一帶）貴族。上述事件的始末如下：那日她大概是自己駕車外出，剛巧迎面有車來，於是就將自己的馬車拉向路側，好讓那車通過。然而兩車還是撞上了，對方的車軸折斷。車上乘坐的是為鄭簡公（公元前 564-530 年在位，鄭國是位於今河南境內的小國）辦事的使者，使者大怒欲將辯女捉拿下來鞭打。但辯女爭辯說，如果懲罰的是她而非他的車夫，那對使者本人品德所造成的損害，便比對她身體帶來的損傷嚴重得多；因為那車夫絲毫未將馬車拉向路側，本應該對此事故負責的。她責難使者，說他的行為欠妥，大發雷霆而毫無君子的教養，還諉過於她。使者聽了這番話，很是慚愧，把她釋放了。顯然，辯女與使者屬於同一社會階層，因為他們在此事上的觀點相同。使者責怪婦人，明顯是失風度欠教養；而她合乎禮節地指出，犯錯的是使者的車夫而非使者本人，也是完全可以接受的說法。辯女還繼續說，威嚇一個弱女是有違古訓的。使者非常佩服辯女，請她一道去鄭國，但她說自己已有丈夫，不便隨行。她的傳記收入了《列女傳》的〈辯通傳〉內。

Constance A. Cook
龍仁譯

◈ 劉向，《列女傳》，見《四部備要》本，卷 6，頁 4 下 –5 上。
◈ O'Hara, Albert R. *The Position of Woman in Early China According to the Lieh Nü Chuan, "The Biographies of Chinese Women."* Taipei: Mei Ya, 1971; 1978, 161-63.

25 道瓊 Daoqiong

比丘尼道瓊（活躍於376-438年），俗姓江，名字不詳，南朝京城建康（今南京市）附近丹陽地方人。她在眾多的寺廟中，請人鑄造了許多佛像，促進了中國佛教藝術的發展。

佛教在東漢初傳入中國，到東晉時期才廣受歡迎，之後在南北朝盛極一時，當時比丘尼的社會地位相當高，建康城中以及周邊都建設了好些寺院。

道瓊出家之前，已熟讀儒家經史，她很有可能出身貴族，家境富有。出家後，她潛心鑽研佛學。晉孝武帝（司馬曜，362-396；373-396年在位）時，連皇后王法慧（360-380）都讚美她行誼高尚，堅持苦行，名媛貴婦爭相與她交往。

431年，道瓊請人鑄造了許多佛像，其中有含帳帶座的金像二尊，連廳堂的臥佛一座，以及彌勒佛行像和普賢菩薩行像各一座。435年，劉宋的文帝（劉義隆，407-453；424-453年在位）下令，禁止建造佛寺及佛像。可是，三年後（438年），道瓊仍請人鑄造了一尊金無量壽像。

五世紀初，中國佛像處於初步發展階段，模樣皆以印度和中亞者為藍本，道瓊這些為宗教目的而鑄造的佛像，促進了中國佛教藝術的成長。彌勒、普賢、無量壽佛，成為造像常用的題材；與此同時，翻譯出來的《法華經》、《淨土經》、〈普賢品〉等經書，也廣為流傳。但可惜的是，極少造像保存至今。

Kathryn A. Tsai

◇ 高楠順次郎、渡邊海旭、小野玄妙編，《大正新修大藏經》，東京：大正一切經刊行會，1924-1929。
◇ 寶唱，〈道瓊尼傳〉見《比丘尼傳》卷2，載《大正新修大藏經》，高楠順次郎、渡邊海旭、小野玄妙編，東京：大正一切經刊行會，1924–1929，冊50，頁938。
◇ Tsai, Kathryn Ann. "The Chinese Buddhist Monastic Order for Women: The First Two Centuries." In *Women in China: Current Directions in Historical Scholarship,* ed. Richard W. Guisso and Stanley Johannesen. Youngstown, NY: Philo Press, 1981, 1-20.
◇ Baochang [Shih Pao-ch'ang]. *Lives of the Nuns: Biographies of Chinese Buddhist Nuns from the Fourth to Sixth Centuries: A Translation of the Pi-ch'iu-ni chuan,* trans. Kathryn Ann Tsai. Honolulu: University of Hawaii Press, 1994, 40-41.

26 鄧曼，楚武公夫人 Deng Man

鄧曼是楚國（古代的一個大國，在今長江以北華中一帶）武王（公元前740-690年在位）的妻子，曼氏女子，來自鄧（今河南境內），活躍於公元前

七世紀初。武王經常就用兵和治國的策略，徵求她的意見。她向他指出，楚征討弱小的羅國（今湖南境內），必敗無疑，因為主帥輕敵。她還對他說，他將會在征討隨國（今湖北境內）一役中陣亡，因為他的氣數已盡：「日中必移」。而當他準備出行時，她說他只顧自己的利益而很少施恩惠給他人，如果他在此次行動中死去，是國家的福氣。這次攻擊行動中，武王果然亡故。人們讚揚他的妻子明白「天道」，即「物盛必衰」的道理。她的傳記以〈楚武鄧曼〉為題收入《列女傳》的〈仁智傳〉內。

Constance A. Cook
龍仁譯

◈ 劉向，《列女傳》，見《四部備要》本，卷 3，頁 1 上－下。
◈ 《左傳‧左傳會箋》，桓公 13 年，莊公 4 年，台北：鳳凰出版社，1977 年，卷 1，2.71–72; 3.7。
◈ O'Hara, Albert R. *The Position of Woman in Early China According to the Lieh Nü Chuan, "The Biographies of Chinese Women."* Taipei: Mei Ya, 1971; 1978, 76-78.

27 鄧猛女，漢桓帝皇后 Deng Mengnü

鄧猛女（桓帝鄧皇后，約 140-165 年）是東漢桓帝（劉志，132-167；147-167 年在位）的皇后。她的父親名鄧香，母親名宣。鄧香是鄧太后（參見鄧綏，漢和帝皇后傳）從兄的兒子。鄧氏家族幾代都是南陽郡（今河南西南）望族，其中一人曾追隨東漢開國皇帝劉秀（漢光武帝，25-57 年在位）建國立業。121 年，鄧太后去世，鄧家勢力被安帝（107-125 年在位）削弱，鄧香不再被視為皇親，他最早當的是郎中，官階不高，從未升遷，一直都是內宮掖庭的一個小官。他在女兒生下幾年後就去世了，接著妻子改嫁。宣的第二任丈夫，成了鄧猛女的後父。他名梁紀，是大將軍梁冀妻子孫壽（參見該傳）的舅舅。雖然梁紀和大將軍並非一家，但宣和她的子女都能分享外戚的恩寵，而猛女就跟著他姓梁。

也是在孫壽的影響之下，猛女進了宮（153 或 154 年），當時她大概是十三歲，屬一般入宮的年齡。最初她被封為采女，是三級妃嬪中最低的級別，由於她非常美麗，吸引了桓帝的注意，對她寵愛有加，很快便晉升為貴人，級別僅在皇后之下。孫壽深明猛女魅力驚人，顯然希望猛女會支持收養她的梁家並為它出力。起初，一切都很順利：鄧貴人竭力避免和梁冀的妹妹，當時的梁皇后（參見梁女瑩，漢桓帝皇后傳）發生衝突，同時也為鄧家爭取到特殊的恩

惠。猛女入宮一年後，可能是她晉升貴人時，哥哥鄧演（約 156 年卒）被封為南頓侯，位特進，僅在三公之下。

鄧貴人的後父梁紀在她入宮後不久就去世了，因此她與孫壽和梁冀的關係轉淡。159 年秋，梁皇后意外早卒，情況發生戲劇性的變化。梁皇后的哥哥大將軍梁冀與皇室再無直接關係。為了重振聲威，梁冀建議把鄧貴人認養為女兒，並把她立為皇后。

桓帝對此並不反對，因為比起其他妃嬪，他還是更喜歡鄧貴人。但他對梁冀在朝中隻手遮天，似日感不忿。他已是二十七歲，卻不能參與政事，同時，對梁冀毫不留情的打壓反對聲音，亦覺不快。只要梁冀還得到鄧貴人的本家，尤其是她的母親宣的支持，政局就不會大變。不過，此時宣和她的家人明白，鄧貴人一旦收歸梁冀所用，鄧家的勢力必會大減，而她自己就會失去榮升皇帝岳母的黃金機會。所以，她拒絕把女兒給梁冀認養。

鄧貴人的姐姐嫁給了一個叫邴尊的人，他在朝中任議郎，職位低微。他也很清楚，這個小姨好運的話，可為他帶來絕好機會。他帶頭勸宣，定要反對梁冀的建議。幾天以後梁冀派他的爪牙把邴尊殺死。宣仍然不改變主意，梁冀又派人去殺她。

宣在京中的住宅正好在太監中常侍袁赦的家隔鄰，與其他大宅院一樣，有很高的圍牆，梁冀派去的人先闖入袁赦的家，再從那裡進入宣的家。袁赦發現了以後，敲鼓叫人並高聲警醒宣。她逃到皇宮向皇帝報告此事。

梁冀膽敢如此直接行動，桓帝清楚自己的生命也有危險。梁冀很快便能控制後宮，因此桓帝可以扭轉形勢的時間不多。他下令派一支由太監和御林軍共同組成的軍隊去把梁冀和孫壽的府邸圍起來，繳下他們的印綬，並把他們流放到遙遠的越南之南。他們夫妻一起自殺，梁氏家族的勢力就此瓦解。

五天之後，鄧貴人登皇后位（159 年）。她和家人都與梁氏劃清界限。桓帝堅持新后改姓薄，據說是因為宣的娘家姓薄，但此說並無證據。更可能的是，桓帝希望她效仿西漢以謙虛為人所知的薄夫人（參見薄姬，漢高祖傳），漢文帝（劉恆，公元前 202-157 年；公元前 179-157 年在位）的母親。161 年，大臣奏明皇后本是郎中鄧香的女兒，不應該改姓，於是回復鄧姓。鄧香追封為車騎將軍安陽侯，宣為昆陽君，昆陽是南陽的一個富庶的縣份。鄧氏其他人都榮耀加身，獲賜錢財。即便鄧氏的男子都在京城任軍職，但只有一位身居要職，並被封侯。他的榮寵可能不全然來自皇后，更重要的原因是，桓帝登基前，和

他已是朋友。

雖然鄧氏家族備受榮寵,但與昔日揮霍無度與權傾朝野的梁氏家族相比,並不過分。可是,鄧家在朝中卻不得人心,桓帝收到很多對他們的怨言,反對他們得享榮耀。更奇怪的是:即使鄧氏長久以來都是南陽大族,看來亦無人直接質疑過鄧皇后的身世,她卻經常被視為出身低賤。桓帝不理會這些批評,照舊寵愛她。

可惜鄧皇后未能為桓帝生下子嗣。雖然這時有兩個公主出生,但似乎都不是她生的。此時桓帝擁有龐大的後宮,據說有五六千人,加上僕役,人數更多。大臣們因此抗議,後宮的開支令國庫空虛。人數可能誇大了,不過桓帝也愛大興土木:他至少加建了一幢宮殿和一個園林。鄧皇后方面,她已經接近三十歲,天天與野心勃勃的新對手爭寵,漸處弱勢。有記載稱,她與郭貴人大吵一場後,各自在皇帝面前告狀;還有說鄧皇后曾醉酒。她的傳記說她自恃身份尊貴,對人傲慢忌刻,桓帝對她漸感厭倦。

165 年初,鄧皇后被廢,囚於暴室(專供病人或失寵的嬪妃居留的地方),不久去世,史書稱她「以憂死」。有說她因行為不檢而后位不保,最終被迫自殺;其中還有兩段文字稱,她的罪過是做了「左道旁門」的事。在宮廷鬥爭的壓力下,她變得行為古怪,固然影響他人;但她還可能是為了求得子嗣,而去尋找靈符、靈藥,雖則求子心切,看起來卻全無惡意,也不傷及他人。然而,從兩個層面看,她這樣做會帶來危險,甚至災難性的後果,一是超自然的干預會影響到皇帝的聖躬,另一是涉及下毒的嫌疑。巫蠱在古代宮廷鬥爭中是用來控訴妃嬪的老生常談,可是鄧皇后也許真有其事。而「以憂死」則可能暗示被迫自殺或甚至他殺。

鄧皇后被廢之後,她的家族被免官爵,財物充公,有些人死在獄中,有些人被遣回南陽原籍。

大約也在這個時候,桓帝兩個寵信的宦官被免職,其中一人——左悺——被迫自殺。左悺可是推動漢室信奉黃老之說的關鍵人物。漢朝黃老學說早具規模,但桓帝是第一個以帝皇的身份,給予支持。165 年正月,左悺奉命前赴相傳為老子出生地的陳國(今河南境內),到老子的廟宇去祭祀。或許,此舉反映了鄧皇后為自己、為丈夫和他的朝代祈福的意圖。在鄧皇后和左悺死後,皇家對黃老的興趣絲毫未減,並在 166 年夏達到巔峰。當年在洛陽的宮殿舉行了一個盛大的祭典,祭祀黃老和新傳來的外國神靈——佛祖。有說這是桓帝的第

三位皇后（參見竇妙，漢桓帝皇后傳）安排的；然而更有可能是與鄧皇后有關。她為保后位以及桓帝的寵愛，不惜以非正統的方法祈求子嗣，最終未果。桓帝祭祀黃老，或許更多的反映出鄧皇后與非傳統宗教的關係。

Rafe de Crespigny
蕭虹譯

◇ 《後漢書》，北京：中華書局，1973 年，冊 1，卷 10 下，頁 444–445。
◇ Seidel, Anna K. *La Divinisation de Lao Tseu dans le taoisme des Han.* Paris: Publications de l' École Française d' Extrême-Orient, 1969, vol. 71.
◇ ——. "The Image of the Perfect Ruler in Early Taoist Messianism: Lao-tzu and Li Hung." *History of Religions* 9, no. 2-3 (1969-70): 216-47.
◇ De Crespigny, Rafe. "The Harem of Emperor Huan; A Study of Court Politics in Later Han." *Papers on Far Eastern History* 12(1975):11, 34.
◇ ——. "Politics and Philosophy Under the Government of Emperor Huan." *T'oung Pao* 66 (1980): 41–83.
◇ ——. *Emperor Huan and Emperor Ling.* Canberra: Australian National University, Faculty of Asian Studies, 1989, vol. 1, 8-14; 58.

28 鄧綏，漢和帝皇后 Deng Sui

鄧綏（和熹鄧皇后，81-121）是和帝（劉肇，78-104；89-104 年在位）的皇后，東漢開國功臣太傅鄧禹（2-58）的孫女。她的父親鄧訓（92 年卒），任護羌校尉；母親陰氏，是光武帝陰皇后（參見陰麗華，漢光武帝皇后傳）的堂侄女。

本文主要取材於《後漢書》的和熹鄧皇后傳。該書成書於五世紀上半葉，作者在傳中批評她攝政期間戀棧權力，但也讚賞她能力非凡，功績卓越。這類官方傳記，向來歌功頌德居多，她的傳記也不例外，交代她年輕時的言行尤為如此。她五歲時，祖母為她剪髮，誤傷額頭；她沒有叫痛，別人問到，她答道：「非不痛也，太夫人哀憐為斷髮，難傷老人意，故忍之耳。」到了六歲，她已能讀周太史籀大篆十五篇；十二歲通《詩經》、《論語》。母親問她：「汝不習女工以供衣服，乃更務學，寧當舉博士邪？」她於是在日間學習女紅，在晚上繼續讀書，家人都戲稱她為「諸生」。父親認為她才華出眾，所以事無大小，都喜歡和她商議。92 年她十一歲時，被選入宮，剛巧父親去世，未有進宮。她十分想念父親，晝夜哭泣，此後三年不食鹽菜，顏容憔悴。有一次，她在夢中摸到天，並隱約見到像石鐘乳的液體，仰頭飲下。占夢的人說這是大吉之兆。

28 鄧綏・漢和帝皇后 Deng Sui

他見到她後，驚歎道：「此成湯之法也。」她叔父鄧陔說：「常聞活千人者，子孫有封。兄訓為謁者，使修石臼河，歲活數千人。天道可信，家必蒙福。」意思是鄧皇后的父親曾經救活數千人，所以後世一定會蒙福。祖父鄧禹曾說：「吾將百萬之眾，未嘗妄殺一人，其後世必有興者。」

95 年，鄧綏再被選入宮。她美貌絕倫，教眾人驚豔。翌年，她以十六歲之齡，獲封貴人，進入掖庭。她行事恭謹有度，用心服侍份屬親戚的陰后；對地位一樣的人，以至宮人僕役，都以禮相待。有一次，她病了，和帝特別召來她母親及兄弟照顧她。她卻認為宮禁深嚴，外人一般不得進入，和帝這個做法不當。和帝很讚賞她的見解，指出：「人皆以數入為榮，貴人反以為憂，深自抑損，誠難及也。」每逢宴會，妃嬪貴人都盛裝出席，她則穿戴簡樸。遇上衣服顏色與陰后一樣的時候，她會立刻改穿別的衣服。若與陰后一同被和帝召見，她不會正坐或與皇后並立，行走時會彎起腰，以示謙恭。和帝若發問，她會待皇后先答。

陰后漸漸失寵。鄧貴人獲和帝召見時，都借稱有病而避見他。和帝有好幾個兒子早夭，鄧貴人擔心和帝子嗣單薄，便安排合適的妃子代她服侍和帝。有說陰后見到鄧貴人愈來愈得到和帝的敬重，心生嫉妒，想用巫蠱之術陷害她。一日，和帝病危。有人告訴鄧貴人，陰后曾說：「我得意，不令鄧氏復有遺類。」鄧貴人聽後，淚流滿面，決定以自己的生命換回和帝的生命，又怕下場悲慘如戚夫人（參見戚夫人，漢高祖傳）般，淪為人彘，於是打算服毒酒自殺，一個忠僕假意告訴她，和帝已經痊癒，她才沒有服毒。翌日，和帝果然病情好轉。

102 年，陰后以行巫術被廢。同年冬，鄧貴人立為皇后。根據當時的傳統，藩國都必須向皇后進貢珍貴禮物，鄧綏做了皇后之後，厲行節儉，立即頒令禁止獻寶，只要求進貢紙墨。和帝每次想分封她的家人，她都加以阻攔。所以終和帝之世，她的兄長鄧騭（121 年卒）最高的官階也不過是虎賁中郎將。

和帝的長子有疾，而其他的十多個皇子都早夭，在生的又秘密地寄養在民間。104 年，和帝崩。鄧后迎立出生僅百日的劉隆（殤帝，105-106 年在位），她被尊為皇太后，臨朝攝政。那時，若出現皇帝年少（如殤帝的情況）、病重、猝逝，或遺詔明令等情況，太后便可臨朝攝政。往後的朝代規定，太后攝政，要坐在簾子之後，但東漢時期尚未有如此規定。

為了建立勢力，鄧太后把兄長鄧騭封為蔡侯車騎將軍，負責政務。弟弟鄧悝、鄧弘、鄧閶都封侯。她還重用宦官鄭眾（114 年卒）、蔡倫（121 年卒）等人。

後世論者指出,這是女主當政的必然特色。她雖然任用外戚,讓他們參與朝政,以鞏固自己的權位,但她能掌控一眾外戚,使他們不致坐大,一直忠於漢室。她臨朝後,推行了多項改革,包括大赦天下,凡建武以來因罪遭禁錮者,統統免罪為平民;又下令減少宮內所供應的衣服食物,地方郡國的進貢亦全部減半。所有掖庭侍女以及宗族家的官奴婢,若已年邁不能工作,可選擇留下,或是回歸故鄉。

殤帝即位後八個月便病逝。鄧太后與鄧騭秘密商議,立和帝十二歲的侄兒劉祜(安帝,93-125;106-125年在位)為帝。106年,安帝即位,鄧太后繼續臨朝。翌年,朝臣杜根代表數位大臣向鄧太后上書,請求她將政權交回年少的安帝。她勃然大怒,下令將杜根和幾位一同上書的大臣投進絹袋,再活活打死他們。大概是負責的官員囑咐動手的人手下留情,杜根沒有被打死。他逃到宜城山中酒家當酒保。十五年後,鄧太后崩,他返回朝廷,因忠心耿耿得到禮遇。

鄧太后輔助安帝期間,在任用外戚方面,十分謹慎。《後漢書》收錄了她寫的一封信:

> 每覽前代外戚賓客,假借威權,輕薄謥詞,至有濁亂奉公,為人患苦。咎在執法怠懈,不輒行其罰故也。今車騎將軍騭等雖懷敬順之志,而宗門廣大,姻戚不少,賓客奸猾,多干禁憲。其明加檢勅,勿相容護。

所以,鄧氏子弟均以此為誡,不敢仗勢驕縱。鄧太后執政十六年,外戚始終未構成漢室之禍,僅此一點,足見她的才具。她掌政期間,兢兢業業,勤政愛民,每逢饑荒,往往徹夜不寐,並削減宮中開支,用以救濟災民。在任人方面,她態度開明,多次下詔選用明政術,達古今,直言敢諫的賢能之士。對杜根的處理,屬罕見的例外,她該是覺得自己的統治權受到直接威脅才這樣做。鄧騭薦舉了不少才德之士如何熙、羊侵、李合、陶敦等人出仕;也延攬了楊震、朱寵、陳祥等人成為鄧太后的幕僚。另外鄧太后十分重視皇室的教育,特地為皇族子弟開辦一所學校,凡年滿五歲者,不分男女,一律進學校念書,又親自監督考試。至於她本人,自入宮後,即跟隨曹大家班昭(參見該傳)學習經書、天文與算數。她挑選了五十多位博學儒生,在東觀校閱典籍,又命太監到東觀學習經傳,再轉授宮人。她亦有著作,死後有人將她十八篇作品結集成書。

121年陰曆三月,鄧太后病卒,年僅四十一歲,與和帝合葬於順陵中。鄧太后奪權的手法十分高明,而且她很幸運,和帝沒有眾望所歸的繼任人。她可

以安排繼位人選，自任攝政之位，成為實際統治者。如果她是男子的話，她便不能這樣做，因為男子只能以朝臣的身份攝政。作為統治者，她表現出色，秉持儒家理念，不容外戚越權。有批評說她應該更早還政於在位的皇帝。但是，也有學者指出，鑒於在她死後執政的安帝治國無方，她把持朝政，不還政於安帝，是為了國家利益，而非個人權慾。

黃嫣梨

◇ 嚴可均，《全上古三代秦漢三國六朝‧全漢文》，台北：世界書局，1963年，冊1，卷9，頁518。
◇ 《後漢書》，北京：中華書局，1973年，冊1，卷10上，頁418–430；冊4，卷57，頁1839。
◇ 李安瑜，《中國歷代皇后全書》，北京：中國友誼出版社公司，1990年，上冊，頁137–147。
◇ 武普照，〈和帝劉肇皇后鄧綏〉，見《中國皇后全傳》，車吉心編，濟南：山東教育出版社，1993年，頁75–82。
◇ Swann, Nancy Lee. "Biography of the Empress Teng." *Journal of the American Oriental Society* 51 (1931): 138-59.
◇ Yang, Lien-sheng. "Female Rulers in Imperial China." *Harvard Journal of Asian Studies* 23 (1960/61): 47-61.

29 貂蟬 Diao Chan

貂蟬（活躍於二世紀末）是中國民間傳說中的人物。歷史小說《三國演義》指她是東漢末年王允（137-192）的義女，也是當時一位武將呂布（198年卒）的妻子。《三國演義》稱她幫助王允殺死軍閥董卓（198年卒）。董卓是呂布的上級和義父，歷史上一個奸臣，由於他手握重兵，在朝中飛揚跋扈，有篡漢的野心。王允和其他朝臣都想殺董卓，但董卓除了義子呂布外，不讓任何人帶武器接近他，因此王允等人都束手無策。貂蟬當時是王允家的婢女，她想到一個辦法，用她自己做餌。據說貂蟬利用自己的美色迷惑呂布和董卓，並利用這個三角關係使呂布與董卓反目，進而殺死董卓。王允對她感恩之餘，收她做義女。

歷史上並沒有貂蟬其人，最接近她的原型可能是董卓的婢女，但沒有提到她的名字。元代《錦雲堂‧連環計》一劇，劇中就指明了貂蟬的真實姓名和家鄉，稱「貂蟬臨洮人，姓任，名紅昌。」相傳呂布探望董卓時，曾與這女子通姦，如此說來，傳說中和小說中的美人貂蟬是後世附會而成的。由於羅貫中《三國演義》中講述貂蟬的故事而使它家喻戶曉。

即使貂蟬來歷不明，她卻在中國人心中以歷史上四大美人之一的身份活

著。其他三人是西施（參見該傳），王昭君（參見該傳）以及楊貴妃（719-756，參見《中古（唐至明）婦女傳記辭典》）。在中國人的心中，貂蟬是一個憑自己的聰明才智，設計為國為民除掉奸臣，挽救漢室天下的女子。

龍茵

蕭虹譯

◇ 羅貫中，《三國演義》，北京：作家出版社，1953年，冊1，頁9–10，61–75。
◇ 馬兆政、周苇棠，《中國古代婦女名人》，北京：中國婦女出版社，1988年，頁78–80。
◇ Roberts, Moss, trans. *Three Kingdoms: A Historical Novel, Complete and Unabridged.* Beijing: Foreign Languages Press, 1994, 93-117.

30 丁夫人，魏王曹操 Ding Furen

丁夫人（約160-219/220年），三國時期魏國開國皇帝魏王曹操（155-220）的正妻。曹操生在東漢末年，他的父親曹嵩是漢靈帝（劉宏，156-189；168-189年在位）主事太監曹騰的養子。184年，曹操在平定黃巾之亂中嶄露頭角。後來漢朝國力日衰，曹操帶著他的軍隊馳騁於鄉間，逐漸把持了政治、軍事權力。到196年，漢獻帝（劉協，181-234；189-220年在位）已成曹操手中傀儡。215年，曹操宣佈將女兒冊立為皇后，翌年受封為魏王，打破了漢朝異姓不封王的不成文規矩。

丁夫人出身不詳，於何時何地嫁給曹操為正妻，亦不得而知。她沒有兒女。曹操庶妻劉夫人死後，遺下兩個孩子：曹昂（又名子修）和清河公主。丁夫人收養了他們，視如己出。後來曹子修在戰事中陣亡，丁夫人十分悲痛，責怪曹操冷漠無情：「將我兒殺之，都不復念。」曹操忍受不了她的言行，把她送回娘家，希望時間能撫平她心上的傷痛。過了一段時期，他去探望她，見她跪在織布機邊，對他不理不睬。他拍著她的背說：「顧我共載歸乎！」她仍舊不轉過臉也不回答。最後他站在門邊，再問一次，她仍不作聲。這一下他決心和她決絕，著她娘家將她另嫁他人。據說後來丁夫人並沒有再婚，一是丁家人不敢嫁她，二是當時她已四十出頭，且當過權傾朝野的曹操的正妻多年，很難找到適合的配偶。

丁夫人當正妻時，對曹操庶妻卞夫人（參見卞夫人，魏王曹操傳）和她的子女態度惡劣。而卞夫人219年封為王后之後，主動向丁夫人示好，送去四時節禮，私下與之會面，來時親自相迎，讓她坐上座，走時又親自送別。丁夫人對此甚為感動，認為自己已是「廢放之人」，仍得此禮遇，遂為當年的倨傲態

度向卞夫人道歉。後來，丁夫人去世，卞夫人要求曹操為她舉行葬禮。據說曹操病重彌留之時，對拋棄丁夫人頗有悔意，說他一生做事，都沒有什麼要後悔的，但如果死後有靈魂的話，一旦兒子子修問母親在哪裡，他將怎麼回答呢？

在權勢可以主宰一切的時代，丁夫人敢不聽命於曹操，無視他手操大權，可能因為心已破碎，一無所懼，沒有什麼再可以嚇倒她了。無論如何，她是個勇敢的女人，否則不能這樣做。

秦家德
龍仁譯

◇ 司馬光，《新校資治通鑑注》，楊家駱主編，台北：世界書局，1977 年，冊 4，卷 69–78，頁 2175–2490。
◇ 《三國志》，北京：中華書局，1982 年，冊 1，卷 5，頁 156–157。
◇ Sima Guang. *The Chronicle of the Three Kingdoms (220-265), Chapters 69-78 from the Tzu chih t'ung chien of Ssu-ma Kuang,* trans. Achilles Fang, ed. Glen W. Baxter. Cambridge, MA: Harvard University Press, 1965, vol. 1, 77.
◇ Giles, Herbert A. *A Chinese Biographical Dictionary.* Taipei: Chengwen Publishing, 1971, 761-63.
◇ *The Cambridge History of China,* ed. Denis Twitchett and John K. Fairbank. Cambridge, U.K.: Cambridge University Press, 1986, vol. 1, 343-52.
◇ Chen Shou. *Empresses and Consorts: Selections from Chen Shou's "Records of the Three States" with Pei Songzhi's Commentary,* trans. Robert J. Cutter and William Gordon Crowell. Honolulu: University of Hawaii Press, 1999, 47-48, 91-92, 145-47.

31 定姜，衛定公夫人 Ding Jiang

定姜是姜氏女子，在衛國朝中，輩分很高。她是衛國（今河南河北境內）國君定公（公元前 588-577 年在位）的夫人。她的兒子娶妻後不久亡故，兩人沒有子女。後來她年青的寡媳回娘家居住，她陪同她走到郊外，別離在即，悲從中來，賦詩一首如下，該詩已收入《詩經》之中：

燕燕于飛，差池其羽。

之子于歸，遠送於野。

瞻望不及，泣涕如雨。

定姜聰慧過人，知書達禮，政治觸角敏銳；重臣孫林父因失寵於衛定公，流亡晉國，晉國為他說情，請讓返回衛國。定公被定姜說服，最後同意孫林父

回國。定公去世後，雖然定姜的兒子早年夭亡，她在衛國仍有相當地位。繼任的國君獻公是定公一個妃子所生，為人兇殘，對待定姜很不禮貌，她就以他性格暴虐為由，將他放逐，另立他的弟弟為新的國君。公元前563年，鄭國入侵，被衛國所挫敗。這場戰爭中，孫林父把占得的卦象拿給定姜看，請她提供戰略方面的意見；他照著她的建議追擊敵方，結果大獲全勝。有關她以後的事蹟已無從查考，不過，有資料稱她文筆優美。她的傳記以〈衛姑定姜〉為題收入《列女傳》的〈母儀傳〉內。

Constance A. Cook
龍仁譯

◇ 劉向，《列女傳》，見《四部備要》本，卷1，頁5上–6上。
◇ 屈萬里，《詩經釋義》，毛詩第28首，台北：華岡出版社，1977年，頁110–111。
◇ Waley, Arthur, *The Book of Songs*. London: George Allen & Unwin, 1937; 1969, 107.
◇ O'Hara, Albert R. *The Position of Woman in Early China According to the Lieh Nü Chuan, "The Biographies of Chinese Women."* Taipei: Mei Ya, 1971; 1978, 25-28.

32 竇皇后，漢章帝 Dou Huanghou

竇皇后（章德竇皇后，97年卒），東漢章帝（劉炟，57-88；76-88年在位）的皇后，名字不詳，扶風平陵（今陝西咸陽興平附近）人。曾祖為東漢初大司空竇融（公元前16年-公元62年）；母親乃東海恭王劉強的女兒沘陽公主。父親竇勳因犯事被處死，家道因此中落。家人常請相工術士來到家中，詢問前程吉凶善惡的事情，這些術士都說長女（未來的竇皇后）是大貴之人。這個女孩自幼聰敏，六歲能讀書，家人親朋皆嘖嘖稱奇。

77年章帝即位翌年，竇氏和妹妹一同被選進入長樂宮。年輕的章帝久聞竇氏有才色，曾多次向諸宮姬傅母查問她的事情。章帝見到她時，覺得她「進止有序，風容甚盛……雅以為美。」馬太后（參見馬皇后，漢明帝傳）亦十分欣賞她，讓她搬進掖庭。竇氏聰慧溫厚，全心全意的照顧皇帝，得到眾人的稱譽。第二年，竇氏被冊立為皇后，妹妹封為貴人。後來，父親竇勳亦追諡為安成思侯。

自此竇皇后「寵幸殊特，專固後宮。」可是，竇皇后無子，對其他妃子漸生嫉妒。宋貴人生了兒子劉慶後，竇皇后多次離間宋氏與章帝的感情，並誣陷宋氏「挾邪媚道」，宋氏最後自殺。78年，梁貴人生下兒子劉肇。竇皇后寫

了封匿名信，指控梁氏的父親襃親愍侯梁竦犯罪，梁竦被囚，後遭處決，梁氏一家流放九真（今越南境內），據說梁貴人姊妹不久皆悲憤而死。竇皇后收養了梁貴人的兒子劉肇。章帝死後，十一歲的劉肇即位，是為和帝（78-104；89-104 年在位）。竇皇后被尊為皇太后，並臨朝聽政。竇太后的母親沘陽公主被尊為長公主，「益湯沐邑三千戶」，兄竇憲（92 年卒），弟竇篤、竇景「並顯貴，擅威權」。

92 年，竇氏兄弟因謀圖不軌，事泄被誅。五年後，竇太后卒。她下葬前，梁貴人的姊姊梁嫕上書和帝，訴說他生母梁貴人與她妹妹其實是含冤而死。梁嫕當年也因此隨家人流放在外。與此同時，有幾位大臣請求褫奪竇氏尊號，不讓她與先帝合葬。和帝心有不忍，下詔說：竇氏雖不遵法度，但她常自減損。朕侍奉她十年，想到做小輩的不應該貶黜長輩，而且看在我和她多年親情的份上。照太后的禮儀安葬。

竇氏遂與章帝合葬敬陵。她在位十八年期間，對上任馬太后的良好榜樣，熟視無睹。看來她是步西漢呂后（參見呂雉，漢高祖皇后傳）的後塵，旨在爭奪權力。她為和帝攝政六年，表現出色。可是，史書上形容她是惡毒的皇后，全因養子和帝仁孝，她才免受懲處。

楊海明

◇ 劉向，《列女傳》，見《四部備要》本，卷 8，頁 12 上 –13 上。
◇ 《後漢書》，北京：中華書局，1973 年，冊 1，卷 10 上，頁 415–417。
◇ 陳全力、侯欣一編，《后妃辭典》，西安：陝西人民教育出版社，1991 年，頁 22。
◇ O' Hara, Albert R. *The Position of Woman in Early China According to the Lieh Nü Chuan, "The Biographies of Chinese Women."* Taipei: Mei Ya, 1971; 1978, 249-51.

33 竇妙，漢桓帝皇后 Dou Miao

竇妙（桓帝竇皇后，約 151-172 年）是桓帝（劉志，132-167；147-167 年在位）的第三位皇后。她來自長安以西（今陝西西安），於 165 年初入宮。那年，鄧皇后（參見鄧猛女，漢桓帝皇后傳）被廢，旋即被囚去世。皇宮每年秋季選妃，竇妙大概就是那個時候被選入宮，該是十三至十五歲左右。不久就封為貴人，屬妃嬪中最高級別。同年底，獲封皇后，昭告天下。

竇妙是竇武的長女。竇武的祖先竇融（公元前 16 年 - 公元 62 年）是盤踞西北方的軍閥。當年曾與東漢開國皇帝光武帝（25-57 年在位）為敵，但後來

歸附於光武帝。竇融的曾孫女（參見竇皇后，漢章帝傳）是章帝（76-88年在位）的皇后。章帝去世以後，年幼的和帝（89-104年在位）繼位，朝政由竇太后與她的家族把持，直到92年他們失勢為止。雖然竇氏家族在京都失去了政治勢力，在他們的家鄉卻仍然很有影響力而且很富有。竇武的父親是定襄太守而竇武自己是聞名的經學家，在家鄉的附近教過書。竇妙選為貴人的時候，竇武獲授郎中之位。當她升為皇后時，他也升為越騎校尉，並封侯，食邑五千戶。

竇妙被選為皇后，並非如史書上說得那麼簡單。明顯地，桓帝受到朝中大臣相當的壓力，要立竇妙為后，而他自己又實力不足，不敢提出異議。他最寵愛的是妃嬪中地位最低的采女田聖。她與另外八人經常得到桓帝的臨幸。他對竇貴人並不感興趣，因此很少跟她在一起，甚至可能從來也沒有。

大臣們的意思是為了國家利益，皇帝必須從良好的家族中選擇皇后，竇氏因此是最合適的聯姻對象。田聖無疑出身微賤，但令人不解的是已故的鄧皇后也曾因此而受到非議。從皇朝的眼光看，尤其是從繼嗣的情況看，出身良好這個條件頗為費解。桓帝的第一個皇后（參見梁女瑩，漢桓帝皇后傳）的家族自從順帝（參見梁妠，漢順帝皇后傳）時就把持朝政，而梁女瑩亦親自迫使後宮其他懷孕的妃嬪流產。直到159年，桓帝才除掉強橫的梁氏家族，所以應該不會再容許另一代外戚權貴出現。再說，田聖和其他八人，恐怕不只是因為她們的床笫之術而得到臨幸，大概也因為她們合共九人，予人一個念想：「九」這個神奇數字，會為皇室帶來子嗣。

然而桓帝看來實力薄弱。他後宮人數眾多，花費巨大，招來不少怨言，且愈來愈多。他所寵信的太監也陸續被揭發貪贓枉法。他的第二個皇后鄧猛女和她的家族倒台以後，朝中的改良派便藉機要求皇宮換個新氣象。他們肯定認為，學者本色的竇武，會支持他們的政見，而桓帝也就不得不接受他們的建議。

竇武後來擢升城門校尉，掌管京都週邊的防衛。他特別注重提拔學生和職位低微的文書，推薦他們升級。凡有賞賜，都分散給其他人，自己的生活卻一貫的清廉儉樸。他享有美譽，又有很多人接受過他的好處，與朝廷重臣關係良好，在朝中舉足輕重。桓帝卻不喜歡竇武，對竇皇后冷漠如故。更重要的是，雖然有兩個公主約在此時出生，他卻沒有子嗣。

有人說，桓帝信奉黃老之術，多少是受到竇皇后的影響；而166年夏，洛陽宮殿舉行了盛大的祭典祭祀黃老，那時正是這種信仰達到頂峰的時候。但此說不能全信。更有可能的是，桓帝對黃老信仰的興趣起初是由已故的鄧皇后以

及一些宦官引起的。後來他予以推動，並非協同竇皇后，而是為了與竇武和他的盟友所代表的儒家抗衡的。桓帝甚至可能在為他自己的朝代尋求傳統理念以外的精神支柱，以此證明他擁有合法管治權。

167年末，桓帝病重，翌年初駕崩，年僅三十餘。死前他把田聖和其他八人都升為貴人，但他死後，遺體還停在宮中，已升任皇太后的竇皇后，就殺了田聖。鑒於兩個老資格宦官的勸阻，她饒了其他八人的性命。從此她和她的父親掌控了朝政。

由於桓帝去世前沒有留下子嗣，根據漢朝的成規，竇太后有權在皇室合格的後輩中選擇繼承人。那時她該未到二十歲，只好諮詢父親的意見。雖然竇武與朝臣和官僚們都有交情，他卻沒有讓他們參與其事。他諮詢了侍御史，並接受對方所舉薦十二歲的解犢亭侯劉宏（156-189），隨即派人迎劉宏到京都，是為靈帝（168-189年在位）。雖然竇武請侍御史舉薦有德的皇室子弟，但看不出劉宏究竟為何能達到這個標準，這似乎只能說明竇氏關心自己的權勢多於漢朝未來的興衰。劉宏被選中時僅過十歲，快要十二歲時便登基。他的曾祖父河間王劉開是章帝的兒子，即與桓帝同屬一支。他年齡稍長，沒有夭折的危險，但未成年，需要太后攝政，如此保證了太后一族以後數年的霸權。

竇氏家族的勢力穩固後，竇武和女兒封賞了家族成員和賓客。正如過去的梁氏家族所為，竇氏統攬了京都周圍重要的軍隊和警衛職位。竇武與過去梁女瑩和梁妠的兄弟梁冀一樣，官居大將軍，正式握有整個京都主要武力的北軍的軍權。竇武又和太傅陳蕃結盟，二人共同執掌等同政府權力中心的尚書台。

支持他們的是一些京都周圍的年輕人（編者按：竇武曾經上書救出很多因黨錮而被冤屈的士人），他們希望看到遵循儒家理想的改革，為了實現支持者的願望，竇武和陳蕃計劃消滅後宮宦官的勢力。但太后遲疑不決，又受了宦官頭領的影響，拒絕父親提出的方案，繼續保護後宮的太監。幾個月過去了，意圖改革的那些人顯然越來越著急，168年秋，事情終於發生了。陳蕃和竇武命令捉捕太后的兩個太監頭領，但其他太監為了自保團結起來，要求年輕的靈帝支持他們。在武鬥中竇武的手下漸漸棄他而去，他最後自盡，其他竇氏家族成員都被殺，剩下的親屬和賓客被流放到遙遠的南方，即今天的越南。陳蕃以及很多支持他的官員也被殺。全國禁止任用有儒家思想的改革者。

竇太后被軟禁於洛陽南宮的雲台。看守他的太監對她不好。即使重臣抗議、靈帝親自下旨，她的處境並未見改善。171年冬，靈帝率領群臣到南宮去

朝拜她，感謝她當年迎立自己的功勞，她的待遇又再次提上日程。靈帝很關心她的情況，不斷增加供養的物資，然而曾經為她說話的太監竟被污蔑，後遭處決。

172 年，竇太后的母親在遠謫的越南逝世，據說太后傷心而得病。同年也去世。也許她的死是有人促成的。太監們認為她的葬禮不應超過貴人的規格，但靈帝決定用皇后的規格把她與丈夫桓帝合葬。

Rafe de Crespigny
蕭虹譯

◈ 《後漢書》，北京：中華書局，1973 年，冊 1，卷 10 下，頁 445–446；冊 4，卷 69，頁 2239-2244。
◈ Seidel, Anna K. *La Divinisation de Lao Tseu dans le taoisme des Han.* Paris: Publications de l'École Française d'Extrême-Orient, 1969, vol. 71.
◈ ——. "The Image of the Perfect Ruler in Early Taoist Messianism: Lao-tzu and Li Hung." *History of Religions* 9, no. 2-3 (1969–70): 216-47.
◈ Ch'ü T'ung-tsu. *Han Social Structure,* ed. Jack L. Dull. Seattle: University of Washington Press, 1972, 484-90.
◈ De Crespigny, "The Harem of Emperor Huan: A Study of Court Politics in Later Han." *Papers on Far Eastern History* 12 (1975): 25-42.
◈ ——. "Politics and Philosophy Under the Government of Emperor Huan." *T'oung Pao* 66 (1980): 41–83.
◈ ——. *Emperor Huan and Emperor Ling.* Canberra: Australian National University, Faculty of Asian Studies, 1989, vol. 1, 64, 88-102, 121-26.
◈ Bielenstein, Hans. "Lo-yang in Later Han Times." *Bulletin of the Museum of Far Eastern Antiquities* 48 (1976).

34 竇猗房，漢文帝皇后 Dou Yifang

竇皇后（孝文竇皇后，約公元前 206-135 年），名猗房，文帝（劉恆，公元前 202-157 年；公元前 179-157 年在位）的皇后，清河觀津（今河北武邑境內）人。她在漢朝立國前夕出生，經歷了高祖、呂后（參見呂雉，漢高祖皇后傳）、文帝、景帝以及孫兒武帝的統治時代。有人提出，她一生意志堅定，尊崇道家，武帝為免拂逆她的意旨，在她去世後才推行儒學，作為施政之本。

竇猗房生於趙國，出身寒微，父母早亡，有兄弟各一，兄字長君，弟字少君，三人在家以耕織為業。呂太后臨朝執政時，竇氏以「良家子」身份，被選入宮做太后的侍女。不久，呂太后為了安撫劉氏諸封王，決定挑選宮女賜予諸王。竇氏與其他四個年輕女子被送給身在極北之地（今山西雁門關）的代王

劉恆。她原本希望返回故鄉趙國，但她的請求沒有獲准，於是只能不情願的上路。那時，劉恆的王妃已為他生了四個兒子。劉恆雖然十分寵愛竇猗房，卻只封她為竇姬，她的地位一直沒有提高。竇姬為劉恆生下一女兩子，女兒叫劉嫖（參見劉嫖，長公主傳），兒子分別是劉啟（景帝，公元前188-14年；公元前156-141年在位）和劉武（公元前144年卒）。三個兒女中，以小兒子劉武最得竇姬寵愛。

公元前180年，呂太后病逝。劉氏與呂氏家族之間，先議定多項政治安排；再經諸大臣多番商議，才決定由劉恆繼位。劉恆在大臣擁戴下，即皇帝位，是為漢文帝。劉恆登基前，王妃已去世；登基後，王妃所生的四個兒子也相繼病故。文帝即位那年，立竇姬長男劉啟為太子。按照母以子貴的禮法，竇姬立為皇后，獲得至高榮寵。

竇皇后一家的地位也大為改觀。父母雖早亡，仍被追贈封號。父被封為安成侯，母封為安成夫人。兄長君從觀津遷至長安。唯有弟少君，因家貧，年幼時就被賣為奴，並多次遭轉賣，最後到了宜陽（今河南境內），替主人在山中燒炭。一日，炭窯崩塌，僥倖逃出，到了長安。他聽說新冊立的皇后也姓竇，且來自觀津。他心想皇后可能是自己的姐姐，於是就上書自陳。竇皇后接信後，將信將疑，就告知文帝。文帝決定召見少君，仔細查問。少君記得少時採桑，不慎從樹上摔下，留下傷痕，並讓他們看了。他還記得姐姐西去前，曾在客棧內為他洗頭髮，讓他吃飽。竇皇后聽到這裡，已確定他就是自己的弟弟，立即走過去緊緊握住他的手。當時在場的人都哭了。於是文帝厚賜錢財和房宅田地，讓他在長安落戶。文帝亦准許皇后的堂兄弟們在長安安家。周勃（公元前169年卒）和灌嬰（公元前176年卒）兩位將軍鑑於呂氏外戚專權的教訓，安排德高望重的人與竇氏兄弟交往。竇氏兄弟果然品格高尚、謙恭自持，沒有自恃身份尊貴而驕矜失態。

不久，竇皇后病後失明，文帝轉而寵愛邯鄲慎夫人（參見慎夫人，漢文帝傳）和尹姬。但她們均未生育，對竇皇后的地位沒有構成威脅。公元前157年，文帝病逝，三十二歲長子劉啟即位，是為景帝，尊竇皇后為皇太后。

竇太后雖然失明，但仍然能干預皇室諸事。公元前154年，吳王劉濞（公元前213-154年）串通七國發動叛亂。景帝在平息叛亂後，一面下詔赦免為劉濞所誤的吏民，一面還要封劉濞的弟弟劉廣為新的吳王。至於參與叛變的楚國，景帝讓楚王的兒子劉禮成為新的楚王。竇太后得知消息後，請求景帝改變

主意，她指出劉濞犯上作亂，不能封他的子孫為王，否則會危及國家。景帝接納了她部分意見，沒有封劉廣為吳王，但封了劉禮為楚王。

文帝在位時，封了小兒子劉武為梁王。公元前 154 年，梁王進京朝拜，與兄長景帝宴飲。兄弟共飲之際，景帝隨口說道：「千秋萬歲後傳王。」梁王當即辭謝，但心中暗喜。竇太后一旁聽了也很高興。詹事竇嬰（公元前 131 年卒）捧起一杯酒獻給皇上並說：「天下者，高祖天下，父子相傳，漢之約也，上何以得傳梁王！」竇嬰是竇太后堂兄的兒子，她一向很信任他。此時聽了他這番話十分氣惱，後來藉口他有病，免去他的官職，除去他的門籍，不准他入朝請安。

梁王從此更加驕橫。公元前 153 年，景帝立栗姬所生的兒子劉榮為太子，又封王夫人（參見王娡，漢景帝皇后傳）所生的兒子劉徹為膠東王。竇太后的長女館陶公主劉嫖，一心想把愛女陳嬌許配給太子，卻被栗姬拒絕，異常懊惱。她立刻找到王夫人，表示願意將陳嬌許配給劉徹，王夫人代兒子答應了這門親事。劉嫖與栗姬之間的嫌隙，使皇室內部傾軋日盛。皇太子劉榮被廢為臨江王後，栗姬含恨而死。後來，劉徹被冊封為太子，王夫人立為皇后。

劉榮被廢后，竇太后曾經置辦酒宴，在席上向景帝提出，讓劉武繼承天子之位。景帝立刻答應了。但酒席一散，景帝與許多大臣討論此事後，改變了主意，打算立劉徹為太子。大臣袁盎（公元前 148 年卒）堅稱：「父子相傳，乃春秋大義。」劉武由此對袁盎及諸大臣懷恨在心，安排刺客暗殺了袁盎及其他議臣十餘人。景帝知道是劉武所為，責備他行為不當。劉武知道事態嚴重，為免景帝降罪，一面下令安排暗殺的兩個人（羊勝與公孫詭）自殺，再將屍體獻給景帝；一面又向王皇后的哥哥王信求援。這樣，景帝的怒氣才稍解。竇太后當時憂慮劉武犯了謀殺罪，不單絕食，還日夜哭泣不止。她其實是過分擔心了。因為處理此事的官員向景帝進言，不殺梁王，違反漢朝法制，讓梁王伏法，竇太后便食不甘味，臥不安席，更使景帝本人擔憂。他建議景帝就此罷手，不要再追查梁王的事。景帝認為他的話有道理，就讓他去見竇太后，告知梁王實屬無辜，犯罪的是他兩個寵幸的臣子，他們亦已伏法。太后聽後，便安靜下來。

後來，竇太后又以為景帝殺了不懂事的梁王，十分哀痛。其實這是個誤會。兩兄弟和好如初之後，竇太后對王信非常感激，認為他處事得宜，梁王才免受誅殺，遂請求景帝將他封侯。景帝沒有答應，聲稱相國周亞夫認為「非有功不得侯」。但一俟周亞夫因病辭官，王信便立即獲封為蓋侯。

對朝中的臣子，竇太后也常依其功過而有賞罰。郅都任中郎將時，曾經隨從景帝入上林狩獵。景帝妃子賈姬上廁所，忽然有一隻野豬也跑進廁所。景帝要去救她。郅都伏在地上阻止說，景帝這樣不重視自己的生命，實有負宗廟和太后厚望。景帝停了下來。幸而野豬亦自行走開，沒有傷及賈姬。太后聽到此事後就賜給郅都黃金百斤，以表彰其忠心。但後來郅都任中尉時，廢太子臨江王劉榮因罪下獄。劉榮要求給予刀筆，以便在竹簡上刻寫，上書景帝，但不獲郅都批准。但有人偷偷地將刀筆交給了劉榮。看來劉榮是在刻寫竹簡後，便用刀筆了結自己的生命。竇太后知道這事後，以郅都犯「危法」罪，把他殺掉。

竇太后一如既往的寵愛小兒子劉武，賞賜特多。在睢陽城，劉武的梁王宮室極盡豪華，據說他擁有黃金百萬斤，手上的珍玉寶器比朝廷還多。劉武前曾刺殺袁盎等大臣，景帝雖未治罪，但已疏遠他。前144年，劉武又到京師朝見，上疏給景帝，要求多留些時日，景帝不准許。梁王回國，竟因悶悶不樂而發病，高燒不止而去世。竇太后聽到消息後，十分悲痛，認為劉武之死是由景帝一手造成。景帝固然哀痛，但更害怕，不知如何應對。他與姐姐劉嫖商量過後，決定將梁國國土一分為五，分別賜給劉武的五個兒子，立他們為新國的王，又賜封地給劉武的五個女兒。對此，竇太后非常滿意。

竇太后晚年篤信黃老學說。她眼睛失明，就讓隨從、景帝以及太子向她誦讀黃帝《內經》、老子《道德經》。但景帝同時也聘請儒生到朝廷任博士，整理儒家學說。一天，竇太后召見名儒轅固，要他講解《老子》要旨。這位老儒生卻輕蔑地說：「此家人言耳」，意思是這些不過是村婦童僕之語，太淺薄。竇太后原出身農家，聽後大怒，責問道：「安得司空城旦書乎？」竇太后指斥儒家急功近利，如同法家。為了懲治轅固，她下令把他送進豬圈，那裡住了一口野豬。景帝在失明的母親背後，偷偷將一把利刃交給了轅固。轅固用利刃刺中野豬心臟，刀起豬死。竇太后這才默然，不再為難轅固。景帝為了避免再與太后發生衝突，將轅固調往清河，出任太子太傅。

漢景帝死後，太子劉徹即位，是為武帝（公元前156-87年；公元前140-87年在位），尊竇太后為太皇太后。這位皇祖母雖然年事已高，仍干預朝政，權重一時。武帝剛即位，其師傅王臧和御史大夫趙綰，就上書武帝，請求立明堂。為了弘揚儒學，他們推薦八十多歲的魯國名儒申公來主持。武帝就派出專使，帶著束帛和玉璧作為禮物，用安車駟馬坐乘，把申公迎至長安。趙綰知道太皇太后喜好黃老學說，遂向武帝建議，此事不必向太皇太后詳細稟報。太皇

太后知道後，勃然大怒，語帶威脅的說了些話。她並暗地搜羅了趙綰、王臧犯過的罪證，交給武帝。最後，她讓兩人去職，鋃鐺下獄。趙、王二人後皆自殺。申公亦被免職，送返魯國。另有兩個高官也被免職。她阻止了立明堂一事，但餘怒未消，認為這些儒者文多質少。另一方面，她卻十分讚賞景帝的師傅石奮一家說得少做得多，將他的兩個兒子分別封為郎中令和內史。

公元前 135 年，竇太皇太后去世，享年七十餘，與文帝合葬於霸陵。她在遺詔中吩咐，把自己的金錢財物全賜給長公主劉嫖。她在晚年以太后及太皇太后的身份，手握大權，但大致上沒有濫權。她讓人民休養生息，不徵重稅，不徵兵。她也沒有如呂后般，矢志奪權。她似乎獨愛發揮母親的威力，經常以發脾氣的方式威脅兒孫，迫令他們在繼位人選上言聽計從，好讓她的家族世代延綿。兒子景帝安撫她；孫兒武帝不得不等到她死後，才圓心願，將儒家思想奉為治國方略。她堪稱是西漢最後一位信奉道家的名女人。

鮑善本

◎ 司馬光，《資治通鑑》，北京：中華書局，1956 年，冊 1，卷 16，頁 518–548；卷 17，頁 549–578。
◎ 《史記》，北京：中華書局，1973 年，冊 4，卷 49，頁 1970–1975、2084–2086、2091–2092；冊 6，卷 121，頁 3123。
◎ 安作璋主編，《后妃傳》，鄭州：河南人民出版社，1990 年，頁 36–44。
◎ 陳全力、侯欣一編，《后妃辭典》，西安：陝西人民教育出版社，1991 年，頁 12。

35 獨孤皇后，隋文帝 Dugu Huanghou

獨孤夫人（552-602），隋朝開國皇帝楊堅（隋文帝，541-604；581-604 年在位）的妻子，死後追諡為文獻皇后。她家在洛陽（今河南境內），鮮卑族，原籍雲中（今山西大同附近）。獨孤家族是中國北方少數民族的上層氏族，有著龐大的人脈關係網，從四世紀到八世紀一直很有影響力。獨孤夫人的祖父曾任族長；父親獨孤信（557 年卒）曾在北魏和西魏朝中為官，在北周朝中，從一介武夫晉升到大司馬及河內公的高位。她是家中第七個女兒；母親崔氏是漢人，出身中國北方望族。

十四歲時她被父親許配給楊堅，這是一樁美滿姻緣；楊堅容貌奇偉、能力超群，結親時曾向她設誓，決不與其他女人生下子女。楊家在北朝亦位高權重：父親楊忠（568 年卒）先後在北魏、西魏和北周為官，官至大司空，封隋國公。

後來楊堅承襲了父親的爵位。

獨孤夫人從開始就對夫家各人柔順恭孝。其實那時獨孤家在北周貴族世家中權勢達到顛峰。她的姐姐（獨孤夫人，558年卒）是北周明帝（557-560年在位）皇后；她的女兒（參見楊麗華，北周宣帝皇后傳）也是皇后。但她仍然「謙卑自守，世以為賢。」一次，她與楊堅參加女婿周宣帝舉行的宴會，按慣例一眾先向皇帝皇后敬酒，當有人提議向她與楊堅敬酒時，她禮貌地拒絕了。宴會結束後，路上擠滿賓客回家的車輛，她對馬夫說，要和其他人一樣，耐心地跟著前面的車子走。

楊堅文武全才，領導能力強，不多久權力擴張起來，聲勢漸漸比宣帝還大。宣帝去世（580）後，年幼的兒子（楊堅外孫，周靜帝，579-581年在位）即位，楊堅任大丞相輔政，總攬朝廷大權。次年，楊堅得到大臣和妻子的首肯，並在他們的支持下，接受八歲外孫禪讓，登上帝位，改國號為隋。史家以他的諡號隋文帝稱之。獨孤夫人立為皇后。

新王朝建立之初，事務冗雜。文帝處理政務常至夜間，獨孤皇后一直陪同。每天兩人一同乘車上朝，她派遣心腹太監到朝中瞭解情況，遇有文帝處事不妥時，便勸諫他，要他糾正。她會在外面等候，直到朝務辦完退朝時，才與文帝一起回宮，一起進食、休息。他們經常商討政務，據說每逢眼神相接，都會相對而笑。《隋書》內她的傳記稱：「后每與上言及政事，往往意合，宮中稱為二聖。」文帝十分喜歡她，但也有點怕她。

獨孤皇后要將自己塑造成為遵紀守法的楷模。她常告誡在楊堅稱帝之後當上公主的女兒，不要重蹈北周公主們的覆轍：她們不尊重夫家，最終導致家庭破裂。以下兩事足以證明她如何恪守法紀。事例一，她有位表親，一個月內弄死了七名年青女子，依照隋律，犯此罪行者應立刻斬首。因為他是皇后的親戚，文帝想免他死罪。獨孤皇后聽知此事之後卻說：「國家之事，焉可顧私？」最後，她的表親還是按隋律被處死。事例二，她的異母兄弟獨孤陀，施行巫蠱之術詛咒她。他犯的是死罪，但她為他求情，希望保他不死。她說：「陀若蠱政害民者，妾不敢言，今坐為妾身，敢請其命。（他若是政治腐敗殘害百姓，我不敢說什麼，但他犯罪只針對我個人，所以斗膽請求免他一死。）」最後獨孤陀的量刑降低一等，性命得以保全。

隋文帝與獨孤皇后都以崇尚勤儉、生活樸素著稱，他們的作風對隋朝開國時經濟的恢復和發展有積極影響。後來經濟欣欣向榮，糧食大豐收，據說可供

五十多年食用。一日，有人建議獨孤皇后去買一筐價值八百萬的突厥（當時中國西北部的一個民族）珍珠，獨孤皇后說：「非我所須也，當今戎狄屢寇，將士罷勞，未若以八百萬分賞有功者。」聽到她的話，人人都很感動，並讚揚她聰明大度。總之，她崇尚節儉，致力減少開支，平日身穿布衣，並禁止宮中婦女穿綺羅綢緞；在她影響下，文帝在日常生活亦開始節約。她還教誨長子楊勇（當時的太子），應該樹立一個儉樸的好榜樣。

但獨孤皇后並非完人。歷來史家對她兩個方面多有詬病。一是為人善妒，當時普通百姓可以娶三妻四妾，帝王後宮可有佳麗三千，而獨孤皇后要夫君信守諾言，只忠於她一人。在他們的婚姻生活中，她嚴禁其他女人接近楊堅，甚至後來他當上皇帝也如此。她的傳記也提及這方面。有次，文帝臨幸了宮中一個女子，獨孤皇后待他上朝後，將那女子秘密處死。皇帝回宮知道此事後，氣憤莫名，竟策馬飛奔出宮，不循大路馳入二十餘里外的山谷中，直到大臣高熲和楊素勒住奔馬。楊、高二人苦苦解勸要他回宮，文帝歎息說：「吾貴為天子，而不得自由！」高熲回答說：「陛下豈以一婦人而輕天下！」這句話使他的惱怒逐漸消減，策馬回宮。一到宮中，獨孤皇后淚流滿面向他謝罪，高熲楊素在旁調解；於是帝后重歸於好。

史家還指責獨孤皇后教唆文帝廢黜長子楊勇，改立次子楊廣（隋煬帝，569-618，605-617年在位）為太子。楊廣繼位後，奢侈暴虐，導致隋朝滅亡。獨孤皇后的傳記談到她改立太子的原因。她不單反對君王納妃，還反對大臣和王子廣置妾媵，尤其是納妾生男。高熲本是獨孤家世交，與她原先交往密切，親近友好。但她聽到高熲把她說成區區「一婦人」，心生不滿，加上高熲喪妻又納妾生男，更為惱怒，常在文帝跟前詆毀高熲。文帝聽從她的意見，將高熲撤職。基於相同的原因，她對妻妾成群的兒子楊勇，也不滿意。楊勇的正妃猝死，她認為是遭了他愛妾雲氏的毒手，據說這就是她力主廢楊勇立楊廣的要因，而文帝也言聽計從。

楊廣為人惡毒。身為次子，他深知繼承皇位希望不大，除非能在父母面前展示出他們看重的品德。於是他佯裝孝順與節儉，又藉著母親惱恨男人納妾生子的心態來邀寵。他將小妾生下的嬰兒秘密弄死，讓人覺得他忠於妻子，結果贏得母親的寵愛。更有甚者，他謊稱楊勇嫉妒他，恐有性命之憂。當然事情遠不是這麼簡單，文帝懷疑楊勇要奪權，父子間嫌隙甚深，據說文帝一度擔心會被謀害。所以，楊勇被廢黜，不只是順應獨孤皇后的要求。在改立太子一事上，

史家將責任推在她一人身上,未免有欠公允。

602 年,獨孤皇后薨逝宮中,時年五十歲。之後,文帝寵上兩個妃子,日夜纏綿,因而致病。病篤時他對身邊的人說,若皇后在世,就不會到這一步。楊廣以侍疾為名進宮。在父親病榻之前,顯出了本性,強姦了父親的寵妃;甚至有人猜測,他為了登上帝位謀害了父親。

獨孤皇后為人謙虛儉樸,好學不倦;又輔佐丈夫,辛勞國事;還幫助他為隋朝開創清廉局面。兩人為恢復國家經濟而努力,並頗有成績。但與此同時她亦背上極為善妒的惡名。雖說每個妻子都希望丈夫忠貞不二,可中國古代只有皇后才有權提出這樣的要求。楊堅在成親之日信誓旦旦,矢言一生忠貞不渝,獨孤皇后期望他實踐諾言,難道就要負上罵名?她期望朝臣、王子,都要像皇帝般忠貞,從這角度看,似乎這位活在一千多年前的皇后,已在鼓吹今天在中國已是天經地義的一夫一妻制。

龍茵
龍仁譯

◇ 《周書》,北京:中華書局,1971 年,冊 1,卷 16,頁 267。
◇ 《隋書》,北京:中華書局,1973 年,冊 1,卷 4,頁 94;冊 2,卷 36,頁 1108-9;冊 2,卷 45,頁 1229–1238。
◇ 關四平,《后妃的命運》,濟南:山東文藝出版社,1991 年,頁 2–7。
◇ 劉士聖,《中國古代婦女史》,青島:青島出版社,1991 年,頁 188–92。
◇ 李顥深,《中國后妃佚聞》,瀋陽:瀋陽出版社,1992 年,頁 187–191。
◇ 肖黎等主編,《影響中國歷史的一百個女人》,廣州:廣東人民出版社,1992 年,頁 121–124。

36 娥皇、女英 Ehuang, Nüying

娥皇和女英兩姐妹是中國史前傳說中的人物。父親聖人堯帝,將她們嫁給最後繼承他帝位的聖人舜帝(又名有虞)。他認為舜是個品德高尚的人。據說堯舜二帝在公元前二千多年統治中國,在夏朝(約公元前 2100-1600 年)之前。

娥皇和女英雖屬王室血脈,下嫁給當時仍為一介農夫的舜,卻毫無驕矜傲慢之態,相反地,她們持家勤儉,克盡婦道。舜的父親、後母以及兩個異母弟弟,三番數次圖謀加害於舜,他們為何如此行事險惡,傳統典籍都沒有提及。一次舜奉父母命去修理穀倉,他們卻火燒穀倉,他僥倖逃脫;另一次他們要舜去疏浚水井,他預先掘下逃生地道,才避過活埋;又一次父親計劃把他灌醉再殺害,他因喝了娥皇和女英給他調製的藥汁,才逃過大難。

堯最後選定了舜為丞相,但仍進行了多次考查,而每次舜都先與娥皇和女英商討,然後順利通過。堯去世後,舜繼承帝位,仍與她們商討國是。舜帝以娥皇為后,女英為妃;另有資料稱女英為帝妻。後來舜出外視察,途中患病而歿於蒼梧(今廣西境內),娥皇、女英大概不知道他出了什麼事,便一起前去尋找,她們亦在長江與湘江之間的地方(今湖南境內)死去。另有一種說法是,她們得知舜已不在世間之後,雙雙投入湘江自盡,可能為此被人稱為湘君、湘夫人,但有學者認為湘君、湘夫人是湘江的兩位女神,與舜的二妃完全無關。劉向對娥皇、女英的事蹟予以高度評價,將她們的故事以〈有虞二妃〉為題,作為他所撰寫的《列女傳》第一卷〈母儀傳〉的首篇。

　　據民間傳說,現在仍在湖南生長的湘妃竹,它上面的點點紅斑,就是娥皇、女英二人的血淚。

龍茵
龍仁譯

◇ 劉向,《列女傳》,見《四部備要》本,卷1,頁1上–2上。
◇ 〈中山經〉,見《山海經》,《四部叢刊》本,卷5,頁32上–下。
◇ 《辭海》,最新增訂本,台北:台灣中華書局,1980年,冊2,頁2744。
◇ O'Hara, Albert R. *The Position of Woman in Early China According to the Lieh Nü Chuan, "The Biographies of Chinese Women."* Taipei: Mei Ya, 1971; 1978, 13-17.

37 法淨 Fajing

　　比丘尼法淨(409-473),姓名不詳,與父親逃避江北的戰亂,流落到建康(今南京市)附近的秣陵。南朝時期,法淨在京城建康擔任管理尼眾的要職。

　　317年,中國北方遭受異族侵佔,家家戶戶避亂南遷,法淨的祖輩亦隨著人潮轉移。南朝時期,佛教在長江流域下游的幾個城市尤為興盛,其中包括建康。法淨滿二十歲後就進入永福寺(428年),那時她該是初抵南方。

　　433年,中國的比丘尼第一次在比丘和比丘尼二眾之前受具戒(參見慧果傳),儀式在建康舉行。在此之前,中國一直沒能為比丘尼授戒,因為戒律規定,授具戒的比丘尼起碼有十位,且必須具備足夠資歷,而國內卻找不到這麼多位合資格的比丘尼。法淨和寶賢(參見該傳)大概都參加了這個重受具戒的儀式。

　　法淨與寶賢齊名,一樣嚴守戒律,有著高潔無瑕的名聲,一樣受到皇帝注

意。劉宋的劉彧即位（明帝，439-472；465-472 年在位）當年，便任命寶賢為京城普賢寺主，並將法淨遷往該寺。次年，明帝任命寶賢為「都邑僧正」、法淨為「京邑都維那」。個別尼寺的都維那，監管寺內日常運作，設定每日的行事曆，尤其是禪修的活動。京邑都維那則總管轄下所有尼寺。

明帝對寶賢和法淨的任命，非比尋常，因為這是第一次由比丘尼主理一個大管轄區。在南朝時代，比丘尼非常獨立自主，具影響力，聲望也高。個別的比丘尼以一己的學識貢獻社會，其著述、講學、傳道，以及高深的修行與禪修，為人所稱頌，其人亦活躍於社會的最高層。

在工作上，法淨公平正直。她有極大的道德影響力，許多婦女都想結識她。她有七百多個禪修的學生。她在 473 年去世，享年六十五歲。

Kathryn A. Tsai

◇ 高楠順次郎、渡邊海旭、小野玄妙編，《大正新修大藏經》，東京：大正一切經刊行會，1924–1929。
◇ 寶唱，〈法淨尼傳〉，見《比丘尼傳》卷 2，載《大正新修大藏經》，高楠順次郎、渡邊海旭、小野玄妙編，東京：大正一切經刊行會，1924–1929，冊 50，頁 941。
◇ 贊寧，《大宋僧史略》，卷 2，242c–243a，見《大正新修大藏經》，高楠順次郎、渡邊海旭、小野玄妙編，東京：大正一切經刊行會，1924–1929，冊 54。
◇ 李玉珍，《唐代的比丘尼》，台北：台灣學生書局，1989 年，頁 126–137。
◇ Tsai, Kathryn Ann. "The Chinese Buddhist Monastic Order for Women: The First Two Centuries." In *Women in China: Current Directions in Historical Scholarship*, ed. Richard W. Guisso and Stanley Johannesen. Youngstown, NY: Philo Press, 1981, 1-20.
◇ Baochang [Shih Pao-ch'ang]. *Lives of the Nuns: Biographies of Chinese Buddhist Nuns from the Fourth to Sixth Centuries: A Translation of the Pi-ch'iu-ni chuan*, trans. Kathryn Ann Tsai. Honolulu: University of Hawaii Press, 1994, 62-64.

38 樊姬，楚莊王夫人 Fan Ji

樊姬是樊國姬氏女子，活躍於公元前七世紀末。她是楚國（位於長江中游的古國）國君莊王（公元前 613-591 年在位）的妻子。莊王沉迷狩獵，為了勸阻他，她以拒絕吃禽獸肉的方式，向他進諫，也因而聞名。據史書記載，她這樣做別具意義。因為莊王曾經明令，凡因狩獵而進諫者，一律處死；而她用了很有效的策略，既勸阻了他，卻沒有激怒他。她有另一件事，也是人所皆知的。就是她主動派人到各地為他挑選能幹的美女入宮，毫無嫉妒之心，也不怕自己因而失寵。據說她將這事與丞相虞丘子的處事作風作比較，她指稱虞丘子所推薦的無非是自己的子弟或同族的兄弟，他這樣公然的用人唯親，已經堵塞

了其他家族中賢者進身之路，蒙蔽了國君。莊王聽進了她的忠言，改變了用人政策，羅致到孫叔敖，讓孫氏監督大小官員，而莊王也成為了楚國的一代霸主。莊王深受樊姬影響，以致史家也說，他在位時期國家強盛，「樊姬之力也。」她的傳記以〈楚莊樊姬〉為題收入《列女傳》的〈賢明傳〉內。

Constance A. Cook
龍仁譯

◇ 劉向，《列女傳》，見《四部備要》本，卷2，頁3下–4上。
◇ 《韓詩外傳》，見《叢書集成簡編》，台北：台灣商務印書館，1965年，卷2，頁12f。
◇ 《史記》，北京：中華書局，1973年，卷41，頁1700。
◇ 關四平，《后妃的命運》，青島：山東文藝出版社，1991年，頁64–68。
◇ 劉士聖，《中國古代婦女史》，青島：青島出版社，1991年，頁55。
◇ O'Hara, Albert R, *The Position of Woman in Early China According to the Lieh Nü Chuan, "The Biographies of Chinese Women."* Taipei: Mei Ya, 1971; 1978, 56-58.
◇ Kralle, Jianifei, "Fan Ji und Wei Ji," in *Die Frau im Alten China. Bild und Wirklichkeit*. Stuttgart: Stainer, 2001, 53-73.

39 馮皇后，北魏文成帝 Feng Huanghou, Beiwei Wenchengdi

馮夫人（文明馮皇后，442-490），北魏王朝文成皇帝（拓跋濬，440？-465年；452-465年在位）的正妻與皇后，人們常稱為文明皇太后。

北魏王朝是中國北方草原上遊牧的鮮卑族分支——拓跋氏所建立，故有時亦稱作拓跋魏。拓跋氏並非漢人，但在一世紀與東漢王朝結成聯盟，對付昔日的領主匈奴人；四世紀中葉在今內蒙一帶建立了代國。386年，他們宣稱擁有中國北方的領土主權，並在那裡建立北魏王朝，定都平城（今山西大同），並逐漸採納漢族習俗，到唐朝（618-907）之時，他們已經完全融入漢民族。

拓跋族歷來的傳承方式是兄終弟及，五世紀開始，改納漢人父傳子的制度。出於擔心政權會像漢朝那樣，被外戚陰謀攫取，北魏開國君主擬訂一條法令：太子的生母必須自盡。而且，朝廷還有一個做法，就是從新近的非漢族戰敗國裡選后，選出的女子自然不會有親戚在朝中擔任要職；而太子往往就交由她撫養。

馮夫人是鮮卑人，北燕（今遼寧朝陽一帶）皇帝馮弘（字文通）的孫女。北燕立國於五世紀初期，國祚不長。雖然馮夫人出生於長安，但原籍信都（今河北冀州附近）；母親王氏，來自樂浪。大概是因為與戰敗的北燕皇族關係密

39 馮皇后・北魏文成帝 Feng Huanghou, Beiwei Wenchengdi

切,她的家人星散各處。父親馮朗被處死(442-452 年間),母親下落不明。叔父馮邈逃到現今外蒙古一帶,與流浪的柔然人為伍;這些人姓郁久閭,與北魏為敵,並曾敗在北魏手下。唯一的兄長馮熙(495 年卒)往西面逃,到了遊牧的羌族部落(今陝西境內)。馮夫人自幼被帶入北魏內宮當奴婢,幸而有姑母庇護,姑母是太武帝(拓跋燾,408-453;423-451 年在位)的妃子,讓她按漢制接受教育。

十三歲時(455),馮夫人被太武帝妃子常夫人(460 年卒)選中,當文成帝的正妻和皇后。常夫人也來自北燕,文成帝即位時(452 年),被指派為他的養母。(文成帝的生母是柔然部落的郁久閭夫人)。465 年,文成帝駕崩,兩人那時還很年輕,馮皇后只有二十三歲。據稱她在葬禮上悲痛欲絕,投身入火,不省人事。拓跋弘繼位(獻文帝,454-476;465-471 年在位),時年十一歲,他是文成帝與漢族母親李氏所生。拓跋弘在 456 年立為太子,當年李氏被迫自盡,馮夫人尊為太后,史書上一般稱她為文明皇太后。

文明皇太后圖謀當上幼帝唯一的攝政者,以攫取權力,但是未能如願。她反要和拓跋貴族,及丞相乙渾一派角力,為奪取攝政權展開了三方爭鬥。乙渾靠武力和殺戮的手段,爬上高位把持朝政,掌控了大部分宮中禁衛。文明皇太后迅速剷除了乙渾。466 年,她將他逮捕誅殺,他位居要職的追隨者,亦全被撤職。此次政變中她可能得到了拓跋貴族支持,因為此後她把持朝政幾近一年。十二歲的皇帝生下長子拓跋宏(孝文帝,467-499;471-499 年在位)後,便將他交給馮太后撫養,從此她不再參政,專心撫養小兒。兩年後(469 年),小兒被立為太子,同年太子生母李夫人去世,死因與死法均不得其詳。按拓跋法律,李夫人本應該自殺,不過此法似乎不一定嚴格執行。無論如何,歷史既未明言她自盡,她可能是被殺害的。476 年,拓跋宏繼位,追封這位李夫人為元皇后。

文明皇太后退出朝政期間,獻文帝開始削弱她的權力根基。470 年,他從官僚機構中剷除她的親信,尤其是漢族的盟友,又殺掉她的男寵李弈和他的兄弟。次年,獻文帝出巡外地,返回都城後即宣稱打算讓位給在世而又最年長的叔父拓跋子推,原因是自己身體不好,厭煩俗務,希望潛心研究佛道教義,從事宗教修煉。他選立為皇儲的叔父僅有四歲。他召開御前會議時,大臣紛紛反對他的決定。於是他同意禪位給時任太子(他的兒子),自己做太上皇,移居離宮,每月正式與幼帝會見一次,繼續積極參與政務。可能他並非真的想禪位

給年幼叔父；可能這只是一種手段，旨在確保他的兒子能繼位；因為在正式退位後，他對國事，對推行政治改革，更為投入。

　　獻文帝於 475 年猝死，一般估計是文明皇太后下的毒。由於獻文帝已開始削弱叔伯與拓跋貴族的權力，文明皇太后便和他們勾結，害死獻文帝。獻文帝死後，文明皇太后被尊為文明太皇太后，十一歲的孫子繼位，是為孝文帝，由她一人攝政。孝文帝自出生起即由她撫養，對她惟命是從。她從小教導孝文帝，也體罰他；據說他成年後，有時還受她體罰。她臨朝聽政時，就是北魏實際的統治者，孝文帝只是徒有虛名而已。據記載，她一直攝政到去世（490 年）。但史料似乎提過，孝文帝在十九歲（486 年）之前已開始參政，十九歲便獨掌朝政。

　　文明太皇太后臨朝攝政期間，通過各種手段維持權力。對非親非故的臣子，只要威望高、能力強，她都會提拔。她只有一個兄弟（馮熙），所以避開了給予母家過大權力的問題。對於一些傳統上由朝中外戚擔任的官職，她在指派時會分作兩份，一份給予兄長（她於 455 年將自我放逐的兄長召回），另一份給她昔日的恩人，即當年的常夫人、後來的常太后的母家。最後，她把姪女們送到後宮，給予重要職位（參見馮皇后，北魏孝文帝傳），又把姪兒帶入宮中，為孫子作伴。她要確保，大權不會旁落到孝文帝母黨手中。到姪兒長大成人後，她就讓他們娶拓跋族公主。她還迫使孝文帝，將「子立母死」的規定用在他長子拓跋恂（483 年生）的生母身上，要她自殺，儘管拓跋恂十年後才立為太子，而且始終沒有登上帝位。拓跋恂的母親林貴人（483 年卒）出自匈奴家庭，她死後，拓跋恂便交由文明太皇太后撫養。

　　文明太皇太后兩次攝政，一次是獻文帝幼小時（466 年），一次是當孫子孝文帝的唯一攝政人（478-490）。她也撫育了兩個皇室子孫：孝文帝和他的長子拓跋恂。她第二次攝政時，推行漢化，讓朝中多個民族集團並存，這項政策不受漢貴族歡迎，因為他們擔心這樣會為鮮卑、拓跋人大開參政之門。她在 483 年推行的土地分配政策和稅收改革，亦成效不大，因為這威脅到漢貴族的特權。

　　據說孝文帝對養祖母甚為孝順，但只限言語上，行為就不一定。文明太皇太后到訪方山時，表示希望死後葬在那裡，要孝文帝建造兩個並排的陵墓，一個葬她，另一個葬他。兩個陵墓果真建成了。490 年，她薨逝後葬入其一，享年四十八歲。而孝文帝則想方設法，務使自己不會葬入另一墓中。他將自己的

姓氏漢化，將拓跋改為元，將國都南遷至洛陽（493 年），終生不返回北方。即使她已去世，他仍未能完全避開她的影響：她將姪女嫁給他為妃子，為他選用大臣，還親自撫養他的長子。他在臨終前下旨，要文明太皇太后的姪女馮皇后自盡，或許就是意味著他要用這最後機會，來表達敢於違背祖母的心意。

在正史中，文明皇太后受到醜化。正如 Chauncey Goodrich 所說：也許文明皇太后不及數十年後的「靈太后胡氏」聲名狼藉，但她一樣令人心驚。靈太后淫亂濫交、謀弒君王，令史冊蒙污。毫無疑問，文明皇太后是位不凡的女性，幼時被帶入宮中為婢，後來竟能操縱小皇帝，在朝中攝政十餘年；而恰恰是這個王朝毀滅了她的母國北燕。

秦家德、Lau Lai Ming
龍仁譯

◇ 張金龍，《北魏政治史研究》，蘭州：甘肅教育出版社，1966 年，頁 87–156。
◇ 《魏書》，北京：中華書局，1974 年，冊 1，卷 13，頁 328–331。
◇ 《北史》，北京：中華書局，1983 年，冊 2，卷 13，頁 495–497。
◇ 司馬光，《資治通鑑》，上海：上海古籍出版社，1987 年，卷 126–136。
◇ 侯欣一、陳全力編，《后妃辭典》，西安：陝西人民教育出版社，1991 年，頁 71–72。
◇ 《北魏史》，太原：山西高校聯合出版社，1992 年，頁 215–225。
◇ Goodrich, Chauncey S. "Two Chapters in the Life of an Empress of the Later Han." *Harvard Journal of Asiatic Studies* 25 (1964/65): 169.
◇ Holmgren, Jennifer. "The Harem in Northern Wei Politics—398-498 A.D." *Journal of the Economic and Social History of the Orient* 26, part 1 (1983): 71-96.
◇ ——. "The Harem in Northern Wei Politics." In her *Marriage, Kinship, and Power in Northern China*. Brookfield, VT: Variorum, 1995, vol. 4, 1-96.
◇ Eisenberg, Andrew. "Retired Emperorship and the Politics of Succession in the Northern Dynasties of China, 386-581." Ph.D. dissertation, University of Washington, 1991.

40 馮皇后，北魏孝文帝 Feng Huanghou, Beiwei Xiaowendi

幽皇后馮氏（499 年卒），是北魏孝文帝（拓跋宏 / 元宏，467-499；471-499 年在位）的妃子。北魏王朝都城設在平城（今山西大同），由中國北方草原上遊牧的鮮卑族分支——拓跋氏所建立。拓跋氏並非漢人，但他們逐漸採用漢人習俗，例如孝文帝，在 493 年改用漢姓，將拓跋改為元，到唐朝（618-907）之時，他們已經完全融入漢民族。拓跋族歷來的傳承方式是兄終弟及，五世紀開始，改納漢人傳位長子的制度。出於擔心政權會像漢朝那樣，被外戚陰謀攫取，北魏開國君主擬訂一條法令：太子的生母必須自盡。而且，朝廷還有一個

做法，就是從新近的非漢族戰敗國裡選后，選出的女子自然不會有親戚在朝中擔任要職；而太子往往就交由她撫養。

馮皇后是五世紀初北燕（今遼寧朝陽一帶）皇帝馮文通的後代。北燕亡國後，馮皇后的祖父馮朗被處死（442-452年間）；父親馮熙（495年卒）往西面逃跑，來到遊牧的羌族部落（今陝西境內）；母親常氏，是馮熙家的奴婢，除了馮皇后之外，她還生下另一個女兒，但此女早夭，生平不詳。馮熙的妹妹，也就是馮皇后唯一的姑姑，被送入北魏宮中為宮女，在455年被立為文成帝（拓跋濬，440？-465年；452-465年在位）的妃子，文成帝去世後封為文明太后（參見馮皇后，北魏文成帝傳），成為實際上的執政人。文明太后將自我放逐到羌族的兄長召回，安排博陵公主嫁給他。博陵公主為馮熙生下女兒馮清，產後不久便亡故。之後馮熙將原來收房的婢女常氏納為繼室。

文明太后臨朝聽政時期，將馮熙的兩個大女兒召入宮中，許配給她撫養的孫子，後來的孝文帝。不幸大侄女染病身亡，而二侄女則得到少年皇帝的寵愛。可惜，二侄女馮貴人也生起病來，太后就讓她回家，旋即進了尼庵為尼。太后於是將最小的侄女馮清帶進宮中。

490年，文明太后駕崩，孝文帝按規定守孝三年，此後籌劃獨立執政。他改用漢姓，將拓跋改為元，並遷都至洛陽。他在百官的奏請下，還立了馮清為后。據載，這一任馮皇后治理後宮有方，她要求皇帝對諸妃公平，不專寵數人而要依次臨幸；對皇帝的新政也很是支持，親率後宮婦女遷徙到新都洛陽。

然而，新都城建成後，孝文帝就立刻將皇后的異母姐姐馮貴人從尼庵召回宮中。他寵愛她，甚於皇后，她卻以讒言中傷皇后，且氣焰逼人。孝文帝終於將皇后廢黜，送入尼庵，歷史上稱為孝文廢皇后馮氏。497年，廢后的異母姐姐被冊立為后，也就是幽皇后馮氏。

馮皇后並未生育男孩，所以高貴人（497年卒）的兒子元恪被立為太子（宣武帝，483-515；499-515年在位）。太子剛立，生母便突然死去。史家曲筆提到有傳馮皇后毒死了高貴人（後追諡為文昭太后），但這已成千古之謎，而馮皇后實實在在成了十四歲太子的養母，每天接受太子三次請安。馮皇后的姑母曾用多年時間與孝文帝建立起十分親密的關係，讓她可以牢牢的控制他。可是，到了這位馮皇后，姑母昔年那一套，卻不能如法炮製在孝文帝的兒子元恪身上。

馮熙因出了兩個當皇后的女兒，門戶大添光彩，因此495年他的葬禮舉行

得十分隆重；孝文帝御駕親幸，廢皇后馮清亦奉命到場。馮皇后為了提高母家地位，建議她的弟弟北平公和孝文帝的妹妹彭城公主結親。可是公主不願意，就向孝文帝告發皇后，說她與幾名男子私通，但孝文帝看來對此充耳不聞。同時，有證據顯示，馮皇后和她母親常貴人施行巫術，詛咒孝文帝早日死去，他也不放在心上。不過臨終前，孝文帝向兩個兄弟下詔，要確保皇后在他死後自盡。顯然，他的兄弟對嫂子馮皇后毫無好感，因為在她下葬的儀式上，其中一個說：「若無遺詔，我兄弟亦當作計去之。」

史書對馮皇后頗多非議，Jennifer Holmgren 就這方面談到中國史家對馮皇后的評價：「幽皇后馮氏」被寫成一個不能再歹毒的人。一切常見的惡行，如多疑、善妒、淫亂、欺詐、冷酷無情、野心勃勃等，都算在她頭上。而「馮清」則刻劃為聖潔有德的典範，既不張揚又隱忍大度。

秦家德、Tai Po Ying
龍仁譯

◇ 《魏書》，北京：中華書局，1974 年，冊 1，卷 7 上，頁 135–190；冊 1，卷 13，頁 328–331，頁 332–336；冊 3，卷 83 上，頁 1818–1823。
◇ 《北史》，北京：中華書局，1983 年，冊 2，卷 13，頁 495–501。
◇ 侯欣一、陳全力編，《后妃辭典》，西安：陝西人民教育出版社，1991 年，頁 73。
◇ Holmgren, Jennifer. "The Harem in Northern Wei Politics—398-498 A.D." *Journal of the Economic and Social History of the Orient* 26, part 1 (1983): 71-96.
◇ ——. *Marriage, Kinship, and Power in Northern China*. Brookfield, VT: Variorum, 1995, 72-96.

41 馮嫽 Feng Liao

馮嫽（活躍於公元前 122-49 年），里籍未詳。她是漢朝使節，又是解憂公主（參見劉解憂傳）的侍女。公元前 101 年，解憂公主和番遠嫁西域最強大的烏孫國（今新疆自治區境內），首任丈夫是烏孫王岑陬（軍須靡，約公元前 99 年卒）。岑陬死後，解憂公主改嫁他的侄子翁歸靡（公元前 65 年卒）。翁歸靡死後，她再改嫁首任丈夫的兒子泥靡（公元前 53 年卒？）。

馮嫽先祖何人，資料不詳，據稱她學識淵博，不單覽群書，且諳世事。她以使節身份陪同解憂公主遠嫁烏孫，並代表漢王朝賞賜當地諸國，深得諸國的敬重與信任，從而促進了漢朝與烏孫以及當地諸小國的外交關係，時人號稱馮夫人，後嫁烏孫右大將軍為妻。右大將軍與烏孫王室友好，她憑著這層關係，在解憂公主的兒子元貴靡與繼子烏就屠爭奪烏孫王位時，代表漢朝斡旋其中，

在整個過程中起了關鍵作用。

　　解憂公主在第二任丈夫去世後，嫁給了他的繼承人狂王泥靡。她密謀行刺泥靡，但最後把他殺掉的，是她另一個繼子，就是她第二任丈夫的兒子烏就屠。事後烏就屠即位為烏孫王。馮嫽隨即受命拜會烏就屠，向他力陳利害，勸他放棄王位，否則漢朝會出兵推翻他。烏就屠明白馮嫽的話有道理，同意退位，但條件是要獲封為烏孫小昆莫（國王）。於是馮嫽被任命為漢朝的烏孫大使，由兩個男副使護送，乘錦車，手持節，前往烏孫國都赤谷城。公元前 53 年，她按照之前的協定，立翁貴靡與解憂公主所生長子元貴靡為大昆莫、烏就屠為小昆莫，皆賜印綬。在此事上，馮嫽外交斡旋得力，使漢兵未出塞而班師，避過一場戰爭，功勞匪淺。

沈立東

◇ 《漢書》，北京：中華書局，1975 年，冊 8，卷 96 下，頁 3907–3908。
◇ 英文《中國婦女》編著，《古今著名婦女人物》，上冊，石家莊：河北人民出版社，1986 年，頁 39–44。
◇ 馬兆政、周苇棠，《中國古代婦女名人》，北京：中國婦女出版社，1988 年，頁 48–52。
◇ 劉士聖，《中國古代婦女史》，青島：青島出版社，1991 年，頁 106–107。

42 馮昭儀，漢元帝 Feng Zhaoyi

　　馮昭儀（孝元馮昭儀，約公元前 60-6 年），漢元帝（劉奭，公元前 76-33 年；公元前 48-33 年在位）的妃子，漢平帝（劉衎，公元前 8 年 - 公元 5 年；1-5 年在位）的祖母。

　　馮氏父親馮奉世（約公元前 110-35 年）是出色軍人，在西域戰功彪炳。六十多歲時，官至執金吾。公元前 47 年元帝即位翌年，馮氏獲選入宮中，初為長使，數月即封美人。公元前 42 年，生一男（劉興，公元前 7 年卒），拜為婕妤。劉興後來獲封為中山王。當時馮氏父親已升為右將軍光祿勳，兄任左馮翊。人皆認為，父子同居顯位，是因兩人均才能出眾，而非因馮氏得寵於君王之故。

　　公元前 38 到 34 年期間，發生了一起事故，令元帝對馮婕妤倍加敬重。那天，後宮諸妃嬪陪著元帝往虎圈觀鬥獸，有一熊跳出圈籠，攀欄檻衝向元帝，妃嬪們都跑開了，惟馮氏挺身上前，當熊而站，擋在元帝身前，衛兵隨即將熊殺掉。元帝見她膽識過人，也十分詫異，問她為什麼這樣做。她回答說：「猛

獸得人而止，妾恐熊至御坐，故以身當之。」此事令傅婕妤（參見傅昭儀，漢元帝傳）等妃嬪慚愧不已。翌年，馮婕妤的兒子獲封為信都王，她亦晉升為昭儀。

公元前33年，元帝駕崩，劉驁（成帝，公元前51-7年；公元前32-7年在位）即位，馮昭儀被尊為信都太后，與信都王遷居儲元宮。數年後，馮昭儀隨信都王至封地信都（今山東河北境內）。公元前7年，信都王改封中山（今河北境內）孝王，亦稱中山王。信都太后也改稱中山太后。同年中山王病故，留下一男劉衎，尚在繈褓。劉衎繼嗣為王，未滿周歲，已患有肝病，時人以為是中邪之兆。馮昭儀親自照顧孫兒，屢進祠堂，祈求他早日康復。

哀帝（劉欣，公元前25-1年；公元前6-1年在位）執政初期，有一個叫張由的醫者，跑到中山王宮，自薦要醫治劉衎。張由大概是患有精神病，一次病發，怒不可遏，返回長安。他擔心若重返中山，會因擅離職守而獲罪。因此，他想出脫身的辦法，就是誣告馮昭儀，說她祝詛哀帝及他祖母傅太后（即傅昭儀）。傅太后與馮昭儀原來都是元帝的寵妃，素來不和，傅太后正好借此機會加害馮昭儀。於是她派人立案調查，調查又變成迫害與逼供。負責調查的官員逮捕了百餘人，包括馮昭儀在中山的兄弟，以及她孫兒的屬員和僕人，分囚於洛陽、魏郡與巨鹿，審訊月餘仍一無所得。傅太后不為所動，改派中謁者令史立與丞相長史、大鴻臚丞合審此案，向嫌人逐一盤問。這些官員聲望不隆，官階亦不高。除了先前的指控外，史立還聲稱馮昭儀密謀造反。馮昭儀拒不認罪，史立便說，當年為元帝擋熊何等勇氣，現在卻不肯認罪，何等怯懦。馮昭儀聽後，明白已走投無路，遂服毒自殺。

馮昭儀自殺前，有人上奏哀帝，請求將她誅殺，不應讓她自殺。哀帝不忍，下令將她廢為庶人，遷居雲陽宮。可是，她在被廢前已自殺身亡，所以，朝廷以諸侯王太后之禮將她下葬。她的親人有隨她自殺的，亦有認罪的，倖存的都被廢為庶人，遣返故郡。張由、史立皆得封賞。

六年後，馮昭儀九歲孫兒劉衎即位，是為平帝。大司徒孔光參奏張由誣陷馮昭儀、史立構陷冤獄之罪。兩人被免官，廢為庶人，流放合浦（今廣東境內）。馮昭儀的冤案終於得到平反。史書為她昭雪，自然是因為當權者認為此舉合宜，對一般人來說，也是應做的事。但在同期，據載尚有其他像她一樣被冤死的女子。而那些迫使這些女子走上絕路的男子，所受到的懲罰卻只不過是貶職與流放而已。

沈立東

◈ 《漢書》，北京：中華書局，1975 年，冊 8，卷 97 下，頁 4005–4007。
◈ O'Hara, Albert R. *The Position of Woman in Early China According to the Lieh Nü Chuan, "The Biographies of Chinese Women."* Taipei: Mei Ya, 1971; 1978, 227-28.
◈ Ban Gu. *Courtier and Commoner in Ancient China. Selections from the "History of the Former Han" by Pan Ku*, trans. Burton Watson. New York: Columbia University Press, 1974, 277-78.
◈ Loewe, Michael. *Crisis and Conflict in Han China: 104 BC to AD 9*. London: George Allen & Unwin, 1974, 232-36.

43 伏壽，漢獻帝皇后 Fu Shou

　　伏壽（獻帝伏皇后，214 年卒），琅邪東武（今山東境內）人，東漢獻帝（劉協，181-234；189-220 年在位）的皇后，不其侯伏完和劉盈的女兒。她的嫡母是桓帝（劉志，132-167；147-167 年在位）時期的陽安公主劉華。190 年，伏壽被選入宮。一年前，大將軍董卓（192 年卒）廢少帝，擁立八歲的劉協為帝，並遷都長安。伏壽初入宮時拜為貴人，195 年立為皇后。

　　董卓死後，他的殘部舉兵作亂，獻帝連夜渡黃河避走，伏后率六宮步行出營，手持細絹數匹。途中帝舅董承企圖從伏后手中搶走細絹，但她死不放手，爭奪間數名隨從被殺，她的衣服也濺上血跡。他們到達安邑（今山西境內）時，衣服單薄破損，食的僅是一路上從樹上摘下的棗栗。那時，曹操（155-220）是當地抵抗叛軍的部隊將領。為確保獻帝和一眾后妃的安全，他把他們迎歸許昌。他這樣做的另一目的，就是便於監視皇室諸人。獻帝感激他營救之恩，封他為大司空、車騎將軍。196 年，獻帝率眾返回洛陽，可是城內糧食短缺，殘破不堪，同年稍後不得不遷都許昌。

　　自此曹操權勢益大，開始誅戮異己。200 年，董承謀誅曹操事泄被殺。曹操又要殺董承的女兒，她是獻帝的董貴人，當時懷有身孕。獻帝多次求情，曹操仍不答應，終於還是殺了她。伏后覺得形同遭受劫持，滿懷恐懼，於是寫信給父親伏完，訴說曹操殘暴不仁，希望父親將他誅殺。伏完懼曹操勢大，不敢行事。214 年事泄，曹操大怒，遂逼獻帝廢后，並代獻帝下詔曰：「皇后壽，得由卑賤，登顯尊極，自處椒房，二紀於茲。既無任姒徽音之美，又乏謹身養已之福，而陰懷妒害，苞藏禍心，弗可以承天命，奉祖宗。今使御史大夫郗慮持節策詔，其上皇后璽綬，退避中宮，遷於它館。嗚呼傷哉！自壽取之，未致於理，為幸多焉。」曹操派士兵入宮，捉拿伏后，最後將她從藏身的壁中拉

出。時獻帝在外殿，伏后被領著披髮赤足行過殿中，訣別的一刻，她問：「不能復相活邪？」獻帝答：「我亦不知命在何時！」伏后被送到暴室（后妃有病時或犯罪後所居住的地方），後來就死在那裡。有資料指曹操在陰曆十一月把她「殺」了。她的兩個兒子皆被曹操鴆殺，兄弟及宗族坐死者達百餘人。她母親劉盈等十九人流放到涿郡（今河北境內）。

伏后活躍於政壇，力圖挽狂瀾於既倒、重振積弱的漢室。可是，她的舉措卻為自己整個家族帶來滅門之禍。對曹操來說，殺掉伏后或其他妃嬪，不是什麼大事；但獻帝卻殺不得，因為他要透過獻帝這個傀儡去控制諸侯。他的策略就是流傳千古的「挾天子以令諸侯」。

楊海明

◇ 《後漢書》，北京：中華書局，1973 年，冊 1，卷 10 下，頁 452–454。
◇ 陳全力、侯欣一編，《后妃辭典》，西安：陝西人民教育出版社，1991 年，頁 29。

44 傅昭儀，漢元帝 Fu Zhaoyi

傅昭儀（孝元傅昭儀，約公元前 73-2 年），元帝（劉奭，公元前 76-33 年；公元前 48-33 年在位）的妃子，哀帝（劉欣，公元前 25-1 年；公元前 6-1 年在位）的祖母。她死後被尊為孝元傅皇后。

傅氏入宮時年紀尚輕，後來成為上官太皇太后（參見上官皇后，漢昭帝傳）的才人。公元前 65 年，劉奭立為太子，之後傅才人成為他的妃子。劉奭六歲左右，生母許皇后（參見許平君，漢宣帝皇后傳）遭毒殺。據說傅才人有才略，與人相處融洽，飲酒時經常以酒醊地，為別人祈禱祝福。公元前 48 年，劉奭即位為元帝，傅才人獲封為婕妤，一直得到寵幸。她有一子一女，女為平都公主，子為劉康（公元前 22 年卒，封定陶恭王）。元帝既重傅婕妤，又幸馮婕妤（參見馮昭儀，漢元帝傳），馮氏生子劉興（公元前 7 年卒，後封中山孝王）。元帝又將二人晉升為昭儀，一以表揚其風采非凡，二以顯示其尊貴地位。或許這是對她們的一種安撫，因為她們的兒子都沒有成為太子。王皇后（參見王政君，漢元帝皇后傳）的兒子劉驁（成帝，公元前 51-7 年；公元前 32-7 年在位）最後被立為太子。

元帝去世後，傅昭儀按例獲封為定陶太后，隨子定陶恭王遷往定陶（今山東境內）。當時定陶恭王大概十多歲，將山陽瑕丘（今山東境內）人丁氏（公

元前45-5年）納為妾。公元前25年，丁氏生下兒子劉欣。三年後，恭王去世，子劉欣繼承王位，他就是日後的哀帝。定陶太后曾因兒子未能當選太子而失望至極，她看來已決定將孫兒推上皇位。為此，她親自養護劉欣，不讓孫兒的母親定陶丁姬過問。公元前9年，劉欣與異母兄弟中山孝王入朝。當時成帝尚無繼嗣，定陶太后藉機送了很多珍寶給皇帝身邊的權貴，包括他寵幸的趙飛燕（參見趙飛燕，漢成帝皇后傳）和她妹妹趙昭儀（參見趙合德，漢成帝妾傳），以及帝舅驃騎將軍王根，疏通他們暗中為劉欣爭取帝位。王根等人於是向成帝力薦劉欣。成帝對劉欣的印象也很好，翌年便立他為太子。那年劉欣十七歲。

太子既立，成帝下旨，定陶太后與丁姬不得與太子相見。但成帝母親王太后不同意，打算讓她們隔十天去太子家一次。成帝說：太子承正統，就應該養在宮中，不應該再跟母親親近。王太后回答說：太子現在養在太子家，由乳母照顧，只跟乳母親，她們見見沒有關係。最後他們決定容許定陶太后到太子家，但丁姬沒有養育過太子，不能探望。公元前7年，成帝去世，劉欣即位，是為哀帝，王太后詔令定陶太后與丁姬可以每隔十天去未央宮一次，與哀帝見面。此外，她們又獲加封號。《漢書》這樣形容她們兩家：一兩年間突然興盛起來，然而哀帝並不給他們權勢，不像王氏在成帝時代一樣。丁姬被封為恭皇后，一年後又被尊為丁帝太后，兩月後去世，五年後被大司馬王莽追貶為丁姬。宣佈丁姬墓葬逾制，遂以平民身份改葬，並將原墓地夷平。

定陶太后先後獲封為傅太后、傅帝太太后和傅皇太太后。她住在永信宮，備受尊崇，日益驕矜，與成帝母親對話，稱之為「嫗」，極不恭敬。她對馮昭儀一向懷恨在心，藉故以詛咒哀帝的罪名，迫令馮氏仰藥自殺。

公元前2年，傅皇太太后去世，這位當年身份卑微的傅才人，與元帝合葬於渭陵。

吳錦

◈ 《漢書》，北京：中華書局，1975年，冊8，卷97下，頁3999–4004。
◈ 陳全力、侯欣一編，《后妃辭典》，西安：陝西人民教育出版社，1991年，頁19。
◈ Loewe, Michael. *Crisis and Conflict in Han China: 104 BC to AD 9*. London: George Allen & Unwin, 1974, 156, 160-61, 270-75.

45 婦子 Fu Zi

婦子是商代（約公元前1600-1100年）歷史上最優秀最有權力的女性。一

一般書籍都稱她為婦好。她的一生豐富多彩，當母后時聲名顯赫，當皇后（她的丈夫有三個妻子）時恩寵甚隆，又是英勇的軍事領袖、土地主和治國能手。她是商代後期的商王武丁的三個合法妻子中地位最為崇高的一個。學者認為武丁主要在公元前十三世紀執政，在位五十九年，以殷墟（今河南安陽）為京都。婦子死後追諡為后母辛、母辛和妣辛。她生下兒子祖己就被封為皇后，因為他是武丁長子，也是王位的首位繼承人。可惜祖己比父母以及父親的另外兩個皇后（后母癸、后母戊）早死。

考古和甲骨文與金文資訊中，都有豐富的資料足以讓我們評估婦子在商代末期社會的歷史意義。1975年秋到1976年，安陽西北崗的商末宮殿宗廟區以南的小屯村挖掘出婦子墓。此墓長五點六米，寬四米，深五點七米，（另一說墓口長五點六米，寬四米，深八米），比她的丈夫武丁墓小得多，但保存完好。遺跡顯示，墓上地面建有長方形享堂，供作親人祭奠場所。從墓內出土的陪葬品有一千六百多件，青銅器佔四百六十件，當中一百六十件上鑄有「婦子」，還有代表她在生時所用的名字、封號和擁有權的兩個圖符，也有些銅器和藝術品鑄上她的諡號「后母辛」，更有些器物上有其他貴族婦女的名號。

根據甲骨文和銅器銘文，「子」可能是一個和商友善的國家的姓氏。它的地理位置在現在山西省西南的汾河流域。

在婦子墓中出土的「邊塞型」的青銅器，似乎是她個人藏品或是勝仗後取得的戰利品，並不能證明她來自不屬於商的西北邊區氏族。婦子是商代最英勇的女將軍，長期為保衛商的西北邊陲而與來犯的羌人開戰，亦在商的東北和南方邊界抵禦其他有意犯境的敵對部落。她的皇族血統可以追溯到商的最早時期。

婦子是在商末第一代王后中最早受到祭祀的祖先。墓內的一對大型四足方鼎和一對四足觥都刻有銘文「后母辛」，很可能是她的兒子祖己所造並銘刻的。史書稱祖己為「孝己」，武丁時期的銘文也稱他為「小王己」。只有王和太子可以擁有及享用這種大型四足鼎，但它們亦可以做為祭祀品獻給先王及先王后。

婦子的兒子終究沒有繼承王位。史書記載，孝己是眾望所歸的王位繼承人，但由於母后早歿，被父親放逐。《竹書紀年》說：「武丁二十五年王子孝己卒於野。」他和婦子早死，在商代的文字中都得到印證。可能就是因為他沒有繼承王位，婦子墓的規格才比同代王后的墓小。她雖然赫赫有名，受人景仰，

畢竟早歿，兒子又遭放逐，有損榮寵，影響了墓的規格。

婦子墓出土的二十八件大型酒器上鑄有另一位先王后的封號，突出了婦子的王室身份。這位先王后不是鑄造者，而是獻祭的對象。因此是婦子下令鑄造這些器物並獻給她母系的祖先。這些酒器極為精緻，屬於墓中青銅器中最早期的式樣，風格與鑄有婦子名字的酒器相似。我們可以推想，它們是婦子生前為祭祀她母系的親屬而鑄造的。婦子用鑄有自己名字的器物來祭祀的王室祖先，不止一個，她負責為多個王室親屬主持祭祀儀式。我們注意到她的墓中沒有鑄有男性王室封號的器物。因此，根據現有資料，婦子的王室系譜是來源於一位前世的王后，她本人則來自一個與商王室親善的子族及子國。

婦子除了因是武丁的第一位王后而享有崇高的社會地位以外，她在軍事與政治上也有光輝的業績。甲骨文獻載有商與邊陲敵國的多次交戰記錄，記錄顯示，她是僅次於王的第二主帥。她帶領軍隊打敗西南的巴、南方的胡、北方的土方、西北的羌以及東北的夷。如此超常的軍事領導才能是商代甲骨文中其他領袖無可比擬的。

卜辭記載婦子曾帶領名將沚馘與武丁會合伏擊西南的巴方。

婦子絕對是第一流的將軍。身為軍事領袖，她的職責之一是發動戰士參戰，每逢戰事，她都能招集大量戰士，證明她實力不凡。這點在抗擊西北羌族的騷擾時尤為明顯。甲骨文獻記載，武丁通過占卜問，如果婦子能夠發動一萬三千名兵士，是否應該派遣她去伐羌。這是商代社會所能發動的最高記錄，在商代甲骨文獻中無人能及。甲骨文獻顯示，商人經常用大批羌人做為祭品或陪葬品，敬獻給祖宗或其他神靈。其方法多種，有烹煮、砍頭或焚燒。羌人是商人最懼怕的敵人，又時刻困擾他們，而婦子振臂一呼，應者雲集，不但豪氣干雲，且在抵禦羌人，保衛國土的戰役中，起了關鍵作用。

婦子的英勇也表現在王室的狩獵活動中。她曾在獵場上受傷。在另一段有關狩獵的甲骨文中，武丁詢問是否由婦子獻祭。商王的狩獵是他控制動物和鬼神世界獨一無二的權力象徵。這種宗教性的政治權力象徵也延伸到他參加狩獵的家人，特別是他的王后婦子。

婦子墓有大量武器，證實她武功極佳。墓中有四件鉞，其中較小的兩件應是禮物；另外兩件鑄有家族徽標——兩個「女」字中間夾著一個「子」字，上方還另有一個家族徽標：兩隻老虎張口吃人的形象，是象徵的儀仗用器，和軍隊使用的大旗一樣。這是商人權力蛻變的象徵——人類的力量認同並控制獵物

的精神世界。這兩件鉞意味著婦子是超凡的女戰士，它們屬於王者的規制，顯示婦子王后的地位。她墓中出土大量的戈，合共九十一件。有些鑲有綠松石，有的有玉的或帶裝飾的刀鋒，是作為軍隊標號的，還有一些是一般性用途的戈。它們明顯是用過的，仍有殘餘的木柄痕跡。婦子用過以及擁有過的戈多達四十六件，再一次證明婦子的軍事能力。

和其他王室成員一樣，婦子要向商王納貢。她要獻上占卜用的龜殼，還要上繳子國及其他幾個屬地的農作物。

婦子接受商的多個偏遠屬國政要的禮物。婦子墓中沒有銘文的青銅刀、鉞、鏡是商西北各個部落的式樣，應是她在西北征戰時所收集的戰利品或從她西北的家鄉（子國在商境內的西北部）帶回的紀念物品。還有很多精美的玉器像是從龍山時期演化而來的，也就是說，它們是來自山東東北部或湖北南部的舶來品或戰利品。多樣新石器時代紅山玉改造的小件玉器又可能是通過貿易得來的傳家寶，或是從極北的遼寧或內蒙古東南得來的戰利品。此外，一個黑玉的人頭與商代四川金沙的樣式相似，似乎是她遠征西南巴方時所得。

這些小件藝術品源於邊國，說明婦子與邊國文化是有所接觸的。除此以外，婦子還收到很多有銘文的器物，不是貢品，就是禮物。婦子墓中有一把有銘文的巨大玉戈，屬於貢品。另有四把沒有銘文的玉戈。這五把玉戈是玉的徽號，大約是用以表揚婦子在商的西北邊陲率兵抗敵的軍功。當中還有一個石磬，這件樂器是河北北部朱（？）氏家族一位地位很高的女性所上供。最重要的禮物來自兩位王室精英，分別是二十二件和二十一件酒器，包括尊、罍、觚和爵。

婦子本人鑄造的一百一十一件青銅器並不全是酒器，還有些是祭祀時用來盛肉、盛谷類和盛水的。青銅器中鑄有后母辛字樣的，包括了最大型的器物，以一對盛肉的四足鼎為代表，由她的兒子孝己所造。

一位曾與婦子一起抗擊羌人的高級將領也送她禮物。婦子墓中有這位將軍具名的器物包括一座圓鼎和一套五件的編鐃，似乎是紀念品而不是貢物，顯示婦子與高級將領和王室關係密切。

現在還沒有挖掘到另一個完整的商墓可以與婦子墓作比較，幫助我們看清楚婦子作為王后與巾幗英雄的特殊身份。然而甲骨文獻可以證明她是一位備受崇敬的王后，也是僅次於武丁的第二軍事統帥。她的軍權也可從她墓中的陪葬品看出，它們來自商王朝最高層的精英和國中主要氏族，顯見婦子對商王朝北

部影響深遠。

除了大量有銘文的供品禮品以外，婦子墓中還有十六個陪葬者，大多是僕人和護衛，還有五隻護衛犬。與商王墓葬中以百計的陪葬者比起來，數目很少。婦子墓的隨葬品和供品極其豐厚，但墓的形制甚小，陪葬者亦不多，構成謎一樣的不平衡。這又可能是因為她的兒子沒有繼承王位，或他比母親死得早。

婦子在治理國家方面的地位僅次於武丁本人。她與幾位將軍和重臣一樣，會奉武丁的命令，派遣王室使節、接見臣下以及監督邊國進貢收成。與別人不同的是，她要會見多婦（多個王室婦女）和耆老。但最重要的是，她要向已故的統治者的靈魂致祭。文獻中述說她的管治工作時，經常提到商代西北的地方。

婦子所有的祭祀，都源於武丁和他的占卜官們占卜的結果。根據現存甲骨文卜辭中所載有關婦子的祭祀，她只敬獻給有數的王室神靈。她最常主持的儀式是驅邪。然而如果認為婦子是「世婦」，一種世襲專職祭祀的王室女官就錯了。戰國至漢有關禮儀的文字中的確有這樣一個官職，也許正因為婦子曾經參與過這樣的儀式，後世才會有這個官職。

最後，武丁對婦子的關心是多方面的——健康、生育、從近處或遠方歸來、軍事行動、作物收成、觀見，以至死亡與來世，這都是他對這第一位王后無比的愛的明證。婦子肯定是在某次狩獵中受了重傷，不治而亡。她的死亡與殯葬在武丁早期的甲骨文中都有提到。從武丁的占卜和婦子墓中豐厚的陪葬品可以看到，婦子是一個戰績彪炳的女戰士，軍中地位僅次於她的丈夫武丁，也是有商一代獨一無二的偉大人物。

Elizabeth Childs-Johnson
蕭虹譯

◇ 池田末利，《殷虛書契後編釋文稿》，廣島：廣島大學文學部中國哲學研究室，1964年。
◇ 李孝定，《甲骨文字集釋》，8冊，台北：中央研究院歷史語言研究所，1965年。
◇ 島邦男，《殷墟卜辭綜類》，增訂版，東京：汲古書院，1971年。
◇ ——，《殷墟卜辭研究》，溫天河、李壽林譯，台北：鼎文書局，1975年。
◇ 王宇信、張永山、楊升南，〈試論殷墟五號墓的婦好〉，見《考古學報》，1977年2期，頁1–22。
◇ 中國社會科學院考古研究所安陽工作隊，〈安陽殷墟五號墓座談紀要〉，見《考古》，1977年5期，頁341–350。
◇ ——，《殷墟婦好墓》，北京：文物出版社，1980年；1984年新版。
◇ 李學勤，〈論婦好墓的年代及有關問題〉，見《文物》，1977年11期，頁32–37。
◇ 胡厚宣、王宇信、楊升南，《甲骨文合集》，1–13冊，北京：中華書局，1978–1982。
◇ 王宇信，〈試論殷墟五號墓的年代〉，見《鄭州大學學報》，1979年2期。

- 李伯謙，〈安陽殷墟婦好墓的年代問題〉，見《考古》，1979 年 2 期，頁 165–170。
- ——，《中國青銅文化結構體系研究》，北京：科學出版社，1998 年。
- 杜乃松，〈司母戊鼎年代問題新探〉，見《文史哲》，1980 年 1 期，頁 63–64。
- 嚴一萍，〈婦好列傳〉，見《中國文字》，1981 年新 3 期，頁 1–104。
- 張培善，〈安陽殷墟婦好墓中玉器寶石的鑒定〉，見《考古》，1982 年 2 期，頁 204–261。
- 鄭振香，〈婦好墓出土司（兔丂）母銘文銅器的探討〉，見《考古》，1983 年 8 期，頁 940–947。
- ——，〈婦好墓部分成套銅器銘文之探討〉，見《考古》，1985 年 10 期，頁 511–518。
- 陳志達，〈婦好墓及其相關的問題〉，見《考古與文物》，1985 年 4 期，頁 53–56。
- 饒宗頤，〈婦好墓銅器玉器所見氏姓方國小考〉，見《古文字研究》，1985 年 12 期，頁 299–307。
- 張亞初，〈對婦好之好與稱謂之司的剖析〉，見《考古》，1985 年 12 期，頁 1119–1123。
- 伊藤道治，《中國古代國家的統治結構》，東京：中央公論社，1987 年。
- 楊鴻勛，〈婦好墓上「母辛宗」建築復原〉，見《文物》，1988 年 6 期，頁 62–66，87。
- 黃天樹，〈子組卜辭研究〉，見《中國文字》，1989 年新 26 期，頁 11–31。
- 張光直，〈殷墟婦好墓與殷墟考古上的盤庚、小辛、小乙時代問題〉，見《文物》，1989 年 9 期及《華夏考古》，1989 年 2 期，頁 86–92。
- 姚孝遂編。《殷墟甲骨刻辭類纂》，3 冊，北京：中華書局，1989 年。
- 申斌，〈「婦好墓」玉器材料探源〉，見《中原文物》，1991 年 1 期。
- 朱鳳瀚，〈論卜辭與商周金文中的「后」〉，見《中國文字》，1992 年 19 期，頁 422–443。
- 曹定雲，《殷墟婦好墓銘文研究》，台北：文津出版社，1993 年。
- 楊家駱編，《史記殷本紀疏證》，台北：鼎文書局，出版年份不詳。
- Chou, Hung-hsiang [Zhou Hongxiang]. "Fu-X Ladies of the Shang Dynasty." *Monumenta Serica* 19 (1970/71): 346-90.
- Li Chi [Li Ji]. *Anyang*. Seattle: University of Washington Press, 1977.
- Childs-Johnson, Elizabeth. "Identification of the Tomb Occupant and Periodization of M5," and "Excavation of Tomb No. 5 at Yinxu, Anyang." *Chinese Sociology and Anthropology* 15, no. 3 (1983): 1-131.
- ——. "Fu Zi: The Shang Woman Warrior." In *The Fourth International Conference on Chinese Paleography [ICCP] Proceedings*. The Chinese University of Hong Kong, October 15-17. Hong Kong: Chinese University of Hong Kong, 2003, 619-51.
- Chang Cheng-lang [Zhang Zhenglang]. "A Brief Discussion of Fu Tzu." In *Studies of Shang Archaeology*, ed. K.C. Chang [Zhang Guangzhi]. New Haven: Yale University Press, 1986, 103-19.
- Linduff, Katheryn. "Art and Identity: The Chinese and Their 'Significant Others' in the Third and Second Millennium BC." In *Cultural Contact, History and Ethnicity in Inner Asia*, ed. Michael Gervers and Wayne Schlepp. Toronto: Joint Centre for Asia Pacific Studies, 1996, 12-48.
- Takashima, Ken-ichi. "Part Two: Language and Paleography." In *Studies in Early Chinese Civilization; Religion, Society, Language, and Palaeography*. 2 vols. Osaka: Kansai Gaidai University Press, 1996, 179-505.

46 蓋將妻 Gai jiang qi

　　蓋將妻就是蓋國一位將領的妻子，活躍於公元前八世紀。她以自殺來教育丈夫，敗軍之將就該自殺；還以一死來消除丈夫的顧慮，讓他不擔心自殺會殃

及家人。

蓋是大國齊國（今山東境內）境內的一個小國。西戎進襲蓋國，殺死了國君，還下令禁止群臣自殺，威脅說凡有違犯者，其妻兒亦一概誅殺。雖然如此，蓋將仍去自殺，卻被同袍救回。蓋將的妻子卻教訓他，說忠孝乃為將之道：「今軍敗君死，子獨何生？忠孝忘於身，何忍以歸？」雖然他說不再自殺，是為了保住妻兒的性命，她並不理會，反慨然告訴他，對君主盡忠是公義，遠比對妻兒的私愛重要得多；她指責他是在「偷生苟活」，說完後就自盡了。對於她的大義凜然，西戎君主甚為欽佩，將她厚葬，還任命她的兄弟為新朝廷的卿相。

蓋將的妻子所講的大道理，即忠君愛國比關愛妻兒更重要，使她的傳記順理成章地列入了《列女傳》的〈節義傳〉內。

Constance A. Cook
龍仁譯

◎ 劉向，《列女傳》，見《四部備要》本，卷5，頁4上－下。
◎ O'Hara, Albert R. *The Position of Woman in Early China According to the Lieh Nü Chuan, "The Biographies of Chinese Women."* Taipei: Mei Ya, 1971; 1978, 134-36.

47 甘夫人，蜀先主 Gan Furen

先主甘皇后（約180-221年），沛（在今江蘇北部）人，蜀漢開國皇帝劉備（昭烈帝，又稱蜀先主，161-223；221-223年在位）的妾，後主劉禪（207-271；223-263年在位）的生母。

日後當上皇后的甘氏，生於東漢末年，當時大規模的農民起義此起彼落，社會動盪。她目睹三大強國冒起，漸成鼎立之勢：魏國佔據北方，吳國和蜀漢分別佔據東南和西方。曾經有相面先生測算，甘氏雖出身寒微，來自窮鄉僻壤，但「此女後貴，位極宮掖」。據說她十八歲時，已體態撩人，且容貌美豔，皮膚白皙。194年，馳騁沙場的英雄劉備娶她為妾，那時他已取得豫州（今河南省）。在華東征戰期間，他三次扔下妻妾，以致妻子兒女被俘。那些在196和198年被俘的，都獲釋回到他身邊；但在200年被擄走的有無送還，就不得而知。到底有多少婦人和孩子牽涉其中，也不清楚。196年，他來到荊州（今湖北、湖南和河南西南一帶）時，至少有一位正妻糜夫人，她是他的一個支持者糜竺的妹妹。孫權（後來成為吳國皇帝，182-252；222-252年在位）的妹妹孫夫人，

也可能在 209 年成為劉備的正妻（參見吳夫人，蜀先主傳）。

劉備有一尊三尺高的白玉美人雕像，收藏在甘夫人臥室。人人都知他白天運籌軍機，夜間退入內室休息。據說甘夫人身子潤澤如玉，幾與雕像難以分辨。甘夫人明白劉備其他侍妾個個對她和那尊雕像心懷嫉妒，就明智地向劉備進諫，別沉迷於玩弄妖物，否則惹人疑惑。劉備接受了她的勸諫，將雕像搬走。

劉備在轉戰中，多次拋下正妻，以致她們為敵方所俘，這時甘夫人就擔當起正妻的責任，主管家務。200 年，她陪同劉備到荊州，在 207 年生下劉禪。曹操（魏國政權的奠基人，155–220）和劉備都一心爭天下，取代漢室，所以是死敵。208 年，曹操在當陽（今湖北境內）攻打劉備，像以往扔掉妻妾一樣，劉備拋下甘夫人和兒子，自己逃跑了。甘夫人母子幸得忠心的趙雲救援，才能毫髮無損地逃出生天。

甘夫人卒於 221 年，葬於南郡（今河南境內），後遷葬西蜀。劉備先在蜀稱王，後再稱帝（222 年）。稱帝後，他追諡甘夫人為皇思夫人，以待重新正式下葬於蜀，但她的遺體運到前他已先逝。鑑於他的陵墓已建成，後主劉禪決定將兩人合葬，追諡父親為昭烈帝，生母為昭烈皇后。

秦家德
龍仁譯

◇ 司馬光，《新校資治通鑑注》，楊家駱主編，台北：世界書局，1977 年，冊 4，卷 69–78，頁 2175–2490。
◇ 《三國志》，北京：中華書局，1982 年，冊 4，卷 34，頁 905–906。
◇ Sima Guang. *The Chronicle of the Three Kingdoms (220-265), Chapters 69-78 from the Tzu chih t'ung chien of Ssu-ma Kuang*, trans. Achilles Fang, ed. Glen W. Baxter. Cambridge, MA: Harvard University Press, 1965, vol. 1, 67, 685, 696.
◇ De Crespigny, Rafe. *Generals of the South: The Foundation and Early History of the Three Kingdoms State of Wu*. Canberra: Australian National University, 1990, 294-95.
◇ Chen Shou. *Empresses and Consorts: Selections from Chen Shou's "Records of the Three States" with Pei Songzhi's Commentary*, trans. Robert J. Cutter and William Gordon Crowell. Honolulu: University of Hawaii Press, 1999, 49-50, 115-16, 207-9.

48 高行，梁國寡婦 Gao Xing

高行是梁國（今山西境內）一位年輕寡婦，生卒年不詳，高行是頒給她的稱號。她無意再婚，只想專心撫養孩子、為亡夫守節一生。因為年輕貌美，故求親者眾，梁王也是其中之一，他甚至向她下了聘禮。最後她只得持刀割鼻，

自殘以後，如其所願，再也無人上門求親。梁王特地為此授以「高行」的稱號，以表達對她品德的敬重。她的傳記以〈梁寡高行〉為題收入《列女傳》的〈貞順傳〉內，作為後世婦女的楷模，教導她們在守寡之後應具有「貞專精純」的品德。高行的故事也許是最早的自殘例子，遺憾的是，這種行為在帝制後期還有追隨者。

Constance A. Cook
龍仁譯

◎ 劉向，《列女傳》，見《四部備要》本，卷4，頁8下–9上。
◎ O'Hara, Albert R. *The Position of Woman in Early China According to the Lieh Nü Chuan, "The Biographies of Chinese Women."* Taipei: Mei Ya, 1971; 1978, 122-24.

49 公孫述妻 Gongsun Shu qi

公孫述妻（36年卒），姓名、里籍皆不可考。丈夫公孫述（36年卒）為扶風茂陵（今陝西境內）人。

8年，王莽（23年卒）篡位，推翻劉氏皇室，自立為新朝（又稱新莽朝）皇帝，西漢覆亡。此後數年，軍方反對王莽的勢力日益強大，農民組織也對國家穩定構成威脅。王莽一死，新朝告終。翌年，劉氏宗室的劉玄，建立更始政權。一年後，劉秀（光武帝，公元前6年-公元57年；25-57年在位）重新建立漢朝（即東漢），即位為帝，更始政權滅亡。

王莽剛去世，公孫述擊敗劉玄在益州（今四川境內）的駐軍，從此佔據蜀地。由於該處有天險之利，且土地肥沃，資源豐盛，公孫述勢力大增。他聽從功曹李熊的建議，在益州割據稱王，定都於成都。他的政權很成功，不少人從遠方前來投靠。

不久，李熊慫恿公孫述自立為帝。可是公孫述遲疑不決，說「帝王有命，吾何足以當之？」一個晚上，他夢見有人對他說：「八厶子系，十二為期。」夢醒後，他將夢中聽到的話告訴妻子，並問她：「雖貴而祚短，若何？」她答道：「朝聞道，夕死尚可，況十二乎！」據說那時恰逢有龍在他皇宮之上出現，在黑夜中閃閃生光，公孫述視為祥瑞之兆，遂於25年稱帝，由於當初定都成都，故國號「成家」。

36年，即十二年後，公孫述與漢將軍吳漢（44年卒）交戰兵敗負傷而死，

妻子同時被殺。公孫述的王朝亦隨之覆亡。從本傳記看，和丈夫相比，公孫述的妻子在政事上似乎更果斷，更願意接受未來的挑戰。

沈立東

◇《後漢書》，北京：中華書局，1973 年，冊 2，卷 13，頁 533–544。

50 郭槐 Guo Huai

郭槐（活躍於 282-300 年），字玉璜，西晉時人，是個野心勃勃、心狠手辣的貴族女子；據說她不擇手段奪權後，極盡濫權之能事。郭槐又名宜城夫人（宜城君）、廣城夫人（廣城君）。透過她的生平，可以窺見中國古代家族鬥爭之一斑。

郭槐是城陽（今山東境內）太守郭配的女兒，賈充（字公閭，217-282）的妻子。賈充與西晉的開國皇帝司馬炎（武帝，236-290；265-290 年在位）是密友，關係非同尋常。早在曹魏時期，賈充就支持司馬家族，當時司馬家族輔助朝政，大權在握。司馬炎積聚權力時得到賈充支持，而篡魏當上晉朝皇帝時，賈充仍忠心耿耿。晉朝定都洛陽（今河南境內），新法制主要由賈充釐定。

郭槐與賈充生有兩女（賈南風和賈午）兩男。據說郭槐善妒，先後殺害了兩個兒子的乳母，小兒因思念乳母，嬰幼時期就夭折了。是否確有其事，還是因郭槐人物可憎，人們將惡行諉之於她，就無法肯定。可以肯定的是，郭槐權勢欲極大，她依仗長女賈南風（參見賈南風，晉惠帝皇后傳）來爭權奪勢。然而賈南風膚色黧黑，並不漂亮，且宮中已另有太子妃人選。郭槐賄賂楊皇后（參見楊艷，晉武帝皇后傳），向武帝進言，選賈南風為太子司馬衷（惠帝，259-306；290-306 年在位）的妃子。

郭槐是賈充的繼室。在中國古代，男子續弦十分平常，一般不會惹來非議。但賈充的情況有些特別，元配李婉是官宦李豐的女兒，李豐與賈充不同，他效忠曹魏王朝，在司馬氏快將篡魏時被殺死。魏國一亡，李婉本人受牽連被流放到樂浪（今朝鮮境內），因為賈充忠心支持司馬氏，他和李婉的姻事也就中止，之後娶了郭槐。按照中國傳統，只要男人負擔得起，即可廣納妻妾，但同一時間只能有一位正妻，除非經過特別恩准。李婉最後獲赦，當她返回中國後，武帝下詔特准，賈充可以有兩個正妻。然而，郭槐對此決定大為惱怒，說李氏不能和她平起平坐。賈充以謙遜為由上表辭謝，實質是怕激怒郭槐，不敢接受皇

上的恩賜。他秘密地為李婉另築居處，但又不像其他男人般，輪番看望妻子們，因怕再招來郭槐妒忌和盛怒，根本不找李婉。賈充與李婉生有兩個女兒，她們一再哀求父親去看望母親，而賈充從不答應。李婉傷心欲絕，最後孤獨而終，女兒們懇求把她與賈充合葬，被郭槐拒絕。李婉的文集與關於婦女教育的作品《女訓》，在她死後流傳，但現已亡佚。

《晉書》中賈充傳裡，記載了這兩個夫人的一次會面，不過這件事受到《世說新語》（成書早於《晉書》）的一位評論家質疑。《晉書》傳中說，郭槐在女兒當上皇后之後，決定去見李婉。賈充勸她別去，說：「彼有才氣，卿往不如不往。」但郭槐不聽勸告，盛裝前去，並帶上一群隨從。郭槐進門後，李婉站起來歡迎，不知何故，郭槐雙膝跪下磕頭兩次。回去後，郭槐告訴賈充見面的事，他聽後只淡淡地說：「語卿道何物？（還記得我怎樣對你說嗎？）」此後凡賈充出門，郭槐必派人去找他，怕他上李婉那兒。

賈南風一當上皇后，郭槐和郭氏家族便掌控了大權，惠帝是個白癡，賈皇后遂得以獨攬朝政，成為實際上的獨裁者。郭槐的聲望高漲，到了不可思議的地步：據稱她的鳳輦剛要進入視線，朝臣們就躬下身子迎接。

郭槐另一個女兒賈午也是個少有的角色，她在閨中敢和韓壽偷情，竟得到父母的同意嫁給了他。賈充去世後沒有兒子傳承，郭槐決定由韓壽與賈午的兒子——外孫韓謐，繼承他的官銜和職位。這樣做打破了慣例，就是賈充如沒有直系子嗣，便須過繼一位賈家男親為嗣。不過，郭槐是皇后的母親，地位顯赫，她的請求自然獲准。韓謐改名為賈謐，他和姨母賈皇后密切合作，把賈家的黨羽安插到朝廷中，從此把持政務，便更得心應手。這個由賈午、郭槐和賈郭兩家組成的特權集團，權力和財富迅速膨脹起來。

300年，郭槐去世，被誥封為宜城夫人，她的皇后女兒厚葬了她，規格遠超過她的地位。人們對這荒謬之舉甚不以為然，卻敢怒不敢言。郭槐一生幸運，活著享受富貴榮華，老來亦幸得壽終正寢。不過，她過世那年，朝廷發生政變，賈皇后失勢，被迫服毒；賈午死於木棒之下；賈謐被處決。

蕭虹
龍仁譯

◇ 《晉書》，北京：中華書局，1974年，冊2，卷31，頁952、965；冊2，卷40，頁1170–1175。
◇ 劉義慶，《世說新語箋疏》，余嘉錫撰，北京：中華書局，1983年，19，頁682–686；35，頁

918–922。
◇ 林世敏、李洪法,《歷代名后妃秘傳》,濟南:山東文藝出版社,1991 年,頁 60–69。
◇ Liu I-ch'ing [Yiqing]. *Shih-shuo Hsin-yü: A New Account of Tales of the World*, trans. Richard B. Mather. Minneapolis: University of Minnesota Press, 1976, 348-49; 486-88.

51 郭皇后,魏明帝 Guo Huanghou, Wei Mingdi

明元郭皇后(約210-264年),西平(今河南境內;一說在今青海西寧)人,是三國時期魏國明帝(曹睿,205-239;226-239年在位)第二任、也是最末一任皇后。她出身於河西望族,220年,西平叛變,平亂後她被帶入宮中。曹睿繼位後,她獲封為夫人,時年十六歲。曹睿對她深為寵愛,讓她的父親、叔父、兄弟加官進爵。239年,曹睿罹病,數天後立她為皇后,不久病故。

明帝的兒子都早夭,去世當日才點名由八歲的曹芳(齊王,231-274;239-254年在位)繼位。因為明帝來日不多,可能有人向他建議秘密收曹芳(曹芳可能是明帝堂兄弟曹楷的兒子)為養子。明帝駕崩後,郭皇后成為皇太后,在此後的二十五年間,她名義上佔著朝堂重要一席,各輔政大臣下決定後,都先向她正式奏報,才付諸實行。事實上,大臣這樣做,純屬走形式。

兩位輔政大臣包括太尉司馬懿(178-251)和大將軍曹爽(249年卒)。兩人為爭權鬥得你死我活。據說曹爽「驕奢無度」;一日,有人告訴他,年齡比他大的司馬懿「屍居餘氣,形神已離,不足慮矣!(只是剩口氣的死屍,精神離散,思維混亂,不值得擔心啦!)」他聽後便放下心來,對司馬懿不加提防。而不過數月,司馬懿派軍隊包圍了曹爽住宅,並指控他各項罪名。曹爽及其黨羽最後悉數被誅戮。

兩年後司馬懿死去,他對曹魏的實際管治權,轉移給了兩個兒子,一個是撫軍大將軍、錄尚書事司馬師(208-255),另一個是安東將軍司馬昭(211-265)。此後不到三年(254年),司馬師以太后的名義廢黜了曹芳,指責他「日延倡優,縱其醜謔(每天和女伎戲子在一起混,恣意放縱,笑鬧淫樂,無所不為)」。郭太后雖對廢黜曹芳不滿,但軍隊已集結在宮門之外,實在無可選擇,只好照准。不過她堅持要親自將御璽交給下一個傀儡皇帝,文帝的孫子、十三歲的曹髦(高貴鄉公,241-260;254-260年在位)。六年後(260年),曹髦試圖推翻司馬氏,但事敗喪命。郭太后不得不迎來第三位傀儡皇帝。他是魏國政權的奠基人曹操(155-220)的孫子曹奐(元帝,陳留王,245-302;260-265

年在位)。

身為朝中女主,郭太后輔助了好幾個皇帝,他們不是短命就是命運多舛,在他們走馬燈似的更迭中,她支撐起這個沒落的王朝,幾乎和它走到最後。她死於264年2月,兩年後,即266年的2月,曹奐退位,禪讓給司馬昭的兒子司馬炎(晉武帝,236-290;265-290年在位)。司馬炎立即宣佈西晉王朝成立,定都洛陽。264年4月,郭太后下葬於高平陵。

秦家德

龍仁譯

◇ 司馬光,《新校資治通鑑注》,楊家駱主編,台北:世界書局,1977年,冊4,卷69–78,頁2175–2490。
◇ 《三國志》,北京:中華書局,1982年,冊1,卷4,頁128–132、143–147;冊1,卷5,頁168–169。
◇ Sima Guang. *The Chronicle of the Three Kingdoms (220-265), Chapters 69-78 from the Tzu chih t'ung chien of Ssu-ma Kuang*, trans. Achilles Fang, ed. Glen W. Baxter. Cambridge, MA: Harvard University Press, 1965, vol. 1, 518, 549-50, 580, 606, 617-18; vol. 2, 19, 31-33, 165-68, 183-86, 335-38, 415, 450, 460, 505.
◇ Giles, Herbert A. *A Chinese Biographical Dictionary.* Taipei: Chengwen Publishing, 1971, 669, 674-75, 760-61.
◇ Chen Shou. *Empresses and Consorts: Selections from Chen Shou's "Records of the Three States" with Pei Songzhi's Commentary*, trans. Robert J. Cutter and William Gordon Crowell. Honolulu: University of Hawaii Press, 1999, 53-55, 72, 112-207.

52 郭皇后,魏文帝 Guo Huanghou, Wei Wendi

文德郭皇后(184-235),安平廣宗(今河北境內;一說今山東境內)人,是魏文帝(曹丕,187-226;220-226年在位)的第二任皇后。

她家世代為官,父親郭永曾任太守。幼時父親曾認定她與眾不同,是家裡的「女中王(皇后)」。因父母早逝,她被迫在動亂的東漢末年漂泊流離。她先寄身銅鞮(今山西境內)侯家,後被選為曹丕的宮女(213-216年間)。那時,曹丕的父親曹操(155-220)仍位居魏公,正為立國而擴張勢力,而曹家終於在220年建立三國時期的魏國。

曹丕一當魏王,便封郭氏為夫人,後來升為貴嬪。據說郭夫人為人精明,頗有謀略。她不時向曹丕提建議,幫他登上太子寶座。曹丕稱帝後,冊封甄夫人(參見甄皇后,魏文帝傳)為皇后,因為她生了太子曹睿(明帝,205-

239；226-239 年在位）。又幾乎同時，文帝宣佈要封郭夫人為皇后。群臣上疏勸阻，說這個做法史無前例，皇后要統領六宮，地位僅次於皇帝，宜選擇品德高尚的婦女。疏中奏稱：「若因愛登后，使賤人暴貴，臣恐後世下陵上替。」文帝聽不進這些勸諫，但他頒佈法令，規定婦女不得干政，官員不得就國事啟奏太后，不得指派外戚攝政，外戚無功績者不得封贈采邑，以防紊亂朝政。221 年，他下令廢黜甄皇后，與此同時命她自盡，立郭夫人為后。

曹丕早些年曾試圖枉法徇私。郭夫人的弟弟被控偷竊官家布匹，被判處死刑，曹丕為他求情，但都尉鮑勳不敢承擔開脫罪人的責任，向曹操稟報案件詳情，此後曹丕對鮑勳懷恨在心，最終在自己死前二十天將鮑勳處死。

依《魏書》的記載，郭皇后對文帝母親卞太后（參見卞夫人，魏王曹操傳）十分孝順。她也是其他寵妃的良師益友：宮人有差錯時，她代為掩蓋；她們遭到斥責時，她向文帝解釋事情的來龍去脈；她們惹怒了文帝時，她為她們乞求開恩。她生性節儉，不愛音樂，聲稱要效法漢朝馬皇后（參見馬皇后，漢明帝傳）。77 年，那位已是太后的馬皇后，下達一份篇幅頗長的詔書，申明嚴禁奢華。

郭皇后告誡親戚，凡家中嫁娶，應在同鄉中找對象，不要利用權勢強行安排與外地人結親。她阻止姐姐的兒子納妾，說當前男多女少，應留下女子嫁給從軍的官兵。又警告娘家人，行事應小心謹慎，否則將受到懲治。她還禁止從兄堰塞河流捕魚，指出河道本應用於通航運輸，況且當地木材短缺，人手不足，更不應把這些緊俏的資源投入築壩或捕魚上。

郭皇后未曾生子，文帝要她撫養甄皇后所生的曹睿（甄皇后已在 221 年被賜自盡）。曹睿（明帝）登上帝位時，加封郭皇后為太后，郭氏家人也加官進爵。《魏書》一個注釋稱，明帝對生母之死，長期耿耿於懷；郭太后因「憂」在 235 年猝死。為了擺脫嫌疑，郭太后一直對年青的明帝聲稱，是他父親逼殺了他的生母。但據說明帝對她十分惱怒，把她逼死，還堅持說，生母當年下葬，受盡羞辱，他會用同樣方式葬她：「被髮覆面，以糠塞口」。儘管明帝對郭太后極其怨恨，他仍寵信郭家的人，對她父母也追賜了諡號。

秦家德
龍仁譯

◎ 司馬光，《新校資治通鑑注》，楊家駱主編，台北：世界書局，1977 年，冊 4，卷 69–78，頁 2175–2490。

- Sima Guang. *The Chronicle of the Three Kingdoms (220–265), Chapters 69-78 from the Tzu chih t'ung chien of Ssu-ma Kuang*, trans. Achilles Fang, ed. Glen W. Baxter. Cambridge, MA: Harvard University Press, 1965, vol. 1, 105-7，125-26，199-200，208-9，211-12.
- Chen Shou. *Empresses and Consorts: Selections from Chen Shou's "Records of the Three States" with Pei Songzhi's Commentary*, trans. Robert J. Cutter and William Gordon Crowell. Honolulu: University of Hawaii Press, 1999, 54; 106-10, 204-6.

53 郭聖通，漢光武帝皇后 Guo Shengtong

郭聖通（光武帝郭皇后，52年卒），真定槀（今河北境內）人，東漢首位皇帝光武帝（劉秀，公元前6年-公元57年；25-57年在位）的皇后。父親郭昌，來自真定望族，任職功曹，以讓田宅財產數百萬與異母弟而為人所稱；母親郭主（50年卒），為西漢景帝（公元前188-141年）七代孫真定恭王劉普的女兒，好禮節儉，有母儀之德。

23年，王莽去世，國祚不長的新朝（9-23）瓦解，群雄競相問鼎中原，爭霸之勢更趨險峻。翌年，劉秀成功勸說同宗的真定王劉揚歸降；劉揚也是郭聖通的舅父。自此劉秀以真定為根據地，25年迎娶郭聖通。同年陰曆六月，劉秀在鄗（今河北境內）即帝位，不久移都洛陽，帶同貴人郭聖通前往。同時遣使往接另一貴人陰氏（參見陰麗華，漢光武帝皇后傳）赴洛陽。早於23年，劉秀已在宛（今河南境內）娶了陰貴人。即位次年，光武帝打算冊立陰麗華為皇后，當時郭貴人已生下兒子劉彊（25-58），陰貴人以郭氏有子，終不肯當皇后。光武帝遂於是年立郭貴人為皇后，劉彊為皇太子。郭后與光武帝一起生活了十七年，生下五個兒子，包括東海恭王劉彊、沛獻王劉輔、濟南安王劉康、阜陵質王劉延及中山簡王劉焉。

郭聖通雖貴為皇后，且生有子嗣，但是劉秀喜愛的是陰貴人。據稱郭后為此「數懷怨懟」，而光武帝便是以此事為由，終於在41年將她廢掉。根據有關詔書，廢后原因有二：一為郭后對光武帝有所埋怨，有違皇帝教誨，二為郭后不能與宮中妃妾和睦相處，有呂后（參見呂雉，漢高祖皇后傳）和霍后（參見霍成君，漢宣帝皇后傳）專橫之風。該詔書還批評她：「宮闈之內，若見鷹鸇」。廢后一事，最受影響的莫過於太子劉彊。為他講授《韓詩》的老師提醒他說：「春秋之義，母以子貴，太子宜因左右及諸皇子引愆退身，奉養母氏，以明聖教，不背所生。」劉彊深明此義，乃向父親表示「數因左右及諸王陳其懇誠，願備藩國。」於是光武帝改封劉彊為東海王。同年立陰貴人為皇后，兩

年後立陰后的兒子劉陽（劉莊，即明帝，27-75；58-75 年在位）為太子。

光武帝雖對郭后嚴加批評，並將她廢掉，再另立新后，但對郭氏仍照顧周到。郭氏看來並無政治野心，不論對皇帝還是陰后，都不足為患。況且，郭家曾幫助光武帝取得天下，他有責任讓郭氏一生安穩舒適。廢后不久，郭氏二子右翊公劉輔（84 年卒）獲封為中山王，食常山郡，郭氏亦成為中山王太后。44 年，改封中山王為沛王，郭氏為沛太后。

光武帝也沒有虧待郭家。25 年，只有十六歲的郭氏弟郭況（9-58）拜黃門侍郎。次年，封綿蠻侯；38 年，遷城門校尉；41 年封陽安侯；後提升至大鴻臚。郭況比光武帝年輕十五歲左右，兩人看來過從甚密。光武帝更「數幸其第，會公卿諸侯親家飲燕，賞賜金錢縑帛，豐盛莫比，京師號況家為金穴。」光武帝去世，明帝即位，郭況仍「數受賞賜，恩寵俱渥」。光武帝對郭氏從兄郭竟也十分照顧，初以征伐有功，封為新郪侯，後官拜東海相。50 年，郭氏母親郭主病故，「帝親臨喪送葬」，又遣使者迎她的丈夫郭昌的喪柩，與郭主合葬，並「追贈昌為陽安侯，謚曰思侯。」

52 年，郭氏病故，葬於北芒（今洛陽市北）。為顯示劉郭兩家關係密切，光武帝將四女清陽公主許配給郭況的兒子郭璜。

《後漢書》對光武帝處理郭后一事上，評論大意如下：物有興衰，情有起伏，這是不變的道理。郭氏雖然心懷怨尤，但是還得到特殊的恩遇，她的家族也備受榮寵，該事處置得宜，為中國古代樹立了一個光輝的例子。

中國皇朝廢后，不管是因愛情、權力、禮法或其他原因所致，都是國家大事，而不僅僅是皇帝偏愛某一個女子而已。廢掉皇后會帶來一個危機四伏、前景難料的局面，而廢后本人亦身陷困境，凶吉未卜。歷朝的廢后中，郭后可能是最幸運的一個。被廢后還可以安然度日，多活十一年，全賴丈夫光武帝宅心仁厚。

黃嫣梨、吳國樑

◇ 司馬光，《資治通鑑》，北京：中華書局，1956 年，冊 2，卷 40。
◇ 陳夢雷，《古今圖書集成》，台北：文星書局，1964 年。
◇ 《後漢書》，北京：中華書局，1973 年，冊 1，卷 1，頁 1–94；冊 1，卷 10 上，頁 402–405；冊 2，卷 21，頁 760–761；冊 2，卷 29，頁 1023–1032；冊 3，卷 42，頁 1423–1456。
◇ 安作璋主編，《后妃傳》，鄭州：河南人民出版社，1990 年，上冊，頁 134–143。
◇ 袁宏，《後漢紀》，上海：商務印書館（缺出版年份），卷 7，頁 54–63。

54 郭氏，西晉 Guo shi

郭氏（約300年卒），西晉時代人，住在華北。她與賈皇后（參見賈南風，晉惠帝皇后傳）份屬表姐妹。她利用這層關係，靠出賣在朝中的影響力而聚斂起大筆財富。在史書上，她是個負面人物，屬於婦女引以為誡的一個例子。

史書沒有留下郭氏的名字，僅知道她父親郭豫是太原（今山西境內）人，他與賈皇后的母親郭槐（參見該傳）有親戚關係。郭槐想方設法，將女兒嫁入宮廷。她向楊皇后（參見楊豔，晉武帝皇后傳）行賄，為女兒說情，後來女兒賈南風果然被選為司馬衷（惠帝，259-306；290-306年在位）的太子妃。據稱惠帝弱智，正好給了賈皇后獨攬朝綱的機會；不管父系或是母系的親戚，她都提拔充任要職，以鞏固自身權力。母親郭槐權勢日大，乳母、妹妹賈午、表親郭氏，亦干預朝政，各盡所能地以權謀私。

郭氏除了在朝的家族勢力外，夫家王氏亦非同凡響。她的丈夫王衍（256-311）是知名學者，精研玄學，因家勢顯赫，被徵召為官。他政績斐然，但仍秉持道家理念。他們的女兒（名字不詳）被選作太子司馬遹（300年卒）的妃子，一時間郭家勢焰更為熾烈。但賈皇后一向憎惡司馬遹，便設計害他聲名，迫他下台。太子被廢后，王衍請求讓女兒和太子離異，至於他這樣做是出於本意，還是受了郭氏的慫恿，就不得而知。不過，郭氏與賈皇后密切關係，在她和她的家族與太子撇清關係這事上，很難相信她沒有參與。廢太子後來自殺。

儘管王家聲譽甚隆，王衍個人名望亦高，郭氏並不是個三從四德的妻子。反之，她將丈夫和小叔要她別再做生意的忠告，當了耳邊風，繼續我行我素。多個資料來源隱約談及她的政治與經濟活動時，都語帶貶損：有些說她命家中奴僕積攢糞便售與他人，大概是作肥料之用；有些譴責她收取巨額賄賂，然後以她的權勢代行賄者謀利。有一次，當時還是少年的小叔王澄，回到家來抱怨她，說他看見家奴在街上拾糞，甚覺難堪，她卻反駁說，婆母臨終時要她管教他，而不是要他來管教她。她一把抓住他的衣服，要給他一頓好打，卻被他掙脫跑掉了。另一則軼事說，丈夫對她斂集巨額財富之道很是反感。王衍本是位玄學家，恥於談錢財、地位，對她的行徑曾多次勸阻，但她依然故我。最後，他採取用鬼怪嚇唬小孩的辦法，抬出京都大俠李陽的名字，詭稱李陽也反對她這種行徑，使她有所收斂。還有一則軼事說她命人把錢繞床，考驗口不言錢的丈夫王衍不說錢字怎麼下床。因此引起王衍以阿堵物為錢的代詞的典故。

这些轶事，在在表明郭氏意志坚强、有主见，也可看作是对男权至上的挑战。她收集人的粪便再出售，拿现今的眼光看，可算作环保行为。当然，她有些行径，哪怕用现代的标准衡量，也是不可认同的。比方，她为了敛财，不惜干扰朝政，无论如何也是不对的。郭氏是个复杂的人，既不是传统妇德的典范，也不是无私献身于国家事业、为人民谋福祉的现代中国女性楷模。不过，她在男权社会中争取自身权益，倒是能力非凡。

郭氏的最终下场虽难以查考，但看看她周围的人的境遇，就不难猜得几分。在300年的一次兵变中，表亲贾皇后被杀，掌权的贾、郭两家成员统统被处死。至于她，竟能在政敌手下逃过可怕的下场，可能是因她与王家的关系，但她以后的日子或会更惨。311年随着西晋王朝的最后崩溃，她的丈夫王衍被入侵的匈奴军杀死，不久，儿子去投军抗击匈奴，在路上被盗匪杀害。即令她在丈夫、儿子死后仍能活下来，也不见得会快乐。

萧虹

龙仁译

◇《晋书》，北京：中华书局，1974年，册2，卷43，页1237–1239；册3，卷53，页1459。
◇ 刘义庆，《世说新语笺疏》，余嘉锡撰，北京：中华书局，1983年，10，页556–560；35，页922–923。
◇ 萧虹，〈晋代参与主流社会活动的妇女〉，见萧虹，《阴之德—中国妇女研究论文集》，北京：新世界出版社，1999年，页71–102。
◇ Liu I-ch'ing [Yiqing]. *Shih-shuo Hsin-yü: A New Account of Tales of the World*, trans. Richard B. Mather. Minneapolis: University of Minnesota Press, 1976, 281-82.

55 韓蘭英 Han Lanying

韓蘭英（活躍於454-493年），吳郡（今江蘇蘇州）人，學者兼作家。劉宋王朝孝武帝（劉駿，430-464；454-464年在位）臨朝時，她將自己的作品〈中興賦〉呈送給孝武帝。孝武帝十分賞識該賦，還邀請她入宮（未有資料說明是以何種身份）。在明帝（劉彧，439-472；465-472年在位）時，她奉派在宮中任職，有資料稱她是擔任「司儀」的職位。

479年，南齊取代劉宋，韓蘭英仍留在宮中。齊武帝（蕭賾，483-493年在位）精於治國，令國家相對繁榮穩定。雖然沒有資料說他本人曾鼓勵文學發展，但他執政時，他有兩個兒子都積極提倡文學、選拔英才，為人所稱道。武帝的想法應該和兒子相似，因為他授予韓蘭英博士頭銜，並請她在宮中教習宮

人。由於她年壽已高,且博學多才,人們稱她為「韓公」,而這個尊稱通常只用於德高望重的男性。

《南齊書》於武穆裴皇后傳記篇末,特別為韓蘭英立了個小傳。韓蘭英既是平民出身,又不是正史內后妃淑女篇章的人物,竟能載入史冊,實屬殊榮,亦屬罕見。此外,史家還特地記載了她的全名。可惜的是,有關她的生平與學術活動,資料不詳。她的著作,包括〈中興賦〉在內,現已全部失佚。

蕭虹

龍仁譯

◎ 謝無量編,《中國婦女文學史》,上海:中華書局,1916年;鄭州:中州古籍出版社,1992年重印,第2編中,頁81。
◎ 《南齊書》,北京:中華書局,1972年,冊1,卷20,頁392。
◎ 江民繁、王瑞芳,《中國歷代才女小傳》,杭州:浙江文藝出版社,1984年,頁68–70。
◎ 譚正璧,《中國女性文學史》,天津:百花文藝出版社,1985年,頁97。

56 韓氏,東晉 Han shi

韓夫人(活躍於373年),東晉時人,名字、籍貫均不詳,義陽(今河南境內)人朱燾的妻子。朱燾是個有才幹的軍官,官至益州(今四川成都)刺史。他們的兒子朱序是位著名將領,《晉書》的朱序傳裡記載了韓夫人的事蹟。

朱序駐守襄陽(今湖北境內),擔任梁州刺史。373年,鄰國前秦的將軍苻丕攻打襄陽,當時前秦由氐人統治。朱序奮力守城。朱母韓夫人登城繞行查察,看出城牆西北角會首先垮塌,於是命百餘名侍婢及城中婦女,在那裡築建一道斜的支撐牆,據稱高二十餘丈。後來攻城隊伍糧食開始短缺,苻丕發動最後一次猛攻,他攻向城牆的西北角,正如韓夫人所料,那裡的城牆塌陷了。朱序的士兵就加固先前婦女們所築的城牆,苻丕只好放棄攻城,全軍撤退。襄陽百姓心存感激,稱這段城牆為「夫人城」。

史料並未記載韓夫人曾接受軍事訓練。她可能只是憑常識看出城池防禦工事的不足之處。無論怎樣,韓夫人和其他很多婦女一樣,都能在緊急關頭挺身而出,紓難解困。史家雖未為她單獨立傳,但卻在《晉書》中她兒子的傳記內記載了她的事蹟,足見她所作貢獻的歷史意義。

蕭虹

龍仁譯

◇ 徐天嘯，《神州女子新史正續編》，上海：神州圖書局，1913 年；台北：稻鄉出版社，1993 年，重印本，頁 62–63。
◇ 《晉書》，北京：中華書局，1974 年，冊 4，卷 81，頁 2132–2133。
◇ 劉士聖，《中國古代婦女史》，青島：青島出版社，1991 年，頁 168–169。

57 韓娥 Han'e

韓娥是戰國時代（公元前 475-221 年）人，住在韓國（今河北境內）。據三世紀中國文獻《列子》中的記載，她是中國最早的街頭歌唱家。《列子》描述她來到齊國（今山東境內）的首都臨淄，於商販聚集的城門——雍門旁演唱，以博取食品充饑。她的歌聲曼妙無比，據說縈繞空中達三天之久，沉醉於歌聲的人們，竟不知她何時離去。

一次她在旅店棲身，遭店主羞辱，她拖著長音唱起哀歌，然後離店；四周鄰里聽到她的歌聲無不下淚，據說竟至三天不思進食。他們派人去追她回來；她再為眾人高歌，這次他們卻歡快起舞，原先的憂傷全拋到了腦後。住在雍門附近的人，饋贈了不少物品送她上路，而他們因為仿效她，從此善於歌唱，名聞遐邇。

雖然有關韓娥的事蹟，史書記載不多，但她唱歌的天分、深深打動聽者的歌聲，為她在中國婦女史上贏得重要一席。常常用來讚美別人歌聲的成語「繞梁三日」，就是源於她的事蹟。

龍茵
龍仁譯

◇〈湯問〉，見《列子》，《四部備要》本，卷 5，頁 15 上 –16 上。
◇ 馬兆政，《中國古代婦女名人》，北京：中國婦女出版社，1988 年，頁 17–19。
◇ 劉士聖，《中國古代婦女史》，青島：青島出版社，1991 年，頁 68–69。
◇ 殷偉，《中華五千年藝苑才女》，台北：貫雅文化，1991 年，頁 22–24。

58 胡氏，北魏宣武帝妃 Hu shi

胡夫人（約 490-528 年），北魏王朝宣武帝（元恪，483-515；499-515 年在位）的妃子。雖然她生前未被立為皇后，但不少資料稱她為「靈太后胡氏」，這是北魏末代皇帝賜她的諡號。在北魏後期，她權力極大，兩度（515-520 及 525-528）為兒子孝明帝（元詡，510-528；515-528 年在位）臨朝攝政。

北魏王朝是中國北方草原上遊牧的鮮卑族分支——拓跋氏所建立，故有時亦稱作拓跋魏。拓跋氏並非漢人，但他們逐漸採用漢人習俗。493年，孝文帝（拓跋宏／元宏，467-499；471-499年在位）將自己的姓改為「元」，並遷都洛陽。為防止外戚陰謀攫取政權，拓跋魏在409年擬訂一條法令，規定太子的生母必須自盡。但到五世紀末，這條法令已不再推行，雖則太子生母死於非命的，屢見不鮮。

　　胡夫人出身漢族，籍貫安定（今甘肅境內）。父親胡國珍（518年卒）位居司徒高位，母親來自皇甫家族。姑母為尼姑，在宮中宣揚佛法。她向可以說得上話的人物推介自己的侄女，說這女孩頗有姿色，行止端淑，應該選入宮中成為「世婦」（妃子的一個級別）。在她多方遊說下，胡氏終於順利進宮。

　　宣武帝的妃子們都不想冒險生兒子，怕招致高皇后（518年卒）不滿而遭毒手。因為高皇后的前任于皇后（507或509年卒）生下皇帝第一個兒子後，便不明不白地死去，人們懷疑是高皇后毒死了她，後來她的兒子亦夭折了。高皇后出身渤海一個權勢顯赫的高句麗（即朝鮮）家族，她的姑姑（追封為高太后，497年卒）是宣武帝的母親，也在兒子立為太子那年猝然死去。

　　儘管為皇帝生兒子著實危險，據說胡氏仍祈求懷上子嗣，以延續龍脈，並說女人不應因怕死而不顧皇祚綿延。510年，她終于如願，產下兒子元詡（後來的孝明帝），皇帝十分高興。為確保兒子能活下來，皇帝把他送到另一宮內，由良好家庭出身的可靠乳母哺育。兒子長至兩歲就冊立為太子。

　　515年，宣武帝猝逝，五歲的元詡繼承大位，引來一場你死我活的權力爭奪。侍中領軍于忠（518年卒）被選為攝政，高皇后尊為皇太后。幼帝登基翌日，高太后的伯父高肇被殺害。合謀殺害他的包括諸皇子、已故于皇后的親戚，以及一群宦官，他們懼怕他會隨著侄女獲封為太后而權勢大增。胡氏旋即被封為皇太妃。高太后擔心自己會被貶，打算殺死胡太妃。殺死高肇的那夥人立刻將胡太妃保護起來，歷時五個月。最終高太后還是被廢黜，送入尼庵，很快便不明不白地死去。當年（515年）年末，胡太妃獲封皇太后，任攝政，她的父親按例封公。

　　胡太后接手了許多嚴重的經濟、社會問題。儘管文明皇太后（參見馮皇后，北魏文成帝傳）在483年推行土地改革，北方與西北方的良田，大部分已成了皇家牧場；而東北的士族也在濫用他們的經濟特權。省一級乃至朝廷內，漢族權威人士與非漢族的遊牧民族的領導之間，在文化與種族事務上，一直有

摩擦。起初,胡太后得到曾保護她不受高家迫害的集團的支持。但攝政的于忠,卻敵視這個集團,且他手上兵權大增。她當務之急,是削弱于忠的勢力。她把攝政引起的問題解決後,立刻召他回朝,自己就登上實際執政者之位。她以攝政的身份,代替兒子主持皇家祭祀、頒發詔書、與百官比試箭術、下鄉接受百姓訴狀、面試選拔考生出仕,還常常出巡,遊覽聖地名勝。

據載,孝明帝八歲(518年)開始議政,520年他接近十歲時,對胡太后不滿的聲音來自四方八面。他們批評她處置于忠心慈手軟,批評她對以往的支持者及胡氏家族的安排不恰當。史家記載女性君主的生平,素有定式,他們也用同樣方式寫胡太后,就是詳細講述她的私人生活,包括她的性生活。據稱她有多名男寵,包括她的妹夫。她的一些男寵,如鄭儼、李神軌之屬,都權傾一方。她與清河王拓跋懌亦有私情,此人後來死在她妹夫手中。她的傳記提到這段時期時說,「靈后淫恣,卒亡天下」,大肆渲染她貪欲、放蕩、荒政以及善妒的一面。

胡太后的妹夫拓跋叉(525年卒)覺察到群情憤激,便與太監劉騰共謀褫奪她的權力。520年,他們將她幽禁宮中,逼迫她交出攝政大權。在她輔政時期受惠諸人,統統從現職撤下;她亦被禁止與兒子孝明帝接觸。

然而拓跋叉對朝廷事務不大過問,以往胡太后攝政時期,大臣與諸王的不滿,重新冒出並對準了他。他們向孝明帝奏請革除拓跋叉,但皇帝不加理會,他們於是轉求胡太后。為了能見到皇帝,她藉口要進尼庵,必須當面請求允准,終於如願。母子見面和解後,共謀除去拓跋叉,決定逐步削減他的權力。後來,孝明帝聽信人言,認為拓跋叉曾威脅他的寵妃,於是命拓跋叉自裁。

胡太后了結拓跋叉之後,並沒有歸政給十五歲的兒子,於525年再次攝政。然而她這次攝政,貪污腐敗成風、法紀蕩然,被形容為北魏王朝走向末路的開始。那段時期,整個華北到處有人公然叛亂。前次攝政時曾協助她的大臣,或因年邁死去,或遭暗算身亡。她任命了一些漢族官員,這些人既怠忽職守,又遭拓跋氏臣民疏遠。孝明帝逐漸成長,對母親不肯放手讓他親政深感絕望,不惜鋌而走險。528年,他尋求秀容(今山西境內)羯胡(可能是匈奴的一個分支)酋長爾朱榮(530年卒)的幫助,企圖趕走母親手下的漢人親信。此舉代價沉重,那些漢人親信謀弒了孝明帝。孝明帝沒有子嗣,羯胡和鮮卑將領為此十分惱怒,猛烈進襲都城。胡太后安排孝明帝尚在繈褓的女兒即位,但不為匈奴與鮮卑兩族所接受,只好改以孝明帝的一個年僅兩歲的弟弟即位。

然而爾朱榮另有打算。他於 528 年宣佈自己扶掖的拓跋子攸登基為皇帝，又將女兒嫁他，再封她為北魏皇后。拓跋子攸是獻文帝（拓跋弘，454-476；465-471 年在位）的孫子。第二日，胡太后寵臣的親戚，就從裏面將都城城門打開。過了兩日，胡太后被溺死，爾朱榮的士兵殺死了幾千漢人及親漢人的官員和他們的親屬。胡太后的妹妹將她的遺體收殮，安放在雙靈佛寺內。

胡太后在北魏執政的生涯，漫長而起伏跌宕。從她的一生可以看到，能幹的君主，不論男女，都有類似的人生軌跡：他們開初都勵精圖治，政績斐然，一旦大局已定，四海升平，就寄情享樂，實行獨裁統治。史家都強調 Chauncey Goodrich 所稱：靈太后胡氏獨斷專行，揮霍奢侈，淫亂宮闈，暴虐殘忍；其實與相類的男性君主相比，她既不好幾分，也不會更差。

還有一點值得提及的，就是胡太后也是位詩人，她的傳記中摘引了兩行她與大臣酬和的詩句。另外，《樂府》中有一首〈楊白花〉，被認定是她的作品。這首愛情詩表達了女子對一個男子的思念，他的名字意為楊樹的白花。據傳胡太后愛上一個叫楊白花的將領，他怕惹禍上身，逃到南方。胡太后寄情賦詩，令宮人一遍遍吟唱：

陽春二三月，楊柳齊作花，

春風一夜入閨闥，楊花飄蕩落南家。

含情出戶腳無力，拾得楊花淚沾臆，

秋去春還雙燕子，願銜楊花入窠裡。

除有關胡太后文學活動的文字外，本文大部分內容摘自 Jennifer Holmgren 的文章，其出版詳情附於篇末的書目。摘引之前，筆者已徵得有關作者的同意。

Lau Lai Ming、秦家德
龍仁譯

◇ 司馬光，《資治通鑑》，上海：中華書局，1936 年。
◇ 《魏書》，北京：中華書局，1974 年，冊 1，卷 13，頁 337–340。
◇ 《北史》，北京：中華書局，1974 年，冊 2，卷 13，頁 503–505。
◇ 《北魏史》，太原：山西高校聯合出版社，1992 年，頁 362–392。
◇ 張金龍，《北魏政治史研究》，蘭州：甘肅教育出版社，1996 年，頁 255–313。
◇ Goodrich, Chauncey S. "Two Chapters in the Life of an Empress of the Later Han." *Harvard Journal of Asiatic Studies* 25 (1964/65):169.
◇ Holmgren, Jennifer. "Empress-Dowager Ling of the Northern Wei and the T'o-pa Sinicization

Question." *Papers on Far Eastern History* 18 (1978): 123-70.

59 華容夫人，漢燕刺王 Hua Rong Furen

華容夫人（公元前 116 ? -80 年），漢武帝（劉徹，公元前 156-87 年；公元前 141-87 年在位）第三子燕刺王劉旦（約公元前 120-80 年）的妻子。

公元前 122 年，武帝立長子劉據（公元前 128-91 年）為太子，後來太子自殺（參見衛子夫，漢武帝皇后傳），次子亦不久病故。劉旦以為按長幼次序，自己該立為太子，乃上書請求進京宿衛，觸怒武帝，後又因藏匿逃犯而遭削封地。由此武帝十分討厭他，遂立幼子劉弗陵（昭帝，公元前 94-74 年；公元前 87-74 年在位）為太子。

武帝死後，昭帝即位。劉旦為了推翻年幼的昭帝，開始製造騷亂，最終事敗。昭帝將所有涉事諸人處決，卻沒有懲治劉旦。後來，劉旦又與姐姐蓋長公主、左將軍上官桀（公元前 80 年卒）及御史大夫桑弘羊（公元前 152-80 年）等合謀，打算先誣陷大將軍霍光（公元前 68 年卒），再廢昭帝。這次也事敗，上官桀等人伏誅。劉旦知道來日無多，便在萬載宮設宴，款待賓客、部屬及華容夫人等妃妾，席上悲而作歌曰：

歸空城兮，狗不吠，雞不鳴，

橫術何廣廣兮，固知國中之無人。

華容夫人亦起舞作歌，後世論者稱之為〈起舞歌〉或〈續歌〉：

髮紛紛兮寘渠，骨籍籍兮亡居。

母求死子兮，妻求死夫。

裴回兩渠間兮，君子獨安居。

起初昭帝下發赦令，但接著又下詔指責劉旦和異姓人結黨，陰謀危害社稷，與應該疏遠的人親近，而疏遠應該親近的人，行為有悖常理，不忠君愛國。劉旦接詔羞憤難當，自縊而亡。華容夫人與其他二十多個妃妾亦隨之以死相殉。華容夫人的歌，見證了皇室權力鬥爭如何摧殘無辜性命，歌詞淒美，至

今教人神傷。

沈立東

◇《漢書》，北京：中華書局，1975 年，冊 6，卷 63，頁 2750–2759。
◇ 張修蓉，《漢唐貴族與才女詩歌研究》，台北：文史哲出版社，1985 年，頁 22–23。
◇ 沈立東編撰，《歷代后妃詩詞集注》，北京：中國婦女出版社，1990 年，頁 83–85。
◇ Ban Gu. *Courtier and Commoner in Ancient China: Selections from the "History of the Former Han" by Pan Ku,* trans. Burton Watson. New York: Columbia University Press, 1974, 54-65.

60 桓氏，劉長卿妻 Huan shi

劉長卿的妻子桓氏（活躍於 168-189 年），名字不詳，沛郡龍亢（今安徽績溪）人，以節操高尚為時人所稱許。

桓氏生在書香世家，父親桓鸞（108-184）是著名經學儒生。高祖桓榮、曾祖桓郁、伯祖父桓焉（143 年卒）、伯父桓麟、從兄桓典、桓彬（133-178），都是經學儒生。桓家講授道德，世人稱頌，屢代為東漢歷朝皇帝講解經籍，多人拜為卿相。

劉長卿也是來自沛郡，兩人婚後，育有一子。桓氏雖為人敬重，但後世只知她是劉長卿的妻子；至於劉長卿本人，生平事蹟亦無可考，只知他在兒子滿五歲時便去世。桓氏飽讀經籍，深明儒家理想，夫死後決心以守節來維護桓家清名。這不單是不改嫁，還要表明對婆家一心一意。所以，她不回娘家探望父母，以免別人覺得她有意回娘家長住。兒子十五歲夭折，她強忍喪子之痛，把自己雙耳割下，以示對婆家忠心不二，誓為劉家婦以終。

劉氏宗族許多婦人同情她，都表示明白她的心意，相信她會從一而終。她們還說無需為了尊崇道義而自殘以明志。桓氏回答說：我的先祖都是道德典範，我預先自殘，為的是表明我守節的志向。

東漢末年，朝廷奉行儒術，視桓氏這樣的列女為情操高尚的貞婦；為官者亦加表揚，樹之為國人的榜樣。因此，當時沛郡國相，向少帝（189 年在位）上書，奏述桓氏的節義行為。結果，朝廷下旨，賜桓氏婦號曰「行義桓鳌」，並規定沛郡每有祀禮，必須將餘肉分予桓氏。

儒術被奉為正統學說的初期，很多婦女會因著各自的原因，作出與桓氏一樣的「節義行為」。桓氏來自尊崇儒術的名門望族，顯然覺得自己應該肩負維護儒術的重任。數百年後，這種半自願的自我犧牲行為，逐漸變成寡婦行止的

守則，而像桓氏般行事的早期婦女，也轉化為世代景仰的楷模。

鮑善本

◈《後漢書》，北京：中華書局，1973年，冊5，卷84，頁2797。

61 皇甫規妻 Huangfu Gui qi

皇甫規妻（190年卒），姓名、里籍皆已無考。她是皇甫規（104-174）的第二任妻子。

皇甫規是安定（今陝西境內）人，足智多謀，舉賢良方正，在對策時譏諷大將軍梁冀（159年卒），因而落選。梁冀被誅之後，皇甫規出任太山太守。東漢桓帝（147-167年在位）晚年（158-167），皇甫規以降服羌人有功，拜為度遼將軍，守北部邊陲數年，羌人威服。167年，皇甫規擢為尚書，病卒於護羌校尉任上。

皇甫規髮妻亡故後續娶，繼室美惠多才，通文墨，善屬文，工草書，經常幫助丈夫撰寫公文。皇甫規病卒時，她仍年輕貌美。

東漢末年，政局日益動盪，大將軍董卓（192年卒）趁十常侍作亂之機進京，自封為丞相，專權橫行。董卓早已聽聞皇甫規的遺孀貌美能幹，想納她為妾。他派人帶同一百輛車、二十匹馬、奴婢與錢帛作為聘禮，前往她家，然後將她接回來。她衣著樸素，來到董府，跪在董卓跟前，懇求他不要迫婚，因為她決意守節不嫁，言辭悽愴。董卓大怒，命令奴僕拔刀圍著她，還大聲說：我的威權能讓四海的人民都服從，難道在一個女人身上卻行不通嗎？她自知不能倖免，便站起來大罵董卓：你是羌胡的子孫，我的先人都是漢朝的官吏，你的先人也許只是我的先人的下屬，你怎敢非禮對待你的上司的夫人呢？董卓命人弄來一輛車，放在庭中，將她的頭用繩懸繫於車軛之上，再用鞭子抽打她。她對操鞭的人說：為什麼下手不重一點啊，快點讓我死去就是對我的恩惠。遂被活活打死於車下。

後人推崇皇甫規妻的忠義，畫圖以表揚，稱她為「禮宗」（即遵守禮義的規範）。其實，皇甫規妻的忠義不僅在於守節，更重要的是在於面對暴力的勇氣。值得一提的是，她只是個纖纖弱質的年輕女子，卻願意為節義而犧牲性命，實在難能可貴。無怪乎史書說她的行為，實足羞煞那些屈膝卑躬於淫威的無恥

小人。她意志堅定、勇氣過人，誓死對抗造反的蠻夷，不惜以生命來維護漢室的道德傳統。她的事蹟就可用來提醒後來者，待人處事應以忠義為先。

吳調公

◇《後漢書》，北京：中華書局，1973年，冊5，卷84，頁2798。

62 慧果 Huiguo

比丘尼慧果（約364-433年），俗姓潘，名字不詳，淮南（今安徽境內）人，是中國公認最早的比丘尼之一。在她的努力下，中國佛教界的比丘尼法統得以建立。

佛教在東漢初傳入中國。到了二世紀末，僧官當中，除了外來的僧侶，還有已受具足戒的中國僧人。佛教到東晉時期才廣受歡迎。直到南北朝時期，在433年，才有第一批中國婦女，能夠嚴格按照戒律受具足戒。

根據戒律，男子必須在十位具備最少十年資歷的比丘跟前受戒，才算正式受具足戒。女子方面，除人數資歷相同的比丘外，還須十位具備最少十年資歷的比丘尼同時在場授戒。二世紀末，東漢京城洛陽雖有僧寺尼寺，但尼寺裡可找不到十位受具足戒的比丘尼。中國第一位有名可查的比丘尼是竺淨檢（參見該傳）。317年，她從外國師父受沙彌尼十戒，直到357年才受具足戒，但儀式也只在僧眾而非僧尼兩眾面前舉行。

317年，中國北方的中樞要地被異族侵佔，漢人尤其是上層社會的貴族顯要，大量南遷至長江流域一帶，並在建康（今南京市）一地建都。

南朝時代，可說是佛教史上比丘尼社會地位最高，也最受人尊敬的一個時期。慧果在這有利的環境下，要做想做的事，自然事半功倍。早在佛教傳入中國的初期，已有人開始翻譯和注釋佛教經書。但是，佛教戒律方面的翻譯卻落後了許多，一直到了慧果的時候，才有了完整的戒律中譯本。中國佛教界有了中文的律書，慧果便試圖完全遵照律書的規定，去建立中國的比丘尼法統。

慧果生活清苦，嚴守戒律，無論在佛教界或俗世都享有極高的聲譽。劉宋的青州（今山東省）刺史在京都為慧果修建了景福寺，並請她為住持。在她的領導下，尼眾受到她的精神感染，人數大增。

429年，幾位錫蘭的比丘尼來到了建康，住在慧果住持的景福寺，她們學

會了中文，也因此有機會深入探討一個問題：中國的比丘尼受戒出家儀式是否符合佛教戒律。431 年，西域罽賓國的沙門求那跋摩（367-431）來到京城。宋文帝（劉義隆，407-453；424-453 年在位）請他住在祇洹寺，他就在那裡主持佛經翻譯的工作，首要任務便是把佛教戒律翻譯成中文。

慧果和其他的比丘尼在接觸到錫蘭的比丘尼和新翻譯出來的戒律之後，才有機會拿戒律訂明的要求，和她們所知的中國比丘尼承傳法統比較，檢視後者有何不符合戒律之處。求那跋摩認為，中國的比丘尼法統並無不妥，且符合兩個先例。第一個先例是佛祖的後母大愛道，大愛道僅受戒於佛祖本人。第二個先例是大愛道以後的比丘尼眾，她們僅受戒於比丘，因為那個時候還沒有滿十年資歷的比丘尼。他強調，重點是為期二年的訓練，換言之，接受適當的戒律訓練，比要有多少比丘或比丘尼來授戒更重要。

慧果堅持要完全按照戒律的規定重受具戒，求那跋摩認為戒律規定要有十個比丘尼才能授戒，但在像中國這樣邊遠的地方，五個也可以，而當時在京城的錫蘭比丘尼也有此數了。所以求那跋摩保證，據當時情況，中國比丘尼的法統已算合法確立。但慧果不接受，最後求那跋摩默許了慧果的要求，就是嚴格遵照戒律，向她重授具戒。僧伽跋摩亦曾說：「戒定慧品，從微至著，更受益佳」。

不過，授戒的錫蘭比丘尼不足十人，其中還有些是資歷不夠的。求那跋摩因此派人到西域去請求送更多的比丘尼來中國，以求達到戒律所規定的人數，為中國的比丘尼重新授戒。同年（431 年），求那跋摩去世，未能完成授具戒的計劃。

433 年，印度僧人僧伽跋摩抵達建康，他一直留到 442 年。也是在 433 年，錫蘭的鐵薩羅和其他十位比丘尼來到中國，她們的到來，也許是當初求那跋摩派人要求的結果。既已齊集十位有超過十年資歷的比丘尼，僧伽跋摩遂為慧果、僧果、淨音、慧意、慧鎧等三百多個女尼舉行了重受具戒的儀式。

由於慧果的堅定不移，加上佛教戒律譯本的出現，和錫蘭比丘尼的到來，中國比丘尼的法統得以在一個穩固的根基上建立起來，不單符合戒律，且極具權威。中國不再是佛教的邊陲地帶。慧果在重受具戒的那年去世，終年七十餘歲。

慧果的鍥而不捨，讓來自中國法統的尼眾，以及衍生自中國的其他法統的尼眾，享有完全合法的地位。佛教所有其他法統的出家婦女，則只能一生在佛

門當沙彌尼。中國法統的尼眾可按戒律賦予的所有權力處事，與僧眾及俗世接觸往還時，便比其他法統的尼眾有優勢。

Kathryn A. Tsai

◇ 高楠順次郎、渡邊海旭、小野玄妙編，《大正新修大藏經》，東京：大正一切經刊行會，1924–1929。
◇ 寶唱，〈慧果尼傳〉，見《比丘尼傳》卷 2；〈竺淨檢尼傳〉，見《比丘尼傳》卷 1，同載《大正新修大藏經》，高楠順次郎、渡邊海旭、小野玄妙編，東京：大正一切經刊行會，1924–1929，冊 50。
◇ 慧皎，〈求那跋摩傳〉、〈僧伽跋摩傳〉，同見《高僧傳》，卷 3，同載《大正新修大藏經》，高楠順次郎、渡邊海旭、小野玄妙編，東京：大正一切經刊行會，1924–1929，冊 50。
◇ 僧佑，〈僧伽跋摩傳〉，見《出三藏記集》，卷 14，載《大正新修大藏經》，高楠順次郎、渡邊海旭、小野玄妙編，東京：大正一切經刊行會，1924–1929，冊 55。
◇ 李玉珍，《唐代的比丘尼》，台北：台灣學生書局，1989 年，頁 126–137。
◇ Tsai, Kathryn Ann. "The Chinese Buddhist Monastic Order for Women: The First Two Centuries." In *Women in China: Current Directions in Historical Scholarship,* ed. Richard W. Guisso and Stanley Johannesen. Youngstown, NY: Philo Press, 1981, 1-20.
◇ Baochang [Shih Pao-ch'ang]. *Lives of the Nuns: Biographies of Chinese Buddhist Nuns from the Fourth to Sixth Centuries: A Translation of the Pi-ch'iu-ni chuan,* trans. Kathryn Ann Tsai. Honolulu: University of Hawaii Press, 1994, 36-38.

63 霍成君，漢宣帝皇后 Huo Chengjun

霍成君（孝宣霍皇后，公元前 54 年卒），河東平陽（今山西境內）人，漢宣帝（劉詢，又稱劉病已，公元前 91-49 年；公元前 74-49 年在位）的第二任皇后。

霍成君的父親是大將軍霍光（公元前 68 年卒）。母親顯氏一心想將女兒推上后座。許皇后（參見許平君，漢宣帝皇后傳）剛生下兒子，也是她的第二個孩子時，顯氏賄賂女醫，將許皇后毒死，並立即在家為女兒預製嫁衣，跟著囑霍光奏請宣帝讓霍成君入宮，條件是宣帝默認，冊封許皇后之前，霍成君才是皇室的首選，宣帝答應了。公元前 70 年 4 月，宣帝立霍成君為皇后，對她寵愛有加。霍皇后亦效許皇后的做法，每隔五日進長樂宮朝見太皇太后（參見上官皇后，漢昭帝傳），親為奉食。但許皇后隨行一切皆從儉，而霍皇后則輿駕侍從規模盛大，賞賜官屬以千萬計。

霍皇后在位差不多三年，父親霍光病逝，不久，宣帝冊立許皇后的兒子劉奭為太子（元帝，公元前 76-33 年；公元前 48-33 年在位）。霍皇后的母親顯氏十分惱怒，竟絕食嘔血，說劉奭「乃民間時子，安得立，即后有子，反為王

邪！」她教霍皇后使人毒死太子。於是霍皇后數召太子賜食，但每次都由隨從先嘗，因此毒計無法得逞。後來，毒殺許皇后的事也被揭發了。

顯氏遂與諸婿昆弟謀反，欲廢除宣帝，但計劃洩露，所有參與謀反者皆遭誅滅。宣帝下詔指責霍皇后：皇后失德，與母親顯氏合謀要危害太子，不宜奉宗廟衣服，不可以承天命，因此應該被廢。

公元前 66 年，霍皇后被廢，送昭台宮（在上林苑中，今西安市西）。霍皇后在位五年。十二年後，再徙雲林館。後來自殺身亡，葬昆吾亭（今陝西境內）。

王曉雯

◇ 《漢書》，北京：中華書局，1975 年，冊 8，卷 97 上，頁 3968–3969。
◇ 陳全力、侯欣一編，《后妃辭典》，西安：陝西人民教育出版社，1991 年，頁 15。
◇ Loewe, Michael. *Crisis and Conflict in Han China: 104 BC to AD 9.* London: George Allen & Unwin, 1974, 113, 129-30.
◇ Ban Gu. *Courtier and Commoner in Ancient China: Selections from the "History of the Former Han" by Pan Ku,* trans. Burton Watson. New York: Columbia University Press, 1974, 143, 259.

64 賈南風，晉惠帝皇后 Jia Nanfeng

賈南風（256-300），字峕，西晉惠帝（司馬衷，259-306；290-306 年在位）的皇后；諡號為惠賈皇后。《晉書》有她的傳記，但論說非常偏頗，據此認識她，可能不夠全面。傳中用語極為貶損，形容她「妒忌多權詐」、「性酷虐，嘗手殺數人」和「暴戾」，似乎要專門突出她的缺點；摘引她的軼事時，對同書其他章節或其他史書中所含的重要信息，往往隻字不提。簡言之，《晉書》是按《史記》寫漢朝呂后（參見呂雉，漢高祖皇后傳）的模式，把賈南風寫成一貫的「專橫奪權的皇后」，為人暴戾、兇殘、放蕩。因此以下提到的賈南風生活細節，可能會因原始資料（尤其是《晉書》，當然還有其他史書）誇大偏頗，而有渲染之虞。

賈南風是平陽襄陵（今山西境內）人，祖父和父親均在曹魏王朝擔任過不同官職。父親賈充（字公閭，217-282），很早已支持權傾魏朝的司馬家。司馬炎（武帝，236-290；265-290 年在位）篡魏立晉之後，他出大力為新的朝廷釐定法制。在晉朝，他的政治勢力很大，朝中官員和皇族成員普遍對他畏懼幾分。賈南風生母郭槐（參見該傳）是賈充第二任妻子，據稱為人極其妒嫉兇暴，

因懷疑丈夫與乳母有染,先後殺死了兩個乳母,導致兩個兒子都因不肯吸別人乳汁而死亡。郭槐只有這兩個兒子,他們死後便再無兒子了。除賈南風外,她還生有一女賈午,比賈南風小三歲。郭槐深諳政治權術,在長女飛上枝頭以後,便不時予以提點。

　　272 年,賈南風被選為太子妃,嫁給十三歲白癡太子司馬衷,當年她十五歲。她當選太子妃,也不無爭議:賈南風母親為了女兒姻事,曾向太子之母楊豔(參見楊豔,晉武帝皇后傳)行賄,故楊豔相中賈南風。而武帝則屬意高官衛瓘之女,他對兩女有如下評價:「衛公女有五可,賈公女有五不可,衛家種賢而多子,美而長白;賈家種妒而少子,醜而短黑。」武帝對賈南風外貌的這番評說,使得後世評論家都以此為據,把她描述為「其醜無比」。為了達到目的,楊皇后找了幾位高官來讚揚賈南風的品德和個性,終於計劃得逞,賈南風獲封太子妃。賈妃生下四個女兒,分別是哀獻(這是她的諡號,暗示她的早夭)皇女、河東公主、臨海公主和始平公主。事後看來,武帝昔日對賈南風的評論,倒是十分精準,她的確不曾生子。

　　賈妃很快利用在朝中的權力,為丈夫爭取帝位。在冊立太子一事上,楊皇后主張立長子,而不應論聰明才智。武帝則久已懷疑兒子的智力和治國能力,於是下令官員考核司馬衷,要求他以書面回答考題。賈妃「大懼」,因為丈夫當不成皇帝,自己便地位不保。她急急找來一位飽學之士,代為草擬答卷。這份答卷精心編寫,辭藻華美,且引經據典,以司馬衷的學識,顯然寫不出來。賈妃就要求答卷寫得淺白些,由司馬衷抄寫好交給皇帝。果然皇帝對答卷很滿意。而太子原來的師傅衛瓘一直對司馬衷的表現置疑,不時地奏請皇上另選太子。賈充將衛瓘的疑慮告訴女兒,警告她此人會危及她的地位。

　　據記載,賈妃對於太子宮中的其他妃子,又妒又狠。據說她用手殺死過好幾個女子,並用戟投擲已經懷孕的妃子,導致「子隨刃墜地」。武帝聽到這些驚心的稟報,打算把她廢黜,關入「金墉城」(都城洛陽城外最高度設防的關押所)。卻有一批大臣為她求情,請皇帝手下留情。有一個說「賈妃年少,妒是婦人之情耳,長自當差」。當時賈妃年齡應在二十出頭之譜。還有人從更務實的角度來提醒皇上:「陛下忘賈公閭耶?」第一任皇后(楊豔)卒於 274 年,第二任皇后(參見楊芷,晉武帝皇后傳)於 276 年繼任。第二任楊皇后對賈妃的作為也是一味袒護,她擔心得罪權傾一時的賈充,會造成政治紛爭。終於,武帝沒有廢黜賈妃。282 年,賈充去世,對朝廷再無威脅。

楊皇后常常勸誡賈妃，希望她能痛改行為作風，但賈妃毫不理解皇后確為她好，反而大為惱怒，認為皇后針對她，對楊皇后恨入骨髓。

290年，武帝薨逝，司馬衷繼位，賈南風正式被封為皇后。武帝死前十年，已不問朝政，縱情醇酒婦人，將政權下放給岳父楊駿（291年卒）和他的兩個弟弟。武帝臨終之前，楊駿一夥下了一番功夫，確保他們在新皇登基後仍舊掌控朝廷。大概是在皇后楊芷的幫助下，楊駿精心編造一道司馬炎的遺詔，指派他為幼帝司馬衷攝政。武帝駕崩後，楊駿搬入太極殿居住，那是皇帝執行政務的處所，所以此舉等同稱帝。《晉書》指出，楊駿唯一害怕的是當時的皇后賈南風。

賈南風自從當上皇后，便開始鞏固自己的勢力，以遏制楊駿和他已是太后的女兒楊芷。她將賈、郭兩家，連同司馬氏家族，還有一批效忠的大臣，聚集在她的旗下。291年中，她聲稱接報楊駿要造反，於是下令逮捕。楊駿頑抗，但邸宅被焚燒，只能逃離火海，隨即被殺。在賈后策劃下，太后楊芷也被指參與作亂，旋遭逮捕。除了褫奪楊芷的太后稱號和封銜之外，賈后還命令將她關進金墉城，將她活活餓死。此後不久，賈后召司馬衷的宗親司馬亮回朝任官，也以同一藉口召衛瓘入朝。然後，與另一宗親司馬瑋密謀，將司馬亮和衛瓘逮捕處死。接著，重臣張華上疏賈后，提議逮捕並處死原先的同夥司馬瑋，她果真言聽計從。到292年，在親信張華和裴頠的支持下，全權掌管朝政。

《晉書》批評賈南風穢亂宮闈。到了唐代，為她立傳的人，似乎刻意將她治國掌權與他們視為她性格上的缺失聯繫起來。她的傳記說：「后遂荒淫放恣，與太醫令程據等亂彰內外」。還記上一事，稀奇古怪，似小說情節，多於正史記載。話說有位小吏，擁有的衣服及其他物品，全都是他買不起的，於是被人懷疑是偷或是搶回來的。他承認曾被帶入一所豪宅中，與一個身矮膚黑的女人，共餐同宿數日之久，在讓他離去之前，還贈以華貴衣物及其他禮品。聽到他這番話，任誰都知那黑矮婦人就是賈后。這位小吏算是走運，因為皇后確實喜歡他才放他回家；其他有相同經歷的人都會被殺死。事隔不久，賈后一個女兒患病。也許為了減輕濫殺無辜的罪孽，又想讓女兒早日痊癒，賈后宣佈大赦。可以推斷，在她傳記中插入這段故事，意在刻劃她的貪慾、好色和迷信。

賈后懷上兒子，但卻流產了。之後，她就收養妹妹的兒子，打算由他繼承皇位。但當年司馬衷娶賈南風之前，其父曾派妃子給他侍寢，目的是教給他房帷之事。這妃子為司馬衷生下兒子司馬遹，為了怕招賈后怒火，小兒安排在宮

外撫養。後來司馬遹被立為太子。賈后的母親曾勸誡她要善待太子，視之如己出，但賈后置若罔聞，對太子愈來愈輕慢。300年初，她召司馬遹入宮，將他灌醉，然後逼他在一封聲稱有意造反的信件上簽署。司馬遹清醒過來之後，意識到已親筆簽署文書，身涉推翻父皇的陰謀，就自殺了（另有資料稱，太子是被賈后派人殺死的）。到了這個時候，連她最忠心的黨羽張華、裴頠和宗親族人賈謐、賈模，對她的剛愎自用也不以為然。他們商討廢去她的皇后身份，並以另一妃妾代之。雖則他們到底沒有付諸行動，但從她最親近的同夥都在議論此事這一點看，他們可以接受皇后獨攬大權，誅殺任何覬覦皇位者；但不能容忍她在繼位問題上，無視皇帝的意願。

賈后操控皇位承傳的事傳開後，司馬家族成員再次密謀，設計推翻她，也推翻現任皇帝。趙王司馬倫及齊王司馬冏，於300年初進入都城，向賈后出示詔書要逮捕她。她質疑詔書說：「詔當從我出，何詔也？」（《晉書》暗示詔書是司馬衷下的，至少蓋了他的御璽）。接著高聲對皇帝說：「陛下有婦，使人廢之，亦行自廢。（皇上您有妻子，您讓別人廢黜她，等於廢黜您自己。）」賈后被捕並處死，幾天後，她的大部分黨羽，包括張華、裴頠亦被戮。不到一年，正如賈后所料，惠帝被迫禪讓帝位給司馬倫。此後十五年，司馬諸王為奪權位而混戰不休，自相殘殺，史稱「八王之亂」。內訌令晉朝國力大損，317年，各遊牧民族攻佔晉土，晉室南渡長江，建立東晉。

《晉書》把賈南風寫成一個負面人物，說她善妒、兇殘、淫亂，還篡奪皇權，卻刻意不提她治國的功績：代無能的皇帝執掌朝政，將國家治理得頭頭是道。她周旋於已故武帝各位皇后的親戚、各方皇親國戚、心懷鬼胎的大臣之中，保住了丈夫的皇位。當然她也在捍衛著自己的地位和權力。然而，她的行為可換個角度解讀：她是個孝順兒媳，在為已故公公完成遺願，尤其在皇位繼承一事上。此外，身為皇后，她任用了有才能、忠心耿耿的臣僚治理國家。她一去世，晉朝立即分崩離析，可見她確實治國有道。不過，由女性治國，並非傳統史家所能接受，所以《晉書》的編撰者大肆渲染賈南風的傷風敗俗，濃墨重彩的寫她的性生活，語帶貶損，以圖聚焦於她醜聞纏身的一生，而不在她治下的國泰民安。這倒不是《晉書》別樹一幟，不少較早期的文獻（很多都成了《晉書》的資料來源），都採取了相同的手法。早年對賈南風的評價，都繪影繪色，以負面居多。

對她的評價，其一流傳甚廣的，源於對張華《女史箴》的誤讀。根據傳統

的解讀，此文於 292 年寫就，旨在批評賈后操縱皇親與格殺政敵。但這種解讀不合邏輯，因為張華本人就和賈后合謀做了不少這些事。況且，張華若批評皇后，即使是間接的批評，亦肯定會帶來殺身之禍。此文更像是在批評太后楊芷和她的父親，指他們在武帝（290 年卒）臨終前，將攝政權攫取到手。無論如何，張華的勸誡普遍被視為對賈后的「忠君之諫」，而晉代著名畫家顧愷之一幅相關的畫與後來的畫評，就更把這觀點推而廣之。顧愷之將張華的文字化為圖畫（唐朝有人複製此畫，現屬北京與倫敦的館藏）。許多對此畫作的評論，都試圖把畫中人物與史書中賈南風的故事聯繫起來。

賈南風顯然是個堅強的女人，在男性主導的宮廷政治中，她有能力保護丈夫、鞏固一己權勢。但她仍逃不了史家的筆伐，後人從史書上讀到的她，是個妒嫉成性、兇殘嗜殺、篡權專制的皇后。這些史實，與其說是對她本人的真實評價，不如說是印證了盤踞歷史那股厭惡女性的勢力。

J. Michael Farmer

龍仁譯

◇ 《晉書》，北京：中華書局，1974 年，冊 2，卷 31，頁 963–966。
◇ 司馬光，《資治通鑑》，79–80，台北：世界書局，1977 年，頁 2612–2640。
◇ 劉士聖，《中國古代婦女史》，青島：青島出版社，1991 年，頁 155–158。
◇ 劉義慶編，《世說新語》，上海：上海古籍出版社，1993 年，分冊 10、35。
◇ 趙孟祥編，《中國皇后全傳》，北京：中國社會科學出版社，2004 年，上冊，頁 218–232。
◇ Liu I-ch'ing [Yiqing]. *Shih-shuo Hsin-yü: A New Account of Tales of the World,* trans. Richard B. Mather. Minneapolis: University of Minnesota Press, 1976, 281, 486.
◇ Farmer, J. Michael. "On the Composition of Zhang Hua's 'Nüshi zhen.'" *Early Medieval China* 10/11.1 (2004): 151-75.

65 簡狄 Jiandi

簡狄是傳說中的人物，據稱生活於公元前十七世紀。她是契的母親，而契很可能是傳說中的商朝（約公元前 1600-1100 年）始祖。簡狄的父親是有娀氏的首領，這個部族聚居今山西省。簡狄是帝嚳的次妃（元妃是姜嫄，參見大姜傳），她還有一個妹妹。但另有資料稱，帝嚳和簡狄在世時間相隔數世紀，他們不可能有婚姻關係。

據傳有一日，簡狄和兩個少女去河裡洗浴，見到一隻黑鳥（即燕子）墜下兩枚彩蛋，簡狄吞下一枚便成孕，生下了契。故契被視為天賜神授的孩子。這則有關商朝起源的傳說，《詩經·商頌·玄鳥》也有提及，即「天命玄鳥 / 降

而生商」（毛詩第 303 首）。

據稱簡狄擅長管理人事，樂於向他人施惠，同時還通曉天文。契年紀尚小時，她向他傳授了管理事務和維持社會秩序的方法。契成人之後，幫助大禹治水，並被聖人舜帝封為司徒，這一職位相當於後世朝代的教育大臣。契治國有方、謀略出眾、指令得宜，一般認為應歸功於孩提時簡狄所教。簡狄的事蹟以〈契母簡狄〉為題收入《列女傳》的〈母儀傳〉內，其傳末評論說「契為帝輔，蓋母有力。」

另有資料稱，簡狄的父親搭建了一座高台，讓簡狄姐妹住在那裡。簡狄在進膳時必以鼓樂相伴。一日，帝嚳命一對燕子看望姐妹倆。她們爭著捕捉燕子，用玉筐把牠們罩住，打開玉筐時，燕子飛走，留下了兩枚蛋。她們吟唱起〈燕燕往飛〉的曲子，據說此曲是古代「北音」之始，而簡狄也被視為北音的始創人，北音是中國古樂中一個流派，與南音、東音及西音合稱四音，也是四音中最古老的一派。

龍茵

龍仁譯

◈ 謝無量編，《中國婦女文學史》，上海：中華書局，1916 年；鄭州：中州古籍出版社，1992 年，重印本，編 1，章 1，頁 5。
◈ 劉向，《列女傳》，見《四部備要》本，卷 1，頁 2 下。
◈ 《史記》，北京：中華書局，1973 年，冊 1，卷 3，頁 91；冊 4，卷 49，頁 1967；卷 49，頁 1968，注 5。
◈ 《呂氏春秋》，卷 6，見《呂氏春秋今注今譯》，林品石注譯，台北：台灣商務印書館，1985 年，卷 1，頁 157–58。
◈ Waley, Arthur. *The Book of Songs*. London: George Allen & Unwin, 1937; 1969, 275.
◈ Legge, James. *The Chinese Classics, Vol. 4: The She King*. Hong Kong: Hong Kong University Press, 1960; 636-38.
◈ O'Hara, Albert R. *The Position of Woman in Early China According to the Lieh Nü Chuan, "The Biographies of Chinese Women."* Taipei: Mei Ya, 1971; 1978, 19-20.

66 姜后，周宣王 Jiang Hou

姜氏嫁給周（在今華中地區）的君主宣王（公元前 827-781 年在位）為后，活躍於約公元前 825 年。她是齊國（今山東境內）國君的女兒，據說德才兼具。宣王很晚才去上朝，她認為不當，但覺得是自己的錯，原因是兩人習慣了早睡晚起。她委婉地向他提示，他這種晚朝的行為，只會讓朝中大臣覺得他好色縱

慾，忘記仁德，隨之而來的必是禍亂。她還說：「原亂之興，從婢子起，敢請婢子之罪」。國君接受了她的批評，卻不同意她有過失，說「寡人不德，實自有過，非夫人之罪也」。宣王從此振奮起來，勤於國政，早朝晚退，天剛破曉，就讓王后離去。

姜后洞察力強，被《詩經》讚美為「威儀抑抑，德音秩秩」。她和歷史上許多因夫君好色而備受責難的婦女，截然不同。她的傳記以〈周宣姜后〉為題收入《列女傳》的〈賢明傳〉內。

Constance A. Cook
龍仁譯

◈ 劉向，《列女傳》，見《四部備要》本，卷 2，頁 1 上－下。
◈ O'Hara, Albert R. *The Position of Woman in Early China According to the Lieh Nü Chuan, "The Biographies of Chinese Women."* Taipei: Mei Ya, 1971; 1978, 49-50.

67 江乙母 Jiang Yi mu

江乙的母親（活躍於約公元前 580-560 年），住在楚國（在今長江以北華中一帶）。她因和楚恭王（公元前 590-560 年在位）理論，成功爭取兒子官復原職，而為人所知。

江乙在京城郢為官時宮內失盜，京城長官（令尹）將盜案歸罪於他，後來解除了他的職務。此後不久，江乙的母親被人偷去八尋（接近三米）的布，她立刻謁見令尹，當著國君的面，控告令尹偷竊。她說孫叔敖為令尹時，天下無盜賊；在現任令尹治下，盜賊公然作案；因此，令尹應當為她的損失負責。國君就說，令尹身處高位，不會和混跡市井的盜賊有任何干連的。江乙的母親回答說，她的兒子也曾是朝廷官員，但因宮裡失盜被罷免；如果她兒子在職責上要為失盜事件負責，那麼按理現任令尹就要為全國的盜竊案件負責。她暢談法律以及高官對民間罪案的責任，令國君明白到自己在這些事件上也要負責。她不接受賞賜，也不接受對失盜布匹的賠償，讓國君大開眼界。國君認為，這樣聰明的母親，兒子一定智力不凡，就重新任用江乙。她的傳記以〈楚江乙母〉為題收入《列女傳》的〈辯通傳〉內。

Constance A. Cook
龍仁譯

◇ 劉向，《列女傳》，見《四部備要》本，卷6，頁1下–2下。
◇ O'Hara, Albert R. *The Position of Woman in Early China According to the Lieh Nü Chuan, "The Biographies of Chinese Women."* Taipei: Mei Ya, 1971; 1978, 155-57.

68 接輿妻、於陵妻 Jieyu qi, Yuling qi

接輿素來聰明狂放，與妻子（生卒年不詳）住在楚國，即今長江以北華中一帶。一日，接輿的妻子去了集市，而接輿則在家耕作。國君的使者到來，要給接輿一大筆金錢和兩套車馬，禮聘他赴任治理淮南；淮南在今河南安徽之間，土地肥沃。接輿不置可否，使者就離去了。接輿的妻子回家後，問接輿有何人來訪，他告訴她事情的始末，還說他已經接受了。她深為不悅，怕收下不義之財而致富，只會給他帶來禍害。於是他告訴她其實並未接受禮聘，她聽了更是吃驚，說：「君使不從，非忠也。從之又違，非義也。」她深知兩人已陷險境，勸他逃走。他們改名換姓，遠走高飛，寧願貧賤而安寧，勝似被捲入「暴亂」的時政中。

於陵子終的妻子生卒年不詳，也住在楚國。於陵子終以編織麻鞋為生，但他的才能遠沒有發揮，楚王想讓他出來當宰相，派人送來一大筆錢。於陵子終想到今後將可享用華車美食，不禁心動，就和妻子商量，妻子說他目前「左琴右書，樂亦在其中矣」，而一個人所能享受的衣食住行都有限。她還警告他，在腐敗的楚國為官，恐怕性命難保。於陵子終於是謝絕了國君的禮聘，和妻子遠走他鄉，靠為人灌溉園圃為生。

兩人的傳記分別以〈楚接輿妻〉、〈楚於陵妻〉為題收入《列女傳》的〈賢明傳〉內；它們在主題上與老萊子的妻子的傳記（參見老萊子妻傳）完全相同，都是妻子告誡丈夫，入朝為官是必危機四伏。

Constance A. Cook
龍仁譯

◇ 劉向，《列女傳》，見《四部備要》本，卷2，頁9上–下，10上–下。
◇ 《韓詩外傳》，見《叢書集成簡編》，台北：台灣商務印書館，1965年，卷2，頁19f，卷9，頁121。
◇ O'Hara, Albert R. *The Position of Woman in Early China According to the Lieh Nü Chuan, "The Biographies of Chinese Women."* Taipei: Mei Ya, 1971; 1978, 70-71, 73-74.

69 晉弓工妻 Jin gonggong qi

晉弓工妻活躍於公元前六世紀，是晉國（今山西河北境內）一位官吏的女兒。她的丈夫為晉平公（公元前 557-532 年在位）製作了一張弓。平公用這張弓來射箭，結果卻連一層木板都沒穿透。平公非常生氣，要將弓匠殺了。她挺身而出，救了丈夫。她向平公解釋說，出現這種情況並不是弓的品質問題，而是因為射箭人的技藝太差。她向平公講解射箭的要領，使他一舉射穿七層木板。平公大喜，賞賜她金錢並釋放了她丈夫。她的傳記收入了《列女傳》的〈辯通傳〉內。

Constance A. Cook
龍仁譯

◈ 劉向，《列女傳》，見《四部備要》本，卷 6，頁 2 下 –3 下。
◈ O'Hara, Albert R. *The Position of Woman in Early China According to the Lieh Nü Chuan, "The Biographies of Chinese Women."* Taipei: Mei Ya, 1971; 1978, 157-59.

70 婧，管仲妾 Jing, Guan Zhong qie

婧是齊國（今山東境內）宰相管仲（約公元前 643 年卒）的小妾，活躍於公元前七世紀中葉。一日，她在房內見到管仲面有愁容，問有什麼國事令他如此憂愁，他卻不屑的回答她：「非汝所知也。」她並未介懷，還婉轉的指出他器量不足：「毋老老，毋賤賤，毋少少，毋弱弱」。意思是不要看輕老弱、卑賤和年少的人。接著，她根據歷史事實，援引一些傑出人物為例證，說明人都可以做出意想不到的事。管仲聽進了她的話，並請她幫忙。他說桓公囑他向一個魏國（今山西境內）人查問，對方說的詩句，他不明其中含義。她聽到後說，對方是在暗示想為齊國效力。後來桓公起用了他，此人也很好地報效了齊國。她的傳記以〈齊管妾婧〉為題收入《列女傳》的〈辯通傳〉內。

Constance A. Cook
龍仁譯

◈ 劉向，《列女傳》，見《四部備要》本，卷 6，頁 1 上 – 下。
◈ O'Hara, Albert R. *The Position of Woman in Early China According to the Lieh Nü Chuan, "The Biographies of Chinese Women."* Taipei: Mei Ya, 1971; 1978, 153-55.

71 婧，傷槐衍女 Jing, Shanghuai Yan nü

婧活躍於公元前五世紀初。她是衍的女兒，家住齊國（今山東境內）。人們都稱讚她救了父親一命。衍傷害了國君景公（公元前547-490年在位）心愛的槐樹，犯了死罪，收押在牢中，自此有了「傷槐」這個外號。婧謁見年事已高的丞相晏子，訴說父親犯案時，剛剛克盡職責的為城廓興旺而祝禱，因不常飲酒，在祝禱儀式上喝酒後醉倒。她向晏子指出，諸位先王與當今的景公不同，他們重視百姓、貴人而賤物。那時晏子恍然大悟：景公的行為會危及國家。於是晏子向景公陳說利弊，景公其後把「傷槐者死」這條法令廢掉，並釋放了她的父親。她的傳記以〈齊傷槐女〉為題收入《列女傳》的〈辯通傳〉內。

Constance A. Cook
龍仁譯

◈ 劉向，《列女傳》，見《四部備要》本，卷6，頁3下-4上。
◈ 晏嬰，《晏子春秋》，見《諸子集成》本，北京：中華書局，1986年，冊2，頁38-41。
◈ O'Hara, Albert R. *The Position of Woman in Early China According to the Lieh Nü Chuan, "The Biographies of Chinese Women."* Taipei: Mei Ya, 1971; 1978, 159-61.
◈ Teschke, R. "Zwei Frauen im *Yan zi chun qiu* und im *Lie nü zhuan*." In *Die Frau im alten China. Bild und Wirklichkeit*, ed. Dennis Schilling and Jianfei Kralle. Stuttgart: Steiner, 2001, 117-34.

72 敬姜 Jing Jiang

敬姜（意為可敬的姜氏）是個稱號。她是姜氏女子，活躍於公元前五世紀，魯國莒（今山東境內）人，名戴己，魯大夫公父穆伯的妻子。敬姜博學多聞，精通禮節。丈夫去世後「守養」在家，即不再另嫁。她留意到年紀尚小的兒子文伯舉止傲慢，與朋友一起時，總讓他們伺候，於是就對他說，周朝聰明能幹的君主，也謙恭地聆聽他人的意見，即使事情瑣碎，也親力親為，不會勞煩他人。因為文伯聽從她的勸勉，人們稱許她「備於教化」，意思是善於教誨使人轉化。文伯擔任魯國宰相之後，她繼續向他提供意見，指出他屬下的將軍、法官、大臣等不同官職的人，必須擁有哪些品質，還詳盡地為他闡述明君治國之道。

儘管文伯地位顯赫，敬姜依然在家繼續紡麻。兒子追問原因，她提醒他，那是身為官員妻子應盡的本分。據說孔子聽到她這一番話後，吩咐弟子切實地記住。

兒子去世後，敬姜告誡他的妻妾該如何供奉祭祀，又向她的姪孫講解朝外與朝內之別。一如既往，孔子認為她通曉禮數，甚為讚賞，稱她「別於男女之禮矣」，還表彰她為「慈母」。她的傳記以〈魯季敬姜〉為題收入《列女傳》的〈母儀傳〉內。

Constance A. Cook
龍仁譯

◎ 劉向，《列女傳》，見《四部備要》本，卷 1，頁 6 下 –9 下。
◎ 〈家語〉，見陳士珂輯，《孔子家語疏證》，上海：上海書店，1987 年，卷 10，頁 266，283。
◎ O'Hara, Albert R. *The Position of Woman in Early China According to the Lieh Nü Chuan, "The Biographies of Chinese Women."* Taipei: Mei Ya, 1971; 1978, 30-37.

73 京師節女 Jingshi jienü

京師節女，西漢時人，丈夫是長安大昌里人。夫婦兩人的姓名均不詳。

京師節女的丈夫與人結了仇，對方欲報仇而苦無辦法。這個仇家聽說京師節女仁厚孝順，極重道義，於是劫持了她的父親，迫使老人通知女兒，必須聽從指示。她考慮再三，深知不聽命於丈夫的仇人，父親會被殺，那是不孝；若聽命而行，丈夫會被殺，那是不義。她認為，無論不孝或不義，都沒有顏面活下去。於是，她決定以自己的生命，來了結此事。

她對那仇人說：「旦日，在樓上新沐，東首臥則是矣。妾請開戶牖待之。」回家後，她告知丈夫，已見過那仇人；並讓丈夫睡到別處去。然後，她洗了頭，到樓上東房，打開戶牖便睡下。半夜，仇人果然到來。他用刀砍下睡著的人的頭顱，包好便帶回家中。天亮後，他打開包裹，才發覺是仇人妻子的頭。她的道義行為，深深打動了他，令他懊悔萬分，決定不再向她丈夫報復。

劉向的《列女傳》記載了很多同類故事，都發生在西漢年代。明顯地，這些故事旨在塑造婦女的行為。故事中的女主人翁，品格高尚、重視道義，卻往往因家中男子所做的事而陷於兩難處境，為了救父親、丈夫或兒子於危難，不得不犧牲自己。故事大多強調女主人翁深明道義精髓，願意隨時為此犧牲自己。

沈立東

◎ 劉向，《列女傳》，見《四部備要》本，卷 5，頁 11。

◈ 劉子清，《中國歷代賢能婦女評傳》，台北：黎明文化事業公司，1978年，頁79–84。
◈ O'Hara, Albert R. *The Position of Woman in Early China According to the Lieh Nü Chuan, "The Biographies of Chinese Women."* Taipei: Mei Ya, 1971; 1978, 151-52.

74 娟，趙津吏女 Juan, Zhao jinli nü

娟是趙國（今山西河北兩省北部）一個管理河津的官吏的女兒，活躍於前五世紀初；當國君簡子（約公元前476年卒）認識到她的才幹之後，娶她為妻。她為人稱道的事蹟，是救了父親的性命。那日簡子率大軍往南方，到達她父親管轄的渡口，需要渡河，她父親卻醉倒不醒。娟忙向簡子解釋說，為了國君能安全渡河，她父親舉行了隆重的獻祭儀式，向九江三淮的水神祝禱，並勉力把酒喝光，祈求風平浪靜。她指出，殺死一個醉酒的人，無異於殺害無辜，因為那醉酒的人一不知痛楚二不知正在受到懲處。簡子聽完娟的話，決定赦免她父親失職的死罪。簡子渡河時，發覺尚欠一個搖槳的人，她請纓幫忙，但簡子不願意。她於是引經據典，說明男女同舟不應有何禁忌，歷史上商湯伐桀、周武王伐紂，都有公母馬匹同時為君王駕車的情況，因此由她搖槳以助君王渡河，合乎禮法。過渡途中，她就當日的經歷揚聲歌唱道：

升彼阿兮面觀清，水揚波兮杳冥冥，

禱求福兮醉不醒，誅將加兮妾心驚，

罰既釋兮瀆乃清，妾持楫兮操其維，

蛟龍助兮主將歸，浮來擢兮行勿疑。

簡子聽後大為高興，當場向她求婚，卻遭到拒絕，他只好通過媒人，向女方下聘，把她娶回宮中。她的傳記以〈趙津女娟〉為題收入《列女傳》的〈辯通傳〉內。

Constance A. Cook
龍仁譯

◈ 劉向，《列女傳》，見《四部備要》本，卷6，頁5下–6下。
◈ O'Hara, Albert R. *The Position of Woman in Early China According to the Lieh Nü Chuan, "The Biographies of Chinese Women."* Taipei: Mei Ya, 1971; 1978, 165-67.

75 孔伯姬 Kong Bo Ji

孔伯姬（公元前476年卒）是宗廟大臣孔悝的母親，身處政治亂局，表現活躍。她嫁給孔文子為妻，兒子孔悝在衛出公（公元前492-481年在位）朝廷中任相國；出公是她的侄子，亦即她弟弟蒯聵的兒子。孔文子死後，她和一名小吏渾良夫私通。出公登上王位前，蒯聵曾被立為太子。蒯聵密謀奪回他認為本應屬於他的帝位，騙得孔伯姬和渾良夫出手相助。蒯聵和渾良夫兩人化裝為婦人，潛入孔伯姬的居所，然後由她手持戈矛，領著眾人逼迫兒子孔悝同意廢掉出公，另立蒯聵為莊公（公元前480-478年在位）。莊公即位後第一個行動，就是殺掉渾良夫。四年之後再發生政變，衛國百姓迎回出公重登帝位，孔伯姬在此役中被殺。《列女傳》〈孽嬖傳〉的〈衛二亂女〉收入孔伯姬的傳記，傳中稱她是一個「淫姬」，與南子（參見該傳）一起「為亂五世」，自取滅亡。

Constance A. Cook

龍仁譯

◊ 劉向，《列女傳》，見《四部備要》本，卷7，頁9上－下。
◊ 文士丹，〈春秋變革時期婦女從政活動述評〉，見《史學月刊》，1990年5期，頁8-9。
◊ O'Hara, Albert R. *The Position of Woman in Early China According to the Lieh Nü Chuan, "The Biographies of Chinese Women."* Taipei: Mei Ya, 1971; 1978, 207-9.

76 老萊子妻 Lao Laizi qi

老萊子的妻子活躍於公元前六世紀，住在楚國，即今長江以北華中一帶。老萊子是位隱士，對他的言行，孔子並非全然贊同。根據他妻子的傳記，他既受人景仰又有才能，卻遁世隱居，躬耕於田園之中，不願在腐敗的朝廷內為官。一日，楚王帶同美玉絲帛登門，要聘他出任要職，他先是答應了，但他妻子知道後，警告他將會因此身陷險境：「可食以酒肉者，可隨以鞭捶。可授以官祿者，可隨以鈇鉞⋯⋯。能免於患乎？」她為了不受制於他人，立即扔下畚箕和野菜，離家而去。老萊子認為她的推論很有道理，隨同她往東逃去，最後定居於江南（今江蘇安徽境內）。他們誠懇善良，人們受到潛移默化，紛紛移居到他們附近，漸漸人就愈來愈多了。她的傳記和接輿妻、於陵妻的傳記，都有同一主題，即妻子告誡丈夫，入朝為官必危機四伏（參見接輿妻、於陵妻傳）。她的傳記（題為〈楚老萊妻〉）亦和她們的傳記一樣，收入《列女傳》的〈賢

明傳〉內。

Constance A. Cook
龍仁譯

◈ 劉向，《列女傳》，見《四部備要》本，卷 2，頁 9 下 -10 上。
◈ O'Hara, Albert R. *The Position of Woman in Early China According to the Lieh Nü Chuan, "The Biographies of Chinese Women."* Taipei: Mei Ya, 1971; 1978, 71-73.

77 李夫人，漢武帝 Li Furen

李夫人（孝武李夫人，公元前 140 後 -104 年？），中山（今河北境內）人，武帝（劉徹，公元前 156-87 年；公元前 140-87 年在位）的寵妃，名字與生卒年均不詳。

李夫人年輕貌美，善歌舞。父親和兄長李延年（約公元前 140- 約 87 年）皆諳樂技。李延年亦善歌舞，尤精樂理，能將新作詩詞入曲，聞者莫不感動。李延年年輕時因犯法而被處腐刑，後來成為宮廷樂工，常在武帝跟前獻技，極得武帝歡心。一日，李延年為武帝高歌：

北方有佳人，絕世而獨立，

一顧傾人城，再顧傾人國。

寧不知傾城與傾國，佳人難再得！

武帝聽後，讚歎說：「善！世豈有此人乎？」武帝姐姐平陽公主乘機進言，指李延年有妹，一如歌中所說的佳人。武帝立即召見，封為夫人，寵愛有加。李夫人生下兒子劉髆（公元前 88 或 86 年卒），後封昌邑王。

李夫人產子後不久便染病，且病勢日漸沉重，彌留之際，武帝親往探視。她以久病在床，容顏枯槁，不願相見，以被蒙面。武帝再三懇求，她仍不答應。她將兒子和諸兄弟託付給武帝時，武帝提出若得一見即贈千金，並為她的兄弟加官進爵。她應道：加官全在您的旨意，不在乎見一面。言畢，轉身向牆啜泣，始終不肯見武帝。武帝不大高興，只好離去。她的姊妹埋怨她觸怒了武帝，她答道：我以容貌之好，得從微賤得到皇上的寵幸。現在我的容貌已經毀了，皇帝見了只會討厭，那裡還會憐憫我的兄弟而錄用他們呢！不久她病逝。武帝以

皇后之禮下葬,並以其兄李廣利(公元前90年卒)為貳師將軍,封海西侯,封李延年為協律都尉。

李夫人死後,武帝追思不已,令人畫其像懸於甘泉宮。齊地方士少翁稱能以術招夫人之神,於是夜張燈燭,設帳帷,陳酒肉,讓武帝居他帳遙望,果見一美貌女子如李夫人,在帷幄中坐而起身,徐步走出。可惜武帝無法靠近。從此,武帝更加思念,作詩云:

是邪,非邪?

立而望之,偏何姍姍其來遲!

武帝並令宮廷樂師為此詩譜曲。後又作賦悼念李夫人,文字哀怨動人,刻骨相思之情溢於言表。

公元前87年,也是衛皇后(參見衛子夫,漢武帝皇后傳)被廢死後四年,武帝駕崩,朝臣按照武帝的遺願,上表追諡李夫人為孝武皇后。李夫人明白人的愛從來就是飄忽不定,更明白愛又往往基於轉瞬即逝的美貌,她在這方面體會頗深。

沈立東

◇ 《漢書》,北京:中華書局,1975年,冊8,卷97上,頁3951–3956。
◇ 張修蓉,《漢唐貴族與才女詩歌研究》,台北:文史哲出版社,1985年,頁6–7。
◇ 安作璋主編,《后妃傳》,鄭州:河南人民出版社,1990年,頁45–56。
◇ 陳全力、侯欣一編,《后妃辭典》,西安:陝西人民教育出版社,1991年,頁14。
◇ Ban Gu. *Courtier and Commoner in Ancient China: Selections from the "History of the Former Han" by Pan Ku*, trans. Burton Watson. New York: Columbia University Press, 1974, 247-51.
◇ Loewe, Michael. *Crisis and Conflict in Han China: 104 BC to AD 9*. London: George Allen & Unwin, 1974.

78 驪姬,晉獻公夫人 Li Ji

驪姬是晉獻公的夫人,姬氏女子,活躍於公元前七世紀中葉。她來自中國西部一個叫驪戎的部族,父親是那裡一個酋長。晉國(今山西河北境內)的獻公(公元前676-652年在位)打敗了驪戎,殺死酋長,不顧占卜得凶兆,把酋長女兒驪姬擄回來當妃子。獻公和其他女人已生有數個兒子,夫人齊姜的兒子申生已立為太子,驪姬又為他生了兩個兒子(有資料稱其中一個是她妹妹所

生）。驪姬很快得寵，齊姜去世後，獻公就立她為夫人。為了讓兒子奚齊當上太子，她慫恿獻公將申生等其他三個兒子遣離宮廷，表面上說是讓他們治理祖宗的食邑（曲沃）和兩處邊疆。為了在獻公心中埋下懷疑申生的種子，她告訴獻公，百姓愛戴申生，申生會為了百姓而反叛父親。她還進一步謀劃，要讓獻公對申生懷有逆心深信不疑，以遂她的心願。公元前 656 年，申生返回都城祭祀亡母，為獻公帶來致祭的酒肉，驪姬在酒肉中下毒，然後故意在眾人面前，讓狗嘗肉，讓廝役飲酒，結果狗和廝役都中毒而死，於是驪姬立即歸罪於申生；申生明白已墮入圈套，再無轉圜餘地，隨即上吊自盡。獻公又想將另外兩個兒子殺掉，卻被他們逃脫。驪姬的兒子奚齊被立為太子，獻公死後他當上了國君。此後宮中接連有三人被謀害：奚齊被殺，他的弟弟卓子即位之後旋又被殺，驪姬被「鞭而殺之」。接著又有兩人即位，均相繼死去，直到獻公的兒子重耳（文公，公元前 696-628 年；公元前 636-627 年在位）回國繼承王位，晉國才得到安定。

驪姬的傳記以〈晉獻驪姬〉為題收入《列女傳》的〈孽嬖傳〉內，傳中說她身為繼母，卻以讒言謀害太子，造成諸公子死亡，令國家混亂達五世之久。

Constance A. Cook
龍仁譯

◇ 劉向，《列女傳》，見《四部備要》本，卷 7，頁 4 下 –6 上。
◇ 《左傳》，莊公 28 年，僖公 4 年，見《春秋經傳引得》，上海：古籍出版社，1983 年，頁 74，93。
◇ 文士丹，〈春秋變革時期婦女從政活動述評〉，見《史學月刊》，1990 年 5 期，頁 10。
◇ Legge, James. *The Chinese Classics, Vol. 5: The Ch'un ts'ew, with the Tso chuen.* Hong Kong: Hong Kong University Press, 1960; 1970, 114, 141-42.
◇ O'Hara, Albert R. *The Position of Woman in Early China According to the Lieh Nü Chuan, "The Biographies of Chinese Women."* Taipei: Mei Ya, 1971; 1978, 52, 196-99.

79 李絡秀 Li Luoxiu

李絡秀（活躍於四世紀初），汝南（今河南境內）人，應該是出身豪門大戶。可是李絡秀活在東西晉交替之際，那時社會動盪，大批北方富戶捨棄土地和政治地位，南渡長江，追尋寧靜安穩的生活。他們離鄉背井，失去了原來高高在上的社會地位。至於李家，在李絡秀年少時便已家道中落。

一天，李絡秀獨自在家，卻恰有貴客臨門，那是安東將軍兼揚州刺史周浚，

他外出打獵遇上大雨傾盆，和大批隨從來到李宅避雨。李家富裕，足可殷勤待客，但李絡秀是個年輕女子，又單獨在家，所以沒有露面。不過她意識到客人非比尋常，就與婢女到廚房殺豬宰羊，設宴招待數十個來客。她們靜悄悄的準備食物，一切處理得井井有條。周浚一時好奇，想查探情況，就偷偷朝屋內看，卻見到一個年輕女子，容貌絕世。他後來再到這戶人家，表示要娶該女子為妾。李絡秀的父兄均不同意，但她對他們說：「門戶殄瘁，何惜一女！若連姻貴族，將來庶有大益矣。」他們覺得她說得有理，亦看出她心甘情願，也就同意了這椿婚事。

李絡秀嫁到周浚將軍家為妾（一說她是正妻），生下三個兒子，就是周顗、周嵩和周謨，他們後來都在朝廷擔任要職。她常教誨兒子們要尊重外家，說「我屈節為汝家作妾，門戶計耳。汝不我家為親親者，吾亦何惜餘年！」兒子們最後聽從她的話，開始將李周兩家視為地位相等，在人前都給予相同對待。

在李絡秀的年代，人們要求婦女將婆家放在首位，她卻一心為娘家著想。在那時的社會，她這樣的言行並不常見，按一般的尺度，她似乎過於看重自己和自己的意願。若她真的是為了提高娘家地位而犧牲自己，委身下嫁周浚作妾，那就顯示她下了極大決心去達成此事。

蕭虹
龍仁譯

◇ 《晉書》，北京：中華書局，1974 年，冊 4，卷 96，頁 2514–2515。
◇ 劉義慶，《世說新語箋疏》，余嘉錫撰，北京：中華書局，1983 年，7，頁 397；19，頁 688–690。
◇ 蕭虹，〈晉代參與主流社會活動的婦女〉，見蕭虹，《陰之德：中國婦女研究論文集》，張威譯，北京：新世界出版社，1999 年，頁 71–102。
◇ Liu I-ch'ing [Yiqing]. *Shih-shuo Hsin-yü: A New Account of Tales of the World,* trans. Richard B. Mather. Minneapolis: University of Minnesota Press, 1976, 202-3, 350.

▍ 80 李穆姜 Li Mujiang

李穆姜（活躍於 89-105 年），程文矩的妻子，名未詳，字穆姜，南鄭（今陝西境內）人。

李穆姜是漢中（今陝西境內）程文矩的繼室。程文矩任安眾（今河南境內）令。和帝（劉肇，78-104；89-104 年在位）年間，李穆姜的弟弟李法任汝南太守、侍中光祿大夫。李法為人剛正而有節操，曾因上書切諫，觸怒天子，被貶

為庶人。後來他再次為官，依然對朝廷敢言直諫。李穆姜識大體，行仁義，性情慈愛溫和。

程文矩病逝於任上，留下六子，其中四子為前妻所生。此四子以李穆姜非生母，憎惡之心，毀謗之言，與日俱增。但她不計較，照顧他們比照顧親生兒子更周到，讓他們食好穿好，生活所需一應俱全。人們勸她，前妻四子既不孝順，不如分家另居，遠離他們。她卻說要堅持下去，以仁義道德開導教育他們，使他們棄惡從善，這樣做，他們會獲益更多。

後來，李穆姜與繼子的關係終於有了轉機。繼長子程興病重，她待他一如己出，對他體貼關懷，悉心護理，親自煎藥做飯。經過一段很長的時間，程興病癒。他對繼母感激不盡，把三個弟弟叫到跟前說：繼母仁義，我們不理解她對我們的恩養，實在是大大的過錯。接著帶領三個弟弟往見南鄭縣獄吏，訴說繼母之德，兄弟四人之惡，請求處分。縣令上報郡府，郡太守讚揚李穆姜的德行，並下令免除其家徭役，釋放四子回家，給予洗心革面重新做人的機會。後來，他們都成為品行端正的人。

李穆姜得享遐年，八十餘歲才去世。她臨終時告誡兒子說：「吾弟伯度（即李法），智達士也。所論薄葬，其義至矣。又臨亡遺令，賢聖法也。令汝曹遵承，勿與俗同，增吾之累。」她的兒子遵照她的遺命，為她安排了最簡單的葬禮。

李穆姜一生亮節高風，活得問心無愧。即使面對繼子的敵意，她亦能積極應對，盡力做好母親的本份，這份自重自信，見於繼母行止，實屬難得。

沈立東

◊ 《後漢書》，北京：中華書局，1973 年，冊 5，卷 84，頁 2793–2794。
◊ 劉子清，《中國歷代賢能婦女評傳》，台北：黎明文化事業公司，1978 年，頁 134–135。

81 黎莊公夫人 Li Zhuanggong Furen

黎莊公夫人生卒年不詳。她是衛（今河南境內）侯的女兒，嫁到相鄰的黎國（今山西境內），但丈夫對她不加理睬，甚至不見她。據說他和她「不同欲，所務者異」；意思是興趣不同，做的事情也不一樣。而且又沒有資料提及他宮中其他嬪妃，他很可能是喜好男色，不想與女子有夫妻之實才疏遠她。儘管女傅建議她離他而去，她卻堅守婦道留了下來，等待莊公的旨意，那旨意卻始終沒有頒下。她說：「彼雖不吾以，吾何可以離於婦道乎。」她從一而終的決心

與《詩經・國風》第三十六首詩歌〈式微〉有關：

式微式微，胡不歸？

微君之故，胡為乎中露？

就因為她只嫁一夫，對他忠貞，又不返回娘家，她的傳記以〈黎莊夫人〉為題收入《列女傳》的〈貞順傳〉內；千百年來，成了教誨婦女的工具，向她們灌輸一種思想，就是即使身陷沒有愛情的婚姻，也應忠誠不貳。

Constance A. Cook
龍仁譯

◈ 劉向，《列女傳》，見《四部備要》本，卷 4，頁 3 上－下。
◈ 屈萬里，《詩經釋義・式微》，毛詩第 36 首，台北：華岡出版社，1977 年，頁 27。
◈ Waley, Arthur. *The Book of Songs*. London: George Allen & Unwin, 1937; 1969, 113.
◈ O'Hara, Albert R. *The Position of Woman in Early China According to the Lieh Nü Chuan, "The Biographies of Chinese Women."* Taipei: Mei Ya, 1971; 1978, 108-9.

82 梁妠，漢順帝皇后 Liang Na

梁妠（順帝梁皇后，116-150）是順帝（劉保，115-144；126-144 年在位）的皇后。她的家族勢力強大，多人成為東漢皇帝的皇后及妃嬪。她是梁貴人的侄孫女。梁貴人是和帝（劉肇，78-104；89-104 年在位）的生母，但於 83 年被竇皇后（參見竇皇后，漢章帝傳）所殺。梁氏家族在政壇一度失勢，然而在 97 年全面恢復了在京都的政治地位，已故梁貴人的三個兄弟獲得封侯。梁妠的父親梁商，亦於 126 年承繼了父親的爵位。

梁妠的傳記說，她出生時有「光景」的祥瑞，年輕時就善於女工，九歲就能背誦《論語》，學習了《詩經》。同時經常把《列女傳》中賢女的畫像放在身邊，作為自己的榜樣。她的父親認為她是梁氏家族未來興旺的契機。這些描述可能部分是真實的，但對未來顯貴的人物，中國歷史以及傳說有誇張事實的慣技。

128 年，梁妠正式入宮，她被選入宮而且得到皇帝注意，主因在她的家世。她當時十三歲，順帝只比她大一歲。與梁妠同時入宮的還有她的一個姑姑，也就是說梁家有兩女同時進宮。這位姑姑也許年紀還輕，說不定會引起順帝的興

趣,但更可能的是,她是為了陪伴姪女,並在宮廷鬥爭的險惡環境裡保護她。不過之後再也沒有關於她的記載。

宮中相面者說梁妠的面相極為尊貴,以占卜和《易經》來驗證,徵兆也是極佳。她因此被冊封為貴人,是妃嬪中最高級別,特別得到順帝的寵愛。但是她憑自己的學識引用《易經》和《詩經》的話,勸諫皇帝不要集寵愛於一身,以免為她引來其他人的嫉妒與讒言。為此皇帝認為她懂事,更加器重她。

129年,順帝加冠,132年,群臣奏請他冊立皇后。梁妠只是順帝寵愛的四位妃嬪之一,因此選擇並非沒有懸念。有一個時期有人提議抓鬮,讓神靈來決定。但大臣們指出,對於選后如此重要的事情,朝廷早有成規,設定多重標準。首先是家族背景,其次是品德的比較。如果品德相當,還有年齡的因素要考慮,最後還應該考慮到儀容舉止的魅力。根據這套標準,梁妠以家世顯赫被選中,在132年冊立為皇后。

梁商身為新皇后的父親被封為侍中、屯騎校尉,加特進,其後又拜執金吾,位同九卿。他的侯國也增加了土地。135年,經過幾次推辭之後,終於接受大將軍一職。大將軍統帥北軍,即京都的守軍;更重要的是,他掌握政府的最高權力。漢朝過去曾有大將軍攝政的例子。雖然順帝已經成年,但實際上是與梁商分享統治權。

從漢代的體系與傳統來看,外戚享有這樣的權力並非不尋常或不合適的事。如前所述,皇后必須從好的世家中選出,其中一個原因,就是大家都認定,皇后和她的男性親屬在朝中會有權力和影響。梁商逝世(141年)後,長子梁冀立刻繼承大將軍位,有他的妹妹皇后在內宮的支持,梁氏繼續掌握朝政。

據載,梁皇后聰慧善良,行事一直以前人的得失作為依據,雖然因為德行而得居高位,卻不敢有驕縱之心。每次遇到日月蝕,她都會祈求老天懲罰她的罪過。不過她未能為順帝生下子嗣。順帝去世(144年)時,唯一的兒子是虞美人所生,還在繈褓中的劉炳(沖帝,143-145;145年在位),順帝死前數月才立為太子。

根據漢代的舊例,如果皇帝死時,合法繼承人還未成年,他的皇后,也就是此時的太后得以攝政。她參與正式的朝會,從坐位的安放可以看出她和小皇帝的關係。成年的皇帝坐北朝南,未成年的皇帝座位放在皇位的東邊,向著西,攝政的太后則與他相向而坐,只是在簾子後面而已。虞美人雖然也出身良好,而且為順帝生了一個女兒和一個兒子,卻在順帝死前沒有得到特殊的封賞,此

時也不過得了個空頭封號「大家」（音大姑）。

145年初，沖帝這個掛名皇帝在位幾個月後就夭折了，皇位就沒有現成的繼承人。在這種情形下，漢代的太后就享有更大的權力，她有全權在皇室的宗親子弟中選出下一任皇帝。在這事上，如果她願意，可以聽取別人的意見，但她的決定不容他人議論，至於臣子，無論地位多高，都無權干預。這個先例西漢已經開了，當時的鄧太后（參見鄧綏，漢和帝皇后傳）就運用這樣的權力，兩度（105和106年）冊立皇帝。

145年，梁太后在後宮與她的哥哥計議，二十餘日後，她選擇了八歲的劉纘（質帝，138-146；146年在位）。他是章帝的玄孫，祖父是樂安夷王劉寵，父親是渤海孝王劉鴻。他的生母陳夫人是劉鴻臨幸了的歌妓，連勝妾的名份都沒有。除了因為他的年齡夠大，可以避免夭折，但又年齡尚輕，需人攝政之外，他並不比皇族其他候選人優越，況且他生母的的出身並不顯貴。另一個候選人似乎條件優越，而且也頗得朝臣支持。但他二十歲了，不需旁人攝政，因此不為梁氏所接受。

一年以後，質帝亡故。他雖然年輕，但已經察覺，即使擁有的並非實權，亦備受掣肘，可惜他卻察覺不到，保持緘默，至關重要。一日，他公開指梁冀為「跋扈將軍」。不久質帝吃煮餅後腹痛，當日就暴亡。傳統說法是被梁冀毒害。當然也可能是烹煮時出了問題，同時年輕的皇帝也可能生來體弱多病。不過，最惹人質疑的是，質帝還未去世，未來的皇帝十五歲的劉志（桓帝），已經被接到京都並和太后的妹妹梁女瑩（參見梁女瑩，漢桓帝皇后傳）締結婚姻。如果質帝按照正常情形還在位的話，為了保持梁氏家族的影響力，梁女瑩肯定會被許配給他。按事情的發展，就不得不懷疑梁冀和他的妹妹事先已經知道質帝的命運。事後太醫被控，死因調查了，但沒有結果。梁冀和他家族的權勢絲毫無損。

接下去的幾年，梁太后和她的哥哥梁冀正式掌握朝政。研究漢代歷史的學者指責梁冀和他的妻子孫壽（參見該傳）極盡貪婪奢靡的能事，他們可能真的從仇家敲詐了大量的財物，但太后卻在國家最困難的時期盡忠職守，備受讚譽。她經歷了羌人在西北第二次大規模叛亂和北邊匈奴連番騷擾。國內同樣經常有小型叛亂，地方氏族互鬥日增，百姓對皇室的統治亦逐漸離心。

自從羌人第一次大規模的叛亂（107-118）以來，漢室就陷入嚴重經濟困境。順帝埋葬一年後他在洛陽城外的墓就被盜，這象徵著皇權全面低落。《後

漢書》中梁皇后的傳稱讚她勤勞節儉，任用賢臣，出兵平亂，令國家得享太平。從這些文字可以看到，妹妹賢淑，哥哥奸惡，兩人的描述有很大反差，無疑兩邊都有誇大成分，相形之下梁皇后就顯得形象正面。

桓帝於 148 年初加冠，但是梁太后以內憂外患為由，繼續攝政了兩年。她於 150 年正月正式還政與桓帝，幾個月後就與世長辭，享年三十四歲。

Rafe de Crespigny
蕭虹譯

◆《後漢書》，北京：中華書局，1973 年，冊 1，卷 10 下，頁 438-440；冊 3，卷 34，頁 1178-1187。

83 梁女瑩，漢桓帝皇后 Liang Nüying

梁女瑩（桓帝梁皇后，約 125-159 年）是桓帝（劉志，132-167；147-167 年在位）的第一位皇后。她是順帝的皇后梁妠（參見梁妠，漢順帝皇后傳）的妹妹。她的父親梁商是大將軍，後來她的兄長梁冀繼承了這個官位。

146 年，梁女瑩的姐姐升任皇太后並攝政。梁太后傳召十五歲的蠡吾侯劉志來到京都，並安排將女瑩許配給他。太后原來選擇九歲的劉纘（質帝，138-146；146 年在位），但這位年輕的皇帝對梁冀的專權表示不滿，不久就暴亡。他的死因雖然經過調查，但沒有結果。然而劉志和梁女瑩的聯姻反映出事情大有可疑。如果質帝按照正常情況在位的話，梁女瑩應該許配給他。如此說來，可以假定梁冀和梁太后早就知道質帝的命運。

質帝死後劉志即刻坐上皇位，太后繼續攝政。147 年夏，梁女瑩入宮，秋天即皇后位。婚禮的儀式仿效兩個前例。其一是呂太后（參見呂雉，漢高祖皇后傳）在公元前 191 年，為親生兒子年輕的惠帝（公元前 194-188 年在位）所主持的婚禮。其二或許意義更深遠，就是年輕的平帝（1-5 年在位），也是西漢最後一位皇帝，在 4 年與王莽的女兒結婚時的儀式。聘禮為黃金二萬斤，納彩雁璧，乘馬束帛，一切按照合乎陰陽的古禮。梁皇后看似不像姐姐梁太后那般節儉，倒像哥哥梁冀一樣崇尚奢靡。她的宮殿雕樑畫棟，馬車極盡華麗，服飾珍貴精巧，遠遠超過以前的皇后。

關於梁皇后的年齡，沒有明確的記載，她的姐姐生於 116 年，她的父親卒於 141 年。當時一般宮人入宮的年齡多數是十三歲，但入選的年齡也可高達

二十歲。梁皇后情況特殊，入宮時可能已二十出頭，大概比她的姐姐小十歲，出生於125年前後。她有家族支持，該不會受太監宮女們的欺負，自己又有姿色，足以左右年輕的皇帝，因此她如傳記所說的專寵，亦不足為奇了。

桓帝於148年初加冠，時年十六歲，但政治上並沒有任何權力交替：太后用邊境不寧內有叛亂作為藉口，繼續掌權；而梁冀則掌控了軍隊和朝臣。太后於150年初正式結束攝政，不久與世長辭。

梁太后的死，並沒有改變政局，梁冀仍任大將軍，權勢沒有受到削減。而梁皇后也很能夠控制後宮。另一方面，桓帝現在有較多的自由。首先，他把自己的生母貴人匽明（參見該傳）接到洛陽，安置於北宮。這樣他與梁皇后的感情自然也就淡了一些。同時，她還要為梁家監視桓帝，這樣做難免令兩人的關係變得緊張，加上她沒有為他誕下子嗣，在在都會令這位已非青蔥少年的十八歲皇帝，對著比自己年長的女子，不及三年前那麼著迷了。

從這時起，桓帝沉迷女色，並以此在歷史上留名。他在朝政上無可作為，便將注意力轉向美色。他有很多妃嬪，有時一個接一個，有時同時好幾個。他對妃嬪的寵溺飄忽不定，刺激了後宮的女人用盡陰謀去爭寵，也讓太監頭領們有更多機會為他張羅這類事情，以滿足他的慾念，來達到向上爬的目標。

對梁氏家族而言，桓帝這樣抽離實際上是有利的。梁皇后雖然感到嫉妒和煩惱，對丈夫選擇何人作伴卻無權干預，但她可以控制結果。史書上有一段話正能說明問題：「每宮人孕育，鮮得全者（如果宮中的女人懷孕的話，少有能安然誕下孩子的）。」有多少妃嬪小產或被迫墮胎，不得而知；也不知道多少嬰兒胎死腹中或生下來就被殺掉。這個時期唯一生下又活下來的似乎只有一位公主，她叫劉華。

梁皇后於159年秋逝世。她那時大約三十到四十歲之間，和九年前她的姐姐太后梁妠死時年齡相當。沒有理由相信梁女瑩不是自然死亡，但她的死亡顯非意料中事，並立時陷朝廷於險境。不多久，桓帝和支持他的太監發動政變，將梁氏家族誅殺。鄧皇后（參見鄧猛女，漢桓帝皇后傳）登后位時，已故的梁皇后被貶為貴人，即最高級別的妃嬪。

Rafe de Crespigny
蕭虹譯

◈ 《後漢書》，北京：中華書局，1973年，冊1，卷10下，頁443–444；冊3，卷34，頁1178–1187。

- De Crespigny, Rafe. "The Harem of Emperor Huan: A Study of Court Politics in Later Han." *Papers on Far Eastern History* 12 (1975): 4-11.
- ——. *Emperor Huan and Emperor Ling.* Canberra: Australian National University, Faculty of Asian Studies, 1989, vol. 1, 8-14.

84 令宗 Lingzong

令宗（活躍於 372-396 年）是個比丘尼，俗家姓滿，因致力濟貧而得名。她是高平郡（今山東境內）金鄉人，由於誠心向佛，受到族人與村人的稱譽。

令宗年輕時，居住的地區騷亂不寧，被盜匪擄去並劫持到了北方。她因誠心向佛，便誦念《法華經》中〈普門品〉的章節，直接祈求救苦救難觀世音菩薩的援助。另一方面，她也考慮到實際處境，於是拔除眼眉毛，佯裝成患了惡疾，懇求匪徒放過她。她的小計果然奏效，匪徒放了她。她就沿著來時的道路向南邊走回去。可是到達冀州（今河北山東河南三省境內）之後，又遇上匪徒。這次她奮力逃跑，攀上一棵枯樹，接著虔誠默禱。匪徒沿途搜索，卻不朝上張望，既找不到她，只好離去。她在夜裡繼續趕路，初時不餓，後來也不敢乞討食物，害怕暴露行蹤；當夜來到涉渡黃河的渡口孟津（今河南境內），但江面上不見渡船的影子。她又急又怕，再次誦經禱告，據說此刻出現了奇蹟，她見到一隻白鹿在前引路，便隨牠過了河，衣裳竟未沾濕。佛經神話中常常有白鹿現身，專門搭救品行聖潔、誠心信佛的人。

令宗回家後即遁入空門。她不但潛心向佛，而且精通佛經教義，遠至南方的東晉也知道她的聲名。孝武帝（司馬曜，362-396；372-396 年在位）亦與她有書信往還。

令宗所處時代，正是中國北方飽受兵燹的時期。當時，西晉王朝覆亡，異族群起問鼎中原，社會動盪。千萬百姓流離失所，生計無著，貧病交加。令宗盡力幫助他們，當家中再無物可施之後，她就外出遊方，募化錢鈔或食物，再分贈給有真正需要的人。不少人便是靠她的接濟活下命來。她自己則常常挨餓，辛勤苦幹，以致滿臉倦容、憔悴不堪。一日，她對弟子和佛門同道談到自己一個絕妙夢境之際，安然圓寂，享壽七十五歲。

佛門弟子向窮人佈施，並不少見；但女尼在這方面更為著力。例如竺淨檢（參見該傳），據說就從富家豪門化得錢物，再捨給窮苦待助的人。至於令宗，看來卻是唯一全身心奉獻給這項事業的女尼。她的小傳並未詳述此點，不過，

據知她還參與救助病弱的工作。令宗的事蹟讓人想起二十世紀羅馬天主教特蕾莎修女，她也一樣靠乞討所得來救濟窮人，終生努力不懈，弄得顏容憔悴瘦損。

蕭虹

龍仁譯

◈ 寶唱，〈令宗尼傳〉，見《比丘尼傳》，卷1，載《大正新修大藏經》，高楠順次郎、渡邊海旭、小野玄妙編，東京：大正一切經刊行會，1924–1929，冊50，頁936。
◈ 洪丕謨，《中國名尼》，上海：上海人民出版社，1995年，頁14–15。
◈ Tsai, Kathryn Ann. "The Chinese Buddhist Monastic Order for Women: The First Two Centuries." In *Women in China: Current Directions in Historical Scholarship,* ed. Richard W. Guisso and Stanley Johannesen. Youngstown, NY: Philo Press, 1981, 1–20.
◈ Baochang [Shih Pao-ch'ang]. *Lives of the Nuns: Biographies of Chinese Buddhist Nuns from the Fourth to Sixth Centuries: A Translation of the Pi-ch'iu-ni chuan,* trans. Kathryn Ann Tsai. Honolulu: University of Hawaii Press, 1994, 31–33.

85 劉解憂 Liu Jieyou

劉解憂（公元前121-49年），也稱解憂公主和烏孫公主，與劉細君（參見該傳）不同，她不是漢皇的近親，但和細君一樣，祖輩曾獲罪。她是少數留下名字的和親公主之一。她的祖父楚王（楚即今安徽省）曾經犯亂倫罪，公元前154年參與七國之亂，事敗自盡。劉解憂是在祖父獲罪三十三年之後才出生的。如果她留在漢地，會因身屬罪犯的後裔淪為宮婢終其一生。但是在公元前101年她被指派為和親公主，從此遠去西域，開啟半世紀多姿多彩的人生，為當地帶來莫大影響。她成為烏孫三位昆彌（王）的妻子，又是另外三位烏孫昆彌的母親、祖母和曾祖母；莎車王的母親；兩位龜茲王的岳母和外祖母。烏孫、莎車和龜茲都是西域的國家，當時以烏孫最為強大。

為了孤立北方的匈奴，西漢的武帝（公元前140-87年在位）不願意在細君公主去世以後終止他開啟的和親政策，因此劉細君於公元前101年去世後，劉解憂就立刻被送去代替她。她嫁給了烏孫王岑陬（軍須靡），即劉細君的第二任丈夫。和劉細君不同，她並不反對收繼婚這個烏孫習俗，就是丈夫死後嫁給他的男性親屬。岑陬死後她又嫁了兩次。她的第二任丈夫翁歸靡（肥王）是新任烏孫王，也是岑陬的侄兒，這段婚姻維持逾三十年（約公元前99-65年），他們有三個兒子和兩個女兒。

雖然翁歸靡的左夫人是匈奴人，地位比劉解憂的右夫人高，劉解憂卻積極

參與烏孫政務和與西域諸國的外交事務。從公元前87到71年，由於她的努力，西域逐漸走出匈奴的掌控，轉而接受中國的影響。其實，在漢朝於公元前60年設置西域都護府之前，劉解憂就是漢朝與西域之間溝通的非正式聯絡官。在以後的十年裡，她和翁歸靡數次上書漢朝皇帝，要求援助抵抗匈奴，匈奴也勒令翁歸靡交出劉解憂。漢朝於公元前71年派十五萬大軍從五個方向進入西域，匈奴和車師大敗，因此漢朝與烏孫的關係得以加強。劉解憂的婢女馮嫽（參見該傳）不只精通經史，而且在實務方面也很幹練。她嫁給一個烏孫將軍，通過他與烏孫和西域貴族的關係，她代表劉解憂出使西域各國進行調停工作時，便更方便。她為劉解憂做了很多事，其中兩件特別重要：公元前53年，她協助劉解憂的兒子登上王位；公元前51年，她又鞏固了她孫子星靡的王朝。

公元前65年，劉解憂大概說服了翁歸靡上書漢朝，為他們的長子也是王位繼承人元貴靡，求賜和親公主。漢朝指定劉解憂弟弟的女兒劉相夫來和親，但她走到敦煌就被迫掉頭回到漢地，因為翁歸靡剛剛去世，而元貴靡卻未能立時即位成為新一代的烏孫王。

公元前64年，登上王位的是泥靡（狂王），劉解憂第一任丈夫軍須靡和匈奴夫人所生的兒子。泥靡娶了劉解憂。漢書和其他史籍都說他們還生下一個名鴟靡的兒子。但這似乎不可能，因為他出生那年，她該已五十七歲。看來，這個值得注意的事實，竟被一手和二手材料輕忽了。泥靡是個狂暴的君王，他們的婚姻也是衝突不斷。劉解憂密謀暗殺他，他逃脫了，但最後還是被翁歸靡和他的匈奴夫人所生的兒子烏就屠所殺。公元前53年，烏就屠自稱烏孫王，但馮嫽說服他分烏孫為二，他接受小昆彌的稱號而劉解憂的長子元貴靡，也即是烏就屠同父異母的兄弟，則稱大昆彌。公元前51年，元貴靡病逝，同年劉解憂最小的兒子鴟靡也去世。至此，離開故國半個世紀之後，劉解憂已經七十歲，那年她上書朝廷准許她回歸漢地，因為自己年邁且思鄉情切，願埋骨故鄉。回到長安後，她享有皇家公主應得的尊榮和富貴。兩年後，她與世長辭，陪同她一起來長安的三個孫子為她守陵。

劉解憂在烏孫的日子，和子孫積極參與政事，並致力於漢朝與西域的文化交流。她的第二個兒子萬年深受莎車王喜愛，莎車王沒有子嗣，故指定萬年為繼承人。公元前70年左右，莎車王去世，萬年正在漢地，於是便趕到莎車繼承王位。但萬年不是個好王，公元前65年，先王的兄弟把他殺了，然後自立為王。

劉解憂的長女弟史對西域的另一國家龜茲，影響深遠。公元前 71 年，漢朝派五萬軍隊攻打龜茲，龜茲王絳賓向漢求和，並派遣使團到烏孫要求迎娶劉解憂的一個女兒。那時，弟史剛從長安學習歌舞回烏孫路經龜茲，絳賓留下她，並在徵得她母親同意後與她結婚。他們的婚姻很幸福。公元前 65 年，他們一同去長安，逗留了一年，才帶著豐厚的賞賜回龜茲。後來，他們又去過長安幾次，非常喜愛漢人的文化，在國內建起漢式宮室，又採用漢朝禮儀，例如用鑼和鈸報告客人的來訪。他們的兒子丞德繼位為龜茲王。丞德以漢室的外孫自居。從公元前 32 到 1 年間，他與漢朝經常互通音信，關係密切。

有關劉解憂的資料比劉細君多，因為前者逗留烏孫和西域的時間很長。關於劉解憂幾次婚姻的日期和她第二、第三任丈夫的卒年，資料或是模糊或是互相矛盾。本傳記根據的是《漢書》而不是《資治通鑑》，因為前者是最接近劉解憂年代的史書，而後者所記載的日期和事件先後次序有問題。

Jennifer W. Jay

蕭虹譯

◇ 司馬光，《資治通鑑》，北京：中華書局，1956 年，冊 2，卷 25–27。
◇ 《史記》，北京：中華書局，1973 年，冊 6，卷 123，頁 3174。
◇ 《漢書》，北京：中華書局，1975 年，冊 5，卷 36，頁 1923–1924；冊 8，卷 96 下，頁 3904。
◇ Hulsewé A.F.P. *China in Central Asia. The Early Stage: 125 B.C.–A.D. 23.* Leiden: Brill, 1979.
◇ Jagchid, Sechin, and Van Jay Symons. *Peace, War, and Trade Along the Great Wall. Nomadic-Chinese Interaction Through Two Millennia.* Bloomington: Indiana University Press, 1989, 12–43.
◇ Pan Yihong. "Marriage Alliances and Chinese Princesses in International Politics from Han Through T'ang." *Asia Major* 10, no. 1–2 (1997): 99–100.
◇ Loewe, Michael. *A Biographical Dictionary of the Qin, Former Han and Xin Periods.* Leiden: Brill, 2000, 320; 366–67.

86 劉蘭芝 Liu Lanzhi

劉蘭芝據說生活在東漢建安時期（196-220），是焦仲卿的妻子。然而我們沒有證據證明她是一個真實的人物。她是因民間敘事詩〈孔雀東南飛〉而家喻戶曉的；在詩中她是一個典型受盡婆婆虐待的媳婦。她的故事世世代代都能引起共鳴，因為這樣的情形在傳統中國極為常見。這個故事最後銘刻在中國婦女的心靈，每一代都有自己的劉蘭芝。

敘事詩中焦仲卿是廬江（今安徽境內）的一個小吏，娶妻劉蘭芝。小兩口非常恩愛，但焦母卻指責劉蘭芝無禮而自專，要兒子休妻。焦仲卿起初不答應，

但最後決定向母親讓步。由於工作的需要,他要離家一段時期,他讓劉蘭芝回娘家,答應回來後去接她回來。

然而,這時候劉家來了一個媒婆,為蘭芝做媒,對方條件極為優越。劉蘭芝說服母親回絕了這樁婚事。但第二個求婚者來了,條件更優越。她的哥哥很願意接受。她明白哥哥才是家中的主宰,不能不聽命於他。焦仲卿聽說有人向劉蘭芝求婚,立即告假回來。當他到達劉蘭芝家的時候,劉蘭芝聽出是他的馬蹄聲,走出來和他見面。他恭賀她嫁到更好的婆家,她卻回答說兩人都身不由己。分別時他們相約黃泉相見。當晚,劉蘭芝投身塘中自盡。當焦仲卿聽到這個消息後,吊死在一棵樹的東南枝上。兩家人同意把他們合葬,在他們的墓周圍種下松柏和梧桐,每天晚上一雙鳥兒在樹間出現,向著彼此唱歌,使人想起這對苦命夫妻。

〈孔雀東南飛〉的英譯在《玉台新詠》的英譯本中可以看到。正如木蘭(參見該傳)一樣,她的故事是由於一首敘事詩而膾炙人口。劉蘭芝可能從未存在過,但她的事蹟極具歷史意義,因為她代表了千千萬萬跟她有同樣經歷的女性。

蕭虹

◇ 徐陵輯,《玉台新詠》,見《四部備要》本,卷1,頁19下–25下。
◇ 丁福保編,《全漢三國晉南北朝詩》,台北:世界書局,1978年,冊1,卷4,頁81–84。
◇ Birrell, Anne, trans. *New Songs from a Jade Terrace: An Anthology of Early Chinese Love Poetry.* London: Allen & Unwin, 1982, 53–62.

87 劉令嫻 Liu Lingxian

劉令嫻(活躍於六世紀初期到中期),琅琊(今山東境內)人,詩文俱佳。她和兩個姐姐都有文名。《梁書》關於她兄長劉孝綽的傳記稱,劉家祖籍彭城(今江蘇山東兩省境內)。父親劉繪,曾在南齊為官;兄弟及從兄弟、諸子侄七十來人,都是很有才氣的文人。劉家這種盛況,時人認為是前所未有的。當中的劉孝綽尤為特出。他自幼即有文名,曾做過梁武帝(蕭衍,464-549;502-549年在位)及昭明太子(蕭統,501-531)的屬員。蕭統以編纂不朽的詩文總集《文選》而為世所知。

劉氏三姐妹據稱都是才女,但只有最小的妹妹的名字留存下來,她大概也

是最為人熟知的一個。大姐嫁王淑英，有兩首詩存世；二姐嫁張崺，作品已全失佚，十分可惜。劉令嫻人稱劉三娘，嫁晉安（今福建境內）內史徐悱。他死於任所，靈柩運返都城建康（今南京）時，劉令嫻寫了篇祭文，表達她沉痛之情。她的公公徐勉本來打算撰寫哀文，讀過她的祭文後，就擱下筆來。

劉令嫻現存作品包括十首詩和那篇十分聞名的祭夫文，已一併收入謝無量的《中國婦女文學史》中（參見後附書目）。詩的主題大多環繞婦女期盼情人歸來、如何寂寥度日等。她所寫的兩首〈答外〉詩，就是個好例子，現錄其中一首〈春閨怨〉如下：

　　花庭麗景斜，蘭牖輕風度。

　　落日更新妝，開簾對芳樹。

　　鳴鸝葉中舞，戲蝶花間鶩。

　　調琴本要歡，心愁不成趣。

　　良會誠非遠，佳期今不遇。

　　欲知幽怨多，春閨深且暮。

劉令嫻偶爾會跨出閨房，下面摘錄的詩〈光宅寺〉便是明證：

　　長廊欣目送，廣殿悅逢迎。

　　何當曲房裡，幽隱無人聲。

她走出閨房，明顯地喜不自勝；她同樣渴求保得私隱，可是當時的社會並不尊重私隱。只有在與世隔絕的佛寺內，她才可享有私人空間。

她有一首答唐孃的詩很特別，該女子似乎是位名妓。按 Birrell 之見，唐孃是劉令嫻亡夫的情婦，所以英譯時將詩名由原來的〈答唐孃七夕所穿針〉改為 To My Late Husband's Mistress（致亡夫的情婦）（見所列 Birrell 書，頁 180）：

　　倡人效漢女，靚妝臨月華。

连针学并蒂，萦缕作开花。

孀闺绝绮罗，揽镜自伤嗟。

虽言未相识，闻道出良家。

曾停霍君骑，经过柳惠车。

无由一共语，暂看日升霞。

从诗中不难看出，唐孃是位名妓。在中国古代，虽无明令禁止名门淑女结识名妓，这样的交往亦属罕见，也许是跨阶层交往最早的一例。刘令娴这样做，可能是因为对方和自己爱著同一个男子。

下面摘引她感人的〈祭夫文〉中部分章句：

生死虽殊，情亲犹一。

敢遵先好，手调姜橘。

素俎空乾，奠觞徒溢。

昔奉齐眉，异于今日。

从军暂别，且思楼中。

薄游未反，尚比飞蓬。

如当此诀，永痛无穷。

百年何几，泉穴方同。

刘令娴丧偶时大概年纪尚轻，该是守寡多年才去世。

大姐（王叔英妻）的诗，有时也归在刘令娴名下。有两首诗描写历史上的妇女人物，一首名为〈婕妤怨〉（列入刘令娴作品），一首名为〈昭君怨〉（列入她大姐作品），虽署名不同，却似出于一人之手。两诗都显示对这两位历史人物有深刻了解，且对她们不幸的命运寄予深切同情。下面的诗，述说班婕妤（参见班婕妤，汉成帝传）和赵飞燕（参见赵飞燕，汉成帝皇后传）的故事，赞扬班婕妤品德端正，冷对宫中的尔虞我诈。

日落應門閉，愁思百端生。

況復昭陽近，風傳歌吹聲。

寵移終不恨，讒枉太無情。

只言爭分理，非妒舞腰輕。

蕭虹

龍仁譯

◇ 謝無量編，《中國婦女文學史》，上海：中華書局，1916年；鄭州：中州古籍出版社，1992年重印，第2編中，頁82-84。
◇ 徐陵編，《玉台新詠》，見《四部備要》本，卷6，頁13下-16下；卷8，頁15；卷9，頁25上；卷10，頁11下。
◇ 江民繁、王瑞芳，《中國歷代才女小傳》，杭州：浙江文藝出版社，1984年，頁767-780。
◇ 譚正璧，《中國女性文學史》，天津：百花文藝出版社，1985年，頁98。
◇ 王延梯輯，《中國古代女作家集》，濟南：山東大學出版社，1999年，頁111-113。
◇ Birrell, Anne, trans. *New Songs from a Jade Terrace: An Anthology of Early Chinese Love Poetry*. London: Allen & Unwin, 1982, 178, 180, 228, 280.

88 劉嫖，長公主 Liu Piao

劉嫖（約公元前190-130/120年），生於現今山西省雁門關。她是文帝劉恆（公元前202-157年；公元前179-157年在位）尚在代王時期與竇姬（即後來的竇皇后，參見竇猗房，漢文帝皇后傳）所生長女，也是劉啟（景帝，公元前188-141年；公元前156-141年在位）的大姐。文帝即位後，封她為館陶公主。長大後，嫁給堂邑侯陳嬰的孫子陳午。兩人生有一女名陳嬌（參見陳嬌，漢武帝皇后傳）。

景帝在位時，劉嫖可在宮廷出入自如。劉嫖愛女陳嬌，小字阿嬌，與劉徹（武帝，公元前156-87年；公元前140-87年在位）一同在深宮長大。劉徹四歲被封為膠東王，深得劉嫖喜愛。一天，在膠東王府中，劉嫖把劉徹抱置膝上，讓他看圍在四周的侍女，並問道：「兒欲得佳婦乎？」劉徹小小年紀，即能識美色，對諸侍女皆不中意。當劉嫖指著陳嬌徵求他的意見時，他喜形於色，即對姑母說：「若得阿嬌，當以金屋貯之。」但劉嫖是個野心勃勃的人。當景帝冊立栗姬（孝景栗姬）的兒子劉榮為太子時，劉嫖便想將女兒許配給劉榮。她萬萬想不到，栗姬竟然不答應。她才又找劉徹母親王夫人（參見王娡，漢景帝

皇后傳），欲將陳嬌許配給劉徹，王夫人欣然答應。

劉嫖認為栗姬拒婚，導致女兒不能成為太子妃，自己的心願落空，於是對栗姬心懷怨恨，兩人關係惡化。而栗姬方面，雖早已失寵，但認為景帝冷落自己，是因為劉嫖向景帝引薦多位美人，景帝又寵幸她們，才把她置之腦後，所以對劉嫖亦心懷怨恨。是故劉嫖經常在景帝面前說栗姬的壞話，又經常稱讚劉徹。景帝開始討厭栗姬，加上一向寵愛劉徹，便考慮廢劉榮而立劉徹。後來王夫人暗中使計，促大臣向景帝奏請立栗姬為皇后。景帝一怒之下，廢了太子，改立七歲的劉徹為太子，立王夫人為皇后。劉嫖終如願以償，把女兒推上太子妃的位置。

劉徹十六歲即位後，立陳嬌為皇后。婚後十年，陳皇后無所出，還驕橫善妒，劉嫖也貪得無厭，武帝對兩人頗為不滿，轉而寵幸由大姐平陽公主所引薦的衛子夫（參見衛子夫，漢武帝皇后傳）。陳皇后為了再得寵幸，先是以自殺相逼，後又用巫女楚服的巫術。事發後，武帝誅殺楚服等三百餘人，接著就廢掉陳皇后，下令退居長門宮。劉嫖對此先是心生怨恨，數次在平陽公主面前埋怨道：沒有我，武帝不可能立為太子，過後遺棄我的女兒，不是忘本嗎？平陽公主則勸解說：因為沒有生兒子的緣故吧。武帝告訴姑母說：「皇后所為不軌於大義，不得不廢。」但他指出皇后雖廢，卻供奉如常，在長門宮一樣過得舒適。劉嫖聽後，明白已不能再為女兒求情，只好默然接受。

劉嫖寡居多年，在五十餘歲（約公元前 138 年）時，愛上年輕英俊的家僕董偃。他母親以賣珠飾謀生，所以他曾隨母親到劉嫖家。劉嫖很喜歡他，便將他留在府中當僕人，送他禮物，還安排他接受教育。在她的培養下，他成了個和藹可親的年輕人，當上劉嫖的馬夫、僕人與情人。不過，他的好友爰叔指他私侍公主，或已犯罪，為防不測，著他向劉嫖建議，把長門園獻給對此心儀已久的武帝。劉嫖果然言聽計從，武帝將長門園改建為長門宮，作遊樂之用。

後來爰叔又為董偃謀劃求見武帝的計策。劉嫖按爰叔的建議稱病，一如預期，武帝親來探病，雙方客套一番之後，劉嫖對武帝說：很滿意他的恩賜，以後再無所求了。接著表白道：希望武帝有時到她的府邸，讓她有機會獻酒為他祝壽，為他提供娛樂。不久，劉嫖病癒，求見武帝。武帝設宴招待，花費了一千萬錢。數天後，武帝又前去探望劉嫖。她一身平民打扮，往迎武帝，武帝即說：「願謁主人翁」。所謂主人翁，即指董偃。她一聽，有些著慌；因為私幸家僕，有損皇威，已屬犯罪。她連忙卸下珠寶耳飾，脫掉鞋履，低下頭向武

帝認錯。得知武帝不怪罪後，便重新戴上珠寶耳飾，穿回鞋履，到東廂房找董偃。董偃也是一身平民打扮，跟隨劉嫖來到殿堂，跪在武帝跟前。劉嫖對武帝說：「館陶公主胞人臣偃昧死再拜謁」，董偃叩頭謝恩。武帝下詔賜他衣冠。劉嫖十分高興，以珍酒好藥款待武帝，並趁武帝歡快時，請求向在座的將軍與列侯賞賜金錢，藉此爭取他們對董偃的支持。董偃從此得到武帝的寵愛，常一起出遊、騎射、觀看鬥雞與狗馬比賽、踢蹴鞠等。武帝十分高興，專門在宣室殿為劉嫖設置酒宴，並要求董偃同來赴宴。

武帝正要步入宣室殿時，太中大夫東方朔在殿前執戟，力勸武帝不要讓董偃進殿，原因是董偃犯了三條死罪。大意是說董偃觸犯了禮制，又誘導武帝玩物喪志。東方朔堅持，宣室殿是莊嚴殿堂，不能讓董偃進入。武帝這才把酒宴改設在北宮，讓董偃從司馬門進宮。

此事之後，武帝對董偃再不感興趣。董偃不久去世，卒年三十歲；那時劉嫖已獲封為長公主。數年後，劉嫖也去世，與董偃合葬於霸陵。劉嫖貴為公主，在私人生活上享有極大自由，還善用與兩個皇帝的親屬關係——一個是她弟弟，一個是她侄兒，達到自己的目的。

鮑善本

◇ 司馬光，《資治通鑑》，北京：中華書局，1956 年，冊 1，卷 17–18，頁 549–613。
◇ 《史記》，北京：中華書局，1973 年，冊 4，卷 49，頁 1976–1977。
◇ 《漢書》，北京：中華書局，1975 年，冊 6，卷 65，頁 2853–2856；冊 8，卷 97 上，頁 3946–3948。
◇ Loewe, Michael. *Crisis and Conflict in Han China: 104 BC to AD 9.* London: George Allen & Unwin, 1974, 49-51, 88.

89 劉細君 Liu Xijun

劉細君（公元前 123 ? -101 年），亦稱細君公主、烏孫公主、江都公主，雖屬宗室之女，但祖輩曾獲罪。她是少數留下名字的和親公主之一。她的祖父劉非是漢武帝（公元前 140-87 年在位）的哥哥，因平定七國之亂（公元前 154 年）有功被封為江都（今江蘇浙江境內）王。她的父親劉建於 127 年襲爵，被描繪為殘酷淫亂，且曾亂倫。六年後，因涉嫌叛亂被迫自盡，劉細君當時尚在繈褓。同年，她母親也因巫蠱罪被公開處死。作為罪臣的年幼子女，劉細君和她的兄弟姐妹可能淪為奴僕在宮中長大。

公元前 105 年，劉細君的父母亡故十六年之後，漢武帝將她升格為公主，再把她嫁去烏孫。烏孫是西域最強盛的國家，漢武帝希望通過這樁婚姻，與烏孫締結外交聯盟，制衡在北方虎視眈眈的匈奴集團。烏孫贈送的聘禮是一千匹馬，漢朝收到後，劉細君和隨行的隊伍，包括官員，僕從和太監，數百人上路，從長安（今西安）到烏孫，走過大約三千里（五千公里）的漫漫長路。烏孫位於伊犁河谷，在巴爾喀什湖至鹹海（伊塞克湖）之間，人口達六十三萬，為當時漢朝人口五千八百萬的百分之一強。劉細君到達烏孫之後，成為烏孫王（也稱昆莫、昆彌）的右夫人，地位低於左夫人匈奴公主。劉細君一年只與年老的昆莫見一兩次面，在語言溝通方面有極大困難。昆莫以年齡太老為由，要與劉細君離婚，再將她許配給他的孫子岑陬（軍須靡）。細君上書武帝提出抗議，指出嫁給繼孫子，有違漢人的禮制。武帝卻無動於衷，命她遵從烏孫的習俗，為的是加強他通過與烏孫結盟來孤立匈奴的整體策略。老昆莫去世後，岑陬成為烏孫的昆彌，劉細君和他生了一個女兒，名叫少夫。公元前 101 年，劉細君逝世。她在烏孫的四五年間，做了先後兩任國王的妻子，無論在飲食、衣著、居室與習慣各方面，都不能適應遊牧生活。她在烏孫的時間固然不長，加之與當地社會又相對隔絕，不曾生下子嗣，所以對漢朝的外交沒有產生多大影響。

《漢書・西域傳》中載有傳說是劉細君作的一首思鄉詩：

> 吾家嫁我兮天一方，遠託異國兮烏孫王。
>
> 穹廬為室兮旃為牆，以肉為食兮酪為漿。
>
> 居常土思兮心內傷，願為黃鵠兮歸故鄉。

她的詩句感動了漢武帝，每隔一年派遣人員送禮物去安慰她，但是無濟於事。這首詩更大的意義，在於保存了一位和親公主的感懷，在漢族與遊牧民族的關係史上，她只是個短暫而悲傷的過客。

Jennifer W. Jay
蕭虹譯

◇ 司馬光，《資治通鑑》，北京：中華書局，1956 年，冊 2，卷 21。
◇ 《漢書》，北京：中華書局，1975 年，冊 6，卷 53，頁 2414、2416–2417；冊 8，卷 96 下，頁 3901–3903。
◇ Hulsewé A.F.P. *China in Central Asia. The Early Stage: 125 B.C.-A.D. 23.* Leiden: Brill, 1979.
◇ Yu Ying-shih. "Han Foreign Relations." In *The Cambridge History of China. The Ch'in and Han*

Empires, 221 B.C.-A.D. 220, ed. Denis Twitchett and Michael Loewe. Cambridge, U.K.: Cambridge University Press, 1986, 405-21.
◈ Jagchid, Sechin, and Van Jay Symons. *Peace, War, and Trade Along the Great Wall. Nomadic-Chinese Interaction Through Two Millennia.* Bloomington: Indiana University Press, 1989, 142-43.
◈ Pan Yihong. "Marriage Alliances and Chinese Princesses in International Politics from Han Through T'ang." *Asia Major* 10, no. 1-2 (1997): 98-99.
◈ Loewe, Michael. *A Biographical Dictionary of the Qin, Former Han and Xin Periods.* Leiden: Brill, 2000, 316-17, 377.

90 劉英媛 Liu Yingyuan

臨川長公主劉英媛（約 430 年生），劉宋王朝文帝（劉義隆，407-453；424-453 年在位）的第六個女兒。她兩次婚姻失敗之後，終於自承犯錯，遂改過從善，救贖了自己。

劉英媛生下來就是公主，享盡皇家的特權，坐擁無窮的機會。她生活奢華，穿錦衣豔服，受良好教育；自幼在乳母、宮女簇擁中，諸事歷來不動一指頭。和其他也在這種環境下成長的公主一樣，她因受到溺愛而變得恣意任性，剛愎自用。但在婚後，她的情況與在宮中迥然不同。

劉英媛下嫁出身望族的王藻，兩人原是表親。王藻有個同性戀人，關係親密，劉英媛為此妒火中燒。在侄子劉子業（史稱前廢帝，464-465 年在位）短暫的臨政時期，她捏造材料，上表中傷丈夫，使他入獄死去。劉英媛與夫家斷絕關係，將幼兒留在夫家撫養。

不久，劉英媛的兄弟劉彧（明帝，439-472；465-472 年在位）登上皇位，他安排劉英媛再嫁，但准新郎在婚前就去世。明帝本人亦險遭侄子前廢帝的毒手，此事令他心靈飽受創傷，因而十分同情被選作駙馬的人。明帝的侄女（山陰公主）看來與其殘忍的弟弟前廢帝一樣地冷酷無情、無法無天，他們志趣相投，沆瀣一氣。這位公主精力旺盛，每逢皇帝弟弟出巡，都陪伴在側；還認為皇帝後宮三千，她也應享有相同權利，於是皇帝准許她在宮中圈養面首（男寵）。明帝對種種駭人的往事必然記憶猶新，因為有一個叫江斆的人被選做駙馬，明帝找人代江斆上表辭婚。這篇辭婚表列舉娶公主為妻的弊端和風險，其中亦提及王藻，說他不過因一句笑談便丟了腦袋。明帝將辭婚表給公主們看。劉英媛讀後，必定後悔害死王藻，因為她回應說希望能和兒子團聚。她於是上表明帝，表示願意回歸王家，得到明帝恩准。這道辛酸的陳情表章，已收進《宋書》中，大意如下：她的命運極為不幸，因為斷絕了王家的親誼。她在家中傲

慢自大，脾氣粗暴，導致和婆家離異。如今她孤獨老病，倍覺淒清。她隨時會離世，只有兒子牽掛在心。母子分隔令她無限傷心，對兒子只有愧疚之情。不論日後命運好壞，際遇高低，定要永遠相依為命。她真心願意拋棄前嫌，回歸夫庭，母子團聚，重敘親情。

劉英媛素來驕橫成性，要以公主之尊自承有錯，還要低聲下氣地要求回到曾決絕過的家，大是不易。不過她為了兒子，為了日後或許仍會有的幸福，還是願意走出這一步。她的陳情表情真意切，觸動世代人心，不失為好文章的範例。

蕭虹
龍仁譯

◇《宋書》，北京：中華書局，1974 年，冊 2，卷 41，頁 1290–1292。
◇ 王延梯輯，《中國古代女作家集》，濟南：山東大學出版社，1999 年，頁 104–105。
◇ 蔣凡，〈《世說新語》中尉馬與公主的婚姻悲劇〉，見《文史知識》，2004 年，1 期，頁 67–73；2004 年，2 期，頁 50–56。

91 劉元 Liu Yuan

劉元（22 年卒），新野公主，父母早喪，南陽新野（今河南境內）人鄧晨（49 年卒）的妻子，西漢高祖（劉邦，公元前 256-195 年；公元前 206-195 年在位）的九世孫，東漢光武帝（劉秀，公元前 6 年-公元 57 年；25-57 在位）的姐姐。她為鄧晨生下一子三女。

22 年陰曆十月，即王莽新朝期間，劉元兩個弟弟——劉縯與劉秀——在宛（今河南境內）參加兵變。這次起兵，組織鬆散，部隊亦非精銳。劉縯招募了新市、平林的農民作為起義兵，向西直撲王莽軍隊。劉秀起初騎著牛，帶領著未經訓練的部隊打仗。直到他殺掉新野尉，才擁有自己的戰馬。

劉秀攻下唐子鄉後，殺掉湖陽尉，轉戰棘陽，與一同起兵的鄧晨部隊會合。之後，劉秀在小長安兵敗，當時大霧，諸將家屬失散。劉秀騎馬去尋找失散的家人，返家途中遇到小妹伯姬，將她扶上自己的馬，兄妹倆同乘一騎奔逃。不久，他們又遇到劉元和她三個女兒。劉秀讓她一起上馬，劉元連連揮手說：「行矣，文叔努力，早建大功，追兵蔓至，不能相救，無為兩沒也。」意思是說不可能都救出，所以叫他自己走。劉秀一再呼喊她，但她堅持不走，此時追兵快到，劉秀不得已馳馬而去，劉元和三個女兒終遇難。

劉秀即位，封鄧晨為房子侯，追諡劉元為新野節義長公主，為了紀念她，還在縣西建廟；又封鄧晨長子汎為吳房侯，負責祭祀劉元的事宜。49年，鄧晨去世，光武帝又派遣使者備好公主的官屬禮儀，招迎新野公主之魂，與鄧晨合葬於北芒。光武帝與陰皇后（參見陰麗華，漢光武帝皇后傳）親臨喪送葬。

劉元是那種看事透徹、行事果斷的人。在生死關頭，她能瞬間審時度勢，拿定主意。首先，她不願成為已在馬背上的弟妹的負擔。其次，她不會為求自保而丟下女兒。在劉秀心中，她是忠烈之士。她寧死也不拋棄女兒，愛女之情，教人動容。她確實是個膽識過人、冒死護女、意志堅定的女子。

王步高

◇ 李昉，《太平御覽》，北京：中華書局，1960年，卷441，頁9。
◇ 《後漢書》，北京：中華書局，1973年，冊1，卷1上，頁2-3；冊2，卷15，頁582-584。

92 柳下惠妻 Liuxia Hui qi

柳下惠的妻子活躍於公元前七世紀，因德才兼備又頗有文采而名傳後世。柳下惠是魯國（今山東境內）的大夫，因朝廷腐敗，遭降職三次，但仍然以百姓為重，繼續為官。柳下惠去世後，門人要為他作誄文，柳妻堅持要親自執筆。她說：「將誄夫子之德耶，則二三子不如妾知之也」。解釋說自己是最瞭解柳下惠的人。她以優美的文筆，讚揚丈夫以平和的心情接受世情的不公，為了施惠於百姓而甘願屈居低位，並對他的離開人世表達出深切的悲痛。誄文結尾處她說「夫子之諡，宜為惠兮」，建議給丈夫諡號為「惠」。這篇誄文寫成後，門人沒有更動一個字。她的傳記收入《列女傳》的〈賢明傳〉內。

Constance A. Cook
龍仁譯

◇ 劉向，《列女傳》，見《四部備要》本，卷2，頁7上-下。
◇ O'Hara, Albert R. *The Position of Woman in Early China According to the Lieh Nü Chuan, "The Biographies of Chinese Women."* Taipei: Mei Ya, 1971; 1978, 65-66.

93 麗玉 Liyu

麗玉，相傳是漢朝時人，生卒籍貫不詳。她是朝鮮渡口守卒霍里子高的

妻子。

一日，霍里子高晨起撐船，見到一個白髮老翁，披髮提壺，舉止瘋癲，欲橫流而渡，有一個該是他妻子的婦人緊隨在後，欲加攔阻，但他突然掉進河中，終溺水而死。他妻子隨即以箜篌伴奏，唱出以下的歌來表達她的哀傷：「公無渡河，公竟渡河，墮河而死，將奈公何！」她的歌聲甚為悽愴，一曲既終，亦投河殉夫。霍里子高回到家裡，將所見慘事告訴麗玉。麗玉很同情這對夫婦，便以箜篌彈撥出那婦人的歌，聞者莫不墮淚飲泣。麗玉又將此曲傳於鄰女麗容，名曰〈箜篌引〉。

〈箜篌引〉以古歌謠形式、質樸淳厚的語言敘述了兩個普通人的悲慘故事。它音節悠揚婉轉，一唱三歎；情感悲愴悽楚，讀之聞之，但覺摧肝裂膽。麗玉住在中朝邊境，社會地位明顯不高，與文人也攀不上關係，然而她這首歌曲，以及她這個歌曲創作人，竟備受重視，且傳誦千古，實屬難能可貴。西漢武帝（公元前 140-87 年在位）設立樂府，從中國各地收集了無數民謠，很可能麗玉的歌曲就是其中一首。麗玉畢竟精於音律，聲名大概也遠播至家鄉以外的地方。

〈箜篌引〉一出，後世詩人遂以之為母題，競相詠唱，可見其影響之深遠。劉孝威（梁朝，502-557）、張正見（陳朝，557-589），以及唐朝詩人李白、王建、溫庭筠等皆有樂府詩〈公無渡河〉；而李賀更有〈箜篌引〉。

沈立東

◊ 郭茂倩，《樂府詩集》，北京：中華書局，1979 年，冊 2，卷 26，頁 377–378。

94 婁昭君，北齊神武帝皇后 Lou Zhaojun

婁昭君（501-562），高歡（496-547）的嫡妻。兩人的兒子文宣帝（高洋，529-559；550-559 年在位）是北齊的開國皇帝。他們生前都未稱過帝后，但因高歡事實上是北齊的奠基人，所以死後追封為北齊神武帝，而婁昭君則追封為北齊明皇后。在北齊之前，先是少數民族統治的北魏王朝（386-534）崩潰，隨之是東魏（534-550）的建立，王朝的更迭錯綜複雜，暴力頻仍。婁昭君的一生與這些椿椿件件的事有著千絲萬縷的關係。

北魏王朝由少數民族拓跋氏建立，拓跋族是中國北方草原上遊牧的鮮卑

族分支。北魏後來逐漸採用漢俗。493 年,孝文帝改用漢姓,將「拓跋」改為「元」,並將都城遷到洛陽(參見馮皇后,北魏文成帝傳及馮皇后,北魏孝文帝傳)。婁昭君是鮮卑人,家境富裕,祖上在前燕王朝(今遼寧境內)為官。她的氏族在五世紀末,改用漢姓「婁」。

而高歡則出身渤海(今河北境內)的漢族家庭,數代居住在現今的內蒙地區,自然而然很大程度上跟隨了鮮卑的生活方式。

儘管高歡出身微賤、社會地位不高,據說婁昭君對他幾乎是一見鍾情。她派出婢子轉達她的心思,還送他一筆錢;後來她在父母反對下嫁給了他。高歡用這筆錢買了匹馬,成立一個軍事據點,還招來三數隨從。與婁昭君結婚後,他可以接觸到更多在北方戍邊的鮮卑與匈奴官員;也可以得到與北魏軍事豪門有某種聯繫的一些人的支持。高歡和他的隨從實質上做的是僱傭兵,為細小部落的酋長和叛軍提供服務,一直到 528 年前後,北魏政權開始衰敗,他才投在秀容(今山西境內)的爾朱榮(493-530)手下任將領。爾朱榮是羯人,羯族可能是匈奴一個分支,來自西部地區,也許遠至古波斯。爾朱氏作為北魏拓跋氏的聯盟,得到很大一塊封地,從而掌控了向北魏軍隊供應牲畜與飼料的主要民間來源。到五世紀末,爾朱氏已經十分富有,加上拓跋政權迅速瓦解,524 年北部邊界又發生叛變,爾朱氏的勢力日增。到六世紀二十年代末,爾朱氏已經成為全國最強勁的一股軍事勢力。

528 年,漢族官員謀害了年幼的孝明帝(元詡,510-528;515-528 年在位),隨後爾朱榮的軍隊與鮮卑部隊聯手,猛攻北魏都城洛陽。此後,經過連串的殊死鬥爭與頑抗後,高歡智取北魏帝位(參見胡氏,北魏宣武帝妃傳)傳承的話語權,將爾朱榮擊退。爾朱榮所冊立的傀儡皇帝(元子攸,528-530 年在位)在 530 年殺害了爾朱榮。接下來高歡又殺了元子攸,另立自己的傀儡皇帝(元曄,530 年在位)。最後,北魏最後一位皇帝(元修,532-534 年在位)西逃到長安,原屬於北魏的疆土一分為二。高歡立元善見為東魏的掛名皇帝(孝靜帝,534-550 年在位),自己總攬新王朝的朝政,並遷都鄴(今河南河北兩省境內)。

高歡勢力日增,妻妾亦更多了。婁昭君也鼓勵他這樣做,因為她明白,與勢力龐大的家族聯姻結盟,可鞏固現有的強勢。高歡有十五個兒子,其中六個為婁昭君所生。她希望每個兒子都能建功立業:結果三個在她生前當上皇帝,而她也曾參與政變,廢黜了一個當北齊皇帝的孫子。

547年，高歡去世，婁昭君長子高澄（550年卒）成為東魏攝政大臣。他一邊擴張疆域，一邊爭取到國內各頭領繼續向他效忠，但不到三年，他便被暗殺。策劃暗殺的人可能是他的弟弟高洋，婁昭君的次子。

高洋不滿足於當攝政大臣，他在550年脅迫東魏皇帝遜位，另立新朝北齊，正式稱帝。傳統的鮮卑王位傳承是兄終弟及，所以同母兄弟與異母兄弟之間往往會爭奪帝位，手段殘忍，即時引起嚴重的政治問題。高洋處死了兩個勢力雄厚的異母兄弟，但他的同母兄弟、他們的兒子、高澄的兒子，仍在為皇權爭搶不休。高洋死後，十四歲兒子高殷（560年卒？）登上皇位，婁昭君被尊為太皇太后。

幼主無法削減各叔輩的權力。婁昭君認為帝位應當由兒子而非孫子繼承，於是參與發動政變。她那時還有四個活著的兒子。她同其中兩個合謀，將小皇帝高殷的輔政大臣抓起來處死，再將他廢掉；於是史稱高殷為廢帝（559-560年在位）。

婁昭君當皇帝的第二個兒子是高演（孝昭帝，560-561年在位）。他參與推翻侄子的行動，命人將高殷勒死，以免異日東山再起重登帝位。高演在一次墮馬中嚴重受傷，隨後病逝，短暫的皇帝生涯也驟然結束。

婁昭君第五子高湛（武成帝，537-568；561-565年在位），是她最後一個當皇帝的兒子。他也曾參與推翻高殷的陰謀。他臨朝不久就退位，讓九歲的兒子高緯（史稱後主，556-578；565-577年在位）登基（參見陸令萱傳）。

北齊朝廷接連出現長子未能繼承帝位而弟弟卻能繼承兄長帝位的現象，可能存在婁昭君蓄意而為的因素——她要讓兒子們都當上皇帝；但也反映出鮮卑族傳統的兄弟承襲制度。不過到五世紀，這個弟承兄位的制度已經逐步為漢族的承襲制所代替。562年婁昭君死後，中國傳統的父子相傳的繼承制度，才恢復過來。

據稱婁昭君聰明果斷，這說法有歷史佐證。她保持清正公道，從不為親戚向丈夫懇求封贈高位，並期望他們能自己努力爭取。她對丈夫寄予厚望，為了讓他成就大業，還鼓勵他廣納妃妾，以圖通過多個婚姻聯盟來鞏固勢力；而她對這些妾妃均親如姊妹。她甚至將嫡妻地位，讓給一位柔然（生活在今外蒙古一帶的遊牧部落，勢力集中在今絲綢之路的東段）公主，以換取柔然百姓與北齊合作。她為丈夫管理後院，據說待他的所有兒子如同己出。她為每個兒子紡織袍服、褲子；又給效忠丈夫的戰士縫製戎裝，好讓他人效法。然而她和高歡

之間並非一帆風順。538 年，高歡發現長子高澄與自己一個妃子有染後，下令將妻昭君與兒子各打一百棍作為懲罰。自此高歡一直冷落她，聽到親信司馬子如（488-551）力陳她為他做了多少事後，他才回心轉意。

秦家德、Tai Po Ying
龍仁譯

◈ 《北齊書》，北京：中華書局，1972 年，卷 9，頁 123-124。
◈ 陳全力、侯欣一編，《后妃辭典》，西安：陝西人民教育出版社，1991 年，頁 82。
◈ Eisenberg, Andrew. "Retired Emperorship and the Politics of Succession in the Northern Dynasties of China, 386–581." Ph.D. dissertation, University of Washington, 1991, 129–66.
◈ Holmgren, Jennifer. "Family, Marriage and Political Power in Sixth Century China: A Study of the Kao Family of the Northern Ch'i." In her *Marriage, Kinship, and Power in Northern China*. Brookfield, VT: Variorum, 1995, 12–14, 28–29.

95 魯公乘姊 Lu Gongcheng zi

魯公乘姊是魯國（今山東境內）人公乘子皮的姊姊，生卒年不詳。在一個族人的喪禮上，她哭得很是傷心，子皮勸止她，還說她大可放心，他就要把她嫁出去了。但是歲月流逝，此後未聽他再提這事，她仍是待嫁之身。在那個時代，婦女不能開口自言婚嫁，只能等待男性至親提出：

> 撻兮撻兮，風其吹汝，
>
> 叔兮伯兮，唱予和汝。

魯國國君延請公乘為丞相，姊姊警告公乘，稱他難當重任。她說當年在喪禮之上，他竟然談論她的婚事，說明他不懂禮數；而當她婚齡已過，他仍未重提她的婚事，說明他在處事方面十分無能。人們認為她的話很有見地。但是公乘沒有聽取她的意見，上任做了丞相，不久就因犯了過錯被處死。人們稱讚公乘的姊姊見識過人，她的傳記收入《列女傳》的〈仁智傳〉內。

Constance A. Cook
龍仁譯

◈ 劉向，《列女傳》，見《四部備要》本，卷 3，頁 8 上－下。
◈ O'Hara, Albert R. *The Position of Woman in Early China According to the Lieh Nü Chuan, "The Biographies of Chinese Women."* Taipei: Mei Ya, 1971; 1978, 94-95.

96 陸令萱 Lu Lingxuan

陸令萱（約 510-578 年），北齊第五位，也是最後一位君主高緯（後主，556-578；565-577 年在位）的乳母。她的一生，經歷了昔日遊牧的鮮卑人所建立的四個朝代：北魏末期、西魏、東魏和北齊。少帝高緯在父親去世後登基，執政近十年，北齊才滅亡，當中她起著關鍵作用。她的背景不詳，是鮮卑人或是漢人也不清楚，只知她成長於北魏時期，父親曾在高歡將軍（496-547）麾下效力。高歡是漢人，北魏王朝最後的五年，都由他把持朝政。他還建立東魏，再扶植一個傀儡皇帝上台。但陸令萱的丈夫卻為西魏效命，和高歡對抗，大約於 534 年被處死。

534 年前後，陸令萱被送到高歡家中為奴婢，當時她二十來歲，身邊有個兒子駱提婆。她四十六歲左右時（556 年），被指派為高緯的乳母。之前擔任何種差使，則不得而知。高緯是高歡眾多孫子中的一個，出生之時，皇位於他本是遙不可及，但政壇波譎雲詭，連番劇變，讓高緯很快當上了皇帝。

高歡有多個妻妾和十五個兒子。鮮卑族的傳承歷來是兄弟相傳；高歡大多數兒孫，或多或少都捲入了爭奪最高權力的鬥爭。不過五世紀以來，鮮卑族已逐漸採用漢族的長子繼承制。高澄（550 年卒）很可能就是被弟弟高洋（高歡次子，529-559）謀害。高洋接著逼東魏皇帝讓位，然後創建新朝北齊，自立為帝，史稱文宣帝（550-559 年在位）。他即位後馬上立兒子高殷（560 年卒？）為太子。高殷繼位不到一年，就被他的兩位叔父和祖母廢黜，接著被勒死，皇位先後落在兩個叔父手中，即高演（561 年卒？）和高湛（武成帝，537-568；561-565 年在位）。

高湛是高緯的父親，是高歡第九子，也是高歡嫡妻婁昭君（參見婁昭君，北齊神武帝皇后傳）的第五子。他於 550 年獲封為長廣王，四年後他十七歲時，與安定郡（今甘肅境內）胡延之的女兒成親，這位胡夫人兩年後生下兒子高緯，並成為高湛的嫡妻。高湛一奪得皇帝寶座，便封胡夫人為皇后，高緯為太子。

陸令萱是高緯的乳母，與他母親胡皇后相處得很是融洽，和一些朝廷要員亦建立了良好的關係。她又收養了高湛兩個幕僚和士開與高阿那肱，這對她的未來是重要的一步。後來，高湛開始酗酒無度，越來越離不開密友幕僚和士開，讓他住在宮中，和胡皇后廝混以消磨時光。這樣對陸令萱大為有利。和士開與胡皇后最後成為戀人，陸令萱與皇后、太子兩人的關係便更為密切。此時，陸

令萱已被封為「郡夫人」。在五、六世紀，鮮卑、漢族、以至非漢族的高層權貴，都與陸家有交往，所以陸令萱對北齊來說極具價值。她深得胡皇后的歡心，後宮事務每每由她代皇后處理。

558年，胡皇后生下第二個兒子高儼，她喜歡他勝於高緯；高儼滿六歲時，她覺得他比其他兒子更能幹更聰明。武成帝也寵愛這個幼子，但胡皇后一談及讓高儼當太子，他就心感鬱悶，因為自己也曾參與廢黜太子，經歷過當中的腥風血雨，深深明白若貶退高緯，政治後果嚴重。所以，在漢臣祖珽建議下，武成帝於565年遜位，自尊為太上皇帝。這樣做是為了讓九歲的高緯順利繼位。太上皇帝高湛仍手握兵權，掌控朝政。高緯當上皇帝後，來自勢力雄厚的斛律家族的原太子妃亦立為皇后。

祖珽的建議看來很高明，事後就升官了。不過他原來覬覦宰相一職，還想排擠高湛的親信，特別是和士開，被人揭發後，就受到鞭笞、被投入大牢，在牢中變成（或被弄成）瞎子。祖珽顯然是個意志頑強的政客，他爭取到朝廷特赦，貶官外放之後，通過陸令萱的斡旋，重返朝廷；正是陸令萱說服了小皇帝，允准祖珽回到朝中。

高緯幾乎一出生就由陸令萱一手照料，她對高緯影響至深。為了鞏固自己的影響力，她將兒子駱提婆帶入宮中，由他日夜陪伴、伺奉小皇帝。那時駱提婆十二、三歲，高緯九歲，他倆後來成了密友。陸令萱升為女侍中，職級相當於外廷的二品官員。

569年高湛去世時小皇帝只有十二歲，他的叔父們，害怕他母親（如今是胡太后）和她親近的人影響他行事，打算趕走和士開及太后的妹夫馮子琮。他們成功地將馮子琮暫時調離都城，外放遠處任職；可是剛要削去和士開的要職，就被對方擊敗，為首者高叡被控以不忠，由士兵抓住拖出勒死。胡太后傳記中，記述了成功反擊高叡等人的是陸令萱與和士開。不過殺掉高叡的決定，即使是陸令萱提出並支持，太后和小皇帝兩人定必知情，他們若不允准，此事便不可能發生。

小皇帝對陸令萱愈來愈依賴，她便趁機鞏固自己的地位。她鼓動他和一個叫舍利的妃子親熱。舍利的母親曾在一個漢官家中為婢，那官員在一次政變（560年）中被殺，舍利被沒入皇宮，侍候皇帝的正宮娘娘斛律皇后。後來陸令萱收舍利為養女。570年，舍利為十四歲的皇帝生下頭胎兒子，此子尚在繈褓已被立為太子。為了保護舍利，陸令萱建議皇帝命斛律皇后當太子養母，讓

勢力雄厚的斛律家保護太子。陸令萱還要求賜舍利以貴族姓氏「穆」。陸令萱作為舍利的養母，獲得了太妃的尊銜，她兒子亦由姓駱改為姓穆，以求突顯他與太子的關係。

陸令萱的兒子當上太子母舅後，因著這個新身份，被安排到軍隊擔任高職。陸令萱的侄子也被派出任高級文官。他們因為和陸令萱的關係，更容易接近皇帝，勢力比大多數來自高家和斛律家的更高級的官員還大。皇帝對陸令萱極度信任，她也小心翼翼不去惹怒太后，以免損害這層關係。太后害怕兒子，反過來皇帝又怕太后下毒害他。為了讓母子二人冰釋前嫌，陸令萱把太后的侄女（胡夫人）帶入宮中當妃子。

陸令萱勢焰萬丈之時，高家皇親正要謀害她的性命，他們認為皇帝寶座值得一搏，且相信勝算在握。為了不讓十三歲弟弟高儼在朝廷發揮任何政治影響，皇帝已逐步削去他許多官職，讓他遠離朝廷，在宮廷以外生活。但這孩子從此不能想見便見到母親，十分掛念，認為是母親的情人和士開害的。於是馮子琮設計殺掉和士開及陸令萱，另立高儼為帝。馮子琮找人寫了一份奏章，羅列和士開罪狀，並要求將他收監候審，然後悄悄夾在等待蓋御璽的文書堆裡，交皇帝批示；皇帝並未看上一眼，簽署後加蓋了御璽。於是和士開一進皇宮，就被抓捕處死。至於陸令萱，他們殺害不成，因為未能引她出宮。高儼政變失敗，在皇帝質問下，聲稱只是受馮子琮唆擺，後來太后下懿旨，將馮子琮絞死。經此一役，陸令萱醒悟到高儼對她和皇帝構成極大威脅，在失明的祖珽幫助下，說服皇帝殺掉高儼。

之後，宮廷又爆發另一場爾虞我詐的殺戮，這次由祖珽策動。陸令萱已為祖珽鋪好青雲路，讓他有更多機會接近皇帝。她也和祖珽沆瀣一氣，要除掉左丞相斛律光。斛律光是皇帝的岳父，一直試圖置身政治之外。陸令萱詆毀斛律光，硬說他圖謀造反，皇帝也相信了這種彌天大謊，設埋伏誘殺了斛律光。斛律光的親屬，除了女眷和最幼的兒子一概被殺。斛律光死後兩天，女兒斛律皇后貶為庶人。

陸令萱接著籌謀立后的事，她心目中的人選就是養女穆舍利。首先，她向皇帝推薦立他的新寵胡夫人為左皇后，立太子母親穆舍利為右皇后（地位略低於左皇后）。然後挑撥太后和她侄女左皇后的關係，結果左皇后被貶為庶民，剩下的穆舍利，登上皇后寶座，也是唯一的皇后。陸令萱身為皇后的養母，獲封「太姬」的尊號，「視第一品，班在長公主之上。」自此，她成為后宮最有

權力的女子。

在此期間，祖珽想方設法當上宰相，卻一直未能如願，便轉而對付陸令萱，不但離間她與侄子的感情，又試圖讓她的兒子丟官。陸令萱為了還擊，散佈來路不明的謠言，含沙射影的詆毀祖珽。這些流言傳到皇帝那裡後，他就徵求陸令萱的意見，因為祖珽是她建議重新起用的。陸令萱雙膝跪在皇帝面前，說自己罪該萬死，竟向他推薦了這樣一個心懷叵測的人。她說推薦祖珽，是因為聽信了和士開的話。經過查核，朝廷得知祖珽偽造詔書及貪污，於是將他貶到魯東南當北徐州刺史，永不召回朝中。

北齊潰敗前夕，陸令萱的兒子轉投北周，她知道後便自殺了。皇帝和穆皇后於 578 年被北周處死。胡太后被俘，一直活到隋朝。

高緯可以保住帝位，不單依靠陸令萱一人的本領，在不同的階段，其他的人亦起了重要作用，只不過陸令萱是唯一永遠在他身邊支持他的人。她能這樣成功，原因多個，包括與皇帝親如母子；與北齊幾乎各階層都有廣泛接觸，且跨越黨派；以及因身份卑賤、俯仰由人而必需要和皇帝的母親、皇親國戚、都城高官等，保持良好的工作關係。

陸令萱本是一個卑微的奴婢，卻變成影響北齊國政二十餘年的人物。她可以決定官員的升遷去留，可以操縱後宮嬪妃的命運。她在正史中多位重臣的傳記內出現，足以證明她權勢之大。她取得權勢，是因為當時的統治階層目無法紀、道德淪喪，她善於利用內裡的各種關係，以達到自己的目的。她身處這種環境，最終死於暴力，實屬在所難免。

本文大部分內容摘自 Jennifer Holmgren 的文章，其出版詳情附於篇末的書目。摘引之前，筆者已徵得有關作者的同意。

秦家德
龍仁譯

◈ 《北齊書》，北京：中華書局，1972 年，卷 8，頁 112–113；卷 9，頁 126–128；卷 12，頁 162–163；卷 39，頁 518–521；卷 50，頁 689–690。
◈ Hucker, Charles O. *A Dictionary of Official Titles in Imperial China.* Stanford, CA: Stanford University Press, 1985.
◈ Holmgren, Jennifer. "Politics of the Inner Court of Houzhu of Northern Qi." In *State and Society in Early Medieval China*, ed. Albert E. Dien. Hong Kong: Hong Kong University Press, 1990.

97 魯孝義保 Lu Xiao yibao

魯孝義保就是魯國（今山東境內）孝公（公元前795-769年在位）的保母，以忠義知名。她是臧家寡婦，活躍於前八世紀，她為武公最年幼的公子當保母時，也把自己的兒子帶在身邊；這位小公子名叫稱，即後來的孝公。武公死後，次子繼位，卻在一場家族政變中被殺害；身為繼位人的公子稱隨即性命堪虞，他的保母心懷忠義，將公子稱的衣裳穿在自己孩子的身上，把他留下，任由篡位者殺戮，卻領著公子稱安全逃出了宮中。這則故事讚揚了普通百姓為了國家而犧牲自己。義保甘願付出沉重代價，犧牲兒子寶貴的生命，去保護合法的王位繼承人，忠義可嘉，她的傳記也順理成章地收入《列女傳》的〈節義傳〉內。

Constance A. Cook
龍仁譯

◈ 劉向，《列女傳》，見《四部備要》本，卷5，頁1上－下。
◈ O'Hara, Albert R. *The Position of Woman in Early China According to the Lieh Nü Chuan, "The Biographies of Chinese Women."* Taipei: Mei Ya, 1971; 1978, 127-28.

98 魯義姑姊 Lu yi guzi

魯義姑姊就是魯國（今山東境內）一個老婦，以忠義知名，生卒年代不詳。她因忠於禮教，對待兄長的兒子比對自己的兒子更為眷顧，使國家免受鄰國（齊國）軍隊的侵襲，從而得到人們的讚譽。她住在齊魯兩國的邊界上，當齊國軍隊逼近邊界時，她正抱著自己的孩子在路上走，姪子跟在身後。齊國的將領見到她將懷中孩子放下不顧，再將另一個抱起來急步離去。他問她為何有此舉動時，她解釋說：「己之子，私愛也。兄之子，公義也。夫背公義而向私愛，亡兄子而存妾子，幸而得幸，則魯君不吾畜……」。她對他說，如果她不能秉持公義，保存哥哥的兒子，將不能在魯國容身。齊國將領知道魯國百姓重義，又面對她這樣一個鮮活的例子，深為感動，決定放棄進攻魯國。魯國國君為了答謝她，送了她許多布匹綢緞。本則故事說教味極濃，加上國君與將領均無名無姓、發生的年代又不詳，大概可推斷為杜撰之作，旨在強調個人不得因私愛而損及公義。魯義姑姊的傳記收入《列女傳》的〈節義傳〉內。

〈節義傳〉還收入另一個類似的故事，說的是梁國（今陝西境內）一個品德高尚的婦人——梁節姑姊。她是公元前七世紀以前的人，住在梁國。一日家

中失火,她帶著自己的孩子逃生,滿以為所帶出的是兄長的兒子。待到弄清真相後,已來不及救出侄子。她就往回跑,衝進家中火海,寧肯燒死,也不願面對那份羞愧,因為人們會認為她出於對親生兒子的私愛而罔顧公義,沒有盡責的維護兄長的子嗣。至於她是真的弄錯,還是認為這是救出親生兒子的唯一方法,就永遠無人知曉了。

Constance A. Cook
龍仁譯

◇ 劉向,《列女傳》,見《四部備要》本,卷5,頁4下–5下;頁9上–下。
◇ O' Hara, Albert R. *The Position of Woman in Early China According to the Lieh Nü Chuan, "The Biographies of Chinese Women."* Taipei: Mei Ya, 1971; 136-38, 147.

99 魯之母師 Lu zhi Mushi

母師就是可作其他母親典範的一個女子。她姓名不詳,活躍於公元前五世紀,在魯國(今山東境內)居住。母師是個寡婦,和九個已結婚成家的兒子住在一起。到了年終歲末,所有勞務與祭祀做妥之後,她把兒子叫來,正式請求他們讓她返回娘家,監督幼輩們進行每年的祭祀大禮。得到他們允諾之後,她又把媳婦們叫來,提醒她們履行女子的職責。她說:「婦人有三從之義,而無專制之行。少繫父母,長繫於夫,老繫於子。」提出女性一生都要依靠一個男性親人,然後要求各媳婦看守門戶,等待她傍晚歸來。她返回時天色尚早,就在城門等著,直到入暮才回家。有位官員見她行為異常,便向她查問,她回答說,若在約定的時間以前回家,會給兒子兒媳們帶來不便。穆公(前五世紀)聽到此事後,認為她深懂女子禮節與行為守則,就讓她教導自己的妻妾,並贈予「母師」的稱號。她的傳記收入了《列女傳》的〈母儀傳〉內。

Constance A. Cook
龍仁譯

◇ 劉向,《列女傳》,見《四部備要》本,卷1,頁11下–12下。
◇ O' Hara, Albert R. *The Position of Woman in Early China According to the Lieh Nü Chuan, "The Biographies of Chinese Women."* Taipei: Mei Ya, 1971; 1978, 43-44.

100 呂母 Lü mu

呂母（活躍於約公元前 14 年），琅琊海曲（今山東莒縣以東）人，本人姓名不詳。她的兒子是一個縣吏，只犯了小過錯便被縣令處決。呂母自然對縣令懷有深仇大恨，因此暗中結集人手，以圖復仇。呂家以釀酒賣酒為業，甚為富有，家財以百萬計。呂母積蓄了大量酒和衣服，並且收藏了大量刀劍等武器。如果年輕人來喝酒，她讓他們賒帳，如果窮人來，她就借衣服給他們。這樣，她接觸了一大幫人，幾年以後，她幾乎散盡家財。每當那些年輕人保證將來會償還他們的欠款時，她就含淚說道：「我這樣做並不是要你們還錢，而是想要你們幫我復仇。縣令因小罪殺了我的兒子。你們會為我出力嗎？」他們被她的勇氣，或者更重要的是，為她的恩惠所感動，都答應幫她。

數百個年輕人聚集起來，稱自己為「猛虎」，和呂母一同去到一個逃犯避難的小島，為她的計劃招募更多人手。等到她六十多歲的時候，手下已有數千人，於是，她以統帥的身份帶領他們到海曲。她以黃海中的一個小島為基地，佔據了縣城，捉獲了殺死她兒子的縣令。當縣府的官員叩頭請她饒了縣令的性命時，她對他們說：「吾子犯小罪，不當死，而為宰所殺。殺人當死，又何請乎？」她殺了縣令，把他的頭拿去兒子的墓前祭奠。然後她帶領部下退回小島躲避追捕。多年以後，也是山東琅琊人樊崇起義，是為赤眉軍。他們在公元前 23 年消滅王莽的戰爭中起了極大作用。此後，赤眉回到海曲地方。這時呂母已經病故，她的部下加入了多個農民武裝組織，包括赤眉、銅馬和青犢。和呂母同時的，還有一個叫遲昭平的女子，在平原（今山東平原）聚集了數千人參加了農民起義。

毫無疑問，人們都將呂母視為造反的頭領。但她的故事顯示，她精於策劃和戰略，並且個性堅毅，有足夠的能力領導和控制如此大隊的青年人。

沈劍

◇ 《後漢書》，北京：中華書局，1973 年，冊 2，卷 11，頁 477–478。
◇ 英文《中國婦女》編著，《古今著名婦女人物》，上冊，石家莊：河北人民出版社，1986 年，頁 56–61。
◇ 馬兆政、周苔棠，《中國古代婦女名人》，北京：中國婦女出版社，1988 年，頁 67–68。
◇ 劉士聖，《中國古代婦女史》，青島：青島出版社，1991 年，頁 117–119。

101 呂嬃 Lü Xu

呂嬃（公元前 180 年卒），碭郡單父（今山東境內）人，呂雉（參見呂雉，漢高祖皇后傳）的妹妹，樊噲（公元前 189 年卒）的妻子。

呂氏姐妹的父親呂公與沛縣縣令十分友好，為躲避仇人，呂公帶著家人離開故鄉到沛縣落戶。呂公善相面，一見劉邦（公元前 256-195 年），便看出他這個亭長（後來的漢高祖，公元前 202-195 年在位）日後必貴，於是將長女呂雉（後來的呂皇后）許與劉邦。此外，呂公亦將次女呂嬃嫁給樊噲。樊噲原以屠狗為業，在秦末助劉邦平定天下，兩人關係密切，既是連襟，也是戰友。樊噲成為劉邦軍中出色的統帥，劉邦封他為舞陽侯，感謝他忠心耿耿，為漢朝建基立業。

高祖病重，聽到傳言說樊噲與呂家密謀誅殺寵姬戚夫人（參見戚夫人，漢高祖傳）的兒子劉如意（公元前 194 年卒）一家；之後呂后便會下令殺掉戚夫人。劉邦一向寵愛這個兒子，知道這個本屬虛假的消息後勃然大怒，命令護軍中尉陳平（公元前 178 年卒）將樊噲捉拿斬首。絳侯周勃（公元前 169 年卒），受命接任樊噲的職位，陪同陳平前去行事。兩人在路上思前謀後，都認為樊噲一向忠心，又是高祖的姻親，高祖一時盛怒要殺他，日後恐怕會後悔。於是他們決定關押樊噲，再把他交給高祖處理。陳平遂以符節召樊噲，將他關在囚車，解送長安。他們在途中聽到高祖駕崩的消息。

陳平眼看形勢有變，呂后已貴為呂太后，樊噲卻是他的階下囚，開始擔心呂嬃在呂太后面前說他的壞話。於是他搶先到呂太后處，痛哭涕零地把事情的始末向她和盤托出。結果，他得拜為郎中令，並成為年輕的惠帝的師傅。樊噲一到京都，呂太后就免了他的罪，還恢復了他的爵邑。數年後，樊噲去世，子樊伉襲任舞陽侯。

惠帝仁慈軟弱，看到母親對戚夫人的殘忍手段，震驚不已，不想再處理朝政，呂太后遂成為真正的統治者。為了鞏固實力，她大封呂氏子侄，令呂氏外戚手握重權。惠帝病逝（公元前 188 年）後，她將一個嬰兒冊立為帝，三年後小皇帝駕崩，她索性臨朝稱制，行使皇帝職權，直到去世（公元前 180 年）。在這段期間，她封呂嬃為臨光侯。這是中國史上唯一的一次，一個女子憑本人的身份而非侯爵夫人的身份獲得封侯。雖然劉氏皇室勢力依然龐大，不少宗室子弟都獲封為王侯、大臣、將軍，呂太后繼續編派要職給呂氏族人。公元前

187 年,她更不顧「白馬之盟」內「非劉氏而王,天下共擊之」的規定,提出把呂氏所有男性宗親封王。

呂太后權力日增之際,陳平一直事事小心,她認為得到陳平的支持,於是拜他為右丞相。呂嬃幾次在呂太后面前說他的壞話:「日飲醇酒,戲婦女。」陳平聽到後,刻意變本加厲,好讓呂太后相信,他行為如此放蕩,根本不會在意呂氏從劉氏手中奪取政權,覺得他沒有反意,對他不存疑慮。他果然騙倒太后,她當著呂嬃的面對他說:「鄙語曰『兒婦人口不可用』,顧君與我何如耳。無畏呂嬃之讒也。」意思是自己不會相信讒言。

然而,呂嬃的洞察力,比呂太后想像中的強。公元前 180 年初,呂太后病重,她知道自己一死,呂氏宗族有可能被誅,故囑咐呂氏諸王延後宣佈她的死訊,以便爭取時間,鞏固軍事實力:「我即崩,帝年少,大臣恐為變,必據兵衛營,慎毋送喪,毋為人所制。」7 月,呂太后去世。就在呂祿(呂太后與呂嬃的侄子)、呂產擬先發制人向劉氏皇室發難時,太尉周勃、右丞相陳平與朱虛侯劉章密謀,威迫與呂祿關係密切的酈寄,誆騙呂祿,將兵權交給周勃。事實上,呂祿非常信任酈寄,時常外出打獵,把軍隊交由酈寄掌管。一日,呂祿打獵之後返家,途中往訪姑母呂嬃。呂嬃見到呂祿,十分生氣,罵他:「若為將而棄軍,呂氏今無處矣。」接著,她把自己的珠玉寶器全搬出來,撒在堂屋前,說:「毋為他人守也。」

呂太后死後一個月,周勃與劉章已殺掉呂產,奪得南北軍兵權。一如呂嬃所推斷,呂氏宗族諸男女,無論老少,包括她的兒子樊伉,皆被誅殺。最後,劉氏軍捕斬呂祿,笞殺呂嬃,棄屍於市。呂嬃只是呂太后的妹妹,對漢初朝政的影響不大。即使她頭腦清晰,知道誰人可信誰人不可信,到了最後,還是悲劇收場,與同族的人一起送命。

鮑善本

◇ 《史記》,北京:中華書局,1973 年,冊 1,卷 9,頁 406–410;冊 4,卷 56,頁 2058–2061。
◇ 司馬光,《資治通鑑》,北京:中華書局,1976 年,冊 1,卷 12–13。
◇ 安作璋主編,《后妃傳》,鄭州:河南人民出版社,1990 年,頁 11–36。
◇ 楊友庭,《后妃外戚專政史》,廈門:廈門大學出版社,1994 年,頁 17–35。

102 呂雉,漢高祖皇后 Lü Zhi

呂雉(高祖呂皇后,公元前 241-180 年),字娥姁,原籍山東單父,西漢

開國皇帝高祖（劉邦，公元前 256-195 年；公元前 202-195 年在位）的皇后。高祖死後，她攝政多年。她通常被援引為殘暴不仁、野心勃勃的代表人物，被評為牝雞司晨；但她亦帶來太平日子，讓久經內亂的國家休養生息、恢復元氣。

呂雉的父親呂公與沛縣縣令交厚，因避仇，遷居沛縣。沛令設宴歡迎，地方豪傑往賀，主吏蕭何（公元前 193 年卒）吩咐僕役說：「進不滿千錢，坐之堂下。」時任亭長的劉邦也前來，雖身無分文，卻稱送上萬錢，得入上座。呂公懂得看面相，見到劉邦，立覺他器宇不凡，即把女兒許配給他。她為劉邦生下一男一女，即惠帝（劉盈，公元前 210-188 年）與魯元公主。

秦末亂世，群雄並起，劉邦亦舉兵起義。公元前 205 年，劉邦兵敗，呂雉與父親為楚國項羽（參見虞姬，西楚霸王妃傳）所俘，成為人質。兩年後，楚漢議和，呂雉獲得釋放。公元前 202 年，劉邦即位，封呂雉為皇后。

《漢書》形容呂后「為人剛毅，佐高祖定天下」。《史記》亦說：「所誅大臣多呂后力」。早期的一件大事，正好印證了這些說法。那是公元前 197 年，陳豨謀反，高祖前往平亂，淮陰侯韓信（公元前 196 年卒）稱病，沒有跟隨高祖出擊，卻暗中派人聯絡陳豨，一起密謀襲擊呂后及太子。呂后知道後，與相國蕭何商量對策，他們詐稱陳豨已死，按例群臣須入宮祝賀，這樣便可將韓信騙來，呂后待他一到，即命武士將他捉拿，在長樂宮立時處決。涉及同一事件的梁王彭越（公元前 196 年卒），也是死在呂后手中。彭越大概是被人誣陷密謀作反，遭囚禁於洛陽。呂后對劉邦說：「彭王壯士，今徙之蜀，此自遺患，不如遂誅之。」高祖果真把彭越殺了。

呂后本人也十分願意聽取別人意見。淮南王英布作反（公元前 196 年），劉邦正生病，打算派年輕的太子劉盈代為平亂。四皓（即不肯出仕漢朝而隱居在商山的四位年長高士）對呂后說，太子不宜出征。呂后竟能說服高祖改變主意，不派出太子平亂。

公元前 195 年，高祖駕崩，劉盈即位，是為惠帝，呂后獲封為呂太后。劉邦還是漢王時，愛上定陶戚姬（參見戚夫人，漢高祖傳），兩人婚後，生子如意（後封趙王，公元前 194 年卒）。劉邦覺得太子仁厚軟弱，擬改立如意。在四皓和張良（公元前 189 年卒）、叔孫通等大臣幫助下，呂后終於迫使劉邦打消這個念頭。呂后因而痛恨趙王如意的母親戚夫人。高祖駕崩後，呂太后立刻把戚夫人關押起來，下令她穿上囚衣舂米，再召見如意，但趙國的相國周昌知道，若如意應召，必有殺身之禍，所以不贊成如意前去。呂太后於是先召見周

昌,再召見如意。惠帝明白母親痛恨如意,於是親迎如意入宮,一同起居飲食,以圖加以保護。可是,呂太后還是找到空隙,派人把毒酒送到如意跟前,將他毒死。接著,呂太后以殘暴的手法殺害戚夫人。她命人斬去戚夫人的手足,挖掉雙眼,薰聾雙耳,以啞藥毒啞,拋入茅廁之中,稱之為「人彘」。然後囑惠帝往見戚夫人。惠帝見過戚夫人後,驚恐萬分,派人告訴太后:「此非人所為,臣為太后子,終不能治天下。」惠帝自此不聽政,大權由呂太后獨握。

呂太后專政,有兩點值得一提:一為睦外鄰,減苛政,與民休養生息。她的仁政包括規定七十歲以上及十歲以下而被判有罪者,一律免受肉刑,以及將稅率減至收成的十五分之一。二為大封呂氏,以圖鞏固自己的政權。

公元前192年,北方的匈奴勢力日增,其單于冒頓遣派使者往見呂太后,所傳信息極不恭敬,呂太后大怒,但還是聽取大臣季布的建議,不僅不攻打匈奴,且送去覆函,贈以車馬。雙方關係得到改善,最後呂太后同意和親,將一位公主嫁往匈奴。呂太后晚年,疏於外交,南越發兵攻長沙,敗數城而去。

高祖死前指示,接替蕭何相國職位的人,首選是曹參(公元前190年卒);次選為王陵(公元前181年卒),由陳平(公元前178年卒)輔佐,並任周勃(公元前169年卒)為太尉。公元前193年,曹參接掌相位,立刻推行無為而治的政策,在位三年,贏得了天下民心。

公元前191年,呂太后頒令,獲得舉薦為孝子、愛護兄弟、勤力耕田的人,可豁免徭役,以為百姓楷模。惠帝成年,行冠禮,呂太后大赦天下,並檢討妨害吏民的法規,廢除挾書律,即讓百姓從此可以攜書、藏書。公元前190年,曹參死,王陵、陳平與周勃,均按劉邦遺言走馬上任。公元前188年,惠帝崩,大赦天下,他的三歲兒子劉恭繼位,呂太后自此專政,史書以她的名字「呂后」作為這段統治期的年號。她頒佈法令,被稱為「女主」,前一世紀的《史記》,將她列入記錄皇帝政事的〈本紀〉。

公元前187年,呂太后推行仁政,廢除三族罪、妖言令;改革幣制。翌年,採用八銖錢。公元前183年又令戍卒歲更,不致漫無期限。

惠帝駕崩後,呂太后為了鞏固權力,使人向相國王陵建議,拜呂台、呂產、呂祿為將,統領南北軍,並召諸呂入朝,委以要職。次年,呂太后欲封諸呂為王,王陵以有違「白馬之盟」(即「非劉氏而王,天下共擊之」)予以反對。呂太后將王陵貶為太傅,奪其相權,王陵遂辭官。呂太后以陳平為右丞相,寵臣審食其(公元前177年卒)為左丞相。審食其專門監督管理宮中的事務,像

個郎中令，公卿大臣處理政務，均須先諮詢審食其，才可下決定。

呂太后大封呂氏之前，先作部署。她將呂氏女子嫁與劉氏宗室，如將外孫女張嫣（參見張嫣，漢惠帝皇后傳）許配給惠帝，張氏立為皇后。公元前 187 年，呂太后追封父親為宣王，兄長為悼武王；封女魯元公主的兒子張偃為魯王；再立劉氏後人為王，如封劉彊為淮陽王、劉不疑為常山王。之後她繼續大封呂氏子侄，封侄子呂台為呂王；亦封呂產、呂祿、呂通為王，呂種、呂平、呂嬰、呂他、呂忿、呂更始為侯。

高祖有八子，只有惠帝是呂太后所出。呂太后殺了最少三個，包括如意、劉友與劉恢；餘下的也受到迫害。八人中最少有四個橫死。惠帝後宮所生之子，因年幼，情況較佳，呂太后只殺了一個劉恭。皇后張嫣無子，強取惠帝與宮女所生的兒子劉恭，謊稱是自己的兒子，將他的生母殺掉，再立他為太子。劉恭後來知道這事後，誓言要為生母報仇，呂太后擔心他會造反，暗中把他殺了。

公元前 180 年，呂太后崩，陳平、周勃等誅諸呂，迎立文帝（公元前 202-157 年），呂氏權傾朝野的局面告終。

呂太后失敗，是因為她性好猜疑，廣用外戚，顯得一切作為皆為一己之私。不過，政治爭鬥僅限於劉呂兩族，並未波及百姓。司馬遷對她評價如下：「惠帝垂拱，高后女主稱制，政不出房戶，天下晏然。刑罰罕用，罪人是希。民務稼穡，衣食滋殖。」儘管後來的光武帝（25-57 在位）將呂太后的牌位搬離高祖高廟，以貶低她的地位，她仍不失為一位傑出的女政治家。

王樹槐

◈ 葛洪，《西京雜記》，台北：台灣商務印書館，1967 年。
◈ 《史記》，北京：中華書局，1973 年，冊 1，卷 9，頁 395–412。
◈ 《漢書》，北京：中華書局，1975 年，冊 8，卷 97，頁 3933–4012。
◈ 司馬光，《資治通鑑》，北京：中華書局，1976 年，冊 1，卷 9–13。
◈ 劉子清，《中國歷代賢能婦女評傳》，台北：黎明文化公司，1978 年，頁 60–78。
◈ 安作璋主編，《后妃傳》，鄭州：河南人民出版社，1990 年，上冊，頁 11–35。
◈ Yang, Lien-sheng. "Female Rulers in Imperial China." *Harvard Journal of Asian Studies* 23(1960/1): 47–61.
◈ Goodrich, Chauncey S. "Two Chapters in the Life of an Empress of the Later Han." *Harvard Journal of Asian Studies* 25 (1964/5): 165–77.

103 綠珠 Lüzhu

綠珠（300 年卒），知名的樂伎、舞者及音樂教習，生活在西晉王朝時期。

一說她姓梁，祖籍白州（今廣西博白縣），時任交趾（今廣東、廣西、越南部分地方）採訪使的石崇（249-300），用三斛珍珠買下她，史料未載是買自何人。

　　晉朝開國之君武帝（司馬炎，236-290；265-290年在位）在稱帝之路上得到石崇的父親支持，所以對石崇非常眷顧，讓他享有特權。石崇利用自己的特殊地位，聚斂了巨額財富，部分用來建造遐邇聞名的金谷園，園中「或高或下，有清泉茂林，眾果竹柏、藥草之屬，莫不畢備。又有水碓、魚池、土窟」。石崇常與賓客在園中宴飲賦詩，旁有伎樂演奏助興，美麗的綠珠就是其中一個。綠珠深得石崇寵愛，她不僅擅長吹笛，亦能為樂曲填詞，有說具有民歌風格的〈懊惱曲〉就是她的作品之一。亦有些資料稱此曲為石崇所作。或許歌詞是綠珠寫；或許是兩人合作的成果；或許石崇是文人，人們便認為是他寫的；或許是石崇寫，經綠珠一唱才為眾人所知。石崇曾教過她歌謠〈明君曲〉，這是他根據王昭君（參見該傳）的本事而作，綠珠因以表演同名舞蹈而聲名鵲起。

　　石崇在武帝的恩寵下，過著極為奢侈的生活，不可避免地受到許多人忌恨，武帝一去世，石崇的地位便不再穩如泰山，到他的政治靠山賈后（參見賈南風，晉惠帝皇后傳）在政變中被推翻後，他就丟官了。此後不久，孫秀派人向他索要綠珠。孫秀是策劃政變的人的親信，曾被石崇羞辱，看來他這樣做是為了尋釁報復。石崇不甘交出綠珠，尤其在這種情況下，就令家中妾侍和樂伎們，列隊在來人面前走過，讓他從中挑選，她們身上散發著蘭麝的香氣，還穿著絢麗的錦繡華服。但來人堅持索要綠珠，石崇憤而拒絕。孫秀知道後大怒，慫恿上峰司馬倫處死石崇。當兵士來到時，石崇對綠珠說：「我今為爾得罪。」綠珠墮淚說道：「當效死於官前。」她隨即從樓的高層跳下，成為兩個男人權力鬥爭中的不幸犧牲品。石崇並不認為自己犯了死罪，但刑車駛近慣常用作刑場的市集時，才陡然醒悟過來，歎道：「奴輩利吾家財。（他們看中的無非是我的家財而已。）」

　　自古以來，綠珠這個名字就等同忠於丈夫的女子，也象徵浪漫的愛情。她的故事還顯現出不尋常的一面：很少音樂家，特別是女音樂家，能在任何國家的史書上留名。綠珠當時以擅長吹笛而聞名。同時她還教授他人吹奏，弟子之一就是貌美的宋褘。宋褘笛藝超群，被東晉明帝（司馬紹，323-325年在位）召入宮中。綠珠還擅長表演由故事改編的舞蹈；看來中國三世紀時已出現舞劇這門藝術形式。

　　綠珠的故事迷倒騷人墨客，他們為她寫下不少詩篇。元代知名戲曲作家關

漢卿的雜劇《綠珠墜樓》，是第一部以她的事蹟為主題的歌劇，開啟了後來一系列同類題材的歌劇與小說的創作。即使在今日，以她的故事為題材的戲劇，還可以在京劇和川劇的曲目中找到。

蕭虹

龍仁譯

◇ 徐天嘯，《神州女子新史》，上海：神州圖書局，1913 年；台北：稻鄉出版社，1993 年，重印本，頁 58。
◇ 屈大均，《廣東新語》，香港：中華書局，1974 年，頁 157–158。
◇ 《晉書》，北京：中華書局，1974 年，冊 2，卷 33，頁 1008。
◇ 劉義慶，《世說新語箋疏》，余嘉錫撰，北京：中華書局，1983 年，9，頁 530–532；36，頁 924。
◇ 殷偉，《中華五千年藝苑才女》，台北：貫雅文化，1991 年，頁 52–55。
◇ 王延梯輯，《中國古代女作家集》，濟南：山東大學出版社，1999 年，頁 69。
◇ 譚達先，《中國的解釋性傳說》，北京：商務印書館，2002 年，頁 137–138。
◇ Liu I-ch'ing [Yiqing]. *Shih-shuo Hsin-yü: A New Account of Tales of the World,* trans. Richard B. Mather. Minneapolis: University of Minnesota Press, 1976, 264-65，489-90.

104 馬皇后，漢明帝 Ma Huanghou

馬皇后（明德馬皇后，39-79），東漢明帝（劉莊，27-75；58-75 年在位）的皇后，史書沒有記載她的名字。

馬皇后是伏波將軍馬援（公元前 14 年 - 公元 48 年）的幼女。馬援六十二歲時，五溪蠻夷叛亂，他自告奮勇，請准光武帝（劉秀，公元前 6 年 - 公元 57 年；25-57 年在位）領兵掃平蠻亂，不幸遇到頑抗，加上暑天酷熱，又年老體衰，終病歿軍中。光武帝十分寵信的一個親戚重臣趁機誣陷，指馬援兵敗身死，愧對朝廷。光武帝一時不察，免去馬援一切官職封號。自此，馬家接連遭難。馬援的兒子馬客卿病歿。馬援夫人因悲傷過度，至精神失常。這時馬家幼女才十歲，但已能將家務料理得井然有序，兄姊們也覺得她能幹。

當時的權貴，對馬家仍侵凌不已。馬氏的堂兄馬嚴（17-98），乃上書光武帝，欲送諸妹入宮。馬氏與其他幾個童女被選入太子宮。當時馬氏十三歲，太子劉莊二十四歲。馬氏溫文有禮，照顧陰皇后（參見陰麗華，漢光武帝皇后傳）及其他宮人，均誠摯周到，宮中上下交口讚譽，亦甚得太子歡心。馬氏長身玉立，端麗嫣然，方口美髮，常把秀髮從四面梳起，攏成一大髻，餘髮繞鬟三匝，亭亭有緻。

光武帝死後，太子即位，是為漢明帝，但新帝沒有立刻冊立皇后。明帝仍是太子之時，立馬氏為貴人。當時馬氏無子，太子便命她收養賈貴人所生男嬰劉炟（章帝，57-88；76-88 年在位）為兒子。馬貴人盡心撫育，待之如己出。60 年，有司奏請選立皇后，明帝未有所定，陰太后說：「馬貴人德冠後宮，即其人也」。於是馬貴人正位為皇后，自此待人更加恭順，平日生活簡樸，「常衣大練，裙不加緣」，宮人莫不稱奇。

　　馬皇后好讀書，尤愛讀《易》、《春秋》、《楚辭》、《周禮》、董仲舒的《春秋繁露》等典籍，年紀輕輕已博學多才。明帝敬重她的學養，常把公卿的奏章和朝廷有爭議難平的事，拿來考驗她，她都能分析理順，善加判斷。從 70 年的楚王劉英謀叛事件，便可印證她這方面的能力。該事件的疑犯，都關進牢獄，經年不能判決，牽連的人愈來愈多，她心中不忍，將自己的看法告訴明帝，情詞懇切，明帝終於明白，大為感動，將很多被囚的人赦免了。雖然明帝常與她討論政事，獲益不少，但據說她從不以私事干政，所以明帝對她又敬又愛。75 年，明帝駕崩，太子劉炟繼位，是為章帝，尊馬皇后為皇太后。

　　馬太后親自撰寫《顯宗（明帝）起居注》時，沒有把兄長馬防盡心醫治明帝的始末記入。她解釋說：「吾不欲令後世聞先帝數親後宮之家，故不著也。」她有三位兄長：馬廖、馬防與馬光。因為她不想娘家的人位居要職，所以明帝在位時，他們都沒有加官進爵。章帝即位之初，打算調升三個舅舅的官職，又欲加封爵位。她不許。次年全國大旱，有人認為天氣不調，是由於不加封三舅，故上表請依舊典加封三舅爵邑。她便下詔書，大意說：西漢外戚如王氏等得到榮寵往往專橫跋扈，致使朝廷傾覆。我怎麼可以重蹈西漢的覆轍呢？

　　章帝一再懇求，馬太后不為所動，申明應該尊重高祖「非劉氏不侯」的遺訓，讓他不要再堅持。

　　馬太后宣導儉樸的生活方式。娘家親屬之中，有奢侈不遵法度者，立即罷免官職，開除屬籍，遣歸田里；凡儉樸有義行者，即加獎勵。她設置織室養蠶，時時親臨觀賞以為娛樂。又常與章帝講論政道，教授諸小王經書，見到宮中上下和睦，便心滿意足。

　　章帝在位四年，天下豐收，四方無事。79 年，章帝分封三舅為侯。三舅恐違馬太后意，不敢接受封國，只接受有封號而無封邑的關內侯。馬太后知道後，歎息說：她時刻警惕，不求安逸，並且以此教導兄弟，彼此共勉，希望死後不留遺憾。沒曾想到他們年邁之時卻不順從她的旨意，她到死也會深以為

憾。她的兄長聽到這番話後，立即退回爵位。

同年馬太后患病。她不信巫祝小醫，拒絕禱祀，陰曆六月病逝，在位多年，卒年四十餘歲。

西漢晚年，外戚之患尤烈，最終演成王莽篡漢。東漢初，馬皇后嚴限外戚掌權，為明帝、章帝兩朝，帶來穩定的政局，功勞不少，備受後世景仰。她深懂儒家典制，明白自己該處的位置，故此一言一行，莫不印證儒家理想，難怪史書上有詳細記載。她學識淵博、謙恭有禮、崇尚節儉，又絕無政治野心，被儒家學者大力推崇為宮廷婦女的楷模。

孫國棟

- 《古今圖書集成》，卷32，上海：中華書局，1934年，冊248，頁1下–2上。
- 《後漢書》，北京：中華書局，1973年，冊1，卷10上，頁407–414。
- 司馬光，《資治通鑑》，北京：中華書局，1976年，冊1，卷45–46。
- 班固，《東觀漢記》，北京：中華書局，1985年，冊1，卷6，頁45–46。
- O'Hara, Albert R. *The Position of Woman in Early China According to the Lieh Nü Chuan, "The Biographies of Chinese Women."* Taipei: Mei Ya, 1971; 1978, 243-48.

105 毛皇后，魏明帝 Mao Huanghou

悼皇后毛氏（明悼毛皇后，約210-237年），河內（今山西境內、黃河以北）人，三國時代北方魏國明帝（曹睿，205-239；226-239年在位）的第一任皇后。三世紀二十年代，她被選召入曹睿後宮，當時他還是太子，封平原王。她很快得寵，常隨同太子乘車外出，實際上取代了太子妃虞夫人的位置。曹睿登基時封她為貴嬪，一年後（227年末），被冊立為皇后。

虞夫人和毛皇後來自同一地區，因未獲封后而極為傷心。卞太后（參見卞夫人，魏王曹操傳）前往安慰，虞夫人說：「曹氏自好立賤，未有能以義舉者也。然後職內事，君聽外政，其道相由而成，苟不能以善始，未有能令終者也。殆必由此亡國喪祀矣！（曹氏一向樂於挑選身份微賤的女子為后，從來不以品德為重；不過皇后在內主持後宮，皇上在外處理朝政，兩者是相輔相成的。一件事開始就沒有處理好，肯定不會有好的結局。恐怕[曹家]會從此失去政權、沒有後代接續香火！）」虞夫人顯然沒有覺察自己的話，聽在卑微妓女出身的卞太后耳中，非常刺耳。沒多久，虞夫人被廢黜，遣返鄴城（今河北境內）的行宮。

明帝冊封毛氏為皇后，隨即下令天下男爵子爵各進二級，生活無依靠者由官府賜給穀物。毛皇后的父親毛嘉不久即授予騎都尉，弟弟毛曾當上郎中，以後兩人還繼續加官進爵。但毛嘉昔日只是個工務部門的工匠，縱然暴富驟貴，仍然愚蠢不堪；竟然自稱「侯身」（表明自己是侯爵的可笑說法），成為眾人笑柄。

明帝對後宮的寵幸說變就變，他很快又迷上了郭夫人（參見郭皇后，魏明帝傳）。237 年一個秋日，皇帝游幸御花園，傳召宮中才人一級及以上的妃嬪參加宴飲。郭夫人建議也邀請毛皇后，但明帝不同意，並禁止知情者向皇后洩露此事。但皇后還是知道了，次日問明帝說：「昨日遊宴北園，樂乎？」明帝認為是隨侍的人告訴她，於是殺了十多個侍從，接著命毛皇后自盡。明帝讓她葬於愍陵，並頒賜諡號悼，寓哀悼之意，還擢升了毛曾。

秦家德
龍仁譯

◈ 司馬光，《新校資治通鑑注》，楊家駱主編，台北：世界書局，1977 年，冊 4，卷 69–78，頁 2175–2490。
◈ 《三國志・魏書》，北京：中華書局，1982 年，冊 1，卷 5，頁 167–168。
◈ Sima Guang. *The Chronicle of the Three Kingdoms (220-265), Chapters 69-78 from the Tzu chih t'ung chien of Ssu-ma Kuang,* trans. Achilles Fang, ed. Glen W. Baxter. Cambridge, MA: Harvard University Press, 1965, vol. 1, 201-2, 212-14, 229, 240-41, 518, 624.
◈ Chen Shou. *Empresses and Consorts: Selections from Chen Shou's "Records of the Three States" with Pei Songzhi's Commentary,* trans. Robert J. Cutter and William Gordon Crowell. Honolulu: University of Hawaii Press, 1999, 111-13; 206-7.

106 妺喜 Meixi

妺喜（活躍於約公元前 1793-1760 年），又名末喜，是夏朝（約公元前 2205-1766 年）最後一位君主桀（公元前 1818-1766 年在位）的寵妃，人們將夏朝的覆亡歸罪於她。

夏桀一向被說成夏朝的「末代暴君」，他在攻打有施氏之國（今山東境內）時，對方獻上妺喜，以求議和。人們形容妺喜「美於色，薄於德，亂孽無道，女子行丈夫心，佩劍帶冠。」夏桀迷戀於她，對她有求必應。就如她愛聽撕開絲綢的聲音，夏桀便下令每天都將絲綢送進宮中，供她撕裂，讓她高興。夏桀還大興土木，興建奢華的宮室，在宮中與妺喜和美女、宮娥宴飲無度，日夜取

樂。然而日久總會生厭，夏桀開始厭倦妹喜，攻伐岷山國時，又得到兩名美女（分別是琬和琰），從此不再寵幸妹喜。

據說桀王除對外用兵之外，不理朝政，過著驕奢淫逸的生活。他無視國家瀕於內憂外患。東面新興的商國蠢蠢欲動，其國君成湯謀劃推翻夏朝，威脅著夏國的安危。成湯派遣了一名叫伊尹的間諜到夏國，此人與妹喜十分投緣，後來更形影不離，住在一起，關係密切。據稱妹喜接納伊尹的主意，大概是為了顛覆夏朝；因此中國早期的歷史學家稱妹喜與伊尹的結盟將夏朝推向滅亡。

湯最後在鳴條（今山西夏縣）打敗了桀，將他俘虜並流放。據說桀死於巢湖邊上的南巢（今安徽合肥）。他死後，夏朝隨之覆亡。至於妹喜的下落，史書無明確的記載，但有資料稱，她與桀同赴南巢，並在該處去世。

人們譴責妹喜摧毀夏朝，也一樣譴責妲己亡商與褒姒（參見該傳）亡西周。這些女人，一貫以來被人援引為反面人物，供後人引以為戒。她們三人身世十分相似，都是被別人用武力從家中帶走，遠離祖國，到戰勝國去侍奉那裡的國君。也許這像某些史學家所暗示的，她們由此生恨，於是想方設法去毀滅那些擄奪她們的國君，以圖報復。

龍茵、蕭虹
龍仁譯

◈ 《國語》，〈晉語〉，見《四部備要》本，卷7，頁2下。
◈ 劉向，《列女傳》，見《四部備要》本，卷7，頁1上–2下。
◈ 《荀子》，〈解蔽〉，見《四部備要》本，卷15，頁1下。
◈ 《史記》，北京：中華書局，1973年，卷4，頁49；1967年，頁49；1968年，注4。
◈ O'Hara, Albert R. *The Position of Woman in Early China According to the Lieh Nü Chuan, "The Biographies of Chinese Women."* Taipei: Mei Ya, 1971; 1978, 186-87.
◈ 〈夏桀妃末喜〉，Sohu.com. 文化頻道首頁，歷史，2005年4月4日，見 <http://cul.sohu.com/20050404/n225011347.shtml>，2006年4月13日查閱。

107 孟光 Meng Guang

孟光（活躍於58-75年），字德曜，陝西扶風平陵縣人，以德行見稱。據說她「狀肥醜而黑，力舉石臼」。

孟光到了三十歲，還未出嫁，父母追問原因，她說希望嫁給像梁伯鸞一樣有道德學問的人。梁伯鸞名鴻，和孟光同縣，父親名讓，任城門校尉，封修遠伯。梁鴻於亂世成長，經歷了西漢末期、王莽改制，曾受業於太學，家雖貧，

但以節行為尚,且博覽群籍,不為章句小儒。學成之後,他在上林苑中養豬,一次不慎招致大火,延及鄰居屋舍。他將所有的豬都送給這個鄰居,作為賠償。不過,鄰居認為不足夠,梁鴻只好為他朝夕幹活。其他鄰居知道了這事,覺得梁鴻品格高尚,便和那個鄰居理論,請他不要再讓梁鴻幹苦活,並將豬歸還。梁鴻終於不用再為那家人工作,但不肯收回那些豬。他的操行高義很快傳到家鄉,當地的有錢人家都想招他為婿,卻被他一一拒絕了。早前孟光回答父母提問,表明自己選擇夫婿標準的那番話,傳到梁鴻耳中。他認為孟光婦德勝人,於是向她求婚,而她也答應了。

孟光出嫁時,作了一番打扮,就因為這樣,梁鴻七日對孟光不瞅不睬,孟光跪在床邊對他說,聽聞他高義,拒絕了幾個婦女,她也錯過了幾個丈夫了。如今他選擇了她,請問她犯了什麼過錯?梁鴻答說,他要的是個穿著節儉的人,可以和他一起隱居深山,現在她穿絲綢的衣服,敷脂粉畫眉毛,怎能是他所願意要的人呢?孟光告訴他,她只是在考驗他,她早就準備了隱居的粗衣麻布。他們於是到霸陵山中隱居,以耕織自給。

後來,梁鴻路過京師,見到宮殿富麗堂皇,人民卻生活艱苦,乃作〈五噫歌〉,流露出對朝廷的不滿。明帝(58-75年在位)知道後大怒,覺得受到羞辱,下令捉拿梁鴻。梁鴻遂改名換姓,終逃過大難,和孟光居於齊魯之間(今山東境內),後遷吳(今江蘇境內)。在吳時,梁鴻為一富人皋伯通春米餬口,與孟光住在東家廊下小屋。每天梁鴻工罷返家,孟光都會為他準備飯食。她「不敢於鴻前仰視,舉案齊眉。」有一次,給皋伯通看到了。皋伯通想:他不過是個傭人,卻能讓他的妻子這麼敬重他,一定不是個普通人。於是不用梁鴻幹活,自此梁鴻埋首寫作,著述有十餘篇,後病卒。皋伯通按照梁鴻的遺願,不將遺體運返故鄉安葬,而是葬在義士要離的墓旁。時人說:「要離烈士,而伯鸞清高,可令相近。」之後,孟光帶著兒女返回扶風,卒年不詳。

孟光沒有著述,沒有顯赫事蹟,更沒有為國立功,但她卻以德行高潔而流芳萬世。

黃嫣梨

◆ 劉向,《列女傳》,見《四部備要》本,卷8,頁10上–下。
◆ 《後漢書》,北京:中華書局,1973年,冊5,卷83,頁2765–2768。
◆ 皇甫謐,《高士傳》,北京:中華書局,1985年,卷下,頁92–94。
◆ O'Hara, Albert R. *The Position of Woman in Early China According to the Lieh Nü Chuan, "The Biographies of Chinese Women."* Taipei: Mei Ya, 1971; 1978, 242-43.

108 孟姬,齊孝公夫人 Meng Ji

孟姬,姬族的年長婦女,活躍於公元前七世紀中葉。她是齊國(今山東境內)華家的長女、齊孝公(公元前 642-633 年在位)的夫人。世人都稱讚孟姬能夠嚴守婦訓。為此,她幾乎錯過了婚齡。也為此,她寧願自殺,也不願做出違禮的事情。

孟姬要求求親的男子辦妥完備的儀式,否則拒絕出嫁,她最後嫁給了孝公。出嫁之日,她與未來丈夫離開娘家時,父母和家人都給她臨別贈言,告誡她無時無刻都要恪守禮節。結婚數年後,她陪同孝公外出,中途出了車禍,她被拋出車外。孝公派了輛男用的立車接她,車上並無座位,乘車者必須站著。孟姬認為於禮不合,不肯乘坐,派人對使者說:「妃后踰閾,必乘安車。」規定妃后乘坐安車,是要保護她們,這大概可從兩方面看,一是有助於婦女保全貞潔:「野處則帷裳擁蔽,所以正心一意,自斂制也。」二是為了安全:「今立車無軿,非所敢受命也。野處無衛,非所敢久居也。」因為孝公忽略了這些規條,她打算自盡,說:「三者失禮多矣。夫無禮而生,不若早死。」後來及時來了一輛張有帷幕的車子,得到消息之後,傅母把差點氣絕的她救醒過來,讓她乘這輛車回到宮中。她天生麗質,卻沒有在人前顯露,因而受到世人讚揚。她的故事後來與毛詩(第 225 首)〈都人士〉聯繫上,那首詩描述一個叫尹吉的貴族女子,總是華衣美服,卻難以接近:

彼都人士,台笠緇撮。

彼君子女,綢直如髮。

我不見兮,我心不說。

孟姬的傳記以〈齊孝孟姬〉為題收入《列女傳》的〈貞順傳〉內,傳內似用了她的原話,詳述了婦女在離開家門後應遵守的規矩。

Constance A. Cook
龍仁譯

◈ 劉向,《列女傳》,見《四部備要》本,卷 4,頁 3 下 -4 上。
◈ 屈萬里,《詩經釋義》,毛詩第 225 首,台北:華岡出版社,1977 年,頁 196–197。
◈ Waley, Arthur. *The Book of Songs.* London: George Allen & Unwin, 1937; 1969, 52.
◈ O'Hara, Albert R. *The Position of Woman in Early China According to the Lieh Nü Chuan, "The*

Biographies of Chinese Women." Taipei: Mei Ya, 1971; 1978, 109-12.

109 孟姜女 Meng Jiangnü

孟姜女是一個傳說人物。她是根據公元前六世紀的一個歷史人物塑造出來的。她的故事經世代鋪陳演繹，在後來的版本中，她成了公元前三世紀的人。

孟姜女首先出現在《左傳》一書中，是春秋時期齊國一位將軍杞梁（公元前549年卒）的妻子。杞梁戰死疆場之後，齊莊公在郊野遇上杞梁的妻子，派人向她表達哀悼之情。但她說，在路上致唁，實屬不妥。於是莊公前往杞梁祖居之地，按禮弔唁。這則故事似乎旨在表明，杞梁妻對禮制的認識，甚至比國君還深。杞梁妻也出現在其他儒家經典中。《禮記》稱：「杞梁之妻知禮也」，還補充說，她對丈夫之死哀哭不已。《孟子》特別提到她對丈夫的哀悼，還說她「善哭其夫而變國俗」。

漢代文獻中，杞梁妻對丈夫的悲悼成為敘事的焦點。劉向（西漢後期，公元前206年-公元8年）為她的故事增添了第二部分，並將這故事作為她的傳記以〈齊杞梁妻〉為題收入了《列女傳》的〈貞順傳〉內。劉向著重描繪她對丈夫感人的哀悼，以及她殉夫的行動。第一部分與《左傳》相符；第二部分是補充，內容說因為她一無子女，二無親友可資投靠，所以一直伴著丈夫屍身哀哭於城牆腳下，直到十天以後城牆垮塌。她的感情真摯動人，聞者莫不淚下。丈夫埋葬後，她說：「夫婦人必有所倚者也。父在則倚父，夫在則倚夫，子在則倚子。今吾上則無父，中則無夫，下則無子。內無所依，以見吾誠，外無所倚，以立吾節。吾豈能更二哉！亦死而已。」接著她投身淄水而死。

杞梁妻的故事情節在唐朝（618-907）被大幅改動。有兩份關於孟姜女的文獻，成書時間可追溯至八世紀中，現今已亡佚，但在日本仍可找到它們的殘篇斷簡。根據這些資料，孟姜女的生活年代，不是公元前六世紀，而是公元前三世紀。這兩份文獻的作者將她在城牆下嚎啕大哭，改為在長城下；而長城城牆，是在秦始皇（公元前221-210年在位）治下完工的，這樣一來，年代就相應改動了。兩個版本雖略有不同，但故事的主線相去不遠，後人皆以此為藍本。那時，杞梁妻有了個名字──孟仲姿，或孟姿。杞梁由齊國的將軍變成燕國人，家鄉鄰近長城；他和很多人一樣，被徵召修建長城，但他受不了艱苦的勞役，逃到孟超家的後園躲藏，這時孟超的女兒孟仲姿正在池中沐浴。仲姿一發現他

藏在樹間，就要求他娶了她。杞梁因為自己出身寒微，處境險惡，謝絕了她的好意。仲姿解釋說，他已見過她的身體，而她的身子不能再被第二個男人看見，此刻非嫁他不可，杞梁聽罷便答應了她。婚後他回到長城修城，監工惱他逃跑，將他毒打至死，埋葬於城牆之內。仲姿聽到消息來到長城邊，就在此號哭，直到城牆垮塌，現出了累累白骨。她無法識別哪是杞梁的骸骨，於是刺破指頭，將鮮血滴到白骨上，她認為那些能滲入她的血的，便是他的骨頭；她最後找到了他的骸骨，帶回家中埋葬。

　　二十世紀初，在位於絲綢之路的敦煌所發現的文獻中，有三份提到杞梁妻，其中一份是變文，餘下兩份是曲子詞，年代都可追溯到十世紀中葉。在這些文獻中，杞梁妻首次名叫孟姜女，說她給杞梁送冬衣。這個主題看來與描寫婦女思念戍邊丈夫並為其縫製寒衣的許多唐詩，互為映照。

　　千百年來，不少地方都聲稱孟姜女是當地人，有的地方還建造了廟宇，如長城東端山海關旁便有孟姜女廟。然而，文化大革命中紅衛兵對這個眾人愛戴的形象橫加撻伐，並毀壞了廟裡的孟姜女像。到了七十年代初，政府推動崇法運動，因法家與秦朝密切相關，孟姜女又持反秦始皇的立場，故被視作「反動儒家」。時至二十世紀末，對孟姜女的態度有了轉變，在中國大陸她再次成為人們禮拜讚頌的對象。

　　中國各地以及中國通俗文學的各種體裁，幾乎都有孟姜女的故事。看來它能滿足人們心靈深處的某些渴求。這可從不同角度看，第一，它描述了無助者通過奇跡般的事件，戰勝專制的政權，平反原來無法改變的冤情。第二，它反映了因歷代邊境戰事不斷，丈夫被國家徵召服役，婦女們受到的精神創傷。還有一點值得留意，劉向將孟姜女的故事收入《列女傳》，作為婦女貞順的典範，他的用意看來未對創作民間故事的人起作用；這些故事中的孟姜女，一直是個堅強獨立的女子。

蕭虹
龍仁譯

◇ 《左傳》，襄公 23 年，見《四部備要》本，《春秋左傳詁》，卷 5，頁 12 下–13 上。
◇ 劉向，《古列女傳》，見《四部叢刊》本，卷 4，頁 13 上–下。
◇ 顧頡剛，〈孟姜女故事的轉變〉，見《孟姜女故事研究集》，上海：上海古籍出版社，1984 年，頁 1–23。
◇ ——，〈孟姜女故事研究〉，見《孟姜女故事研究集》，上海：上海古籍出版社，1984 年，頁 24–77。

- Waley, Arthur. *Ballads and Stories from Tun-huang.* London: George Allen & Unwin, 1960, 145-49.
- O'Hara, Albert R. *The Position of Woman in Early China According to the Lieh Nü Chuan, "The Biographies of Chinese Women."* Taipei: Mei Ya, 1971; 1978, 113-15.
- Hatano Tarō. "Mōkyōjo koji sōsetsu." *Yokohama daigaku ronsō*, 24, no. 5 (April 1973): 146-82.
- Wang, Ch'iu-Kuei [Wang, Qiugui]. "The Transformation of the Meng Chiang-nü Story in Chinese Popular Literature." Ph.D. dissertation, University of Cambridge, 1977-78.
- Iikura Shōhei; Wang Rulan, trans. "Mōkyōjo koji teki genkei." In *Meng Jiangnü gushi lunwenji*, ed. Gu Jiegang and Zhong Jingwei. Beijing: Zhongguo minjianwenyi chubanshe, 1984, 154-79. The article appeared in Japanese in *Tōkyō toritsu daigaku jimbun gakuhō*, 25 (1961): 133-62.
- "The Rehabilitation———and Appropriation———of Great Wall Mythology." *China Heritage Quarterly*, no. 7 (September 2006): http://www.chinaheritagequarterly.org/articles.php?searchterm=007_meng.inc&issue=007, accessed 4 October 2006.

110 孟軻母 Meng Ke mu

　　孟軻的母親，又稱孟母、孟軻母，活躍於公元前四世紀後期。她在鄒國（今山東境內）居住。孟軻（人尊稱孟子，約公元前 372-289 年）是傳揚孔子的儒家學說的最著名人物。他又將儒家學說發揚光大，加入新思維，其中最矚目的莫如人性本善的理念。他舉例說，任何人見到一個小孩子快要墮入井中，都會驚恐，且欲上前援救。《列女傳》的〈鄒孟軻母〉（孟母傳記）沒有說孟母守寡，但除了英譯文的一處註腳之外，其他地方都沒有提到她的丈夫，因此一般認為她獨力撫養兒子，由於她教導有方，兒子才懂得教育與舉止合宜都十分重要，終於成為著名學者。

　　在傳統的中國社會，孟母的行止成為想當好母親的婦女的重要典範。據說孟母搬家三次，才為兒子找到了理想的學習環境。她原本與小孟軻住在墳場旁邊，他就在墳墓之間戲耍，模仿著別人建造墳墓和埋葬死者。她於是搬到市場附近，他就玩賣東西的遊戲，像個小商人那樣。她明白這不是兒子成長的好環境，又遷到鄰近學堂的住所，他在這裡模仿祭祀儀式，學習會見別人的禮貌舉止。她確定這才是兒子應當居住的地方，便說「真可以居吾子矣。」

　　另一則人們熟悉的孟母軼事，是關於她教導兒子要堅持學習。一日，孟軻回家，說作業只完成一半。孟母馬上剪斷正在編織的布，使他大吃一驚。他問母親為何這樣做，孟母解釋說，他荒廢學業，正如她剪斷織好一半的布，兩件事都表明尚未達到目標，就半途而廢。

　　另兩則軼事知道的人較少，一則說孟軻進入房間，發現妻子未穿衣服，他大為不悅，掉頭就走，再也沒有理會她。他的妻子接著向婆婆告別，說丈夫待

她如普通客人而非妻子,她想回到父母那裡。後來,孟軻接受母親有關禮節的教誨,向妻子道歉,請她留下來。孟母是這樣說的:「夫禮,將入門,問孰存,所以致敬也。將上堂,聲必揚,所以戒人也。將入戶,視必下,恐見人過也。今子不察於禮(指不告知妻子就進房),而責禮於人,不亦遠乎!」還有一則,是說孟母注意到孟軻在齊國當客卿時,總是悶悶不樂。在她追問之下,他最後才表示想離開齊國,因為齊國國君顯然無意採納他的主張,但這樣一走,便會讓老母親生計無著。孟母向他保證說,身為母親,她一定會和兒子共同進退,不論兒子決定做什麼,她都會支援。

這些小故事很可能是漢朝時期(那時儒家傳統已極具規模),人們編造出來作教化之用。不論出處如何,它們已成為中國文化的一部分;多少世紀以來,中國傳統社會的良母,都以孟母為榜樣。她的傳記已收入《列女傳》的〈母儀傳〉內。

Constance A. Cook
龍仁譯

◈ 劉向,《列女傳》,見《四部備要》本,卷1,頁10上–11下。
◈ O'Hara, Albert R. *The Position of Woman in Early China According to the Lieh Nü Chuan, "The Biographies of Chinese Women."* Taipei: Mei Ya, 1971; 1978, 39-42.

111 穆姬,秦穆公夫人 Mu Ji

穆姬是姬氏女子,活躍於公元前七世紀中葉。她是晉國(今山西河北境內)獻公與齊姜的女兒。公元前655年嫁給秦國(今甘肅陝西境內)的穆公(公元前659-621年在位)。由於弟弟夷吾縱慾淫亂,甚至與父親的妃子賈君通姦,穆姬十分生氣。夷吾為躲避父親的誅殺,逃離晉國。父親駕崩後,他在秦國幫助下,回到晉國就任國君,是為惠公(公元前650-637年在位)。這時穆姬想到被父親的妃子驪姬(參見該傳)流放到國外的其他兄弟,要求惠公恢復他們的地位。惠公沒有答應,不僅如此,還開罪了秦國這個勢力龐大的盟友,在秦國饑荒時拒絕為其提供糧食,全然不顧先前晉國饑荒時,秦國曾慷慨供糧。惠公與秦國從此關係惡劣,公元前645年齊國伐晉,並俘虜了他。

儘管惠公幾次三番固執己見,不聽諫言,穆姬仍不同意丈夫穆公關押並加害於他。她對穆公的作為深為悲憤,以至帶著兩子兩女登上高台,在台階上放滿柴薪,威脅說若丈夫處置她弟弟,她就和孩子們一起自焚。穆公為妻子的舉

動所震驚，應允讓惠公毫髮無損地返回晉國。穆姬的事蹟另有一說，即被俘的是她的父親而非弟弟。她另一個弟弟重耳，經過十九年流落在外，最後回到晉國就任國君，是為文公（公元前 636-628 年在位），而她那時應已去世。她的傳記以〈秦穆公姬〉為題收入《列女傳》的〈賢明傳〉中。

Constance A. Cook
龍仁譯

◇ 劉向，《列女傳》，見《四部備要》本，卷 2，頁 3 上－下。
◇ 《左傳》，僖公 5 年，15 年，見《春秋經傳引得》，上海：古籍出版社，1983 年，頁 96，109–110。
◇ Legge, James. *The Chinese Classics, Vol. 5: The Ch'un ts'ew, with the Tso chuen.* Hong Kong: Hong Kong University Press, 1960; 1970, 144, 167-68.
◇ O'Hara, Albert R. *The Position of Woman in Early China According to the Lieh Nü Chuan, "The Biographies of Chinese Women."* Taipei: Mei Ya, 1971; 1978, 54-56.

112 穆姜，魯宣公夫人 Mu Jiang

穆姜（約公元前 621-564 年），姜族女子，齊侯的女兒，魯宣公的妻子。齊國（今山東境內）是當時大國。她去世後，名字前被加上「繆」字作為諡號，「繆」有「錯誤」的意思，故在一些文獻中，包括《列女傳》在內，她被稱為「繆姜」。

穆姜於公元前 608 年嫁給魯（今山東境內）宣公（公元前 608-591 年在位），當年她約十三歲；這椿婚姻旨在強調魯國依賴她的母國齊國。她兒子繼承父位，成為成公（公元前 590-573 年在位），成公之後她的孫子繼位為襄公（公元前 572-542 年在位）。父子兩人都是軟弱的國君，穆姜就利用她身為齊侯之女的巨大影響力，鞏固他們的帝位，抗衡魯國一些勢力龐大的貴族，尤其是權傾朝野的季氏與孟氏家族。她似曾參與和鄰國談判，參與決定國家是戰是和；她還與一個政治頭領有男女之事，並公開批評兒子治國不力。為了消滅兒子敵人的勢力，她敦促他以謀叛罪名，放逐季、孟兩家的主事人。不巧的是，她提出這個建議時（公元前 575 年），南面的晉楚兩國開戰，兒子成公率領軍隊援助晉國，臨行前答應穆姜待回來後會處理這兩個家族。她認為事情已刻不容緩，事實上，她沒有錯。她不等她兒子歸來，便派她的情夫叔孫僑如到晉國，要求對方支持他們放逐季孟兩家的主事人，以免再生事端。叔孫僑如未能贏得晉國支持，被迫逃離魯國，而穆姜則被軟禁在東宮，大概是季孟兩家的安排。

穆姜去東宮前，曾找占卜師預測此行的吉凶，得出的結果是吉利。據《左傳》的記載，穆姜並不認同這一解讀，表示對自己的所作所為思考了一番，認為自己諸事都處理不好。《左傳》援引她對《易經》艱深文字的詮釋，正好說明了她學識淵博，也為后世提供了她傷風敗德的資料依據。

穆姜的傳記以〈魯宣繆姜〉為題收入《列女傳》的〈孽嬖傳〉，傳內這樣形容她：「惜哉繆姜，雖有聰慧之質，終不得掩其淫亂之罪。」

Constance A. Cook 及 Barbara Hendrischke
龍仁譯

◇ 劉向，《列女傳》，見《四部備要》本，卷 7，頁 6 上－下。
◇ 《左傳》，成公 9 年，11 年，16 年，襄公 2 年，9 年，見《春秋經傳引得》，上海：古籍出版社，1983 年，頁 228、231、243、253–54、267。
◇ 文士丹，〈春秋變革時期婦女從政活動述評〉，見《史學月刊》，1990 年 5 期，頁 8。
◇ Legge, James. *The Chinese Classics, Vol. 5: The Ch'un ts'ew, with the Tso chuen.* Hong Kong: Hong Kong University Press, 1960; 1970, 371, 376, 398, 415, 437-40.
◇ O'Hara, Albert R. *The Position of Woman in Early China According to the Lieh Nü Chuan, "The Biographies of Chinese Women."* Taipei: Mei Ya, 1971; 1978, 199-201.
◇ Schilling, Dennis. "Das Bekenntnis der Herzogin." In *Die Frau im alten China. Bild und Wirklichkeit*, ed. Dennis Schilling and Jianfei Kralle. Stuttgart: Steiner, 2001, 75-116.

113 木蘭 Mulan

木蘭，又名花木蘭，中國家喻戶曉備受敬重的女戰士。到二十世紀末，一間外國公司將她的故事拍成動畫電影，非常賣座，她也成為國際知名人物。她最為人稱道之處，就是敢於改扮男裝，代父從軍長達十二年之久。

即使她名揚天下，對她本人的論述以及有關她的文章又多如牛毛，但史書上記載她生平的文字寥寥無幾，難作定論。這令許多歷史學家認為她是個文學作品裡的人物。現在河南虞城宣稱她是當地人，將她打造成當地吸引遊客的重點人物，不過其他地方，包括宋州、延安等，卻說木蘭原本是他們那裡的人。就是她的姓氏，也存在爭議：姓魏、木、朱、花，其說不一。不少人認為木蘭是漢人，另一些人卻說她屬鮮卑族。她的生卒年份至今亦未能確定，普遍認為可能在唐朝以前的五百年間。

儘管木蘭的個人史料並不明確，但她是作為象徵性的人物，而非歷史人物，大大的影響了中國社會的意識形態逾一千五百年：她代表的主要是孝心、愛國和無私。她也展示了婦女另一種活法：婦女可以走出家庭往外闖。因著木

蘭的故事，千千萬萬婦女想像自己打破枷鎖，不畏艱險，到外面的世界闖蕩，憑非凡的表現，得到公眾的認可。二十世紀時，當局曾一度公開宣揚這種木蘭意識，以求達到政治目的，但為時不長。女權運動也借助木蘭意識，說木蘭是一個模範的女權主義者，敢於挑戰不准婦女干預政事的傳統價值。

最早提及木蘭的歷史資料，出現在唐代（618-907），據它說，如木蘭確有其人，則應生活在唐以前或初唐時期。唐李亢的〈獨異志〉說：「古有女木蘭者」。宋代（960-1279）的《太平寰宇記》提及木蘭廟座落地點。到了清代（1644-1911），盛行搜集賢德的婦女（列女）的確鑿材料，所以當時的地方志亦提到木蘭。例如雍正年間（1723-1735）的一本河南省志中，提到朝廷頒賜給木蘭「孝烈將軍」的頭銜，還說當地為她建廟祭祀。然而眾多清代文獻將木蘭列作歷史人物，似乎並非根據可考的史實，而是根據所謂「人所共知」的材料，而這些材料則是從以往文獻反覆提及她的文字整理出來的。

看來，即使木蘭的生平無據可考，但大量有關她的文字，雖非全屬史實，仍激發了一般民眾和學者文人的想像力。河南地區的人膜拜木蘭，視她為女神。大概在唐代，人們開始將她神化，據說當時虞城百姓建廟紀念她。每年陰曆四月初八，人們聚集起來頌揚她的英烈行為。1993年，虞城宣佈這一天為木蘭文化節，以期推廣這節日，讓更多人知道。將木蘭神化與物化，為的是發展旅遊，賺取收益。

最早提到木蘭的，是歌謠〈木蘭詩〉（或木蘭辭），也是關於她的最重要的篇章。〈木蘭詩〉作者佚名，有六十二行、三百三十二字。後來全部敘述木蘭生平的文字，包括一些歷史資料，都以它為依歸；至今對木蘭的學術研究，亦以它為重點。《漢魏六朝詩鑒賞辭典》稱，〈木蘭詩〉首先出現於陳朝的釋智匠所編的詩選《古今樂錄》（成書於568年）。

該詩敘述一個年青婦女，代替父親應召從軍，抗擊北方的侵略者。因為父親年事已老，無法出征，但家中必須派出一人，木蘭出於孝心，便代父從軍。為了能頂替父親打仗，她改扮為男子。十二年裡她與一眾男子一道行軍作戰，似乎沒有人覺察到她本是女兒身。戰事過後，皇帝鑒於她戰功卓著，要讓她出任尚書的高位，但她沒有接受，只求借駱駝一匹，用以返回家鄉。她回到家中與家人團聚後，便恢復女兒身，過回女子的生活。

後來的版本中，結局有所不同，但有一個結局卻在不同版本中出現。這個結局突顯出木蘭應盡忠還是盡孝的兩難處境。話說皇帝一聽到木蘭是女子，就

召她返回宮廷,要納她為妃子。木蘭不答應,以自殺明志,表明自己作風正派、一心為父。皇帝後來追封她為孝烈將軍。清代的《河南通志》和《歸德府志》都說她是因抗旨而自盡。至於其他結局,也各有說法,有些說她在家鄉安享晚年,活到八十多歲。

文化人士,如藝術家、作家、詩人以及劇作家們,以膾炙人口的〈木蘭詩〉為本,對故事作了各式各樣的改動,使它得以千百年流傳下來。早在唐朝,已有著名的詩人以木蘭為題材吟詩,令她聲價更高。例如杜牧(803-852)寫過一首名為〈題木蘭廟〉的懷古詩,詩中將她彎弓射箭的絕技和夢裡畫眉作了對比。比他早一輩的白居易(772-846)寫了兩首關於木蘭的詩:〈戲題木蘭花〉和〈詠木蘭花〉,均以木蘭為花來題詠。三首詩都著力以婦女妝容的隱喻,來強調木蘭只暫時改做男人。

至於根據木蘭故事改編的戲劇,最早面世也是最具影響的是明代文人徐渭(1521-1593)的《雌木蘭》。在該劇中,徐渭描寫花木蘭為了改扮男裝,將纏足解放,痛苦萬分。原歌謠〈木蘭詩〉誕生的時代還沒有纏足的風俗,加添這種不符時代的情節,旨在針對明代男女服飾體制中重要的一環。白居易、杜牧主要以妝容代表女性的特質,徐渭卻用纏足。《雌木蘭》全劇不斷提到木蘭的腳,說她放腳後一陣子,便表示能走得穩了。後來母親形容她的解放腳又「大」又「怪」。最後木蘭高高興興的回到家中,看似會嫁給王姓的親戚。劇的結尾有句俏皮話:「方信道辨雌雄的不靠眼」(才相信分辨雌雄不能靠眼睛)。

早在1878年,木蘭的事蹟就被寫成小說,但作者往往不署名。當年問世的《忠孝勇烈奇女傳》,到1910年時似已重印多次。二十世紀上半葉,人們通過多種戲劇形式演繹她的故事,包括話劇、地方劇,到處都可以看到,其中最膾炙人口的該是豫劇(來自河南的傳統戲劇)《花木蘭》。它在1954年首次演出,兩年後改編為電影(後面還將討論)。二十世紀三十到四十年代,人們又再興致勃勃的寫木蘭的故事,大概是為了應對日本侵華的局勢。當局為要強調孩子對父母,應該全心全意不惜犧牲,便從幼兒教育方面著手,在兒童讀物、漫畫書中,引進有助於推廣這個理念的題材,而木蘭的故事無疑是再合適不過,所以經常在這些書裡出現。

二十世紀裡,幾乎一切新式媒體都樂於採用木蘭的事蹟為題材。隨著電影的問世,木蘭成為各類影片的拍攝焦點。第一部電影是李萍倩導演的默片《木

蘭從軍》（1927年）。1956年，劉國權將前述的豫劇《花木蘭》搬上銀幕。電影中的歌〈誰說女子不如男？〉，由豫劇名角常香玉（1923-2004）演唱，隨之響徹各地大街小巷。時至1995年，廈門製作了此歌的卡拉OK音碟，可見它仍然受到歡迎。歌名還套用了清人詩句「誰說生女不如男？」

1964年，香港的岳楓導演了一部黃梅調國語電影《花木蘭》，結局是木蘭與親密戰友李將軍相愛，但李將軍卻要轉赴另一戰場，兩人未能成婚。木蘭與他揮別，回復女裝後與家人一起生活，等待他歸來。1999年，台灣由楊佩佩執導的四十八集電視連續劇《花木蘭》，為原有故事添枝加葉，引入浪漫喜劇元素、戲劇成分和次要情節，以圖迎合時下電視觀眾的口味，提高收視率：因為電視觀眾都喜歡一連幾個星期，按時坐在廳裡沙發上，挨集追看劇情的發展。2000年，香港芭蕾舞團製作了一台關於木蘭的芭蕾舞，由陳錦標作曲，共三幕二十八場，於2001年首演。後來，北京製作了一台十分成功的現代音樂劇《花木蘭》（結合了西方流行音樂劇的常規手法）。導演王曉鷹於2004年推出這台音樂劇時，得到文化部全力支持，列作當年重點演出劇碼。

2003年，木蘭被生產廠商MobyGames塑造為一個電腦遊戲的主角。木蘭如此受歡迎，這樣的發展也不足為奇。這個遊戲屬於動作、探險和角色扮演類別，玩遊戲的人可以把自己當成花木蘭，經歷千難萬險，與如潮的敵人大戰中，累積兵器和積分。除了虛擬世界，木蘭亦成為了真實世界中的一種武術：上海和河南武術迷們，將剛勁有力的武術功架和和優雅柔美的舞姿糅合一起，創立一個新形式，稱之為「木蘭拳」。

木蘭也揚威國際。1976年，湯亭亭（Maxine Hong Kingston，參見《二十世紀婦女傳記辭典》）的小說 *Woman Warrior* 寫的就是木蘭，小說極其流行，內容主要探索中國戰時婦女經受的艱難困苦，以及她們在美國的移民體驗。1998年，迪士尼出品了木蘭故事的動畫片，片長與電影一般，並配上流行歌曲和詼諧的旁白。由於迪士尼動畫片的觀眾，都喜歡看一波三折的愛情故事，又期盼男女主人翁歷盡考驗後終成眷屬，所以動畫片加強了愛情的元素來吸引觀眾。影片中說木蘭愛上上司，但在戰事結束前暴露了女性身份，被解除了軍職。後來她將功贖罪，從入侵者手中救出皇帝，被視為女英雄，最後榮歸故里。她的上司前去找她，才知道愛上的是個女子，接著便公開了兩人之間的愛情。影片的結尾預示，兩人會喜結連理，佈局一如《美女與野獸》、《小美人魚》等其他迪士尼的經典動畫片。2005年，上海歌舞團和悉尼舞蹈團聯合編製了

舞劇《花木蘭》，當年 10 月 18 日在上海首演。這是中國為木蘭的故事首次與外國合作的項目。

中國早期的女權運動，借用深入民心的木蘭從軍事蹟，來推廣女權。二十世紀頭幾十年中，木蘭的事蹟一直用來激勵婦女參加反滿活動，而這時期著名的婦女鬥士經常比作花木蘭。事實上，人們都稱秋瑾（參見《清代婦女傳記辭典》）等女革命家為現代花木蘭。她們企圖通過武力反滿來提高婦女地位，以敢於以武力犯險、忠於國家而為人所稱道。中國的年輕女子，世世代代喜歡木蘭從軍的故事，無疑就是因為她向婦女展示了另一種生活模式。可是，木蘭形象複雜，即使在女權運動如火如荼的二十世紀，人們也不單視她為婦女解放的象徵。中國的女戰士長久以來納入父權體制中：婦女在形勢危急之時便捨身報效家國，危機一過就重返家中繼續操持家務。值得一提的是，秋瑾在反滿革命過後，無意回家做家務；卻以身殉革命，終在民國建立之前被滿清當局處決，成為烈士。

將木蘭視作「女權主義者」，牽涉著很多複雜的問題，從後來宣揚她事蹟時所用的手法可以清楚看到。二十世紀發生的戰爭中，每提到木蘭的故事，都會強調孝道、愛國、獻身這些元素。抗日戰爭（1937-1945）中，對國家有卓越貢獻的婦女，再次被譽為當代花木蘭，暗指在正常情況下婦女不參加戰鬥，也就是再次確認當代花木蘭充當「女戰士」並非常規現象。因此，抗戰時期的木蘭們沒有樹為女權先驅，她們被描繪為忠心報國的一群，眼看形勢危急，才邁出家門，保家衛國。比如在 1943 年，一個名叫王宗秀的婦女，扮成男子代替兄弟應召入伍，抗擊日軍兩年。她代兄弟從軍，是因為他是獨子，要讓他留下延續香火。

至今花木蘭在中國依然是個重要的、具多重意義的象徵。她代表了兩大傳統美德：忠與孝。但她也從三方面挑戰傳統思想：她的故事同時指出了兩個傳統觀念的謬誤，一是女子不如男子，二是婦女必須留在家中；又重新確認，愛護家人比盡忠報國來得重要。木蘭不過是人物一個，但關於她的述說卻蘊藏了多元的意識形態，所以在未來的歲月中，她還會為人們爭相援引。

Louise Edwards
龍仁譯

◎ 黃燦章、李紹義編，《花木蘭考》，北京：中國廣播電視出版社，1992 年。
◎ 馬俊華、蘇麗湘編，《木蘭文獻大觀》，鄭州：河南人民出版社，1993 年。

- Frankel, Hans H. *The Flowering Plum and the Palace Lady: Interpretations of Chinese Poetry.* New Haven, CT: Yale University Press, 1976.
- *Ancient Poems: Yuefu Songs with Regular Five-Syllable Lines* [bilingual text], trans. Lin Xi (Chinese); Yang Xianyi and Gladys Yang (English). Beijing: Foreign Languages Press, 2001.

114 南子,衛靈公夫人 Nanzi

南子(約公元前480年卒),宋國(今河南境內)人,衛國靈公(公元前534-493年在位)的夫人。婚後,南子與兄弟子朝發生亂倫關係,令衛國太子蒯聵大為惱怒。南子與蒯聵交惡,在衛靈公面前進讒言,說蒯聵要置她於死地,靈公大怒,父子不和。蒯聵懼怕父親遷怒於他,遂逃離衛國,在宋國尋求庇護。衛靈公去世後,蒯聵之子蒯輒即位為出公(公元前492-481年在位),但最後還是地位不保。衛國將亡的幾年,蒯聵登上公位為莊公(公元前480-478年在位)。他執政時間不長,其間處死了南子。

南子通過丈夫,利用權勢,操縱他人。她想會見孔子。孔子起先辭謝不見,最後還是會見了她。《論語》這樣說:「子見南子,子路不說。夫子矢之曰:予所否者。天厭之!天厭之!」大意是說,孔子見南子後,受到弟子子路批評,但孔子發誓沒有做不該做的事。她的傳記連同孔伯姬傳(參見該傳),以〈衛二亂女〉為題,收入《列女傳》的〈孽嬖傳〉內;傳中指稱她「惑淫」。據說南子與孔伯姬二人「為亂五世」,自取滅亡。

Constance A. Cook
龍仁譯

- 劉向,《列女傳》,見《四部備要》本,卷7,頁9上–下。
- 瀧川龜太郎,《史記會注考證》,台北:洪氏出版社,1977年,卷47,頁39–40。
- 《論語正義》,卷7,雍也第6,見《新編諸子集成》,台北:世界書局,1978年,冊1,頁131。
- Legge, James. *The Chinese Classics, Vol. 1: Confucian Analects. The Great Learning. The Doctrine of the Mean.* Hong Kong: Hong Kong University Press, 1960; 1970, 193.
- O'Hara, Albert R. *The Position of Woman in Early China According to the Lieh Nü Chuan, "The Biographies of Chinese Women."* Taipei: Mei Ya, 1971; 1978, 207-9.

115 女媧 Nü Wa

女媧,又稱九天玄女,或許是中國最早的婦女代表。文獻中,女媧與傳說

中居三皇之首的伏羲氏（公元前 2953-2838 年在位）常被說成一對；畫裏面他們的蛇身互相交繞，狀似交歡。這種描繪，最早可追溯到漢代。女媧是伏羲的妹妹／妻子，同時也具有女神和君主的雙重身份。

最早提到女媧的文獻，是前四世紀《楚辭》的〈天問〉。它問：「女媧有體，孰制匠之？」有此一問，很可能是因為女媧半人半蛇的奇異形體。一些學者認為，女媧是個被神化了的祈雨巫師，早在商朝（約公元前 1500-1050 年）就受到膜拜；這種臆測或可從她的名字找到依據，按詞源上的解釋，她的名字意味著她的性格屬水。她的故事有時和其他女神的故事糅合在一起，最典型的例子莫過於後來與洛神的關係。

早期的女媧故事流傳到漢代，經添枝加葉，最後編進《淮南子》（公元前 139 年）和《列子》（最早的記載約為 370 年）。這些著作中，原來的祈雨師女媧拔高成造物者和救世主。但有些學者注意到，女媧的角色在擴展的同時，權力和獨立能力卻減弱了。這是《淮南子》作者的道教傾向所致。她不再是獨立行事的神祇，而是要服從至高無上的男神「太祖」的意旨。另一些人將這種變化，歸因於儒家的興起，引起對民間習俗和形似動物的神祇的厭惡。學者們相信，對女媧及同類神祇的崇拜，在華南一些少數民族中更為普遍，雖然未有研究結果支持這一說法。

有關女媧的故事，值得探討，因為它們反映了中國早期的風俗，以及中國人如何通過通俗故事，解釋生物現象和社會現象。這類故事不僅中國有，也出現於世界各地，只是主角不同而已。流傳最廣的女媧故事，就是她用中國的「黃土」造人。它不僅交代了人類的起源，還說明了人的貴賤是與生俱來的：由於女媧疲累，無法繼續將土摶造成人，就用打結的繩子抖下泥漿，造成資質較差的人。她親手製造的是素質優秀的高等人，泥漿滴下成形的大概是低等人。

女媧的形象經常和另一位著名的女祖西王母（參見該傳）聯繫在一起。西王母有長生不老之藥，將她和女媧相提並論，無疑使女媧在創世神、始祖神這些角色以外，還成為能助人長生不老的神仙。後來民間奉女媧為送子娘娘，便更明確地為這位創世者添加了一項職責；有些供奉她和伏羲的廟宇，設有「子孫孔」；任何人觸摸過後就會子孫繁盛，母子平安。

女媧第二個膾炙人口的故事，始見於《列子》，就是煉石補天的傳說，她恢復天地之間秩序，最後拯救了她所創造出來的人類。故事的起始甚為含糊，青天是怎樣開裂、使洪水淹沒大地，其說不一。最廣為流傳的說法，是劇怒的

共工忿而撞擊不周山，令青天裂開。女媧斫斷巨龜的腿，用以支撐起天空，使天地恢復秩序；她又煉製研磨了數千五色石塊，填塞裂縫，防止雨水淹沒下界。這些五彩繽紛的石料，日後就用來解釋為什麼暴雨過後會出現彩虹。

由於這則傳說，女媧開始與治水和灌溉拉上關係；圓規和角尺被用作顯示女媧與伏羲特質的形象。「規」（圓規）和「矩」（角尺）這兩件工具合在一起是「規矩」，意思就是「秩序」或「正確行為」；實際上，女媧恢復世界秩序後，她的言行可視為反映儒家理想女子的言行：她沒有因補天自矜自誇，一直謙讓內斂。

從儒家的觀念看，女媧和伏羲的關係頗成問題。他們制止洪水氾濫之後，便結為夫婦，繁衍後代，使大地重新人丁興旺。他們的結合，雖可視為造福社會的高尚之舉，但事實上女媧是伏羲的妹妹，這是亂倫。然而女媧非常重視婚姻，所以她與兄長結婚，也變得在理了：她後來就被看作是媒神。按照一些學者的見解，正是因為女媧極其尊崇道德，所以才堅持和伏羲結為夫婦；另一些人更進一步指出，後來禁止同姓通婚的習俗，是由女媧一手製定。亦有學者特別提到，就女媧和伏羲的行為而言，一些文獻也有類似的記載，根據那些記載，在極為嚴峻的條件下，人們獲准亂倫。學者們認為，這可以看成是為中國在瘟疫猖獗和災荒之時，偶爾發生近親結合，提供理據。

對女媧的信奉，延續到中古時期。在一座唐（618-907）墓中，發現一塊布帛，繪有女媧與伏羲的圖像。在唐朝，詩中的女媧，總與天下的群山和岩穴聯繫在一起。這個時期人們也將她和美麗的洛神相提並論，突顯了女媧蛇身的特質。通觀全唐，描述女媧的詩歌裡，大多側重於她那異於人類、「身覆鱗片」的特點。李白（701-762）的詩句卻是個例外。他這樣描繪她超凡的創造力：「女媧戲黃土，團作愚下人」。

唐史中也提到過女媧。史書記述她的陵墓為黃河所淹（752年），其後（759年）又重現。這現象被解讀為唐朝將有巨變的徵兆。安史之亂（755-763）後，朝廷恢復運作，女媧墓又從河中顯現，都被視為日後肅宗（756-762年在位）登基的天意祥瑞。

在中國，對女媧的膜拜一直延續，到1949年共產主義興起才停止。二十一世紀初，有來自中國的消息暗示，有關方面對女媧恢復興趣。2003年4月，山西省萬榮縣舉行慶典，紀念這個神話人物的生日。據新聞報導，一千年來，有八位皇帝曾前往女媧廟祭祀。顯然，當地人民很希望祭祀女媧的風氣重

新興盛起來。

Karil J. Kucera
龍仁譯

◈ 劉安，《淮南子》，見《四部備要》本，卷6，頁7下–8上。
◈ 過偉，《中國女神》，南寧：廣西教育出版社，2000年，頁88–169。
◈ Liezi. *The Book of Lieh-tzu: A Classic of the Tao*, trans. A. C. Graham. London: Butler and Tanner, 1960, 96.
◈ Schafer, Edward H. *The Divine Women*. Berkeley: University of California Press, 1973.
◈ Birrell, Anne. *Chinese Mythology*. Baltimore, MD: Johns Hopkins University Press, 1993.

116 女宗，鮑蘇妻 Nüzong

女宗是宋國（今河南境內）人鮑蘇的妻子，住在宋國，生卒年不詳。她之成為女中懿範，是因為在丈夫另結新歡的時候，仍能恪守結髮妻子的本份。丈夫離家三年，一直在衛國（今河南河北境內）擔任軍官，她留在宋國家中侍候婆婆。家裡發覺鮑蘇在衛國另娶，他的姐姐就對她說，既然人家都已另結新歡，她該離開這個家了。但她不答應，說為人妻者絕無理由離開丈夫。男子只能在七種情況下休妻，而對於她，卻沒有一種適用。這七種情況依次是妒忌、淫蕩、偷盜、長舌、傲慢、無子和惡疾（例如麻風病）。她於是留下，倍加恭敬勤謹的侍奉婆婆。宋國國君得知她的德行後，頒給她「女宗」的稱號，還旌表了她的鄉里。她的傳記可能只是一個歷史人物的故事；也可能旨在教化，宣揚當妻子的必須竭力侍奉公婆，以及遵循從一而終的傳統，這個傳統觀念在漢朝以後才漸漸受到重視。即便如此，她敢於抗拒外來一切勢力，堅守自己應有的天地，勇氣可嘉。她的傳記以〈宋鮑女宗〉為題收入《列女傳》的〈賢明傳〉內。

Constance A. Cook
龍仁譯

◈ 劉向，《列女傳》，見《四部備要》本，卷2，頁4下–5下。
◈ O'Hara, Albert R. *The Position of Woman in Early China According to the Lieh Nü Chuan, "The Biographies of Chinese Women."* Taipei: Mei Ya, 1971; 1978, 60-61.

117 潘夫人，孫權 Pan Furen

潘夫人（220前-252），會稽句章人（今浙江省），吳國孫權（大帝，

182-252；222-252 年在位）的妃子，孫權第七也是最小的兒子孫亮（會稽王，243-260；252-258 年在位）的母親。三國時代，孫權建立吳國（221-280），登基為帝。吳是三國中最後立國的國家。孫權在潘夫人去世前的一年冊封她為皇后。但正史《三國志》並不稱她為皇后，因為作者認為繼承漢祚的是北方的魏國，只有正統的魏國才有皇帝和皇后。

潘夫人的父親曾當過一名小吏，因犯罪被處死。為此，她和姐姐被送入宮中為奴，在織室做苦工。織室製造的織物用途不一，有些會送往皇家宗廟。據說後來當上了皇后的潘夫人美豔非凡，織室的人都說她是仙女下凡。有人將此事稟報孫權，他就命人為她畫像。他見到畫像後欣喜萬分，竟將手中的玉杖搓致破裂。他立刻命人駕車送他到織室，把她帶回內宮。正史描述他們初遇時，稱她美色迷人，使孫權一見傾心，於是帶她回宮。

孫權十分迷戀潘夫人。她不久就懷孕，還告訴孫權在夢中有人捧上龍頭送她，她用圍裙接了下來，在中國龍頭是皇權的象徵。她分娩產下孫亮時，孫權已有六十餘歲，對這最小的兒子十分溺愛。經過一場極其殘酷的政治爭鬥之後，太子孫和（約 226-253 年）被廢黜，他的弟弟孫霸（約 230-250 年）被賜自盡，七歲的孫亮被立為太子（250 年）。這時，潘夫人請求孫權把她的姐姐從織室放出，並為她賜婚。翌年，潘夫人被冊立為皇后，全國實行大赦。

據說潘夫人對其他後宮女人十分嫉妒，常常詆毀她們；袁夫人就是其中一個受到潘夫人「譖害」的妃子。正史描述潘夫人「性險妒容媚（陰險嗜妒，好以媚態討孫權歡心）」。252 年，孫權臥病垂危，潘夫人在旁照顧，大概是覺得有機會把持朝政，便向別人打聽，當年呂后（參見呂雉，漢高祖皇后傳）如何臨朝攝政；而呂后在一般人眼中就是殘暴和野心的化身。她的侍從明顯對她這一問，十分震驚，覺得她別有用心。她們認為她殘暴無道，再難容忍，便趁著她離開孫權病榻，因太累而昏然入睡時，動手將她勒死。起先她們託詞她得了急病死去，但真相大白之後，有六、七人因參與此事而被處決。不久孫權去世，與潘夫人合葬於蔣陵。

孫亮繼位後，將母親潘夫人的姐夫譚紹派到軍中任職。258 年，孫亮被廢黜，譚紹及家人被遣送回原籍廬陵。

秦家德
龍仁譯

◇ 司馬光，《新校資治通鑑注》，楊家駱主編，台北：世界書局，1977 年，冊 4，卷 69–78，頁 2175–2490。
◇ 《三國志》，北京：中華書局，1982 年，冊 5，卷 50，頁 1199。
◇ Sima Guang. *The Chronicle of the Three Kingdoms (220–265). Chapters 69–78 from the Tzu chih t'ung chien of Ssu-ma Kuang,* trans. Achilles Fang, ed. Glen W. Baxter. Cambridge, MA: Harvard University Press, 1965, vol. 2, 70, 74, 104, 114.
◇ Chen Shou. *Empresses and Consorts: Selections from Chen Shou's "Records of the Three States" with Pei Songzhi's Commentary,* trans. Robert J. Cutter and William Gordon Crowell. Honolulu: University of Hawaii Press, 1999, 52, 56, 128–29; 220–22.

118 漂母 Piao mu

漂母（活躍於約公元前 220 年），姓名皆已不詳，淮陰（今江蘇境內）人，因以漂洗絲絮為業，故人稱漂母。

漂母的故事得以流傳，是因為她與淮陰侯韓信（公元前 196 年卒）的關係。韓信在西漢高祖（公元前 206-195 年在位）時封侯（參見呂雉，漢高祖皇后傳）。他年輕時並無過人的才能德行，故未有被選拔為官，又不懂做買賣謀生，養活不了自己。他經常向人乞食，惹人討厭，遭人白眼。他曾多次到下鄉南昌亭長家求食，亭長的妻子十分討厭他，想方設法讓他離去。於是在吃午飯時候，一早把飯燒好，坐在床上就把飯吃掉。到了吃飯時，韓信到來也不給他做飯。韓信知道後大怒，誓言永遠不再到亭長家去。不久之後，韓信在城下釣魚，有幾個大娘在河邊漂洗紗絮，其中一個較年長的見他饑餓不堪，就把自己的飯分給他吃，這樣維持了十多天，直到她完成漂絮工作為止。韓信被漂母的善心打動，表示將來一定會回報她。可是，漂母卻甚為生氣，說道：「大丈夫不能自食，吾哀王孫而進食，豈望報乎！」

秦末，楚漢爭雄，韓信投效漢王劉邦（公元前 256-195 年）帳下，統領三軍，擊敗項羽，為奪取天下立下不世之功。劉邦非常感激韓信，起初賜齊地，封齊王；公元前 202 年，已登基的劉邦將韓信徙封楚王，將楚都遷至下邳（今江蘇境內）。韓信到了下邳後，猶記漂母當年贈飯之恩，立刻召見，賜以千金。

漂母慈惠，韓信報恩，兩人的往還，傳為千古佳話，也成為文人爭相歌詠的題材。唐朝大詩人李白（701-762）的〈宿五松山下荀媼家〉就有「令人慚漂母，三謝不能餐」之句。今江蘇省淮安市仍保留了韓信釣魚台和漂母祠，供遊人瞻仰；它們現在已成旅遊熱點。

沈劍

◇ 司馬光，《資治通鑑》，北京：中華書局，1956 年，冊 1，卷 9，頁 309–310。
◇ 《史記》，北京：中華書局，1973 年，冊 5，卷 92，頁 2609–2610、2626。

119 戚夫人，漢高祖 Qi Furen

戚夫人（公元前 194 年卒），定陶（今山東境內）人，劉邦（公元前 256-195 年）妾，甚得寵幸。後來，劉邦自立為帝，是為高祖（公元前 202-195 年在位）。

戚夫人生子如意（公元前 194 年卒），後封趙王。當時高祖已立與呂后（參見呂雉，漢高祖皇后傳）所生長子劉盈（公元前 210-188 年）為太子。劉盈為人懦弱，高祖認為不像自己，有意改立如意。因此，呂后與戚夫人兩人幾近水火不容。年紀較輕的戚夫人常隨高祖往關東，不時哭著請求高祖立如意為太子。呂后則常留守京城，難得一見高祖，恩寵日疏。但呂后得到幾位重臣的幫助，最終保全了劉盈太子之位。公元前 195 年，高祖病逝，太子劉盈即位，是為惠帝（公元前 195-188 年在位），加封呂后為皇太后。

呂太后立刻將戚夫人囚於永巷，命人剃去她的頭髮，把鐵圈套在她頸上，讓她穿上囚服，天天舂米。戚夫人悲憤滿腔，乃邊舂邊作歌曰：「子為王，母為虜，終日舂薄暮，常與死為伍！相離三千里，當誰使告女？」呂太后聞之大怒，知道戚夫人很想兒子在身邊，於是召趙王入京，賜他鴆酒，把他毒死。接著呂太后命人斬去戚夫人的手足，挖掉雙眼，薰聾雙耳，以啞藥毒啞，拋入茅廁之中，稱之為「人彘」。戚夫人最後慘被呂太后折磨致死。

戚夫人不幸慘死於呂太后深妒之下，惹人惻憫。後來民間有祭廁神之俗，溯其源流，一說因戚夫人死於廁中，故以之為神。另有說廁神，或稱七姑、紫姑、廁姑，當中的七、紫、廁等字，都是戚字的訛音。民間念及戚夫人的悲慘下場，出於補償心理，將她歸為廁神，仔細想來，真教人戚然有感。

王麗華

◇ 《漢書》，北京：中華書局，1975 年，冊 8，卷 97，頁 3933–4012。
◇ 陳全力、侯欣一編，《后妃辭典》，西安：陝西人民教育出版社，1991 年，頁 12。
◇ 劉士聖，《中國古代婦女史》，青島：青島出版社，1991 年，頁 87–90。

120 齊姜，晉文公夫人 Qi Jiang

齊姜是晉文公的夫人，齊國（今山東境內）國君桓公的女兒。她是姜氏女子，活躍於公元前七世紀中葉。晉國（今山西河北境內）公子重耳（公元前696-628年）因為逃避誅殺而在齊國流亡十九年，在這期間，桓公將齊姜嫁給了重耳。齊國安定而閒逸的生活，令重耳安於現狀，不圖回鄉，但妻子齊姜卻發現他的舅舅和從人正在密謀離開齊國，要帶著他回到晉國。她是從女僕口中得知密謀計劃。她怕密謀洩漏，便殺了那個女僕，然後勸說重耳返回故國，平定禍亂，振興祖業。她對他說：「公子必從，不可以貳，貳無成命。」還說：「有晉國者，非子而誰？」她發覺自己的說話打動不了他，就私下和他舅舅商量，把他灌醉後挾持他上路，然而計劃並沒有派上用場：重耳醒來後，儘管勉強，但還是同意回國。在秦國（今甘肅陝西境內）國君穆公（公元前659-621年在位）的軍隊支援下，重耳被立為晉國國君，是為文公（公元前636-627年在位）。文公給晉國帶來和平，在他治理之下，晉國成為春秋時期五霸之一。晉國人歡迎齊姜成為晉文公的夫人，如同歡迎頗有影響的懷嬴（秦穆公的女兒；參見嬴氏，晉懷公夫人傳）一樣。齊姜的傳記以〈晉文齊姜〉為題收入《列女傳》的〈賢明傳〉內，傳末有此讚譽：「齊姜公正，言行不忘，勸勉晉文，反國無疑。」

Constance A. Cook

龍仁譯

◇ 劉向，《列女傳》，見《四部備要》本，卷2，頁2上－下。
◇ 《左傳》，莊公28年，僖公4年，見《春秋經傳引得》，上海：古籍出版社，1983年，頁74、93。
◇ O'Hara, Albert R. *The Position of Woman in Early China According to the Lieh Nü Chuan, "The Biographies of Chinese Women."* Taipei: Mei Ya, 1971; 1978, 52-54.

121 齊義繼母 Qi yi jimu

齊義繼母是住在齊國（今山東境內）的一位高義婦人，活躍於前四世紀。她是寡婦，有兩個兒子，長子是繼子（丈夫前妻所生的兒子），幼子則是親生。一日，其中一個兒子在路邊與人打鬥，並將對手殺了。兩兄弟為了保護對方，都說自己殺了人。審案的官吏無法斷定誰是真兇，就是相國和齊宣王（公元前342-324年在位）也定不了案。於是宣王命相國找來寡婦，問她「母何所欲殺

活」,由她決定讓哪個兒子死、哪個兒子生。對一個母親來說,這個決定實在難下。儘管心如刀絞,她還是說,該處死幼子;而在追問下,她表示當年丈夫臨終前,她曾答應他,會好好照顧長子。對她來說,讓長子死幼子活,就是背棄了承諾,是「以私愛廢公義」。宣王被她的義行感動,赦免了她兩個兒子,並贈予「義母」的稱號。她的傳記收入《列女傳》的〈節義傳〉內。

Constance A. Cook
龍仁譯

◈ 劉向,《列女傳》,見《四部備要》本,卷5,頁6上–下。
◈ O'Hara, Albert R. *The Position of Woman in Early China According to the Lieh Nü Chuan, "The Biographies of Chinese Women."* Taipei: Mei Ya, 1971; 1978, 139-41.

122 黔婁妻 Qian Lou qi

黔婁的妻子活躍於公元前五世紀,住在魯國(今山東境內)。黔婁是位教師,很有學問,但把榮華富貴拒之門外。他死後,曾子(公元前506年生)和門人前來弔唁。曾子是孔子的門下,他一眼看到覆蓋在黔婁遺體上的棉被太短,就建議把被子拉斜,這樣至少頭腳都能蓋住。黔婁妻子負責安排葬儀,她對曾子說,丈夫生前不喜歡把東西弄斜;若只因被子不夠長就把它拉斜,實在不合適。接下來曾子問黔婁的妻子何故以「康」為亡夫的諡號,因為「康」有「滿足」和「喜樂」之意。她解釋道,這個諡號反映了黔婁為人謙和知足。她告訴曾子,亡夫「不戚戚於貧賤,不忻忻於富貴。求仁而得仁,求義而得義。」曾子聽罷,很快明白過來,並對她說:「唯斯人也,而有斯婦。」她的傳記以〈魯黔婁妻〉為題收入《列女傳》的〈賢明傳〉內。

Constance A. Cook
龍仁譯

◈ 劉向,《列女傳》,見《四部備要》本,卷2,頁7下–8上。
◈ O'Hara, Albert R. *The Position of Woman in Early China According to the Lieh Nü Chuan, "The Biographies of Chinese Women."* Taipei: Mei Ya, 1971; 1978, 66-68.

123 清，巴蜀寡婦 Qing

清（巴蜀寡婦清，活躍於公元前259-210年），巴蜀涪陵（今四川境內）人，秦始皇（公元前221-210年在位）年間一個經營有道的礦主。《漢書》稱她為巴寡婦清，《史記》則稱她為巴蜀寡婦清。她很年輕便守寡，終生未有再婚。她名叫清，本人與夫家的姓氏都無從查考。她的先人因開採丹砂而富甲一方，她接手這門家族生意後，精心經營，獲利更豐。她在技術層面如何推廣開採丹砂的業務，史籍並無記載。她獨居於偏遠村落，因為家財萬貫，沒有人敢欺負她。據說秦始皇對她禮遇有加，封她為貞婦，並修建女懷清台來紀念她。

司馬遷在《史記》中對她的評語是：「禮抗萬乘，名顯天下」。

沈立東

◇《史記》，北京：中華書局，1973年，冊6，卷129，頁3253–3283。
◇《漢書》，北京：中華書局，1975年，冊8，卷91，頁3679–3695。

124 齊女傅母 Qinü fumu

齊女傅母就是齊國女子莊姜的傅母，活躍於公元前八世紀末，以教導莊姜（衛莊公夫人）修身養性終成儀範而傳名。莊姜是齊國（今山東境內）王室之女，又名齊夫人。她美貌出眾，嫁給衛國（今河南河北境內）的莊公（公元前757-735年在位）。《詩經》詩篇〈碩人〉裡，對她在婚禮上的儀容，有這樣的描寫：

    手如柔荑

    膚如凝脂

    領如蝤蠐

    齒如瓠犀

    螓首蛾眉

    巧笑倩兮

    美目盼兮

然而莊姜初嫁入衛國時，舉止被人認為輕佻放蕩。傅母擔心她這樣會影響

到衛國國君的名聲、辱及先祖，所以勸喻她要培育德行，舉止有禮，合乎法度。傅母還作了一首詩，以「碩人其頎」形容莊姜，說她應當為人表率，砥礪「女之心」，使節操更高尚。該首詩收入《詩經》。莊姜接受了傅母的提點。

莊姜沒有生育，以衛莊公一個妃子的兒子為嗣。這個兒子被立為太子，以後成為衛國國君，是為桓公。當時中國婦女受過教育者鳳毛麟角，傅母顯然學識豐富、深懂禮法。她的傳記收入《列女傳》的〈母儀傳〉內。

Constance A. Cook
龍仁譯

◈ 劉向，《列女傳》，見《四部備要》本，卷1，頁6上。
◈ 屈萬里，《詩經釋義》，毛詩第57首，台北：華岡出版社，1977年，頁43–45。
◈ 《左傳》，隱公3年，見《春秋經傳引得》，上海：古籍出版社，1983年，頁8。
◈ Waley, Arthur. *The Book of Songs*. London: George Allen & Unwin, 1937; 1969, 80.
◈ O'Hara, Albert R. *The Position of Woman in Early China According to the Lieh Nü Chuan, "The Biographies of Chinese Women."* Taipei: Mei Ya, 1971; 1978, 28-30.

125 漆室女 Qishi nü

漆室女是居住在魯國（今山東境內）漆室城的一個女子，活躍於公元前五世紀。她的鄰居見到她終日鬱鬱寡歡，誤以為她是因為婚期已過而尚未出嫁；其實她是在為國運擔憂。她向當地婦女解釋說，魯國國君穆公年老而固執，儲君幼小又愚笨，這將導致災禍。她告訴大家說，國家大事不單是男子和大臣們的事，當戰馬踐踏莊稼，當像她兄弟的年輕人為照顧他人而犧牲時，所有普通百姓的身家性命都會受到影響。她果然料事如神，不到三年，北面的齊國，西面的楚國都入侵魯國，百姓被迫服役。人們都說漆室女高瞻遠矚。她的傳記以〈魯漆室女〉為題收入《列女傳》的〈仁智傳〉內。

Constance A. Cook
龍仁譯

◈ 劉向，《列女傳》，見《四部備要》本，卷3，頁8上–9下。
◈ O'Hara, Albert R. *The Position of Woman in Early China According to the Lieh Nü Chuan, "The Biographies of Chinese Women."* Taipei: Mei Ya, 1971; 1978, 95-97.

126 秋胡妻 Qiu Hu qi

魯國（今山東境內）人秋胡的妻子生卒年不詳，有潔婦的稱號。雖然記載中沒有說明，她可能是秋胡的第二任妻子，因丈夫婚後五天就西行遠去，往陳國就職，而她卻提及撫養丈夫的孩子，應該是前妻留下的孩子。秋胡一去五年，歸家時來到父母居屋附近，看到路邊一個採桑（養蠶）的婦人，趨前調戲，但未能得逞，回得家來才發現那路邊婦人正是自己的妻子。妻子責備他離家五年，回來不直奔家中探視母親，反逗留路邊，實為不孝；推而廣之，對父母不孝也會對國家不忠。對他這般德行敗壞，她很是不滿，說今後無法再一起生活：「妾不忍見子改娶矣，妾亦不嫁。」她於是投河而死。人們讚美她「精於善」，但她卻自殺了；而她的丈夫品行不端，被人形容為「不孝莫大於不愛其親而愛其人」，卻認為沒有必要為此而自殺。她的傳記以〈魯秋潔婦〉為題收入《列女傳》的〈節義傳〉內。

唐代書法家韋續稱秋胡之妻創造了一種叫做「蟲書」的特殊書體，但後來無人使用，原因不明。

Constance A. Cook
龍仁譯

◈ 劉向，《列女傳》，見《四部備要》本，卷 5，頁 6 下 –7 下。
◈ 韋續，〈五十六種書法：一卷〉，見《墨藪》，收入《唐人書學論著》，台北：世界書局，1971 年，頁 1–5。
◈ O'Hara, Albert R. *The Position of Woman in Early China According to the Lieh Nü Chuan, "The Biographies of Chinese Women."* Taipei: Mei Ya, 1971; 1978, 141-43.

127 如姬 Ruji

如姬（活躍於約公元前 258 年）是魏安釐王（公元前 276-244 年在位）的寵妃。她利用這層關係幫助趙國，使它的都城不被秦國軍隊所攻陷，因而得到世人稱譽。

到了公元前三世紀中葉，秦國已經成為當時戰國七雄中實力最強的國家，佔據中原大地，並逐步吞併魏、韓、趙、楚、齊、燕這些鄰國的土地。每逢秦國攻打其中一國，餘下諸國都會深感不安，因為秦國是他們的共同敵人，軍事實力又遠勝他們，所以都想彼此支援，一起抗敵。當時，趙魏兩國結成了姻親

聯盟：趙王之弟平原君與魏安釐王之妹結親，因此，秦軍（公元前258年）進犯趙國、圍困都城邯鄲（今河北大名）時，平原君夫人就分別修書給兄長安釐王和弟弟信陵君求助。魏安釐王派出大將晉鄙率軍救趙，但秦國威脅魏國，稱魏若援趙，秦就攻魏；此舉是先發制人，意圖破壞趙魏聯盟。不難想像，魏安釐王驚恐萬分，隨即命令晉鄙在鄴城（今河北臨漳）駐紮待命。

　　隨著邯鄲的形勢越來越嚴峻，平原君派出信使到安釐王和信陵君那兒去懇求和訴說；信陵君也多次要求魏王出兵，不但如此，他還再次派手下饒有辯才的門客，去說服魏王。可是一切歸於徒勞。信陵君最後決定奔赴被圍的邯鄲，要與姐姐、姐夫同生共死，以示與趙國團結一致。

　　這時，信陵君有個門客提出一個更好的辦法。他提醒信陵君，他曾為安釐王寵妃如姬報仇雪恥，將她的殺父仇人處死；如姬深為感激，一直伺機圖報。這個門客建議信陵君要求如姬從安釐王寢宮偷出調兵的虎符，這樣他就可將晉鄙取而代之，調遣兵馬開赴趙國。

　　不出所料，如姬毫不猶豫地為信陵君竊得了虎符，信陵君拿去要求晉鄙交出兵權。晉鄙剛一遲疑，信陵君的隨人用一個鐵製鈍器把他砸死，信陵君隨之率兵進擊秦軍，很快便解除了邯鄲之圍。信陵君在趙國受到熱情款待，加上懼怕母國魏國加害，故留在趙國，一住多年。至於如姬此後的命運，則無從查考。中國歷史上，有很多女子像如姬一樣，在關鍵時刻起了關鍵作用，而事後卻無人再提及了。

蕭虹
龍仁譯

◇ 《史記》，北京：中華書局，1959年，冊5，卷77，頁2377-2382。
◇ 司馬光，《新校資治通鑑注》，台北：世界書局，1977年，冊1，卷5，頁179-183。
◇ 劉士聖，《中國古代婦女史》，青島：青島出版社，1991年，頁69。

128 僧敬 Sengjing

　　比丘尼僧敬（402-486），俗姓李，名字不詳，來自建康（今南京市）附近的秣陵。她在中國邊遠的嶺南地區，居住了三十餘年，以身作則，傳播佛教。《比丘尼傳》的僧敬尼傳這樣形容她：「風流所漸，獷俗移心」。意思是說她的影響所及，粗獷的風俗都改變了。

南朝時代（420-589），佛教不僅在長江流域及京城建康一帶非常盛行，佛教強烈的傳道特質也把佛教帶到了遠離京城的地方。僧敬出生前，家人已指腹拜師，讓她出家。出生後，被送到京城的建安寺，成為一個比丘尼的弟子。到六歲時，已經受了很好的教育，能夠背誦幾卷經文。

劉宋文帝（劉義隆，407-453；424-453年在位）時，魯郡孔默之出鎮廣州（今廣東省），帶僧敬同行。433年，僧敬遇見了由鐵薩羅帶領的錫蘭比丘尼一行數人，她們乘船而來，前往京城。僧敬極可能在番禺（今廣州市）遇見了錫蘭的比丘尼，番禺一直是往東南海運的一個主要港口。海路也是佛教人士來往錫蘭和中國最方便的途徑。

僧敬在錫蘭的比丘尼幫助下，在比丘和比丘尼二眾之前受戒，成為受具足戒的比丘尼（參見慧果傳）。

五世紀時，佛教徒前往印度朝聖是很普遍的事。僧敬也想「乘船泛海，尋求聖跡」，不過被周圍的人所勸留下來。他們為她捐地造寺，她一留就三十餘年。最後，宋明帝（劉彧，439-472；465-472年在位）也聽到她的聲名，把她召回京城。這應該發生在465年，亦即他登基那年。在同一年，他又下令把其他比丘尼安置到他喜好的尼寺（參見寶賢傳、法淨傳）。

在劉宋皇朝，僧敬是佛教清規修行的典範，也是佛教界和俗家弟子的良師，後來也一樣受到齊朝（479-502）皇室的尊崇。僧敬死於486年，名人沈約（441-513）為其撰寫墓誌。

Kathryn A. Tsai

◈ 高楠順次郎、渡邊海旭、小野玄妙編，《大正新修大藏經》，東京：大正一切經刊行會，1924–1929。
◈ 寶唱，〈僧敬尼傳〉，見《比丘尼傳》，卷3，載《大正新修大藏經》，高楠順次郎、渡邊海旭、小野玄妙編，東京：大正一切經刊行會，1924–1929，冊50，頁942。
◈ 陳夢雷，《古今圖書集成考證》，上海：中華書局，1934年，冊506。
◈ Tsai, Kathryn Ann. "The Chinese Buddhist Monastic Order for Women: The First Two Centuries." In *Women in China: Current Directions in Historical Scholarship,* ed. Richard W. Guisso and Stanley Johannesen. Youngstown, NY: Philo Press, 1981, 1-20.
◈ Baochang [Shih Pao-ch'ang]. *Lives of the Nuns: Biographies of Chinese Buddhist Nuns from the Fourth to Sixth Centuries: A Translation of the Pi-ch'iu-ni chuan,* trans. Kathryn Ann Tsai. Honolulu: University of Hawaii Press, 1994, 69-70.

129 上官皇后，漢昭帝 Shangguan Huanghou

上官皇后（孝昭上官皇后，公元前 89？-37 年），名字不詳，上邽（今甘肅境內）人。她六歲嫁給昭帝（劉弗陵，公元前 94-74 年；公元前 87-74 年在位），成為皇后，昭帝當時十二歲。

上官皇后的祖父上官桀（公元前 80 年卒），初為武帝（劉徹，公元前 156-87 年；公元前 141-87 年在位）的羽林期門郎；後在武帝晚年，升任左將軍，位高權重。武帝駕崩前，指令上官桀與大將軍霍光（公元前 68 年卒）輔助七歲的小兒子劉弗陵登基。自此兩人共同輔政。上官桀的兒子上官安娶了霍光的長女（名字不詳）為妻，生下一女，就是後來的上官皇后，於是兩家關係更加密切。那時昭帝年紀尚小，由大姐鄂邑蓋長公主撫養。上官安買通各人，讓女兒得以入宮，獲封為婕妤。上官安也因此被封為騎都尉。公元前 83 年，上官婕妤被冊立為皇后，上官安被封為桑樂侯，又升遷為車騎將軍，生活驕奢，淫逸無度。

上官皇后的外祖父霍光卻沒有以權謀私，一直以輔佐幼帝為己任。由於霍光秉公辦事，掌控朝政，上官氏父子再難濫權謀私，令十四歲的皇帝言聽計從，所以他們對霍光甚為妒恨。此外，霍光拒絕為蓋長公主的情夫丁外人以及為御史大夫桑弘羊（公元前 152-80 年）的兒子們安排官職；而燕刺王劉旦又覺得自己是昭帝的兄長，卻得不到帝位，也心存怨懟。於是，劉旦和蓋長公主與上官氏父子聯合起來對付霍光，向昭帝上書指責霍光濫用職權。昭帝雖年少，已能辨是非，並未受騙，還表明凡有詆毀霍光者，必予下獄查辦。上官氏父子等沒有知難而退，再次謀反，擬先殺霍光，廢昭帝，再立劉旦為帝，封上官桀為王。上官安更多走一步，密謀殺劉旦，廢昭帝，立上官桀為帝。結果有人告發，陰謀敗露，昭帝下詔捕殺上官桀、上官安、桑弘羊和丁外人等，且滅其宗族。蓋長公主自殺，劉旦賜自縊死，他的王后、夫人等自殺者二十餘人。上官皇后年紀尚小，朝廷認為她沒有參與陰謀，而且她是為人耿直的霍光的外孫女，所以沒有將她廢黜。

公元前 74 年，昭帝駕崩，年僅二十一歲。那時的上官皇后只有十四五歲，成了寡婦，卻尚未生育。由於昭帝無子嗣繼承，她坐上太后的位置，名義上是一國之首。不過，真正掌管朝政的還是霍光。他與諸大臣商議後，決定立劉賀為帝。劉賀是昌邑王劉髆的兒子，也是武帝和李夫人（參見李夫人，漢武帝傳）

的孫兒。但沒多久，他們便發現劉賀荒淫無度，而且不聽勸諫，實不宜繼續做皇帝。霍光又與諸大臣商議，決定廢掉劉賀，並向上官太后稟報，解釋因由。太后以一國之首的身份，在未央宮承明殿親自召見劉賀，並命尚書令朗讀諸大臣請廢劉賀的奏書。太后越聽越氣，突叫暫停，然後對劉賀責問道：「止！為人臣子，當悖亂如是邪！」劉賀慌得伏地請罪，尚書令繼續朗讀奏書。待奏書讀畢，太后下令廢黜劉賀，命他返回昌邑，賜他封地，讓他保留原有財物，但將他二百多名官員和僕從處決。劉賀在位僅二十七天。

由於帝位懸空，國家大事便由名義上是一國之首的上官太后暫管。為此，霍光安排太后學習儒家經籍，請夏侯勝教她《尚書》。霍光同時著手尋找皇位繼承人。這時，曾在武帝時代任廷尉監的丙吉（公元前55年卒），向霍光遞交奏表，建議由武帝曾孫劉病已（即劉詢，公元前91-49年）繼承皇位。當年（公元前91年）的巫蠱冤案（參見衛子夫，漢武帝皇后傳），令劉病已的祖父劉據一家慘遭滅門，不是自殺就是被殺，劉進的兒子劉病已是唯一存活的後人。案發時，劉病已還是個嬰兒，丙吉救了他，還出錢安排別人照顧他。後來，劉病已被送到已故祖母的家，恰逢大赦，自此由外曾祖母貞君撫養。之後，武帝下令將劉病已收養於掖庭，並將他錄入皇家宗譜。公元前77年，劉病已十四五歲，在掖庭令張賀（公元前70年卒）安排下，娶許平君（參見許平君，漢宣帝皇后傳）為妻。劉病已自少熟讀詩書，據說能知曉昭帝時的吏治得失和民間疾苦。

丙吉建議的人選，得到霍光和其他大臣支持，他們上書上官太后，請求准許劉病已繼承皇位。他們在奏書中說：「師受《詩》、《論語》、《孝經》，操行節儉，慈仁愛人，可以嗣孝昭皇帝後，奉承祖宗，子萬姓。」上官太后同意，召劉病已到未央宮，先由庶人封為陽武侯，接著就皇帝位，是為宣帝（公元前74-49年在位）。上官太后仍被尊為皇太后，自此退居長樂宮，不再參與政事。

公元前49年，宣帝駕崩，太子劉奭即皇帝位，是為元帝（公元前76-33年；公元前49-33年在位），尊年僅四十歲的上官太后為太皇太后。公元前37年，上官太皇太后去世，與昭帝合葬於平陵。上官氏六歲嫁給昭帝，從此備受這段政治婚姻的束縛，十五歲起守寡，孀居三十二載。史書為她塑造了一個正面的形象，指出她在霍光引領下，曾短暫執政，表現得當，知所進退，「鬚眉男子，或不愧乎！」

按朝廷慣例，皇帝退位或稱降的法令，皆由宗室女子頒佈，上官皇后可能就是最早執行這類職責的宗室女子，她當時的職責，就是廢黜失德的皇帝。慈禧太后在晚清執掌朝政時，也履行了很多類似的職責（參見《清代婦女傳記辭典・孝欽顯皇后傳》）。

鮑善本

◇ 司馬光，《資治通鑑》，北京：中華書局，1956 年，冊 1，卷 23，頁 749–774，卷 24，頁 775–807。
◇ 《漢書》，北京：中華書局，1975 年，冊 8，卷 97 上，頁 3957–3964。
◇ 陳全力、侯欣一編，《后妃辭典》，西安：陝西人民教育出版社，1991 年，頁 14。
◇ Ban Gu. *Courtier and Commoner in Ancient China: Selections from the "History of the Former Han" by Pan Ku,* trans. Burton Watson. New York: Columbia University Press, 1974, 47, 125–38.
◇ Loewe, Michael. *Crisis and Conflict in Han China.* London: George Allen & Unwin, 1974.

130 召南申女 Shaonan Shennü

召南申女是小國申國（今河南境內）女子，生卒年不詳。召南是地名，在申國。申女因未來婆家沒有按規定辦妥婚禮的各項儀式，故拒絕履行婚約，甚而因此被告入獄，由於她對禮儀的重視，受到了人們的揄揚。一般認為，此處的召南與《詩經》〈國風〉的〈召南〉同屬一地，〈召南〉收集該地的詩篇，故以地名為篇名。傳統上，人們將申女的故事聯繫到〈召南〉內的詩篇〈行露〉（毛詩第 17 首），並暗示這首詩是她寫的：

> 厭浥行露，
>
> 豈不夙夜，
>
> 謂行多露。
>
> ……
>
> 誰謂女無家？
>
> 何以速我訟？
>
> 雖速我訟，
>
> 亦不女從。

亞瑟・韋利（Arthur Waley）相信，此詩指的是一個男子勾搭上一個女子⋯她想利用訴訟逼他娶自己，所以她的自述乃是不實之詞。然而另有學者把申女看作一個通曉禮儀的女子典範；換言之，她遵守禮儀條文，並且堅持不渝。申女似乎在寫完此詩後不久就離世，是自盡還是死於獄中，已無法得知，正如郝繼隆（O'Hara）書中所說：她寧肯赴死，也不去丈夫的家，並寫下了一首詩。

她的傳記收入《列女傳》的〈貞順傳〉內。

Constance A. Cook
龍仁譯

◈ 劉向，《列女傳》，見《四部備要》本，卷 4，頁 1 上－下。
◈ 屈萬里，《詩經釋義》，毛詩第 17 首，台北：華岡出版社，1977 年，頁 12–13。
◈ Waley, Arthur, *The Book of Songs*. London: George Allen & Unwin, 1937; 1969, 64-65.
◈ O'Hara, Albert R. *The Position of Woman in Early China According to the Lieh Nü Chuan, "The Biographies of Chinese Women."* Taipei: Mei Ya, 1971; 1978, 102-3.

131 慎夫人，漢文帝 Shen Furen

慎夫人（孝文慎夫人，活躍於公元前 180-157 年），邯鄲（今山西境內）人，文帝（劉恆，公元前 202-157 年；公元前 180-157 年在位）的寵妃。《史記》和《漢書》等正史對她的記述十分簡略，只提到她是個「高雅」的宗室女子，地位顯要，經常陪伴文帝，甚得文帝寵信。

慎夫人的出生地邯鄲，位於漳河與黃河之間，在秦統一中國以前，是趙國的都會，繁榮興旺。到了西漢初年，全國經濟得到發展，由於地理位置特殊，邯鄲成了全國有名的商業重鎮。邯鄲北通燕國涿鹿（今河北境內，鄰近北京），南鄰鄭魏，交通便利，風俗靡麗。據古詩記載，「燕趙多佳人，美者顏如玉。」邯鄲的女性，據說生活奢華，擅長彈琴鼓瑟，能歌善舞，穿著時尚的拖鞋和長袖舞衫到處示人，招人愛慕。秦始皇（公元前 259-210 年；公元前 221-210 年在位）的後宮，就有許多趙衛兩國的女子，在他身邊侍候的女子，不乏溫文優雅的趙國佳麗。他的母親趙姬，亦來自趙國。

漢文帝崇尚節儉，「即位二十三年，宮室苑囿狗馬服御無所增益，有不便，輒弛以利民。」他平時穿的都是黑色粗布衣服。他也令慎夫人「衣不得曳地，幃帳不得文繡，以示敦樸。」慎夫人聽從文帝的指示，拋開從小沾染的時尚奢華，棄掉舞衫文繡，投入簡樸節儉的生活，以為天下表率。

一日，慎夫人陪著文帝去霸陵。文帝一時高興，指著新豐道對她說：「此走邯鄲道也！」接著命慎夫人鼓瑟，自己也隨瑟聲高歌。突然之間，文帝感到一陣悲涼，向隨行的臣子說道：「嗟呼！以北山石為槨，用紵絮斮陳漆其間，豈可動哉！」意思是死後用北山的石頭做棺槨，然後用絲絮和漆包裹，難道還被人盜墓嗎？眾皆稱善，只有中郎將張釋之規勸說：「使其中有可欲，雖錮南山猶有隙；使其中亡可欲，雖亡石槨，又何戚焉？」意思是假如裏面有人家想要的東西，就算像南山一樣堅固，也會有縫隙的；如果沒有，又有什麼好擔心的呢？文帝覺得張釋之說得有道理，十分欣賞他的識見，後來還升了他的官。當時在場的慎夫人並沒有說話，可能她也同意張釋之的說法。

　　慎夫人沒有兒子，但文帝對她寵愛有加。她在宮中常與文帝、竇皇后（參見竇猗房，漢文帝皇后傳）同席而坐，可見她受到的禮遇等同皇后。一日，文帝到上林苑，皇后與慎夫人同去。三人如常同席而坐。這次，中郎將袁盎把慎夫人從皇帝、皇后身邊帶到下面的坐位，慎夫人怒不肯坐。文帝亦生氣，立刻起駕回宮。袁盎勸說文帝：「臣聞尊卑有序則上下和。今陛下既已立后，慎夫人乃妾，妾主豈可與同坐哉！適所以失尊卑矣。且陛下幸之，即厚賜之。陛下所以為慎夫人，適所以禍之。陛下獨不見『人彘』乎？」（參見戚夫人，漢高祖傳。）他是以戚夫人的故事警惕文帝和慎夫人，文帝太寵幸慎夫人，實際是在害她。文帝聽後，明白過來，乃召見慎夫人，向她解釋袁盎這樣做的原因。慎夫人明白其中道理之後，不但不再生氣，還賞賜袁盎黃金五十斤，以表示感激之情。

　　從上述事例可見，慎夫人懂得審時度勢，善納嘉言，是個聰慧的女人。

張琦、何天成

◇ 《史記》，北京：中華書局，1973 年，冊 1，卷 9，頁 395–412；冊 1，卷 10，頁 413–438；冊 4，卷 49，頁 1967–1986；冊 5，卷 87，頁 2539–2563；冊 5，卷 101，頁 2737–2745；冊 6，卷 129，頁 3253–3283。
◇ 《漢書》，北京：中華書局，1975 年，冊 5，卷 50，頁 2307–2312。
◇ 沈德潛，《古詩源》，北京：中華書局，1978 年，卷 4，頁 90–91。

132 叔姬 Shu Ji

　　叔姬是姬氏年輕女子，晉國（今山西河北境內）人羊舌子的妻子，活躍於公元前六世紀。羊舌子來自羊舌族，為人剛正，廉潔自持，所以經常開罪身邊

的人。一次，有人送來一頭盜來的羊，叔姬給他出了個主意，令他不致身陷棘手的政治困局，得以全身而退；他聽從她的勸告，把羊收下，當他正要將羊分給兒子羊叔向、羊叔魚時，她又勸他把羊完完整整地放入甕中，然後埋在地下。兩年後盜羊案東窗事發，羊舌子就掘出完整的羊骨架讓審案的官吏查看，證明他未曾把羊吃掉，因而也沒有犯罪。為此，叔姬被譽為「能防害遠疑」。

人們也稱讚叔姬對兩個兒子的性情深有體悟，且能推知他們的未來。她曾告誡長子羊叔向，應娶與她同族的女子為妻，而不要接受國君晉平公（公元前557-532年在位）的安排，去和一個遐邇聞名的美女結親。她的理由是，若上蒼賜以絕世容貌，必然也受盡災難。在平公的壓力下，羊叔向勉強和那美人結了婚，婚後她產下一子，哭聲如狼嗥。叔姬認為，這個兒子必有狼子野心，他預兆著羊舌族將蒙受災禍。果然，這孩子成長後參與叛亂，導致全族覆滅。至於幼子羊叔魚，叔姬在他剛出生之時就說，這孩子相貌如同禽獸，必然滿心貪婪和邪惡。她的推斷後來也應驗了，在一宗爭地糾紛中，羊叔魚被控貪污受賄，被其中一方殺掉，事後屍體如同普通罪犯般，被暴陳於市。人們從這事看出，叔姬能洞察人性並饒有智慧，對她十分讚賞。她的傳記以〈晉羊叔姬〉為題收入《列女傳》的〈仁智傳〉內。

Constance A. Cook

龍仁譯

◎ 劉向，《列女傳》，見《四部備要》本，卷3，頁6上–7下。
◎ 《左傳》，召公28年，見《春秋經傳引得》，上海：古籍出版社，1983年，頁426。
◎ O'Hara, Albert R. *The Position of Woman in Early China According to the Lieh Nü Chuan, "The Biographies of Chinese Women."* Taipei: Mei Ya, 1971; 1978, 89-92.

133 司馬氏，楊敞妻 Sima shi

楊敞的妻子司馬氏（活躍於約公元前73年），陽夏（今陝西境內）人，著名史學家、文學家司馬遷（公元前145-86年？）的女兒，華陰（今陝西境內）人楊敞的妻子。

楊敞在軍中任職。初為大將軍霍光（公元前66年卒）幕府軍司馬，甚得霍光賞識；後遷至御史大夫。昭帝（公元前86-74年在位）二十一歲駕崩後，年僅十五歲的上官皇后（參見上官皇后，漢昭帝傳），名義上成為一國之首。不過，真正掌管朝政的是霍光。他最後擁立武帝的孫兒劉賀為帝。但沒多久，

他便發現做錯了，因為劉賀荒淫無度，而且不聽勸諫。他立刻與車騎將軍張安世謀劃廢掉劉賀，改立武帝曾孫劉病已（劉詢）為帝。他們議定後，便派大司農到楊敞家，當面告訴他。楊敞聽後驚懼異常，汗流浹背，說不出話來。司馬氏趁大司農離座更衣之際，從東廂房急步而出，對楊敞說：「此國大事，今大將軍議已定，使九卿來報君侯。君侯不疾應，與大將軍同心，猶與無決，先事誅矣。」於是，大司農更衣回來後，楊敞夫婦便與他共商該事，表示會全力支持，並請霍光依計行事。不出二十七天，年紀尚輕的劉賀被廢，劉病已被立為帝，是為宣帝（公元前 73-49 年在位）。

司馬氏公開與大司農和丈夫商討政事，以一介婦人而積極參與時政，似乎並不罕見。西漢末年，幾位參政的宗室女子，做的就不僅僅是提供意見。這段記載稱讚司馬氏當機立斷，政治觸角異常敏銳。不過，這件事能宣之於文字，原因之一，該與司馬氏的父親是司馬遷這一層，大有關係。

沈劍

◇ 《漢書》，北京：中華書局，1975 年，冊 6，卷 66，頁 2888–2889。
◇ 劉子清，《中國歷代賢能婦女評傳》，台北：黎明文化事業公司，1978 年，頁 90–91。

134 宋氏，宣文君 Song shi

宋夫人（283-362 後），又名宣文君，是專攻儒學經典《周禮》（又稱《周官》）的學者。她的名字籍貫皆不詳。《晉書》中她的傳記稱，她的家鄉被石虎（字季龍，295-349；334-349 年在位）侵佔。石虎是個羯族軍閥，執掌後趙政權，直到該國接近覆亡為止。據此推斷，她可能來自北方省份。

宋夫人喪母時年齡還小，父親看來沒有續弦，她一直由他撫養。宋家是儒學世家，父親待她稍長，就教她《周官》文字的音義。《周官》是一個治國文件的總集，內容涵蓋政務處理、各級官員及其相應職責。她父親說，《周官》是先聖周公編纂的，周公是周朝開國皇帝的弟弟，亦是孔子極為仰慕的人。她父親亦告訴她，《周官》學是家傳的學問，代代相傳下來。有資料引述他這樣說：「吾今無男可傳，汝可受之，勿令絕世。」意思是說他沒有兒子傳承，只能傳給她，叮囑她不要讓它亡佚於世。那時北方極為動盪，外族入侵，連番猛攻，西晉王朝覆亡。儘管時局不穩，她仍誦讀經典不輟，生怕日後遺忘。

宋夫人的家鄉被石季龍侵佔時，她和丈夫逃到泰山（今山東境內）以東地

帶。夫妻徒步而行，丈夫推小車，她則背負父親所傳書卷。到冀州（今河北境內）後，他們得到富翁程安壽接濟，在這個好心人的庇護下過活。

當時宋夫人的兒子韋逞還小，她白天砍柴，夜間教兒子讀書，且從不荒廢紡織。程安壽對她十分敬佩，感歎地說：「學家多士大夫，得無是乎！」意思是說人們稱文士之家都會培養出很多官員，大概她家也是這樣吧。韋逞完成學業後，漸漸遠近聞名，最終在前秦第三位君主苻堅（338-385；357-385年在位）朝中當官。當時北方分裂為多個小國，史稱十六國，其中一個便是前秦。苻堅是氐族人，卻仰慕中國文化，尤愛儒學，故在執政時期大力提倡。有次他來到太學，與眾「博士」談論經學，表示他為禮遺樂缺感到悲傷。博士盧壺說道：

> 廢學既久，書傳零落，比年綴撰，正經粗集，唯《周官》禮注未有其師。竊見太常韋逞母宋氏世學家女，傳其父業，得《周官》音義，今年八十，視聽無闕，自非此母無可以傳授後生。（學問久被忽視，許多經典的文本和注釋已散失；經多年收集，經學古籍大致收集齊全。現獨缺一位老師教授《周官》禮注。我知道太常韋逞的母親宋夫人，出身書香門第，得到父親傳授《周官》的音義。她雖年屆八十，聽力視力仍不錯，是給年青學子講學的不二人選。）

於是苻堅下令在宋夫人家中搭建講學堂，選派一百二十名學生在她門下學習，她則坐在絳紗幕後授課。苻堅頒賜她「宣文君」的頭銜，並遣送十名婢女供她使喚。於是「周官學復行於世」。時人稱她為「韋母宋氏」。

舊時中國的婦女啟蒙讀物裡，把宋夫人樹立為賢母和才女的典範。她名望高，主要是因為她學識淵博，與她的德行扯不上關係，特別是貞潔方面，但往後千百年間，女子守貞卻是人人欽慕的品德。這就是說，論者並沒有從傳統角度來評價宋夫人，著實使人耳目一新。

一般認為，能傳承儒學的婦女，只有兩位：宋夫人是其一，伏生之女是其二。伏生生活在漢文帝（劉恆，公元前202-157年；公元前179-157年在位）時代，專攻《書經》，當時來說，他是這個領域唯一在世的學者，但因年事高而口齒不清。他的弟子晁錯是潁川（今河南境內）人，因兩人所操方言差別很大，晁錯對老師所講授內容，僅聽懂七八成。有資料稱，是伏生的女兒羲娥（鄒平人，另有說是濟南人，兩地皆在今山東省）將父親的話語，口傳給晁錯。由於伏羲娥只是轉述父親的話，而宋夫人卻實實在在地傳承學問，所作貢獻自

然比前者大得多。後代的女學研究者還常將宋夫人與東漢女學者班昭（參見該傳）雙提並論。不過，清代女學者李晚芳就認為宋夫人勝過班昭，她說：「巾幗中，三代以下一人，宜俎豆之勿諼矣。」意思是說自古以來，她是最出色的婦女，人們要時刻敬重她。

有一點必須記取，宋夫人之所以有機會傳承父親學問，是因為父親沒有兒子；而這種傳統，在很大程度上造就她成為自古以來唯一能傳承學問的婦女。

蕭虹

龍仁譯

◇ 《古今圖書集成》，冊 420，北京：中華書局，1934 年，重印本，333 卷，頁 27 下。
◇ 《晉書》，北京：中華書局，1974 年，冊 4，卷 96，頁 2521–2522。
◇ 《漢書》，北京：中華書局，1975 年，冊 7，卷 88，頁 3603，注 2。
◇ 劉詠聰，〈前秦女經學家宣文君——兼論後世女教作品中宣文君形象之建立〉，載《中國婦女史論集六集》，鮑家麟編，台北：稻鄉出版社，2004 年，頁 109–127。

135 蘇伯玉妻 Su Boyu qi

蘇伯玉妻（活躍於 220-280 年），晉朝詩人，籍貫不詳。有文集稱她是東漢人，但大多文集，包括權威的《四庫全書提要》，都稱她是晉人。

蘇伯玉被派遣到蜀地（今四川省）做小官，妻子留在長安的家，兩人長時間分開，她在盤子裡寫了一首詩，詩在盤中作螺旋式的迴旋，由中央及於四角，因迴旋成文，故稱〈盤中詩〉。此詩表達了她對丈夫思念之情。蘇伯玉在外已另結新歡，但見詩後深受感動，回到她身邊。全詩如下：

山樹高，鳥鳴悲。泉水深，鯉魚肥。

空倉雀，常苦饑。吏人婦，會夫希。

出門望，見白衣。謂當是，而更非。

還入門，中心悲。北上堂，西入階。

急機絞，杼聲催。長歎息，當語誰？

君有行，妾念之。出有日，還無期。

結中帶，長相思。君忘妾，天知之。

135 蘇伯玉妻 Su Boyu qi

妾忘君，罪當治。妾有行，宜知之。

黃者金，白者玉。高者山，下者谷。

姓為蘇，字伯玉。作人才多智謀足。

家居長安身在蜀，何惜馬蹄歸不數。

羊肉千斤酒百斛，令君馬肥麥與粟。

今時人，智不足，與其書，不能讀。

當從中央周四角。

此詩屬雜體詩，主要為三字句，也有為數不多的七字句，共四十八句，二十七韻。詩的開端，用了民歌體的起興手法，抒寫妻子對丈夫久客不歸的極度思念之情。但詩中也反映了封建社會夫妻關係的不平等：「君忘妾，天知之；妾忘君，罪當治。」丈夫可以愛上別人，甚至再婚，但妻子卻不能。全詩語言明白曉暢，近似口語，感情樸實，無半點雕飾，發自肺腑。

這首詩很特別，怎樣讀出來，也意見紛陳。詩末句有所提示：「當從中央周四角」，據此可知盤為方形，後來有人將詩寫入圓形盤內，實行再創造。評論家胡應麟《詩藪》外編卷四曰：「蘇伯玉妻〈盤中詩〉，謂宛轉書於盤中者，則當亦迴文之類。今其詩在，絕奇古。如『空倉雀，常苦饑，吏人婦，會夫希』；『黃者金，白者玉』；『姓為蘇，字伯玉』；『家居長安身在蜀』皆三七言。不知當時盤中書作何狀，必他有讀法，不可考矣！」

對〈盤中詩〉，歷代文人評價極高，拍案叫絕。鍾惺《名媛詩歸》評曰：「〈盤中詩〉，詩奇，事奇，想奇，高文妙技，橫絕千古。」沈歸愚《古詩源》評曰：「此詩似歌謠，似樂府，雜亂成文，而用意忠厚，千秋絕調。」陸昶《歷朝名媛詩詞》評曰：「〈盤中〉之詩，奇想奇文，妙絕今古。然盤中迴環屈曲之妙，婦人聰慧細心或能為之。至於詞氣之宕逸疏快，一氣十轉，筆有靈機，千古文人無此妙作。」

但也有論者對此詩評價不高，如鄭振鐸便認為〈盤中詩〉是一種文字遊戲，他說：「漢魏之際，智人頗喜弄滑稽，作隱語，若蔡邕之題〈曹娥碑〉後，曹操之歎『雞肋』，成了一時的風氣，至晉未衰。由文字的離合遊戲，進一步而到了『當從中央周四角』一類的文字部位的遊戲，乃是極自然的趨勢。更進一

步而到了蘇若蘭〈迴文詩〉的繁複讀法,也是極自然的趨勢。」

毛澤東很喜歡〈盤中詩〉。他在自己的《古詩源》裡,對全詩加了圈點;連編者的注釋「使伯玉感悔,全在柔婉,不在怨怒,此深於情」也加圈點,還在天頭批道:「熟讀」。

蘇者聰

◇ 鍾惺,《名媛詩歸》,上海:有正書局,1918 年,頁 23 上–24 上。
◇ 鄭振鐸,《插圖本中國文學史》,北京:文學古籍社,1959 年,冊 1,頁 157–158。
◇ 沈德潛,《古詩源》,北京:中華書局,1973 年,頁 62。
◇ 丁福保,《全漢三國晉南北朝詩》,台北:世界書局,1978 年,卷 7,頁 509–510。
◇ 胡應麟,《詩藪》,上海:上海古籍出版社,1979 年,卷 4,頁 195–196。
◇ 馮惟訥,《古詩紀》,台北:台灣商務印書館,1985 年,卷 14,頁 112–113。
◇ 徐陵,《玉台新詠》,北京:中華書局,1985 年,下冊,頁 406–407。
◇ 鄭松生,《毛澤東與美學》,福州:福建教育出版社,1992 年,頁 232。
◇ 陸昶,《歷朝名媛詩詞》,上海:掃葉山房,出版年份缺,卷 1,頁 9 上–10 上。
◇ Birrell, Anne, trans. *New Songs from a Jade Terrace: An Anthology of Early Chinese Love Poetry*. London: Allen & Unwin, 1982, 242.

136 蘇蕙 Su Hui

蘇蕙(約生於 360 年),字若蘭,陳留(今河南境內)令蘇道質的第三女,秦州(今甘肅境內)刺史竇滔的妻子。她是位女詩人,善於寫「迴文詩」,並把詩繡在一塊錦緞上,以文字組成方塊,方塊內藏方塊,不論從何處讀起,也不論順讀反讀斜讀,都可以讀出一首詩來。

傳說蘇蕙儀容秀麗,聰慧精明,謙遜文靜,不求人前顯揚。十六歲時嫁給竇滔。竇滔出身世家,據說生得軒昂俊朗,不但精通經史而且武功嫻熟,深受時人敬重。據稱他這個謙遜文靜的年輕妻子性急善妒,但竇滔還是十分尊重她。他有個寵妾叫趙陽台,能歌善舞,安置在別處,最後還是被蘇蕙發覺。她將趙陽台揪住毆打,肆意侮辱一番方才甘休。竇滔對此自然心下不悅,加上趙陽台誇大其詞的力數蘇蕙的不是,竇滔對妻子便更惱怒。

前秦君主苻堅(338-385;357-385 年在位)很器重竇滔,委派他擔當過許多要職,每次他都表現卓越。379 年,苻堅取得襄陽城(今湖北境內),準備攻打地處江南的東晉。苻堅擔心襄陽尚未全然平定,故拜竇滔為安南將軍鎮守襄陽。竇滔請蘇蕙隨他赴任,但她因趙陽台一事餘怒未消,拒絕隨行。結果竇滔帶著趙陽台走了,從此與蘇蕙斷絕音訊。

丈夫離去時蘇蕙只有二十一歲。她對自己的決定深感懊悔，接著用五色絲線在一塊錦緞上織出精彩絕倫的迴文詩，顏色斑爛，賞心悅目。旁人表示無法讀懂時，她說：「非我佳人，莫之能解。」然後派僕人送到襄陽。竇滔看到迴文錦緞之後，覺得妙絕，更為詩中柔情所感動。他打發趙陽台離去，備車仗帶婢僕將蘇蕙接來。據說夫妻重新聚首以後，較前倍加恩愛。

那塊迴文織錦八寸見方，其上織有八百四十一個字，諸字可以拼組成詩句。不論以何種方式來讀，都可組成一首詩。它做工十分精細，每個字的點、畫都清晰可見。蘇蕙稱它為〈璇璣圖〉。璇璣，原意是指天上的北斗星。武則天（684-704 年在位，參見《中古（唐至明）婦女傳記辭典》）據「璇璣」兩字推斷，圖內文字的排列，如天上運行的星辰，循這些星辰的分佈可讀出一首首的詩。女詞人朱淑真（約 1135/38- 約 1180 年，參見《中古（唐至明）婦女傳記辭典》）亦為此圖撰寫文章。多少年來，人們都將它視作巧奪天工的佳作，認為不論在文學上或技巧上它均臻於上乘，論者不論男女，均齊聲讚歎。

據說蘇蕙曾寫作文章詩詞五千餘字，但在隋朝的戰亂時代全部散失，只有〈璇璣圖〉傳世。武則天認為蘇蕙的詩可歸類為最早期的「閨怨」詩。

因蘇蕙的〈璇璣圖〉深奧玄妙，千百年來人們都想破解其中奧秘。武則天是頭一個講述蘇蕙故事的人，她也從圖中讀出了兩百多首詩。八百多年後，詞人朱淑真憑著更高妙的解讀技巧，找出了三言、四言乃至五言、七言詩多首，成績比武則天還好。到了近代，文學史家謝無量更超越前人，找出三千八百餘首長短不一的詩，並將〈璇璣圖〉，連同他所解讀出的詩刊載於《中國婦女文學史》一書中。

蘇蕙可能因前人蘇伯玉的妻子（參見該傳）而得到啟發。蘇伯玉的妻子是詩人，曾在一個方形盤中寫迴文詩〈盤中詩〉。以現代人的文學品味看，這類文字遊戲未必會受到重視，不過從工藝品設計和紡織技巧的角度看，蘇蕙的〈璇璣圖〉絕對是獨一無二的傑作。

蕭虹
龍仁譯

◇ 謝無量，《中國婦女文學史》，上海：中華書局，1916 年；鄭州：中州古籍出版社，1992 年重印，第 2 編中，頁 25–68。
◇ 鄭振鐸，《插圖本中國文學史》，北京：作家出版社，1957 年，頁 177。
◇ 江民繁、王瑞芳，《中國歷代才女小傳》，杭州：浙江文藝出版社，1984 年，頁 57–59。

137 宿瘤女 Suliu nü

宿瘤女是齊國（今山東境內）女子，活躍於公元前三世紀初。她在齊國都城的東門採桑為生，因脖子上生有一瘤，故人稱宿瘤女。她說服了齊國的閔王（公元前 323-284 年在位），內在美遠勝於外在美，被閔王冊封為后，也因而為世人所知。

閔王龐大的車隊出遊時，街道上的百姓都放下工作，駐腳觀看。一日，閔王的車隊又出遊，只有宿瘤女採桑如故，沒看閔王一眼。閔王看在眼裡，便停下來問她，她回答說：「妾受父母教採桑，不受教觀大王。」閔王認為她工作勤懇，遵循教導，十分難得，只可惜長了個瘤，對此她回答道，她但求盡心盡力完成自己的工作，長了個瘤是不會令她傷心的。至此閔王對這位聰明的少女更為折服，就命她登車入宮，而宿瘤女以無父母之命為由婉拒了，尷尬的閔王只好讓她回家。接著他派遣使者到她父母處下聘，要迎娶她進宮。父母命她沐浴更衣，穿上最好的衣裳，她卻不聽，反說：「如是見王，則變容更服，不見識也。」意思是如果為了見王而換了衣服，王就不認識她了。

宮中諸妃子聽到閔王說，將有賢德的年輕女子進宮，「今至斥汝屬矣」，紛紛穿上最華麗的服飾，然而見到宿瘤女時，都不禁掩口而笑。閔王一時很難堪，就說：「且無笑不飾耳！夫飾與不飾，固相去十百也。」宿瘤女卻回答說，打扮與否，確實相差何止千萬倍；她又侃侃而談，說堯帝和舜帝從來不修飾自己的外表，他們只重視仁義的修養，所以生活簡樸，至今千餘年來，人們還銘記著他們的名字。桀紂腐敗，建造高台，後宮美女穿的是綾羅綢緞，佩戴的是珍珠寶石。桀紂導致國家覆亡，千餘年來，仍然為人們所譏評。一席話使妃子們羞慚不已，閔王由是立宿瘤女為后，在她為齊后的時期，國內大治。宿瘤女去世後，燕人（燕國在今北京）入侵，閔王外逃，被位於中原的楚國一個將領所殺。宿瘤女的傳記以〈齊宿瘤女〉為題收入《列女傳》的〈辯通傳〉內。

Constance A. Cook
龍仁譯

◇ 劉向，《列女傳》，見《四部備要》本，卷 6，頁 10 上 –11 上。
◇ O'Hara, Albert R. *The Position of Woman in Early China According to the Lieh Nü Chuan, "The Biographies of Chinese Women."* Taipei: Mei Ya, 1971; 1978, 174-77.

138 孫魯班 Sun Luban

孫魯班（約215-約258年），字大虎，步夫人（參見步夫人，孫權傳）與三國時期吳國開國皇帝孫權（大帝，182-252，222-252年在位）的長女。魯班原嫁給孫權舊友周瑜（175-210）之子周循，但周循死後她另嫁衛將軍、太守全琮（247或249年卒），那時大約是二十年代後期。頭銜隨之改為「全公主」、「全主」。全琮是徐州（今江蘇境內）牧，和他父親之前一樣，也是孫權最親密盟友兼最得力的統帥之一。

孫魯班和她妹妹孫魯育（255年卒）深深捲入了宮廷政治的漩渦。在立儲的風波中，她們分別支持敵對的陣營，各自扶持心中所選的異母兄弟繼承年邁父親的皇位，並不惜為此殊死拼鬥。她們的母親步夫人曾是父親最愛的妃子，但她並未生下兒子繼承皇位。孫權起先冊立長子孫登（209-241）為太子，孫登死後又冊立餘下最年長的兒子孫和（約226-253年）為太子。孫和是王夫人所生，孫權除了步夫人之外，最愛王夫人，且準備立她為皇后。孫魯班對立儲的事很是憂心，因為她曾誹謗孫和及王夫人，擔心對方會報復；她的丈夫也曾與王夫人為敵。孫魯班一派意在擁立她的異母弟孫霸（約232-250年）為太子，而孫魯育一派則企圖保住孫和的太子地位，鬥得難解難分。這些明爭暗鬥，使王夫人因「憂傷」而死，盛怒下的孫權，最後於250年廢黜了孫和，並命孫霸自盡。

孫魯班隨即將視線轉到七歲的異母弟孫亮（243-260）身上，計劃擁立這個孫權最小的兒子為太子。她安排丈夫侄子的女兒，嫁給這小孫亮為妻，當他在252年即位為帝之後，這個姑娘就當上了皇后。獲委任為小皇帝攝政的是丞相孫峻（256年卒），他是孫權的遠房堂兄弟，後來雖權傾當朝，但不得人心，根據《三國志》，至少有兩次有人企圖謀害他性命。孫魯班決意不遠離權力中心，孀居後就與族叔孫峻私通。《三國志》中對孫峻的描述十分不堪：「峻素無重名，驕矜險害，多所刑殺，百姓嚻然，又奸亂宮人，與公主魯班私通。五鳳元年，吳侯英謀殺峻，英事泄死。（孫峻一向名聲甚差。他高傲自大，盛氣凌人，暗中謀害，行事狠毒。他濫殺無辜，民怨沸騰。他還與宮中婦人關係曖昧，與魯班公主通姦。254年，孫英密謀暗殺孫峻，但計劃外泄，孫英被戮。）」次年又有人圖謀殺害孫峻，但事情敗露，孫魯班降罪於胞妹魯育，孫峻接著便殺了她。

翌年，孫峻亡故，堂兄弟孫綝（232-259）接手輔政。小皇帝開始過問朝政，孫綝怕自己僭越的行為暴露，就不上朝，皇帝和異母姐姐孫魯班密謀撤下孫綝，卻在258年被廢黜。事後孫魯班辯稱對撤換孫綝一事毫無所知，並將罪責推到魯育的兩個繼子身上，這兩人當然就被殺掉。而魯班似乎是被放逐到外地。

孫魯班至少生有一個兒子全吳，是她丈夫最小的兒子。全琮死時，吳國朝廷腥風血雨的陰謀鬥爭仍結果未明。後來，他的兒子們（與孫權另一個女兒所生）全都投降，轉向北面的魏國效忠。

孫魯班的妹妹魯育，字小虎，229年初嫁給驃騎將軍朱據（194-250），因之又稱「朱主」。朱據文武全才，被孫權提拔為官。250年，立儲鬥爭慘敗，朱據被鞭笞、降職，最後被賜自盡。孫魯育另嫁劉纂，雙方都是再婚；劉纂的前妻是孫權的次女（不知其名），已亡故。魯育至少生有一個孩子，是個女兒，嫁給母舅孫休（景帝，236-264，258-264年在位），後來當上皇后。

孫魯育於255年遇害，埋於亂葬崗，後來得到遷葬。吳國末代帝主孫皓（烏程侯，264-280年在位），找了兩個巫師尋覓她的墳墓，看來是因為感謝她曾幫助過他的父親——昔日的太子孫和。

值得一提的是，不論是孫魯班還是孫魯育，拿儒家禮教來衡量均非貞潔之輩，她們都有不止一個性伴侶。但在三國時期，即使是（或許特別是）皇室婦女有此情況，人們也不以為奇。孫魯班和魯育能讓後世記住的，是她們積極參政。魯班看來更具影響力，更不擇手段，也許是因為她比妹妹活得更久，又設計殺害了她。然而在那種亂世，可能除了主動出擊，也沒有其他法子活下去，少有人老死而得到善終。

秦家德
龍仁譯

◎ 司馬光，《新校資治通鑑注》，楊家駱主編，台北：世界書局，1977年，冊4，卷69–78，頁2175–2490。

◎ 《三國志》，北京：中華書局，1982年，冊5，卷48，頁1151；卷50，頁1200–1201；卷59，頁1369–1370；卷60，頁1383，注1；卷64，頁1448。

◎ Sima Guang. *The Chronicle of the Three Kingdoms (220-265), Chapters 69–78 from the Tzu chih t'ung chien of Ssu-ma Kuang*, trans. Achilles Fang, ed. Glen W. Baxter. Cambridge, MA: Harvard University Press, 1965, vol. 1, 683-84, 690; vol. 2, 15, 70–71, 86, 141, 160, 165, 181, 199, 228, 285, 295, 302, 313, 327, 377, 384.

◎ De Crespigny, Rafe. *Generals of the South: The Foundation and Early History of the Three Kingdoms State of Wu.* Canberra: Australian National University, 1990, 483-84, 511, 522.

◎ Chen Shou. *Empresses and Consorts: Selections from Chen Shou's "Records of the Three States" with*

Pei Songzhi's Commentary, trans. Robert J. Cutter and William Gordon Crowell. Honolulu: University of Hawaii Press, 1999, 47, 50-51, 55-56, 122-24; 163, 212-16.

139 孫壽 Sun Shou

孫壽（159 年卒）是大將軍梁冀的妻子，梁冀是梁妠（參見梁妠，漢順帝皇后傳）與梁女瑩（參見梁女瑩，漢桓帝皇后傳）的兄長。

梁冀於 141 年接替父親梁商為大將軍。順帝（劉保，115-144；126-144 年在位）死後，梁冀和妹妹，即順帝的皇后梁妠在幼主沖帝（劉炳，143-145；145 年在位）朝共同把持朝政。沖帝數月後夭折，他們將八歲的質帝（劉纘，138-146；146 年在位）捧上皇位。次年，質帝也在可疑的情況下去世。他們選擇劉志（桓帝，132-167；147-167 年在位）繼位。為了鞏固梁氏家族的地位，梁冀和梁太后將妹妹梁女瑩嫁給劉志。

梁冀的妻子孫壽第一次出現在史書上大約在 150 年梁太后去世的時候。她被冊封為襄城（在潁川，今河南境內）君，加陽翟的賦稅，年收入達五千萬錢，所用印綬等同長公主。

史書說孫壽極為美貌，但其餘的描寫都是最不堪的。說她「善為妖態」，眉毛和臉頰的化妝使她顯得悲愁無力的樣子，頭髮往一邊梳，名為「墮馬髻」。她的笑容看起來勉強而且痛苦，好像牙疼一般。走起路來纖纖碎步，猶如兩腳不勝身體的負荷。受到她惺惺作態的影響，梁冀也改變衣著車馬，穿特別長的袍子，窄帽，頭巾向一邊墜下，手持特大的扇子，乘坐平頂馬車。

根據《後漢書》，梁冀有外室名友通期，本為順帝宮人。他把她安置在城西，但孫壽等他外出後，帶領奴僕前去將她抓住，剪掉她的頭髮，鞭打她，再割破她的臉，還打算上書告發他。梁冀害怕極了，跪求孫壽的母親，孫壽不得已而打消這個念頭。可是他繼續與友通期來往，兩人生了個兒子。孫壽最後派兒子梁胤去殺掉友通期，當時友氏的孩子尚在繈褓，被梁冀藏起來，才逃出生天。

後來，梁冀又在城西，大概就是友通期曾居住的地區，建立別第，安置逃亡的人，其中也有良家婦女，都淪為他的奴婢，有數千人之多，他叫她們做「自賣人」。

梁冀又喜歡一個叫秦宮的奴隸，孫壽也看上了他，與他私通。秦宮因此權力在握，頗能左右朝政，成為他們二人最殘酷的爪牙。

儘管兩人之間有這些緊張關係和猜忌，梁冀顯然仍是迷戀孫壽，對她言聽

計從。在任用官員的事上，他甚至被她說服以她的家族成員代替自己的宗親。為了表示謙讓和自制，他把很多梁氏的官員斥退，換之以孫氏宗親。這些人在中央和郡縣以及軍隊都出任高職，而且不少改姓梁。他們全都貪婪殘酷，縱容手下羅織罪名拘捕富人，再拷打他們索取贖金。梁冀本身也是如此，他搶掠私人財產和壓榨官吏的惡名昭著，而孫壽的家人也同樣趁機圖利。梁冀大興土木，建造府第，孫壽在對街也建一個。兩處都竭盡豪華，林苑佔地廣大，多有勝景，夫婦倆共乘飾以金銀、上有羽蓋的輦車遊於其中。

大約153或154年，孫壽安排鄧猛女（參見鄧猛女，漢桓帝皇后傳）進入桓帝宮中。孫壽的舅父梁紀是鄧猛女的後父。鄧女很美麗，深得桓帝寵愛，很快封為貴人，只比皇后低一級。孫壽顯然是盤算著，身處內宮的鄧貴人會助孫家一臂之力。

起初，孫壽的計劃很成功，可惜梁紀不久就去世了。桓帝皇后梁女瑩於159年逝世後，桓帝有意立鄧猛女為皇后，各方為了權勢，發生激烈爭鬥。梁冀本想認鄧猛女為女兒，藉以維繫與皇室的聯繫。不過鄧猛女的親母宣聽信女婿邴尊的話，要把好處留給自己和近親，因而拒絕了梁冀的提議。

梁冀派秦宮帶著一隊人去殺邴尊，幾天以後他們又企圖闖入宣的府邸殺她。她逃出後告訴桓帝。桓帝召集幾個忠心的太監共同謀劃殺梁冀。此時梁皇后已死，梁冀與其黨人與內宮的往還已大減。桓帝派遣一隊由太監與官員合組的隊伍，把梁冀和孫壽的住宅包圍起來，然後收回他們的印綬，把他們貶到越南去。孫壽與梁冀自殺。他們的親族和手下都被罷免；很多被捕處死或流放。

在後世，孫壽的名字成為美色與任性奢靡的代名詞。

Rafe De Crespigny
蕭虹譯

◈《後漢書》，北京：中華書局，1973年，冊3，卷34，頁1179–1181。

140 孫叔敖母 Sunshu Ao mu

孫叔敖母是孫叔敖的母親，活躍於公元前六世紀。孫叔敖是楚國（今華中一帶）宰相。有評論家指出，孫叔敖本姓蔿，名敖，字孫叔。孫叔敖的母親得知兒子將雙頭蛇殺掉並埋葬後，準確的解讀了此事的兆頭，贏得了人們的讚譽。

孫叔敖兒時有次在路邊玩耍，看到一條雙頭蛇，時人皆以為見到雙頭蛇是個凶兆，於是小孫叔敖把它打死並埋入土中，不讓別人看見。他回到家中便哭了起來，母親問他何事，他答說看到不祥之物，擔心惡運將要到來。可是他的母親覺得他這樣做，顯示他品德高尚，不會交上惡運，反之，他會很有成就；上天也會因他的仁厚而降福於他。她的一番闡說，被後人譽為知「道德之次」。她的傳記收入《列女傳》的〈仁智傳〉內。

Constance A. Cook
龍仁譯

◈ 劉向，《列女傳》，見《四部備要》本，卷3，頁3上－下。
◈ O'Hara, Albert R. *The Position of Woman in Early China According to the Lieh Nü Chuan, "The Biographies of Chinese Women."* Taipei: Mei Ya, 1971; 1978, 81-82.

141 大姜 Tai Jiang

大姜，又名姜源，是周朝始祖后稷（名棄）的母親，活躍於公元前十二世紀末至十一世紀初。關於她的身份，有多種說法。有說她是邰氏之女（邰氏是邰族首領，住在今陝西境內）；有說她是邰侯之女；也有說她是有呂氏之女。有些故事說她是古公亶父（周朝建國前周族的首領）的妃子，古公第三子季歷的母親。還有些故事說她是太伯（周朝的立國神祇、周人先祖）、仲雍和王季的母親。到了漢代，她被奉為周室三母之一（參見大任、大姒的傳記），周室諸王曾諮詢於她們三人。

大姜以姜源的身份出現時，是帝嚳的元配和后稷的母親。后稷是農神，周朝百姓及姬氏的先祖。她在郊外走路時，踏在巨人的足跡上，後來便懷孕，生下后稷。起初，她覺得這個孩子不祥，打算把他拋棄。《詩經·大雅·生民》一詩描述了這事：

> 不康禋祀，居然生子。
>
> 誕寘之隘巷，牛羊腓字之。
>
> 誕寘之平林，會伐平林。
>
> 誕寘之寒冰，鳥覆翼之。
>
> 鳥乃去矣，后稷呱矣。

她留意到鳥獸對孩子的舉動很不尋常,都護佑他,最後還是把他抱回家去。

這個故事演變到後來,添加了個說法,就是讚揚大姜教曉了后稷耕種技術,使他日後被尊為農神,她「好種稼穡。及棄長,而教之種樹桑麻。」她一直被描述為性格溫順文靜,教子有方,且「靡有過失」。她的傳記以〈棄母姜嫄〉為題收入了《列女傳》的〈母儀傳〉內。

Constance A. Cook
龍仁譯

◇ 劉向,《列女傳》,見《四部備要》本,卷1,頁2下,4上。
◇ 屈萬里,《詩經釋義》,〈行葦〉,毛詩第246首,台北:華岡出版社,1977年,頁224–226。
◇ 瀧川龜太郎,《史記會注考證》,台北:洪氏出版社,1977年,卷4,頁2、8。
◇ Waley, Arthur. *The Book of Songs.* London: George Allen & Unwin, 1937; 1969, 241.
◇ O'Hara, Albert R. *The Position of Woman in Early China According to the Lieh Nü Chuan, "The Biographies of Chinese Women."* Taipei: Mei Ya, 1971; 1978, 17-19, 22-25.

142 大任 Tai Ren

大任,公元前十一世紀初人,任氏(任族的首領;有資料稱此氏族名為摯任)的中女,大姜(參見該傳)兒子季歷的妃子。由於她是文王的母親(文王是周朝開國之君姬昌的諡號),故被封為有德之婦。人們將文王之能成為聖賢明君,歸功於大任的胎教,她在懷孕時,「目不視惡色,耳不聽淫聲,口不出敖言」。人們稱讚她「知肖化」,明白妊娠之時,「感於善則善」,即感受到良好的事物,便會生出優秀的孩子。在漢代,她與大姜、大姒(參見兩人傳記)一起被奉為周室三母,被形容為「端一誠莊,惟德之行」。她的傳記收入《列女傳》〈母儀傳〉的〈周室三母〉內。

Constance A. Cook
龍仁譯

◇ 劉向,《列女傳》,見《四部備要》本,卷1,頁4上–下。
◇ 屈萬里,《詩經釋義》,〈行葦〉,毛詩第246首,台北:華岡出版社,1977年,頁224–226。
◇ 瀧川龜太郎,《史記會注考證》,台北:洪氏出版社,1977年,卷4,頁8。
◇ Waley, Arthur. *The Book of Songs.* London: George Allen & Unwin, 1937; 1969, 207-8.
◇ O'Hara, Albert R. *The Position of Woman in Early China According to the Lieh Nü Chuan, "The*

Biographies of Chinese Women." Taipei: Mei Ya, 1971; 1978, 22-25.

143 大姒，周文王妻 Tai Si

大姒，公元前十一世紀初人，莘國（今陝西境內）姒氏之女，姒氏先祖為夏朝開國君主大禹，人所共知的治水英雄。大姒嫁給周文王為妻，生下十個兒子，其中最為著名的有武王和周公。她以仁德教導兒子，受到人們稱譽。她出嫁的時候，年輕貌美，羞人答答，文王以多船作橋，讓她渡過渭河，此事《詩經》有載：

> 文王嘉止，大邦有子。
>
> 大邦有子，俔天之妹。
>
> 文定厥祥，親迎於渭。
>
> 造舟為梁，不顯其光。

在漢代，大姒被奉為周室三母之一，而且被視為三人之中品德最高尚者（參見大姜大任兩人傳記）。她「仁而明道」，又是「仁明而有德」。由於她日夜操勞，管理後宮，勤於教誨諸兒，死後封為「文母」（才能卓越的母親）。對世世代代的中國婦女來說，她是首個真正賢妻良母的楷模。她的傳記收入了《列女傳》〈母儀傳〉的〈周室三母〉內。

Constance A. Cook

龍仁譯

◇ 劉向，《列女傳》，見《四部備要》本，卷1，頁4下。
◇ 屈萬里，《詩經釋義》，毛詩第236首，台北：華岡出版社，1977年，頁205–207。
◇ Waley, Arthur. *The Book of Songs*. London: George Allen & Unwin, 1937; 1969, 262.
◇ O'Hara, Albert R. *The Position of Woman in Early China According to the Lieh Nü Chuan, "The Biographies of Chinese Women."* Taipei: Mei Ya, 1971; 1978, 22-25.

144 唐姬，漢弘農王 Tang Ji

唐姬，名字不詳，活躍於二世紀後期，潁川（今河南境內）人，會稽太守唐瑁的女兒。她後來被送進宮中，成為東漢少帝（劉辯，171-190；189年在位）

的妻子。

唐姬生逢國力日衰的東漢亂世，命途多舛。靈帝（156-189；168-189年在位）駕崩，劉辯即位，其舅大將軍何進（189年卒）謀誅宦官，結果反被宦官所殺，宮廷大亂。并州牧董卓（192年卒）被徵召率兵入洛陽平亂，但他反奪取政權，專權跋扈，廢黜十八歲的辯帝為弘農王，迎立八歲的劉協，是為獻帝（181-234；189-220年在位）。

劉辯退位，董卓仍未滿意，次年命郎中令李儒拿去鴆酒，強令劉辯飲下，將他毒死。劉辯知不可免，便與唐姬及宮人宴飲訣別。席上劉辯悲歌曰：「天道易兮我何艱！棄萬乘兮退守蕃。逆臣見迫兮命不延，逝將去汝兮適幽玄！」歌畢令唐姬起舞，她揮袖起舞而歌曰：「皇天崩兮後土頹，身為帝兮命夭摧。死生路異兮從此乖，奈我煢獨兮心中哀！」她舞罷即悲痛嗚咽，在座者無不流淚歔欷。劉辯告別唐姬時說：「卿王者妃，埶不復為吏民妻。自愛，從此長辭！」之後，飲毒而亡。

唐姬當時還十分年輕。她喪夫後返回故里。父親想讓她改嫁，但她斷然拒絕。董卓不久去世（192年）。舊部李傕作亂，攻陷長安，兵略關東。他的士兵虜獲唐姬，她沒有透露自己的身份。李傕打算娶她為妻，她誓死不從。多年後，尚書得知此事，將唐姬的遭遇奏明獻帝，獻帝十分同情她，下詔把她迎回宮中，封她為弘農王妃，在宮內園中安度餘年。唐姬是個勇敢的少婦，即使在艱難的日子，對皇室還是忠心耿耿。丈夫早逝，沒有要求她殉夫，而她亦選擇了活下去。不過，她的一言一行，在在顯現對丈夫的深情。

沈立東

◇ 《後漢書》，北京：中華書局，1973年，冊1，卷10下，頁450–451。
◇ 沈立東編撰，《歷代后妃詩詞集注》，北京：中國婦女出版社，1990年，頁82–83。

145 唐山夫人，漢高祖 Tangshan Furen

唐山夫人（活躍於公元前200-195年），漢高祖（劉邦，公元前256-195年；公元前202-195年在位）的妃子。唐山是她的姓氏，《史記》與《漢書》等正史都沒有為她立傳，故此，她的家庭背景不詳。根據《漢書‧禮樂志》，唐山夫人寫了〈房中祠樂〉，又稱〈安世房中歌〉。

《漢書‧禮樂志》說，周朝已有〈房中樂〉，到秦朝改稱〈壽人〉。高祖

喜歡楚聲，所以〈房中樂〉配楚調，並以楚樂器演奏。唐山夫人所作〈房中樂〉有十七章（以下簡稱〈房中歌〉）。從〈房中歌〉的用辭遣句，可看出唐山夫人對經籍和民謠，認識頗深；以歌詞多採自民謠推斷，她可能原為庶民，經由挑選或薦獻入宮。〈房中歌〉的歌辭及體式顯示，她精於古典文學，尤擅《詩經》、《楚辭》，她的文學修養，似非普通民間歌妓所及，所以她即使來自民間，亦該是名門大戶之後，才有機會飽讀詩書。

〈房中歌〉是漢代著名的郊廟樂章。宋（960-1279）人郭茂倩的《樂府詩集》將它收歸〈郊廟歌辭〉類。它也是漢初貴族樂府的三大樂章之一。十七章的標題大都失傳，且不同版本的章數與分段互有異同。

就內容而言，〈房中歌〉多敬祖尊神之語、祝頌教訓之辭，而尤其注重孝道。它作於漢初，人們對不久前改朝換代的亂世，記憶猶新。唐山夫人以古時〈天人結合〉的思想，強調漢代政權，乃得神靈之助，推德定制，恩澤四鄰，她的說法自然得到高祖贊同，她的歌自然亦成為祭祀宗廟時所用的樂章。

近人多指〈房中歌〉辭意深晦，用字典奧，文學價值不高。但正如明末學者鍾惺（1574-1624）所說：〈女人詩足帶妖媚，唐山典奧古嚴，專降服文章中一等韻士，郊廟大文出自閨閣，使人慚服〉。意思是女人的詩歌多數帶有妖媚的氣質，而唐山夫人的是很典雅深奧，祭祀的答問出自女性，使〈男〉人感到慚愧和欽佩。沈德潛（1673-1769）則評此歌說：「郊廟歌近頌，〈房中歌〉近雅，古奧中帶和平之音，不膚不庸，有典有則，是西京極大文字」。

〈房中歌〉對文學的發展貢獻極大。它別具文學特色，詞藻華澤，音韻鏗鏘，有歌謠的色彩，如第六章：

大海蕩蕩水所歸，高賢愉愉民所懷。大山崔，百卉殖。民何貴？貴有德。

漢初以後，民間歌謠更為流行，不少作品在詞藻及音韻方面，都近似〈房中歌〉。由此可見，唐山夫人也影響後世的民謠。67年的〈漢博南謠〉便是一例：

漢德廣，開不賓，度博南，越蘭津，度蘭倉，為他人。

〈房中歌〉還在句法與體式上，影響著後世詩歌，鋪墊了三言句及七言句的發展。它的第七及第八章用的都是三言句：

安其所，樂終產。樂終產，世繼緒。飛龍秋，遊上天。高賢愉，樂民人。（第七章）

豐草葽，女羅施。善何如，誰能回！大莫大，成教德；長莫長，被無極。（第八章）

　　三言句並非唐山夫人所創。她只不過是採用了《楚辭・九歌》的句式，但省去了當中的「兮」字。她這種三言新詩體，廣泛地影響了漢代的詩歌。最佳的例子莫如漢武帝（公元前156-87年）的〈天馬歌〉。此歌首載於公元前一世紀的《史記・樂書》，每句皆有「兮」字；不足二百年後，《漢書》問世，也載有此歌，但句中「兮」字已刪，每句均為三言。此外，漢代民謠亦流行三言句，該是受到此歌影響，所謂上有好之者，下必有甚焉。

　　〈房中歌〉的七言句也源於《楚辭》，如第六章：「大海蕩蕩水所歸，高賢愉愉民所懷」兩句，節拍方面上四下三，而且每句押韻。唐山夫人沿用《楚辭》的基本句式，省去句中或句尾可有可無的語詞，寫成七言句。這種七言體，大大影響了漢代的詩歌，武帝及桓帝（132-167）的作品，很多都採用七言句。

　　明清文學史家把〈房中歌〉與《詩經》的雅、頌相提並論。與《詩經》的雅、頌相比，〈房中歌〉或會稍見遜色，但唐山夫人有此才華筆力，寫作那麼雄渾典雅、詞藻華麗的廟堂樂歌，實屬難能可貴。況且她的影響，並不只限於貴族文學與郊廟樂章；在形式句法與體裁上，整個漢代樂府詩歌也因她而起變化。她上承《詩經》、《楚辭》的遺風，自成新體裁新風格，下啟三言句、七言句、郊祀歌辭及民間歌謠的發展。

黃嫣梨、吳國樑

◈ 鍾惺，《名媛詩歸》，上海：有正書局，1918年。
◈ 楊慎，《風雅逸篇、古今風謠、古今諺》，上海：古典文學出版社，1958年，頁102。
◈ 沈德潛，《古詩源》，北京：中華書局，1973年，頁35。
◈ 《漢書》，北京：中華書局，1975年，冊3，卷22，頁1043–1052。
◈ 胡應麟，《詩藪》，上海：上海古籍出版社，1979年，頁125–142。
◈ 郭茂倩編，《樂府詩集》，北京：中華書局，1979年，冊1，卷8，頁109–122。
◈ 蕭滌非，《漢魏六朝樂府文學史》，北京：人民文學出版社，1984年，頁33–42。
◈ 黃嫣梨，《漢代婦女文學五家研究》，香港：API Press，1990年，頁11–40。

146 曇羅 Tanluo

曇羅（活躍於四世紀後期）是個比丘尼。她在東晉年間興建了很多佛門建築物，但後世對她的生平知之甚少，甚至不知她的籍貫。

曇羅是比丘尼曇備（396年卒）的弟子。曇備得到東晉穆帝（司馬聃，344-361年在位）和皇后何氏的支持。據說穆帝認為曇備是都城建康裡最出類拔萃的比丘尼。354年，何皇后為她興建永安寺。自此曇備聲名大振，但據說她一直謙遜謹慎，絕無一絲倨傲之態。

曇羅的身世背景不詳，不過人稱她博覽佛教經卷與戒律。她天分甚高，悟性又好，而且思惟嚴謹透徹。曇備圓寂之後，孝武帝（司馬曜，362-396；372-396年在位）命曇羅接任師傅職責，擔當寺中住持。她為該寺增建了一座四層塔、講經堂以及尼舍；還建造了一尊臥佛，和一個供有七尊佛像的佛龕堂。

要營造這些建築物和佛像，曇羅必須懂得規劃佈局，還要具備足夠能力，管理這樣大型工程的財務。她可能還需略知建築施工乃至佛像塑造等事宜。當時沒有其他婦女管理過這樣龐大的工程，由她創下的先河，或許會為其他比丘尼甚至俗家婦女，帶來類似的機遇。總的來說，她不但可以為自己的人生做主，她的人生與工作還觸動了很多其他人。

蕭虹
龍仁譯

◇ 寶唱，〈曇備尼傳〉，見《比丘尼傳》，卷1，載《大正新修大藏經》，高楠順次郎、渡邊海旭、小野玄妙編，東京：大正一切經刊行會，1924–1929，冊50，頁935–936。
◇ 洪丕謨，《中國名尼》，上海：上海人民出版社，1995年，頁10–11。
◇ Tsai, Kathryn Ann. "The Chinese Buddhist Monastic Order for Women: The First Two Centuries." In *Women in China: Current Directions in Historical Scholarship,* ed. Richard W. Guisso and Stanley Johannesen. Youngstown, NY: Philo Press, 1981, 1-20.
◇ Baochang [Shih Pao-ch'ang]. *Lives of the Nuns: Biographies of Chinese Buddhist Nuns from the Fourth to Sixth Centuries: A Translation of the Pi-ch'iu-ni chuan,* trans. Kathryn Ann Tsai. Honolulu: University of Hawaii Press, 1994, 26.

147 陶荅子妻 Tao Dazi qi

陶荅子妻的生卒年不詳，她的丈夫荅子曾用了數年時間，去征服陶國（今山西境內）。後來他在陶國為官，執掌大權，但聲名不佳。荅子之妻則為國人銘記，因為她曾勸誡荅子，說他才具平平，品德一般，卻靠百姓而致富，指責

他自己家富了，可是把國家弄窮了。她還預言像他這種國君不尊重、民眾不愛戴的人，垮台是指日可待的，她要帶上孩子一起離去等等；婆婆對她的言論大為震怒，竟把她逐出家門。苔子一家後來果然被誅殺，一如她當年所言。婆婆是唯一倖免於死罪的人，於是她回來照顧婆婆，諷刺的是，這個婆婆卻是當年把她趕跑的人。這則故事讚揚苔子妻目光遠大、正直敢言；而它特別要讚揚的是，她回來照顧風燭殘年的婆婆，對婆家克盡婦道。她的傳記收入了《列女傳》的〈賢明傳〉內。

Constance A. Cook
龍仁譯

◇ 劉向，《列女傳》，見《四部備要》本，卷2，頁6上－下。
◇ O'Hara, Albert R. *The Position of Woman in Early China According to the Lieh Nü Chuan, "The Biographies of Chinese Women."* Taipei: Mei Ya, 1971; 1978, 63-65.

148 陶嬰 Tao Ying

陶嬰是住在魯國（今山東境內）的一個寡婦，生卒年不詳，年紀輕輕就守寡，靠紡織養活自己和孩子。即使孩子尚小，還要獨力撫養他們，她仍拒絕再嫁，為此，得到人們的稱讚。為了讓求婚者卻步，她作了一首歌，歌詞表達了她喪偶後錐心之痛：

> 黃鵠之早寡兮，七年不雙。
>
> 鶵頸獨宿兮，不與眾同。
>
> 夜半悲鳴，想其故雄。
>
> 天命早寡兮，獨宿何傷。
>
> 寡婦念此兮，泣下數行。
>
> 嗚呼哀兮，死者不可忘。
>
> 飛鳥尚然兮，況於貞良。
>
> 雖有賢匹兮，終不重行。

陶嬰悲愴的歌曲，道出了寡婦的命運，夫死後只能落得一生寂寞，她自己

就是個例子；可是男子喪妻後幾乎都立即再娶。她的傳記以〈魯寡陶嬰〉為題收入《列女傳》的〈貞順傳〉內，供後世婦女喪偶守寡之後，引作行為舉止的準則。

Constance A. Cook
龍仁譯

◎ 劉向，《列女傳》，見《四部備要》本，卷4，頁8上－下。
◎ O'Hara, Albert R. *The Position of Woman in Early China According to the Lieh Nü Chuan, "The Biographies of Chinese Women."* Taipei: Mei Ya, 1971; 1978, 121-22.

149 田稷母 Tian Ji mu

田稷母就是齊國（今山東境內）人田稷的母親，活躍於公元前四世紀，住在齊國。田稷在齊宣王（公元前342-324年在位）年代為官。他收受了下屬官吏賄賂的大量財物，並轉送母親，她卻斷然拒絕，指稱那是不義之財。她還威脅要和他斷絕母子關係：「吾聞士修身潔行，不為苟得……今子反是，遠忠矣。夫為人臣而不忠，是為人子不孝也。不義之財，非吾有也。不孝之子，非吾子也。」母親的話令田稷十分羞愧，他把財物退了回去，並要求齊宣王給他治罪。齊宣王十分讚賞田母深明大義，送了她一些金錢，赦免了田稷的罪責，並讓他官復原職。她的傳記以〈齊田稷母〉為題收入《列女傳》的〈母儀傳〉內。劉向意在以她的故事為例，說明母親若能好好教導兒子，使他明白貪污禍害無窮，且必須效忠君主，那兒子定會受惠。

Constance A. Cook
龍仁譯

◎ 劉向，《列女傳》，見《四部備要》本，卷1，頁13上－下。
◎ O'Hara, Albert R. *The Position of Woman in Early China According to the Lieh Nü Chuan, "The Biographies of Chinese Women."* Taipei: Mei Ya, 1971; 1978, 46-48.

150 塗山女 Tushan nü

塗山女是個傳說中的人物，據說生活在公元前二十一世紀。她來自塗山，一般認為塗山在今四川重慶附近。不過，也有資料稱塗山在當塗，在今安徽境內。在一些文獻中，塗山女又名女嬌或女僑。

傳奇的治水英雄大禹，負責著龐大的治水工程，一日在前去治水的路上，經過塗山，娶了塗山女為妻，當時他三十歲。之後塗山女生了個兒子叫啟。啟後來奠定了夏朝（約公元前 2100-1600 年）的基業，為世人所稱頌。有些資料說，禹娶妻四天後就離家繼續其治水大業；又有資料說，他在妻子分娩後四天就離去。不過所有材料都一致提到，禹事隔多年才返回家中，其間曾三過家門而不入。為此之故，塗山女既為兒子取名，也獨自負起撫育和教育之責。啟遵循母親的教導，長大成人後得到良好的名聲，人們都說是他母親的功勞。啟後來從禹手裡接管了夏朝，而夏朝又延續了四個世紀。塗山女的故事以〈啟母塗山〉為題收入《列女傳》的〈母儀傳〉內。

塗山女也被認為是開創古樂「南音」的人。有文獻說，禹多年未歸家，塗山女唱起了〈候人兮猗〉的歌曲，這就是最早的南音。

龍茵
龍仁譯

◇ 謝無量編，《中國婦女文學史》，上海：中華書局，1916 年；鄭州：中州古籍出版社，1992 年，重印本，編 1，章 1，頁 5。
◇ 劉向，《列女傳》，見《四部備要》本，卷 1，頁 3 上－下。
◇ 《史記》，北京：中華書局，1973 年；冊 1，卷 2，頁 80–81；冊 4，卷 49，頁 1967；卷 49，頁 1968，注 3。
◇ 《呂氏春秋》，卷 6，見《呂氏春秋今注今譯》，林品石注譯，台北：台灣商務印書館，1985 年，卷 1，頁 156。
◇ O'Hara, Albert R. *The Position of Woman in Early China According to the Lieh Nü Chuan, "The Biographies of Chinese Women."* Taipei: Mei Ya, 1971; 1978, 20-21.

151 王霸妻 Wang Ba qi

王霸的妻子（約公元前 10 年－公元 57 年），太原廣武（今山西境內）人，姓名不詳。丈夫王霸，字儒仲，太原人，隱士。此王霸並非輔佐光武帝（劉秀，公元前 6 年－公元 57 年；25-57 年在位）復興漢室的淮陵侯王霸（字元伯）。

西漢末年，王莽（公元前 45 年－公元 23 年；9-23 年在位）篡政期間，社會動盪，所謂「少有清節」的王霸乃「棄冠帶，絕交宦」。其實王霸並不真的甘心辭官，隱遁鄉間。他的朋友令狐子伯，是楚國丞相。一日，令狐子伯派兒子送信給王霸。這個年輕人在隨從簇擁下，乘著華麗的車子到來，舉止雍容，而王霸的兒子卻衣衫破舊，一見客，即一臉羞愧。客人走後，王霸竟「久臥不

起」。在妻子一再查問下，王霸解釋說，看到令狐子伯的兒子服飾華貴，容貌光潤，舉止大方，而自己的兒子卻蓬頭垢面，不懂禮節，在人前自慚形穢。他感到異常沮喪，覺得未盡好父親的責任。

王霸的妻子卻不以為然，指出他向來志向清高，不屑功名利祿。她問：「今子伯之貴孰與君之高？奈何忘宿志而慚兒女子乎！」王霸覺得妻子的話很有道理。

光武帝年間，王霸曾應徵辟到朝廷，因與執政者意見不一，而未獲委用。大概這對他是極大的打擊。他只能稱病，返回家鄉，此後朝廷多次徵召，均不再出仕。他們過著隱士的生活，但世事洞明的妻子倒比他活得更舒坦。

夏春豪

◊《後漢書》，北京：中華書局，1973 年，冊 5，卷 83，頁 2762；卷 84，頁 2782–2783。

152 王皇后，漢平帝 Wang Huanghou, Han Pingdi

王皇后（孝平王皇后，公元前 9 年 - 公元 23 年），漢平帝（劉衎，公元前 8 年 - 公元 5 年；1-5 年在位）的皇后，王莽（公元前 45 年 - 公元 23 年）與妻子（參見王皇后，新莽傳）的女兒。王莽於 9 年篡漢，另立新朝。

王皇后也是王太后（參見王政君，漢元帝皇后傳）的侄孫女。王太后在年僅九歲的平帝即位時，拜侄兒王莽為大司馬，輔助幼帝掌管朝政。王莽雖知王太后手握重權，仍拂逆這個姑母的意願，在 4 年將十三歲的女兒許配給平帝。女兒剛冊立為皇后，王莽即獲封為安漢公，賜地滿百里；三個月後，被尊為「宰衡」，位居王侯之上。5 年，平帝崩，王莽立年僅一歲的劉嬰為帝，自為攝政。劉嬰是漢宣帝玄孫，廣戚侯劉顯的兒子。三年後，王莽篡位，自立為帝，創立新朝（9-23），貶劉嬰為定安公、孀居的女兒王太后為定安公太后。

父親王莽篡漢時，王皇后才十八歲。她是個安靜和順，有節操的少婦。自劉氏被廢後，經常稱病，不參加朝會。王莽想讓她改嫁，故改封她為黃皇室主，並令立國將軍成新公孫建的兒子盛裝前來，還帶上醫者，名義上是為王皇后診病，實質上是求親。王皇后大怒，命人鞭打孫建兒子身旁的侍衛。自此，王皇后稱病，不肯起床，王莽也不再勉強她改嫁。

23 年，漢軍誅王莽，焚燒未央宮，王皇后投火自盡前說：「何面目以見漢家。」王皇后年壽不長，一生都是父親用來滿足野心的棋子。她看來全然明

白父親的意圖，但身不由己，只能以裝病對抗，心中淒苦，自不待言。她臨終的話，悲痛莫名，正好說明她對父親的所做作為了然於胸。

母美春

◇ 劉向，《列女傳》，見《四部備要》本，卷 8，頁 9。
◇ 《漢書》，北京：中華書局，1975 年，冊 8，卷 97 下，頁 4009–4011。
◇ 陳全力、侯欣一編，《后妃辭典》，西安：陝西人民教育出版社，1991 年，頁 20。
◇ O'Hara, Albert R. *The Position of Woman in Early China According to the Lieh Nü Chuan, "The Biographies of Chinese Women."* Taipei: Mei Ya, 1971; 1978, 238-40.

153 王皇后，漢宣帝 Wang Huanghou, Han Xuandi

王皇后（孝宣王皇后，公元前 90？-16 年），祖籍沛縣（今江蘇境內），漢宣帝（劉詢，又名劉病已，公元前 91-49 年；公元前 74-49 年在位）的皇后，後來的王太后、邛成太后。

王氏十多歲時，已定親不止一次，但每次出嫁之前，未來夫婿就死掉。她的先祖於漢高祖（劉邦，公元前 256-195 年；公元前 202-195 年在位）時有功，賜爵關內侯。父親王奉光亦得襲爵關內侯。王奉光與劉詢因同好鬥雞而相識。劉詢即位（公元前 74 年）後，王氏被召入宮，不久晉升為婕妤。後來，霍皇后（參見霍成君，漢宣帝皇后傳）企圖毒殺許皇后所生的太子劉奭（元帝，公元前 76-33 年；公元前 48-33 年在位），事敗被廢，宣帝命王婕妤養育太子。王婕妤在公元前 65 年獲冊立為皇后。當時，館陶王的母親華婕妤、淮陽王的母親張婕妤與楚孝王的母親衛婕妤皆得寵。王婕妤雖不受寵幸，卻壓倒三個寵妃，被選立為皇后，據說是因為她沒有孩子，而且宅心仁厚，由她這樣的宮室女子來撫養喪母的太子，最合適不過。

明顯地，冊立王皇后是出於政治考慮。她在后位十六年，宣帝罕有臨幸，而她一直膝下空虛。宣帝卒，劉奭即位，是為元帝，尊她為皇太后。元帝卒，成帝即位，由於成帝的母親亦姓王（參見王政君，漢元帝皇后傳），故王氏被尊為邛成太后。她初為皇后時，父親王奉光即被封為邛成侯。

公元前 16 年，王氏去世，年七十餘。她在位四十九年間，經歷了四個皇帝，先後成為三個皇帝的皇后、皇太后、太皇太后。身為宮室女子，卻沒有兒子，她非但不受影響，還因此佔優勢，可算異數。她死後與宣帝合葬杜陵，又稱東園，在今陝西省長安縣少陵原上。

王曉雯

◇《漢書》，北京：中華書局，1975 年，冊 8，卷 97 上，頁 3969–3970。
◇ 陳全力、侯欣一編，《后妃辭典》，西安：陝西人民教育出版社，1991 年，頁 16。

154 王皇后，新莽 Wang Huanghou, Xinmang

　　王皇后（新莽王皇后，21 年卒），王莽（公元前 45 年 - 公元 23 年）的妻子，宜春侯王咸的女兒。9 年，王莽篡漢，改國號曰新，自立為帝，在位十四年。傳統上，這段時期僅被視為由西漢過渡到東漢的時期，但近年學者開始承認，新朝是一個獨立於漢朝的新朝代，由王莽統治。

　　平帝（1-5 年在位）九歲即位，自此王莽權力日增，皆因姑母王太后（參見王政君，漢元帝皇后傳）對他多所封賜。王太后拜他為大司馬，賜予新都侯的封號，旨在讓他輔助幼主管理朝政。這成了他向權勢之路邁開的第一步。其後，他封安漢公，妻子亦得封夫人。4 年，他把女兒許配給還是小孩的平帝，接著獲加封為宰衡，位在諸侯之上，妻子亦賜封功顯君。最後，平帝崩，他讓一個嬰兒繼位，由他攝政（6-8 年）。

　　王莽篡漢，千古唾罵。但他勤奮謙虛，重用賢良。妻子亦儉約持家。一次，王莽的母親生病，公卿列侯差遣夫人前往探望，王妻出迎來賓，衣不曳地，以布蔽膝，夫人們都以為她是婢僕，一問之下，才知她的身份，無不驚訝異常。

　　王氏生有四男一女；女兒嫁給平帝，兒子名王宇、王獲、王安、王臨。其中王宇、王獲在平帝時期因反對父親行事而遭處死。據說王氏因丈夫殺了兩個兒子，痛哭不止，致雙目失明。王莽稱帝後，立王臨為太子，責成他照顧母親，而自己則寵幸妻子身邊的侍婢原碧。

　　21 年，王皇后卒，謚號孝睦皇后，葬渭陵（今陝西境內）長壽園，陵名億年。

楊海明

◇《漢書》，北京：中華書局，1975 年，冊 8，卷 99，頁 4039–4196。
◇ 陳全力、侯欣一編，《后妃辭典》，西安：陝西人民教育出版社，1991 年，頁 20。

155 王陵母 Wang Ling mu

王陵（公元前233-202年）的母親，活躍於公元前三世紀中期，姓名不詳。王陵為西漢開國皇帝漢高祖（劉邦，公元前256-195年；公元前206-195年在位）時人，官至右丞相。

劉邦微時，與豪士王陵相交，親如兄弟。秦末亂世，劉邦為漢王時，王陵鼎力支持。當劉邦舉兵起義時，王陵聚眾數千人，佔據南陽（今河南境內）。當時劉邦與另一起義領袖楚國項羽（公元前232-202年，參見虞姬，西楚霸王妃傳）爭雄。公元前205年，項羽打敗劉邦，佔了上風，俘虜多人，包括王陵的母親，以及劉邦的妻子呂雉（參見呂雉，漢高祖皇后傳）和她父親，打算用來威脅劉邦。當王陵的使者到達楚營時，項羽安排王陵的母親向東而坐，即坐在最尊貴的位子，意在要她招降王陵。王陵的母親送使者歸漢時，私下請他轉告王陵，務必繼續效忠漢王。她說：「願為老妾語陵，善事漢王。漢王長者，毋以老妾故持二心。」說罷即伏劍自盡。項羽大怒，烹煮其屍。項羽此舉令王陵效忠劉邦之志更堅定。劉邦終於平定天下，封王陵為安國侯，官至右丞相，傳爵五世。

後世盛讚王陵的母親捨身赴義，造就兒子對建立漢朝的大業，作出貢獻。《列女傳》也收入她的小傳，傳內形容她的自殺是「仁」的表現，還引用了《詩經》的詩句。小傳通過她的故事，強調自我犧牲的精神，難能可貴，認為她的舉措堪作婦女典範。

沈立東

◇ 劉向，《列女傳》，見《四部備要》本，卷8，頁2–3。
◇ 《漢書》，北京：中華書局，1975年，冊5，卷40，頁2046–2047。
◇ Waley, Arthur. *The Book of Songs*. Boston: Houghton Mifflin, 1937, 100.
◇ O'Hara, Albert R. *The Position of Woman in Early China According to the Lieh Nü Chuan*, "The Biographies of Chinese Women." Taipei: Mei Ya, 1971; 1978, 220.

156 王翁須 Wang Wengxu

王翁須（約公元前109-91年），涿郡（今河北境內）人，宣帝（劉詢，又名劉病已，公元前91-49年；公元前74-49年在位）的母親。她一生沒有封號，與劉進（武帝孫兒）的其他妃嬪一同被稱為「家人子」。但因為兒子最後登上

帝位，於是正史稱她為史皇孫王夫人。這個稱號源於翁姑：劉進是劉據與史良娣（衛太子史良娣）的兒子。

王翁須的母親王媼，涿郡人，婚嫁兩次。十四歲時初嫁，夫婿王更得後來病故；再嫁廣望王迺始，生二男一女，女即王翁須。王翁須八九歲時，寄養廣望節候幼子劉仲卿家，學習歌舞。數年後，邯鄲商人賈長兒來到廣望，物色能歌善舞者。劉仲卿打算把王翁須送給賈長兒，她知道後，便和母親逃返母親的故鄉。但劉仲卿從後追及，把她們帶回廣望，騙她們說不會將王翁須送給賈長兒。數天後，王翁須乘著賈長兒的車經過母親家門前，向母親高叫，他們正前去柳宿，母親趕到那裡，兩人只能相對而泣，之後母親離去。二十多年後，母親才得知女兒後來的遭遇。

王翁須隨賈長兒到達長安後，被送入衛太子劉據府。後來（公元前96-93年），成為劉據的兒子劉進的妃子。公元前91年，生下一男，名劉病已（又名劉詢），號皇曾孫。皇曾孫只出生數月，便發生了巫蠱之事。此事牽連祖父衛太子及衛皇后（參見衛子夫，漢武帝皇后傳）。太子一家皆死，王翁須也在其中，被誅殺者達數百人。皇曾孫是唯一倖免於難的人，因為大臣邴吉（公元前55年卒）出於善心，給予保護與照顧。公元前74年，劉病已登上皇位，是為宣帝。宣帝即位後，追諡母親王翁須為悼后，並起園邑改葬，派官員看守墓園。宣帝幾經追查，終於找到外祖母，封她為博平君，還賜贈兩縣，作為食邑。外祖母死後，諡為思成夫人。

王曉雯

◇ 《漢書》，北京：中華書局，1975年，冊8，卷97上，頁3961–3964。
◇ 陳全力、侯欣一編，《后妃辭典》，西安：陝西人民教育出版社，1991年，頁15。
◇ Ban Gu. *Courtier and Commoner in Ancient China: Selections from the "History of the Former Han" by Pan Ku,* trans. B. Watson. New York: Columbia University Press, 1974, 47, 253-57.

157 王章妻 Wang Zhang qi

王章的妻子（活躍於約公元前33-20年），姓名不詳，頗有遠見，並以此知名。王章，字仲卿，泰山鉅平（今山東境內）人，年紀輕輕已出仕，善文辭，正直敢言。郝繼隆（O' Hara）在其書中註腳稱，王章是成帝（公元前32-7年）的舅父，在公元前26年去世。

王章到長安求學，妻子同行。一日，王章生病，無棉被取暖，睡在亂麻織

成的「牛衣」之中。因身患重病，心情惡劣，不禁潸然淚下，覺得大限將至，遂與妻話別。妻子卻怒責他說：「仲卿！京師尊貴在朝廷人誰踰仲卿者？今疾病困厄，不自激昂，乃反涕泣，何鄙也！」王章後來病癒。成帝另一舅父是位高權重的大將軍王鳳（公元前22年卒）。在王鳳舉薦下，王章最後官至京兆尹。即使如此，王章後來仍打算上書，指陳王鳳在朝中權力過大，應予貶謫。妻子勸阻他說：「人當知足，獨不念牛衣中涕泣時耶？」王章反駁說：「非女子所知也」。接著上書，但皇帝沒有理睬。後來遭王鳳誣陷，與妻兒一同下獄。一晚，王章的十二歲女兒半夜驚醒，邊哭邊說父親可能已經遭難。翌日，王章的妻子前去查問，得知丈夫已死，情況一如小女兒早前所說。

王章的妻兒流放到合浦（今廣東境內）。合浦盛產珍珠，他們在那裡從事採珠，積聚家財數百萬。後王鳳卒，弟王商接任大將軍。王商知道王章實屬無辜，所以奏請准予王章妻兒返回山東泰山家鄉。他們回到家鄉時，泰山的太守告訴他們，可以買回舊田宅，用以安居。

王章的妻子看來為人堅強，且洞悉政情，瞭解人性。明顯地，她懂得順應時勢，見到丈夫打算做不該做的事，便加勸止。就是這種性格，讓她在廣東流放的日子，經營有道，積聚財富。

沈劍

◈ 劉向，《列女傳》，見《四部備要》本，卷8，頁6。
◈ 《漢書》，北京：中華書局，1975年，冊7，卷76，頁3238–3242。
◈ O'Hara, Albert R. *The Position of Woman in Early China According to the Lieh Nü Chuan, "The Biographies of Chinese Women."* Taipei: Mei Ya, 1971; 1978, 229-30.

158 王昭君 Wang Zhaojun

王嬙（嬙又作牆、檣；活躍於公元前33-20年），字昭君，又名明君、明妃，而最為人熟知的名字是王昭君。毫無疑問，她是歷史人物，遠嫁匈奴單于，自此在北方邊境外，與這個遊牧民族生活在一起。二千多年間，歷史學家、詩人、劇作家、小說家、畫家和音樂家，為她悲慘而簡單的故事，加枝添葉，塑造出一個傳奇女子，讓她發放無限魅力，歷久不衰，贏得舉世的同情、愛慕與歌頌。

最早記載王昭君其人的是史書，也就是一世紀的《漢書》。此書中的〈元帝本紀〉及〈匈奴傳〉，形容她為「良家子」，即通指不屬醫者、巫師、商賈、

工人家庭的子女。她有一個兄長。根據《漢書》，和親侯王歙和展德侯王颯都是她兄長的兒子。她被送進掖庭，等待元帝（公元前48-33年在位）寵召。但她從未獲元帝召見，一直以家人子的身份留在宮中，即是說她並非皇帝妃子，沒有獲得冊封，按當時宮規，後宮妃子的封號共有十四個等級。

　　公元前33年，元帝將王昭君許配給匈奴首領呼韓邪。當時匈奴在中國以北的草原（今外蒙古）遊牧。上千年以來，匈奴一直在中國北陲擄掠，到西漢初，已成了草原上的大帝國。漢朝開國皇帝高祖（公元前206-195年在位）首設和親政策，以外交而非軍事手段去解決匈奴犯境的問題。和親之後，漢與匈奴便成兄弟國，雙方自不會兵戎相見。起初的決定，是將高祖長女送去和親，後來卻找來一個同宗的女兒代替。西漢一直推行和親政策（參見劉細君傳及劉解憂傳），從而開啟與匈奴的經濟與文化交流，促成兩國和平共存。公元前一世紀中葉，匈奴戰爭頻繁，災荒普遍，內亂不絕，國力日衰，成為漢朝的藩屬。公元前33年，匈奴首領呼韓邪第三次來到長安，復修朝貢之禮，請求和親，元帝便將王昭君賜給他。或許是因為匈奴勢弱，只是藩屬，所以元帝沒有賜公主，而選上年輕的良家子王昭君。不過，元帝為此次和親而史無前例的改元為竟寧，足見他還是很重視這事的政治與軍事意義。王昭君和親四個月後，元帝駕崩。

　　匈奴實行多妻制。王昭君嫁給呼韓邪時，他已另有妻子，其中與王昭君地位相等的數人，合共最少有十個兒子。兩年後，呼韓邪去世，在位二十八年。王昭君為呼韓邪生了個兒子叫伊屠智牙師，封為右日逐王。這孩子是老來子，大概很得呼韓邪歡心。可是，那時單于繼承法已從父子相傳改為兄弟相承。呼韓邪可能是寄望他有日能當上單于，令匈奴與漢朝的關係更形穩固。伊屠智牙師最後只封為左賢王，地位僅次於單于。

　　呼韓邪死後，他大閼氏（正妻）的長子雕陶莫皋繼位，是為復株絫若鞮單于（公元前20年卒）。按照匈奴的習俗，父親死後，兒子可以娶後母為妻；兄弟死後，可以娶他們的遺孀。所以，復株絫若鞮娶了王昭君。復株絫若鞮在位十年，王昭君為他生了兩個女兒。長女名雲，嫁給匈奴貴族須卜當之後，人稱須卜居次（居次即公主）。須卜居次和丈夫在匈奴陣營中屬親漢的一派。漢平帝在位時間不長（1-5年在位），期間大司馬王莽（公元前45年-公元23年）當政，邀請須卜居次夫婦到長安「入侍太后」（即王政君，參見王政君，漢元帝皇后傳），送給他們許多禮物。18年，國祚不長的新朝時期，他們和兒子

須卜奢再度出使長安。須卜當病死後，王莽把他的庶女陸逯公主王捷嫁給須卜奢，封奢為後安公，並想出兵立奢為匈奴單于。23年，王莽被推翻，須卜居次和兒子都被殺害。王昭君的次女，原名不詳，出嫁後稱當于居次，至少有一個兒子醯櫝王。

王昭君出塞後，娘家的親戚有些成為朝廷的外交官員。她的兩個侄兒便曾多次出使匈奴。王颯很可能獲賜姓劉，即與帝皇同姓，因為有記錄顯示，在30年，有一個使者叫劉颯。《漢書》只記載王昭君再嫁，卻沒有提到她的卒年卒地。她為了漢朝與匈奴之間的和平共存而和親，可是，和平的日子維持不到半個世紀。

一個年輕女子，終生流放到遠離家鄉的地方，先後被嫁給最少兩個「蠻」人，命途多舛。這個悲慘故事，成了日後王昭君傳說的歷史依據。

王昭君身後的二百年間，出現很多傳說，東漢蔡邕（132-192）的《琴操》與五世紀的《後漢書》都記載了她的故事，並加插了內容類似的軼聞。這些記載不單交代了她父親是齊（今山東境內）人王穰，還說明她的籍貫。《後漢書》稱她為南郡秭歸（今湖北境內，靠近四川省）人。秭歸以北有昭君村。後來，該村興建了一些仿古的建築物和她的白色雕像，大概是為了吸引遊客。雖然，為配合大型的三峽工程，該村已沉於水底，但現在有新建的昭君村，供遊人憑弔。此外，四川巫山也有昭君村，所以有說她是四川人。杜甫（712-770）便有詩稱：「若道巫山女粗醜，安得此有昭君村。」也有資料說她是山東人。宋人還有一說：她是興山縣人；可是，她在世時，還未有興山縣。

王昭君入宮，自是準備成為元帝的妃子。《琴操》與《後漢書》在這方面有很詳細的描述。兩書稱王昭君在後宮數年，一直見不到元帝，寵幸無期，又傷心又怨憤。所以，她請纓到匈奴和親。她出塞前，元帝設宴送別，才知她貌美如花，十分後悔讓她遠嫁。但是，身為一國之君，他不能不信守承諾，只能讓她和其他四個宮人（姓名不詳）一同到匈奴和親。至於五人中，為何只有她成為閼氏，則不得而知。二十世紀初，學者張長弓認為，王昭君去匈奴，是為了提高自己的身份，從而確保她的家人得到漢庭厚待。

《漢書》對王昭君的記述不多，故此後人盡可以濃墨重彩，塑造傳奇。根據《後漢書》，王昭君還為呼韓邪生了第二個兒子；而她的大兒子伊屠智牙師被異母兄長殺了。那是東漢光武時期的事，她大概已離世。

前面已提過，呼韓邪死後，長子接任單于，並按習俗娶王昭君為妻。漢

人傳統上視之為亂倫，《漢書》自然不會提及王昭君對這個安排的感受。或許可以理解的是，《琴操》與《後漢書》在這件事上卻描述得極為詳盡。根據這兩書的記載，王昭君知道要嫁給繼子，異常驚恐，據說便奏請漢成帝（公元前32-7 年在位），准予回漢，以免再嫁。但成帝不准，命她依從匈奴習俗。《琴操》說得更詳盡，但難以置信。它說接任單于的是王昭君的親生兒子（世違，當時應不超過十五個月大），他堅持要娶王昭君為妻。她寧可服毒自殺，而不願嫁給自己的兒子。

王昭君的故事與傳說，歷代騷人墨客吟歎再三。西晉的石崇（249-300）寫的〈明君辭〉，便傳誦一時；據說此曲還編成舞蹈，由石崇的小妾綠珠（參見該傳）表演過。此曲開創了一種特殊的體裁，專門將王昭君描繪為悲劇人物，不但不受皇帝寵愛，且葬身異域，落在貪婪狡詐的人手裡，慘成犧牲品。唐朝詩人李白、杜甫與白居易都寫過關於王昭君的詩。明朝的戚繼光（1528-1587）和宋朝的王安石（1021-1086）亦寫過〈明妃曲〉。王安石曲中的王昭君，悲傷悽楚，是中國文學史上的絕色佳人：

> 明妃初嫁與胡兒，氈車百輛皆胡姬。
>
> 含情慾語獨無處，傳與琵琶心自知。
>
> 黃金捍撥春風手，彈看飛鴻勸胡酒。
>
> 漢宮侍女暗垂淚，沙上行人卻回首。
>
> 漢恩自淺胡恩深，人生樂在相知心。
>
> 可憐青塚已蕪沒，尚有哀弦留至今。

一直以來，王昭君與音樂，特別是琵琶關係密切。《琴操》載有〈怨曠思惟歌〉，此歌據說是王昭君離開故土前所作，從此王昭君的故事就添加了音樂元素。在中國畫裡出現的王昭君亦經常抱著琵琶。最早出現的王昭君畫像為韓幹（活躍於 732-755 年）所畫。

元朝劇作家馬致遠（約 1260-1335 年）的《漢宮秋》便是以漢元帝與王昭君的愛情為主題。此劇描述元帝先對王昭君的琵琶彈奏著迷，見到她後，更驚為天人，產生愛意，納為妃子。可是，匈奴單于見到她的畫像後，也有愛慕之情，要求元帝賜婚，否則興兵來犯。元帝不得不就範。王昭君明白這是唯一能

避免戰事的方法。於是，她寧願犧牲自己，自願到匈奴和親。當她隨和親隊伍到達邊界時，卻跳進黑龍江，溺水而死。此劇渲染王昭君與漢元帝的動人愛情故事，讓她最後在邊界溺死；而它就是日後同類作品的濫觴。二十世紀六十年代，曹禺（1910-1996）寫了《王昭君》，劇中採納了王昭君請纓去匈奴的說法。這個劇作，到了1979年才正式演出。六十年代，全中國推行民族團結運動，當局堅持王昭君應該是個滿臉笑容的幸福婦女，她一心想遠去匈奴，以大使的身份，消除漢人的沙文主義與排外主義。1978年，曹禺接受訪問時公開表示，是周恩來總理要求他為王昭君創作新劇，歌頌中國各民族的團結精神。果然，曹禺劇中的王昭君，其形象與傳統上的完全不同。

據說入秋以後塞外草色枯黃，但王昭君墓邊的草卻長年青綠，此說似乎是源於《琴操》。所以，王昭君的墓現稱「青塚」，但這詞在唐朝已有，可見於以下杜甫的著名詩句：

　　一去紫台連朔漠，

　　獨留青塚向黃昏。

至於青塚在哪裡，眾說紛紜，只有在考古人員發掘出證據後才能確定。當代學者梁容若說：「今所傳為昭君墓者有三，皆在綏遠省境。一在涼城，無任何遺跡可尋。一當包頭西七十里，在黃河南岸。……別一在歸綏城東南約三十里，黑河南岸。相傳即所謂青塚。……予於民國三五年（1946年）春往遊……墳基大約四五畝，高十餘丈，四周植以碧柳，大者可拱，生意盎然。」後來，曹禺也說：「我到內蒙去了兩次，看了兩個王昭君的墓，……包頭有，呼和浩特也有一個很大的青塚，比岳墳還大。」呼和浩特原名歸綏。曹禺在呼和浩特看到的昭君墓，應該就是梁容若所看到的。張長弓經研究後，也認為青塚應在歸綏。

關於王昭君的可靠記載不多，單憑這些零星資料，只能看到其人的一個掠影。她在遠處，面容著實看不清，可能在笑，也可能在哭。兩千多年來，她一直披著面紗，教後人著迷，遂以不同的文學形式訴說她的故事。近年，她的故事又成了文學、性別與文化研究等不同領域的學者的研究重點。她似乎從未懷有政治野心。看來，她純粹是為了履行漢朝皇帝的命令，才犧牲個人幸福，成就大事，悲苦一生。

李又寧

蕭虹、Sue Wiles 增補

◈ 張長弓，〈王昭君〉，見《嶺南學報》，卷 2，2 期，1931 年 7 月，頁 114–136。
◈ 梁容若，《文史叢論》，台中：東海大學，1961 年。
◈ 翦伯贊，《歷史問題論叢》，北京：人民出版社，1962 年。
◈ 《後漢書》，北京：中華書局，1973 年，冊 5，卷 89，頁 2941。
◈ 《漢書》，北京：中華書局，1975 年，冊 8，卷 94 下，頁 3803–3807。
◈ 曹禺，《王昭君》，成都：四川人民出版社，1979 年。
◈ 劉士聖，《中國古代婦女史》，青島：青島出版社，1991 年，頁 107–109。
◈ Kwong, Hing Foon. *Wang Zhaojun. Une héroïne chinoise de l'histoire à la légende.* Mémoires de l'Institut des Hautes Études Chinoises, vol. 27. Paris: Collège de France, 1986.
◈ Lei, Daphne Pi-Wei. "Wang Zhaojun on the Border: Gender and Intercultural Conflicts in Premodern Chinese Drama." *Asian Theatre Journal* 13, no. 2 (1996): 229-37.
◈ Hung, Eva. "Wang Zhaojun: From History to Legend." *Renditions* 59 & 60 (2003): 7-26, 62.

159 王貞風，劉宋明帝皇后 Wang Zhenfeng

　　王皇后（明恭王皇后，436-479），名貞風，南朝劉宋王朝第六代皇帝明帝（劉彧，439-472；465-472 年在位）的皇后。她出身於臨沂（今山東境內）的望族王家：高祖王導是東晉王朝的開國功臣，做過首三朝臣子；曾祖王劭亦在東晉任尚書；祖父王穆則任臨海太守。貞風的父親王僧朗，因效力劉宋朝廷有功，追諡為「三司」之一。兄王景文（472 年卒）任揚州刺史，位高權重，在任上離世。明帝深怕自己死後，一旦王景文奪權，年紀尚小的太子難以抗衡，所以命令王景文自盡。

　　448 年，王貞風嫁給劉彧，那時她十二歲。劉彧是文帝（劉義隆，407-453；424-453 年在位）第十一子，本無機會繼承皇位。劉彧原先被封為湘東王，王貞風成了他的王妃。她生下兩個女兒：晉陵長公主和建安長公主。465 年，一場宮廷政變將劉彧的侄子（劉子業，史稱前廢帝；464-465 年在位）趕下了皇帝寶座，劉彧的養母路夫人（412-466）讓他正式繼承皇位，於是王貞風也成了王皇后。看來史家對王皇后的評價高於她丈夫劉彧。據稱明帝愛觀看裸女，他會命令宮人脫去衣服，供他與嬪妃們觀看並以此為樂。王皇后拒絕觀看，以扇障面，明帝勃然大怒。他認為他們終於到了可以尋歡作樂的時候，觀看裸女是享受，她不應不看。顯然，他以羞辱其他女人為樂，也相信皇后有相同想法。

明帝的長子繼承皇位，史稱後廢帝（463-477；472-477 年在位）。他是妃子陳夫人所生，即位後封王皇后為太后，自此她便要承擔培養皇帝品德的重任。這位小皇帝卻不聽教誨，無心正道，反而心懷忿恨，想把她毒死。王太后大概察覺到他本性兇殘，秘密支持那些想除掉他的諸王宗親。後來他們成功了，皇帝在政變中被殺害。明帝第三子，十一歲的劉准（順帝，477-479 年在位）被立為皇帝。此舉預兆了劉宋王朝走向末路，因為被委任攝政的蕭道成，於 479 年推翻了這個王朝，另建齊朝，自立為帝（高帝，479-482 年在位）。

隨著劉宋王朝的覆亡，王太后被貶為汝陰王太妃，同年去世，時年四十四歲，諡為恭皇后。史上對王皇后的評價是：她是好皇后，但也無力挽救業已衰敗的王朝。

秦家德
龍仁譯

◇ 《宋書》，北京：中華書局，1974 年，冊 1，卷 8，頁 151, 171；冊 1，卷 10，頁 193；冊 2，卷 41，頁 1295–1296。
◇ 《南史》，北京：中華書局，1975 年，冊 1，卷 3，頁 77；卷 11，頁 324–325。
◇ 陳全力、侯欣一編，《后妃辭典》，西安：陝西人民教育出版社，1991 年，頁 61。
◇ 朱雷、陳鋒編，《外戚傳》，鄭州：河南人民出版社，1992 年，頁 397–408。
◇ Hucker, Charles O. *A Dictionary of Official Titles in Imperial China.* Stanford, CA: Stanford University Press, 1985.
◇ Shang Xizhi. *Tales of Empresses and Imperial Consorts in China*, trans. Sun Haichen. Hong Kong: Haifeng Publishing, 1998, 91-92, 177.

160 王政君，漢元帝皇后 Wang Zhengjun

王政君（孝元王皇后，公元前 71-13 年），漢元帝（劉奭，公元前 76-33 年；公元前 48-33 年在位）的皇后，成帝（劉驁，公元前 51-7 年；公元前 32-7 年在位）的母親；王莽（公元前 45 年 - 公元 23 年；9-23 年在位）的姑母。王莽於公元 9 年篡位，西漢敗亡。王政君祖籍東平陵（今山東境內），後徙至魏郡元城（今河北境內）。

王政君的父親王禁為廷尉史，王禁與妻子（姓名不詳）生有四女，政君為次女。據說母親懷上政君時，曾夢見月亮入懷，分明是吉兆。王政君長大後為人婉順有婦道，曾婚配多次，但每次出嫁前，男方均死去。更奇怪的是，後來東平王欲納為姬妾，她尚未入王府，東平王便死掉。王禁十分困惑，請人占卜，

卜者說她有大貴之相。為此，王禁教女兒讀書習琴。公元前53年，她十八歲，進宮為家人子，屬於沒有名號的宮人。

兩年後，不可思議的事情發生了。王政君被選作太子劉奭（即後來的元帝）的妃子，接著還生下他第一個兒子劉驁。事緣太子寵妃司馬良娣病危，臨終對太子說，她是被其他妃子詛咒致死的，太子對她的話深信不疑，在司馬良娣死後，悲憤病倒，整日悶悶不樂，且遷怒於其他妃子，概不召見。宣帝（劉詢，又名劉病已；公元前91-49年；公元前74-49年在位）知道這事後，吩咐皇后（參見王皇后，漢宣帝傳）從後宮家人子中選出五人，派往侍奉太子，為他排悶解憂。皇后令侍中暗問太子中意何人。其實太子對於五人本皆無意，但為不使皇后失望掃興，遂勉強應之曰：「此中一人可。」當時王政君亦在五人之列，且坐近太子，穿著顯眼的鑲著絳色衣邊的寬大宮衣，侍中誤以為太子屬意於她，隨即告知皇后，她於是被送到太子宮中。太子亦無異議。她得到寵幸不久，便懷有身孕，誕下一子。她因此獲封為婕妤，但以後少受皇帝寵幸，也再沒有子女。

宣帝喜得孫兒，十分高興，封他為太孫。公元前49年，宣帝卒，太子即位，是為元帝。王政君立為皇后，劉驁立為太子。後來，元帝寵幸傅昭儀（參見傅昭儀，漢元帝傳），常有廢太子而立傅昭儀之子定陶共王為太子之意。最後，劉驁得保太子之位，主要是因為祖父宣帝特別寵愛他，加之王皇后平素為人謹慎，而侍中史丹又支持他。

元帝卒，太子驁繼立，是為成帝，尊母親為皇太后。王太后與娘家宗親勢力漸大。父親在她生下劉驁之時，已獲封陽平侯。劉驁即位後，她的兄長王鳳獲封為大司馬大將軍領尚書事。成帝卒，姪子劉欣（哀帝，公元前25-1年；公元前6-1年在位）即位，尊皇太后為太皇太后。哀帝卒，成帝另一姪子劉衎（平帝，公元前8年-公元5年；公元前1年-公元5年在位）繼位。劉衎即位時只有九歲，體弱多病，太皇太后以姪子王莽為大司馬輔政，自此王莽大權在握。王莽一邊專權，一邊盡力曲意迎合太后。公元5年末或6年初，小皇帝駕崩，據說是被王莽派人毒死。太后為表示對王莽的寵信，特策加九錫。王莽擁宣帝玄孫劉嬰（6-8年在位）為太子，自為攝政，太皇太后不同意，但阻止不了。劉氏宗室欲舉兵征討，大概她認為王莽很快便會知錯，不許他們發難。

9年1月9日，王莽自立為帝，向太后索取玉璽，太后對他哭罵一番後，將玉璽投之於地。王莽稱帝後，改國號為新，改封太皇太后為文母太皇太后。

王莽曾追諡元帝廟號為高宗，稱帝後卻拆毀其廟。太皇太后眼看漢室逐漸走向悲劇的結局，而自己又曾在無意之中推波助瀾，心中悲憤交加，對王莽的百般討好迎合，毫不動容。她只與私人隨從一起飲食，並多次不聽從王莽的詔旨。就如王莽將大臣所穿的黑貂改為黃貂，並更改漢曆；太后卻命令屬官穿黑貂，並沿用漢曆。

王太皇太后卒於 16 年，年八十有四。與元帝合葬於渭陵（在今咸陽市）。

《漢書‧元后傳》引述了班彪（3–54）對王政君的評價。他說：「孝元后歷漢四世為天下母，饗國六十餘載，群弟世權，更持國柄，五將十侯，卒成新都。位號已移於天下，而元后卷卷猶握一璽，不欲以授莽，婦人之仁，悲夫！」大意是：王政君讓自己的兄弟掌權，其實等於已經奉送漢朝的天下給王氏，最後捨不得把玉璽給王莽，其意義並不大。王政君晚年對王莽諸多姑息遷就，明顯錯失嚴重。然而，懷著狼子野心，覬覦江山，終釀至西漢覆亡的，是王氏家族的男子；要王政君一人為此負上全責，恐怕是看事過於簡單了。

沈立東

◈《漢書》，北京：中華書局，1975 年，冊 8，卷 98，頁 4013–4037。
◈ 陳全力、侯欣一編，《后妃辭典》，西安：陝西人民教育出版社，1991 年，頁 16。
◈ Loewe, Michael. "The Cosmological Context of Sovereignty in Han Times." *Bulletin of the School of Oriental and African Studies* 65 (2002): 342-49.
◈ Anderson, Greg. "To Change China: A Tale of Three Reformers." *Asia Pacific: Perspectives* 1, no. 1 (2001): 1-18. www.pacificrim.usfca.edu/research/perspectives/app_v1n1.html.

161 王娡，漢景帝皇后 Wang Zhi

王娡（孝景王皇后，公元前 126 年卒），扶風槐里（今陝西境內）人，景帝（劉啟，公元前 188-141 年；公元前 156-141 年在位）的第二位皇后，聞名天下的武帝（劉徹，公元前 156-87 年；公元前 140-87 年在位）的母親。

王娡是王仲與臧兒的女兒，臧兒是故燕王臧荼的孫女，後獲封平原君。王娡在家中居長，還有一弟王信，一妹王兒姁。王仲死後，臧兒改嫁長陵（今陝西境內）田氏，生下兩男，即田蚡（公元前 131 年卒）與田勝。王娡先嫁給鄰居金王孫，生一女名金俗。臧兒本出身王侯之門，雖家道衰落，但不甘心女兒一生為平民妻。她請卜卦者算命，對方說兩個女兒均屬富貴之命。臧兒立即把王娡從金王孫家奪回，要求解除婚約。金王孫自然不肯，於是臧兒就悄悄將王

娡送入太子宮。

王娡生得嫵媚，太子劉啟一見，非常喜歡，即封為王夫人。王娡為劉啟生了三女一男。據史載，王夫人在懷上兒子的晚上，自稱曾夢見太陽入懷。劉啟知道後，十分高興，認為這顯示兒子身份尊貴。兒子出生那年，劉啟即位，是為漢景帝，並為兒子起名劉徹。

王夫人的地位並沒有因此提高，因為景帝登基時，將原來的太子妃薄氏冊立為皇后（參見薄皇后，漢景帝傳）。景帝還是太子時，祖母薄太后（參見薄姬，漢高祖傳），便強行把她的侄孫女薄氏立為太子妃，但景帝並不喜歡她。公元前155年，薄太皇太后去世，景帝便以無子失寵而將薄皇后廢黜。

公元前153年，景帝冊立長子劉榮為太子，但卻沒冊封劉榮生母栗姬。沒多久，景帝時感不適，心中鬱悶。一日，將已分封為王的兒子們付託給栗姬，囑咐她說：「吾百歲後，善視之。」栗姬生氣地不肯答應，並且出言不遜。景帝聽了很不滿，但沒有流露出來。此時，景帝的姊姊劉嫖（參見劉嫖，長公主傳）打算把女兒陳嬌（參見陳嬌，漢武帝皇后傳），嫁給太子劉榮為妃，但遭栗姬回絕。劉嫖又去找王夫人，要求將女兒許配給劉徹，王夫人欣然答應。陳嬌與劉徹屬姑表姊弟的關係。劉嫖以後就天天說王夫人的好話，景帝愈來愈寵愛劉徹，開始考慮廢長立幼，但還沒拿定主意。王夫人知道景帝仍在生栗姬的氣，就暗地裡派人催促一眾大臣，請他們游說景帝把栗姬立為皇后。最後，負責這類事情的禮官向景帝上奏說：「文曰：『子以母貴，母以子貴。』今太子母號宜為皇后。」景帝一聽，勃然大怒，遂按律誅殺禮官，並廢太子劉榮為臨江王。沒多久，栗姬為此憂憤而死。公元前150年，王娡立為皇后，劉徹立為太子，王皇后所生三女封為陽信公主、南宮公主、隆慮公主。

景帝死後，太子劉徹即位，是為武帝，立陳嬌為皇后，尊王皇后為皇太后，尊封外祖母臧兒為平原君。王仲早死，追封為共侯，王太后兩個異姓弟弟田蚡與田勝，分封為武安侯與周陽侯。武帝一直不知道母親尚有一個女兒名金俗，在民間生活，是他同母異父的姊姊。有人告訴他時，他還埋怨說應該早點告訴他。之後，他立刻備車親自前往長陵迎接。他找到金俗後，對她恭敬有加，並將她帶回長樂宮拜見王太后。王太后一見之下，悲喜交集。武帝封金俗為修成君，給她很多封賜。

王太后很善於處理宮內老少三代外戚的複雜關係。武帝初即位，因為重用儒生，引起竇太皇太后不滿。而武帝當初得立為太子，姑母劉嫖出了不少力。

女兒陳嬌成為皇后之後，更恃功而不斷需索，令武帝日漸不滿。至於皇后陳嬌，姿色雖美好，但性情好妒，為人驕橫。雖然受到專寵，但一直沒有懷孕，花費大量金錢求醫覓藥，結果還是未能生育，寵愛漸衰。為此，王太后告誡武帝，對待皇后母女，要小心謹慎。於是，武帝對她們，較前更恭敬，又常送禮物。但武帝是個風流好色之徒，不久，便有新歡。

　　王太后隨著地位日益鞏固，時有干預朝政。她同母異父的弟弟武安侯田蚡，因為與她的關係而二度出任丞相，生活豪奢驕縱。故燕相灌夫（公元前131年卒）與魏其侯竇嬰（公元前131年卒）很要好。武帝時，灌夫雖然失勢，但為人剛直敢言，好幾次在酒宴中衝撞得罪田蚡。田蚡記恨在心，上奏疏給武帝，指稱灌夫的家族在潁川橫行，平民百姓，深受其苦，就定下灌夫及其家族棄市之罪。竇嬰為了好友，亦上書辯駁，欲救灌夫。武帝命令他與田蚡在長樂宮進行辯析。竇嬰是武帝祖母竇太后的侄子，而田蚡則是武帝的舅舅。武帝問朝中大臣，到底誰是誰非，但誰也說不清。武帝十分氣惱，說要把他們統統殺掉。到此，這場廷爭暫歇，武帝前往王太后處，與她一起進膳。王太后發怒罷食，對武帝說，她還在人世就有人欺負她的弟弟，假定她百歲後，豈不都把他們當魚肉了。武帝不得已，將灌夫全族誅殺；又命令有關審案官員，將竇嬰處死。歷來史家皆以此為外戚禍亂的顯例。

　　公元前126年，王太后去世，與景帝合葬陽陵。後人提及皇后與外戚干政，有時便舉她為例子。不過，從較現代的角度分析，她政治觸覺敏銳，瞭解人性，懂得處理人際關係。

鮑善本

◇ 司馬光，《資治通鑑》，北京：中華書局，1956年，冊1，卷17，頁559–585。
◇ 《史記》，北京：中華書局，1973年，冊4，卷49，頁1975–1978。
◇ 《漢書》，北京：中華書局，1975年，冊8，卷97，頁3945–3948。
◇ 陳全力、侯欣一編，《后妃辭典》，西安：陝西人民教育出版社，1991年，頁13。

162 衛寡夫人 Wei guafuren

　　衛寡夫人，齊國（今山東境內）國君的女兒，生卒年代不詳。父母把她許配給衛國（今河南河北境內）國君，當她的出嫁隊伍快要進入衛國都城之際，這位國君卻去世了。保母勸她返回齊國，她卻執意留下並服喪三年。守喪期滿，亡夫的弟弟，也就是繼任的國君想迎娶她。她拒絕了，寧願為那素未謀面的亡

夫守節。這位小叔還通過她在齊國的兄弟向她施壓，但她堅決不從。《詩經》的〈柏舟〉（毛詩第 26 首）記載了她的故事：

> 我心匪石，不可轉也
>
> 我心匪席，不可捲也
>
> ……
>
> 憂心悄悄，慍於群小
>
> ……
>
> 心之憂矣，如匪澣衣
>
> 靜言思之，不能奮飛

因她恪守寡婦之道，時人多所讚譽，她的傳記也順理成章地收入了《列女傳》的〈貞順傳〉內。

Constance A. Cook
龍仁譯

◈ 劉向，《列女傳》，見《四部備要》本，卷 4，頁 2 上－下。
◈ 屈萬里，《詩經釋義》，〈柏舟〉，毛詩第 26 首，台北：華岡出版社，1977 年，頁 18–19。
◈ Waley, Arthur. *The Book of Songs*. London: George Allen & Unwin, 1937; 1969, 71.
◈ O'Hara, Albert R. *The Position of Woman in Early China According to the Lieh Nü Chuan, "The Biographies of Chinese Women."* Taipei: Mei Ya, 1971; 1978, 106-7.

163 魏華存 Wei Huacun

魏華存（251/252-334），任城人（今山東境內），在道教上清派內備受敬重，有多個尊號，包括南嶽魏夫人、南嶽夫人、紫虛元君等。從 364 到 370 年，她將三十一卷上清經文授予通靈師楊羲（330 年生），因而被譽為「上清女宗師」。雖然不能全然確定她是個歷史人物，她的原型可能是個道教修煉者，因為有說她在張道陵的天師道擔任過「祭酒」一職（參見張魯母傳）。三世紀初，這個道教教派的成員遍佈華北，316 年西晉滅亡，不少教眾隨之移居南方。在南方，本地神道香火興盛。一些史家認為，南方的士族為了抗衡這些在宗教、政治上都佔上風的北方移民，將神巫的元素和天師道融合，形成一個新的道教

教派。

　　364年，南方通靈師楊羲接待了頭一批從上清降臨的真人。他遵照指示錄下這些神祇口授的話語。他的記錄首先提到魏夫人，說她是「司命」，也是他的老師。她純粹是個精神層面的人物，談論經文，又加引用，內容多涉及日常實務，如潔淨、衛生、儀式等。她還向楊羲的士族東家，提供靈性和醫藥方面的意見；若有人患上重病，只有她才可以寫下符籙和敕文，請求神祇治理（參見徐寶光傳）。

　　楊羲記載這次降神後一個多世紀，信奉道教的士大夫陶弘景（452-536）歸隱茅山（鄰近今南京），他將相關記錄整理成文稿，並加上注釋，稱之為《真誥》。他為楊羲描述魏夫人的一段作注時，添加了真人為她所編傳記的部分內容。此傳記暗示，魏夫人成仙之前在世間為人，叫魏華存，有兩個兒子，丈夫姓劉。她精於長生之術（服食茯苓丸、胡麻散），擔任祭酒。她名為「華存」，字面意為「花的存念」，意指陶弘景在茅山上煉丹時不可或缺的參念，以及上清派冥思時的神仙附體。陶弘景還提到，魏夫人向楊羲傳授經文，她兒子也送了一份經卷給楊羲。

　　如 Edward Schafer 在 "The Restoration of the Shrine of Wei Hua-ts'un"（魏華存祀壇的修復）" 一文中所指出，唐朝（618-907）各君主普遍崇道，在全國名山大邑修建宮觀。聖山之上都建了道觀，上清教的地位亦日益提高。七世紀末，女道士黃靈微（約640-721年，也稱花姑）在臨川（今江西境內）發現一座雜草叢生的祀壇，專門供奉魏華存夫人。她按照魏夫人當年所設立的模式，將祀壇修復，隨後還加照管。後來，士大夫顏真卿（709-784）還因此寫了一篇碑文，並將魏夫人的小傳放在碑文之前。小傳詳述了魏夫人作為凡人的生平、出生地點年月，以及她父親、丈夫、兒子的姓名與生卒日期，還有她的品德操守與精神境界；藉以解釋她為何能得道成仙。描述中說她有著與凡人不同的特徵——「挺瓊蘭之流映，體自然之靈璞」。她永生不死，通過「劍解」逃離肉體凡軀。她在聖山研誦修持十六年後，西王母（參見該傳）前來探望，並陪她到大霍山（今浙江境內；有資料稱霍山在福建；另有資料說她住在湖南衡山）。她從此長居大霍山。這個小傳對魏華存夫人讚譽有加，後人查考魏夫人其人時亦一般以此為依據。

　　魏華存很有可能是一宗造神的公案：先是一個純粹臆想出來的人物，逐漸擁有前世為凡人的各種特質，最終一般人都認為她是個凡人，但卻得道登仙。

當然她也可能是天師道的女祭酒,是實在的凡人。能夠確定的是,她當初為人崇敬,是因為她按天師道傳統替人治病,醫術高明;到了唐朝,她已變為美麗的天仙,拿 Schafer 的話來說,「she was luminous and pure, fresh and pellucid(她明淨通透,純潔清新)」,坐擁神聖的南方山嶽。

Sue Wiles
龍仁譯

◈ Schafer, Edward H. "The Restoration of the Shrine of Wei Hua-ts'un at Lin-ch'uan in the Eighth Century." *Journal of Oriental Studies* 15 (1977): 124-37.
◈ ——. "Three Divine Women of South China." *Chinese Literature: Essays, Articles, Review* 1 (1979): 31-42.
◈ Wiles, Sue. "Gone with the Yin: The Position of Women in Early Superior Clarity (Shangqing) Daoism." Ph.D. dissertation, The University of Sydney, 1986, 1988, 129-30, 136-74.
◈ Bokenkamp, Stephen. "Declarations of the Perfected." In *Religions of China in Practice*, ed. Donald S. Lopez, Jr. Princeton, NJ: Princeton University Press, 1996, 166-79.
◈ ——. *Early Daoist Scriptures*. Berkeley: University of California Press, 1997, 251, 252, 262, 298.
◈ Robson, James. "Virtual Images/Real Shadows: The Transposition of the Myths and Cults of Lady Wei." Paper presented at the Association for Asian Studies 2003 Annual Meeting, March 27-30, 2003, New York. Available at http://scbs.stanford.edu/resources/Daoism_panel/index.html.

164 衛姬,齊桓公夫人 Wei Ji

衛姬是齊國(今山東境內)國君桓公(公元前 684-642 年在位)的妻子,衛侯的女兒,活躍於公元前七世紀中葉。齊桓公欲在各國之間結成以齊國為首的聯盟,只有衛國保持冷淡,沒有到齊國朝拜。桓公就策劃征伐衛國。衛姬察覺出桓公的意圖之後,就去見他,十分恭順的懇求他原諒衛國可能犯下的過失。桓公否認與衛國有過爭執,但衛姬說她能從他的神情舉止看出他的意圖。她說,他是生著氣,因為神態表露了「攻伐之色。今妾望君舉趾高,色厲音揚,意在衛也」。桓公對她的忠誠很是讚賞,下旨不攻打衛國,並擢升她為夫人,有權管理後宮一切事宜。

衛姬還有一事為人津津樂道的。桓公「好淫樂」,大概是指沉迷音樂,以致荒廢朝政。衛姬幫助桓公矯正了這個毛病,備受讚賞。漢朝文學家崔琦在他的〈外戚箴〉中,提到衛姬對桓公起著潛移默化的作用,功勞不小,當可名傳千古。人們對衛姬的德行推崇至極,認為齊桓公之能成為中國古代最成功的君主之一,實有賴衛姬的輔助。她的傳記以〈齊桓衛姬〉為題收入了《列女傳》

的〈賢明傳〉內。

Constance A. Cook
龍仁譯

◈ 劉向,《列女傳》,見《四部備要》本,卷2,頁1下–2上。
◈ 崔琦,〈外戚箴〉,見《後漢書》,北京:中華書局,1973年,卷80,頁2619。
◈ 〈呂氏春秋〉,卷18,見《呂氏春秋校釋》,陳奇猷校釋,上海:學林出版社,1984年,頁1168。
◈ O'Hara, Albert R. *The Position of Woman in Early China According to the Lieh Nü Chuan, "The Biographies of Chinese Women."* Taipei: Mei Ya, 1971; 1978, 50-52.
◈ Kralle, Jianfei. "Fan Ji und Wei Ji." In *Die Frau im Alten China. Bild und Wirklichkeit*, ed. Dennis Schilling and Jianfei Kralle. Stuttgart: Steiner, 2001, 53-73.

165 魏節乳母 Wei jie rumu

魏節乳母節操高尚,活躍於公元前661年。她是魏國(今山西境內)國君魏王瑕(一說魏王假)的公子的乳母。秦國(今甘肅陝西境內)入侵,誅殺了魏王和其他公子後,她為了保護魏國僅存的公子而遇難。她拒絕接受大筆賞金,卻甘冒滅門的風險,帶上魏王的遺孤逃亡。有個叛變的魏臣將乳母藏身處向秦方告密,在秦軍爭相追射的情況下,雖則乳母用自己身體掩護小兒,兩人仍不免被害,她身軀上至少中箭十餘支。秦王為她的忠心和母性所感動,給她舉行隆重的葬禮,並讓她的兄長當官,賞以金錢。人們認為「慈故能愛」,據稱她曾說:「且夫為人養子者,務生之,非為殺之也。」意思是為別人養孩子,務必要他活著,而不是讓他被殺。她的傳記收入了《列女傳》的〈節義傳〉內。

Constance A. Cook
龍仁譯

◈ 劉向,《列女傳》,見《四部備要》本,卷5,頁8上–9上。
◈ O'Hara, Albert R. *The Position of Woman in Early China According to the Lieh Nü Chuan, "The Biographies of Chinese Women."* Taipei: Mei Ya, 1971; 1978, 144-47.

166 魏芒慈母 Wei Mang cimu

魏芒慈母就是魏國(今山西境內)芒家的慈母,活躍於公元前三世紀。她是孟陽氏女子,住在魏國,因成為后母中的楷模而遠近知名。她是芒卯的後妻,

兩人生有三個兒子，但芒卯的前妻留下五個兒子。她一直對繼子（前妻的兒子）很好，比對自己親生兒子好得多，但他們沒有一個喜歡她。當排行第三的繼子因罪被判處死刑時，她極其悲傷，千方百計地營救。她的義行最終傳到安釐王（公元前 267-243 年在位）的耳裡，他赦免了這個繼子的死罪，並稱譽她為慈母。她無私的愛也感動了那五個繼子，最後他們待她如親生母親。她一心一意的照顧五個繼子，把他們視作己出，她所表現的母愛，被認為特別值得向後代婦女宣揚。她的傳記收入了《列女傳》的〈母儀傳〉內。

Constance A. Cook
龍仁譯

◊ 劉向，《列女傳》，見《四部備要》本，卷 1，頁 12 下 –13 上。
◊ O'Hara, Albert R. *The Position of Woman in Early China According to the Lieh Nü Chuan, "The Biographies of Chinese Women."* Taipei: Mei Ya, 1971; 1978, 45-46.

167 魏曲沃婦 Wei Quwo fu

魏曲沃婦是住在魏國（今山西境內）曲沃的一個老婦，活躍於公元前四世紀末。當時的國君是魏哀王（公元前 318-296 年在位）。她的兒子名叫如耳，是魏國大夫。哀王原打算為太子政娶妃子，但該女子來到後，哀王發覺她年輕貌美，便想據為己有。對哀王這種行徑，大夫如耳竟不敢進諫一言。曲沃老婦批評哀王不過是平庸之輩，既不知道自己所作所為會招來禍患，又不能秉持正義。她對如耳說，告誡國君，是忠臣的職責。如耳稱他暫未能找到進言的機會，不久又被派到齊國（今山東境內）出任使節，事情就擱置下來。曲沃老婦對魏國與強敵為鄰，深感憂慮，就覲見國君，向他闡明男女間必須遵循的綱常倫理，指出他已經「亂人道之始，棄綱紀之務」。聽了這一席話，哀王毫不猶豫地歸還了太子妃，賞賜糧食給曲沃老婦，且給如耳加官晉爵。自此以後，據說齊楚秦對魏國「不敢加兵」。曲沃老婦向國君長篇大論的訓誡，很可能是後代儒家學者編寫出來，但歷史上似乎真有其人，而這個人又可能敢當面指責國君的失當行為。她的傳記收入了《列女傳》的〈仁智傳〉內。

Constance A. Cook
龍仁譯

◊ 劉向，《列女傳》，見《四部備要》本，卷 3，頁 9 下 –10 下。

◈ O'Hara, Albert R. *The Position of Woman in Early China According to the Lieh Nü Chuan, "The Biographies of Chinese Women."* Taipei: Mei Ya, 1971；1978, 97-100.

168 衛鑠 Wei Shuo

衛鑠（272-349），字茂漪，世稱衛夫人。她是中國最早的知名女書法家；極負盛名的書法家王羲之（309-約365年），曾在她門下學習書法。

衛鑠是西晉人，出生在河東安邑（今山西境內）一個有很名望的士紳家庭，祖上自漢代即以儒學聞名。她和衛覬的關係，雖然沒能清楚確定，但有充分的間接證據顯示兩人份屬祖孫。衛覬官至魏國尚書僕射，是衛氏家族中以書法知名的第一人。據說他酷愛各種書體，且無不精通。衛鑠兄長衛展在西晉任廷尉，對推行晉代法規，頗有建樹，史書亦有記載。她叔父衛瓘（220-291）是西晉開國之君武帝（司馬炎，236-290；265-290年在位）的心腹謀士，在魏晉兩朝均擔任了多個要職。他擅長草書，可是他在政壇上的威望更為矚目。衛鑠的堂弟衛恆（衛瓘兒子），擅長草、隸，寫了一卷專論名為《四體書勢》。《晉書》內他的傳記中，收錄了這篇論著，而它也成為了書學的經典之作。後來衛鑠出嫁，夫家也是世家，但聲望不如衛家。丈夫李矩，官至江州（今江西一帶）刺史。兒子李充亦以書法聞名。李充曾任剡縣令，後任大著作郎。他的貢獻在於創建四部系統來分類典籍，這個系統自劉宋王朝起沿用到現代初。

《晉書》沒有衛鑠的傳記，我們所知她的生平點滴，都是從散落各處的資料補綴而成，如她的男性親戚的傳記以及書法作品。根據兒子李充的傳記，李充幼年喪父，家境極度窮困。李充曾經為朝廷要員當過僚屬及文書，可能所得薪酬微薄，後來只得向上司求告，謀個收入較高的地方官差缺。但不久母親便去世。由此可以推斷，衛鑠是在貧困中把兒子撫養成人，待家境改善時，她已享受不到。李充的傳記還提到他擅長楷書，這也是他母親聞名於世的字體之一；並說他的技巧可與漢魏知名的書法大家鍾繇、索靖相比美。傳中未提及母親衛夫人對他書法的影響，卻說時人讚賞他的書法，視他為書法大家。

李充能以書法享盛名，缺不了衛鑠的教導與影響，這是顯然易見的。但她的名字未在《晉書》中出現。到唐代（618-907），她的名字倒經常在早期論述書法的文章中出現。也由於這些文字，即使是片言隻語或間有謬誤，衛鑠才為人所知。據稱她師承鍾繇（230年卒），妙得其法。可是鍾繇在她出生前四十來年已謝世，不可能當面傳授給她。不過，她祖父衛覬和鍾繇同朝共事，

兩家或有通家之好，她可能受教於鍾家後輩，更可能是鍾家女眷。不論出於何種情況，鍾繇是名聲響亮的書法大家，不少人見過甚至收藏了他的作品。衛家人既愛好書法，又樂於命筆揮灑，一定有鍾繇作品的摹本和拓印本。習書者慣常會從臨摹名家作品起步，衛鑠可能是大量臨摹了鍾繇的碑帖，終於成為他的非正式傳人。

衛鑠並無作品存世。有篇被認為是她所寫，其實是唐朝人李懷琳的偽託。論家將她的書法和鍾繇相比時，指出她的字「瘦」，按此推斷，她的字，應筆力雄健，清峭骨立，或許不類一般婦女字體那樣嫻雅婉麗。據說她十分留心自然現象，並將觀察所得融入書法。對於筆法，她要求「點」像高山墜石，磕然有聲，如山裂石崩之響；「豎」像萬年枯藤一樣蒼勁雄強。她以精於隸書、楷書和行書而聞名。

在衛鑠的書法家生涯中，有兩件事讓她揚名，因此值得特別提出。一是她撰寫了論述文字《筆陣圖》。該文僅千字左右，從題目推測，原本應有圖解，但現今僅有文字留存。文中批評時人想一夜當上大書法家。她對選擇筆、墨、紙、硯提了切實的建議，接著指出寫字的正確姿勢，進而解說基本筆畫與書寫要領。該文不像其他書法論著那樣，文字華麗而表述含糊；而是明確實用，對初學者幫助尤大。該文對後世許多有關使用毛筆的文章，影響很深。

二是衛鑠成為王羲之的老師，而王羲之可以說是中國和東亞最偉大的書法家。衛鑠是王羲之父親王曠的表親，比王羲之大三十多歲，兩人既是親戚，年齡又相差甚遠，所以當時即便很講究男女授受不親，他們女師男徒的關係亦屬合理。一份年代較晚的資料說，王曠從衛鑠處，獲得蔡邕書法之道再教給兒子王羲之。還有一篇人們都認為是王羲之寫的文章，在文中王羲之自稱是衛夫人的學生，但卻說從衛夫人學書是浪費時間。這篇文章沒有收錄在王羲之的文集，卻在唐朝張彥遠所編的書法集內，近代學術界已質疑它是否可靠。唐代的一部書法專著亦有不同說法，說王曠將書法家論運筆的論著，拿給十二歲的羲之研讀。衛夫人注意到孩子書法突見精進，懷疑他曾閱讀前代筆論。她垂淚說道：「此子必蔽吾書名。」這種軼事似乎是在王羲之名聲遠勝老師之後編造出來的。

除王羲之外，衛鑠至少還有兩個學生，一個是兒子李充，另一個是丈夫的姪子李式。李充工於楷書而李式擅長隸書，兩種書體都是衛夫人精通的。她還擅長行書，這也正是王羲之的專長。

不論王羲之對少時的老師是怎樣想,他曾就學於衛夫人之事不容否認。在中國古代,生為女子的衛鑠,沒有王羲之享有的機會,可能因而不能充分發揮潛能。王羲之在唐代成了備受尊崇的人物,至今也還是家喻戶曉;反觀衛鑠,唐以後的書法論著中,愈來愈少被人提及了。時至今日,我們應該記取,她至少有一項貢獻,就是成為鍾繇和王羲之這中國早期兩大書法家之間的橋樑。

蕭虹
龍仁譯

◈ 張懷瓘,〈書斷〉,見《法書要錄》,張彥遠編,輯入《唐人書學論著》,台北:世界書局,1971年,頁 128,137。
◈ 王僧虔,〈宋羊欣采古來能書人名〉,見《法書要錄》,張彥遠編,輯入《唐人書學論著》,台北:世界書局,1971年,頁5。
◈ 王羲之,〈題衛夫人筆陣圖後〉,見《法書要錄》,張彥遠編,輯入《唐人書學論著》,台北:世界書局,1971年,頁4。
◈ 《晉書》,北京:中華書局,1974年,冊2,卷36,頁1055–1068。
◈ 《三國志・魏書》,北京:中華書局,1982年,冊3,卷21,頁610–613。
◈ 殷偉,《中華五千年藝苑才女》,台北:貫雅文化,1991年,頁56–59。
◈ 謝無量編,《中國婦女文學史》,鄭州:中州古籍出版社,1992年重印,第2編中,頁6–8。
◈ 蕭虹,〈晉代參與主流社會活動的婦女〉,見蕭虹,《陰之德:中國婦女研究論文集》,張威譯,北京:新世界出版社,1999年,頁82–95。
◈ Women of China. "An Ancient Calligrapher." From *Departed But Not Forgotten*. www.womenofchina.com.cn, accessed August 21, 2005.

169 衛子夫,漢武帝皇后 Wei Zifu

衛皇后(孝武衛皇后,約公元前153-91年),名不詳,字子夫,河東平陽(今山西境內)人,西漢武帝(劉徹,公元前156-87年;公元前140-87年在位)的第二位皇后。

衛子夫的父親鄭季在平陽侯曹壽的府邸工作,曹壽是曹參(公元前190年卒)的孫兒。鄭季與曹府女僕衛媼私通,生了七個孩子,包括衛子夫,全部都隨母姓。曹壽娶武帝姊陽信公主為妻。陽信公主隨後改稱號為平陽公主。衛子夫在平陽侯家長大,習得歌舞,成為平陽公主的歌女。

武帝十多歲即位後,一直沒有子嗣。平陽公主於是選出良家美女十餘人,將她們悉心打扮,養在家中,以便武帝到來時可為之引見。公元前139年陰曆三月上巳日,武帝按習俗到霸上水濱潔身去垢,回程時到平陽公主家探望。公主設宴招待,並把家中養著的美人逐一介紹給武帝。他一個也不喜歡。公主只

好命歌女們唱曲勸酒，武帝看上其中一人，她就是衛子夫。席間，武帝起而更衣，命衛子夫前來伺候，她因而得幸。武帝十分滿意，返回酒席後，立即賞賜公主金千斤。公主便趁機請武帝把衛子夫帶回宮中。衛子夫離開前，公主對她說：「即貴，願無相忘！」武帝寵幸衛子夫一年多後，便對她失去興趣，因為他好色成性，喜新厭故。那時，後宮有人滿之患，而且大多未滿三十歲，武帝就逐一篩查，希望能找出一些不喜歡的，將她們遣返原籍。武帝見衛子夫時，她邊哭邊請求出宮。武帝大為感動，再次迷戀於她，往後數年，她為武帝生下三女一子。

此時的陳皇后（參見陳嬌，漢武帝皇后傳），婚後十年，仍未生下兒子。她目睹衛子夫受到尊寵，又妒又怕，先以自殺作為威脅，再施巫蠱之術，但都沒有奏效，最後被廢（公元前 130 年）。她的母親劉嫖（參見劉嫖，長公主傳）對衛氏一家權勢日增，亦心生不忿。一天，劉嫖派人把衛子夫的弟弟衛青（公元前 106 年卒）抓住，囚禁起來，準備殺掉，幸得好友救出。武帝知道後，對這個又是姑母又是岳母的長輩更不滿，就立刻召見衛青，封他為建章宮監兼侍中，並重加賞賜，數日間累計有千金。接著又封衛子夫為夫人，封衛青為太中大夫。衛青後來北征匈奴，屢建軍功，先後被封為車騎將軍、長平侯。他後來娶了平陽公主，即前東家平陽侯的遺孀、武帝的姊姊。

公元前 128 年春，衛夫人生下兒子劉據（公元前 128-91 年）。武帝時年二十八歲，得子甚歡，立衛夫人為皇后。六年後（公元前 122 年），立劉據為太子。武帝對衛氏一家，繼續施賜恩澤。衛皇后的侄子霍去病（公元前 145-117 年），也因戰功而獲封為驃騎將軍、冠軍侯。霍去病是衛皇后姊衛少兒與霍仲孺的兒子。衛少兒後嫁詹事陳掌。他即使無功，亦因少兒而尊貴起來。衛皇后兄衛長君，被拜為侍中。衛家得到武帝恩寵殊多，所以當時有人作歌道：「生男無喜，生女無怒，獨不見衛子夫霸天下。」

隨著時間的流逝，衛皇后容顏漸老，終而失寵；而太子生性仁恕溫謹，亦不為武帝所鍾愛。兩人漸感地位不穩。武帝為了安撫他們，就對衛青說，他聽說皇后和太子感到不安，其實他沒有打算做對他們不利的事。他還請衛青把他的意思轉告他們。衛皇后聽到武帝的話後，就脫去頭上簪飾，向武帝請罪，自慚多疑。以後，武帝每次外出，都把政事託付給太子，把宮內的事託付給皇后。

武帝回來後，太子便將代管期間最重要的決定向父親彙報。那時，武帝年事漸高，已過五十，對太子的彙報通常沒有異議，有時還故意放手不管。可是，

武帝用法嚴酷，多任用執法嚴厲的官吏。太子為人寬厚，對嚴苛的判決，多改為從輕發落。雖然太子的做法，能得民心，但用法嚴厲的大臣都不高興；所以他得到的評價，貶多於褒，在衛青去世後，尤其如此。

數年後，大臣江充（公元前91年卒）負責追查一宗亂倫的風化案，表現得鐵面無私。為此，他得到武帝重用。早些時，劉據一個僕人犯了過錯，由江充審理，他也一樣鐵面無私，遂與衛皇后結下嫌隙。公元前91年，江充受命追查巫蠱案。衛皇后所生的兩個女兒被查出涉案，因而遭誅殺。江充見武帝已六十六歲，又體弱多病，恐怕武帝駕崩以後，會遭太子誅殺，就以治巫蠱為由，陷害太子及衛皇后。太子為了自衛，就舉兵捕殺江充。不幸的是，武帝將此事看成太子意在謀反，於是發兵征伐。結果太子兵敗逃亡，在朝廷的圍捕下自縊身亡；妻子兒女全被處決，只有一個尚在襁褓的孫兒倖免於難；一眾幕僚從屬皆被誅殺滅族。武帝派人收回衛皇后的璽綬。她自殺而死。

對此禍事，武帝十分憤怒，群臣亦束手無策。只有一位老人令狐茂，仗義執言，上書武帝，為太子辯誣鳴冤。武帝沒有公開赦免太子與皇后，但追查此事，才發覺太子殺江充，是因為惶恐，而非意圖叛變。另一大臣田千秋也上書為太子伸冤。武帝終於採取行動，將江充全家誅殺。武帝憐惜太子無辜，在他遇害之地湖縣（今河南境內）建思子宮和歸來望思之台，以寄哀思。

近二十年後，太子劉據的孫兒劉病已繼位為宣帝，追諡祖父為戾太子、祖母史良娣（衛太子史良娣）為戾夫人，並隆重地改葬衛皇后，追諡為思后。

鮑善本

◇ 司馬光，《資治通鑑》，北京：中華書局，1956年，冊1，卷17，22，24。
◇ 《史記》，北京：中華書局，1973年，冊4，卷49，頁1978-1983；冊6，卷111，頁2922-2928。
◇ 《漢書》，北京：中華書局，1975年，冊6，卷63，頁2742-2748；冊8，卷97上，頁3949-3950。
◇ 安作璋主編，《后妃傳》，鄭州：河南人民出版社，1990年，頁45-56。
◇ 陳全力、侯欣一編，《后妃辭典》，西安：陝西人民教育出版社，1991年，頁13。
◇ 劉士聖，《中國古代婦女史》，青島：青島出版社，1991年，頁91-92。
◇ Loewe, Michael. *Crisis and Conflict in Han China*. London: George Allen & Unwin, 1974.

170 衛宗二順 Weizong ershun

衛宗二順（活躍於約公元前225-210年）是衛國（今山西境內）宗室靈王

的妻子和陪嫁的婢妾。秦滅衛國後，封靈王為諸侯，令他繼續衛國的宗祀。靈王去世時，妻子沒有兒子，但婢妾卻有一子。此後，這個婢妾（她的兒子大約已經繼承了靈王的王位）還是照樣侍奉夫人，比以前奉養得更謹慎。八年後，夫人決定把主母的位子讓給婢妾，因為按照禮法，沒有子嗣的寡妻應該被趕出家門。婢妾不答應。她不想成為主母，因為這會顛倒主僕的身份，讓她苦惱。她對自己的兒子說：夫人要為難我，我不願意違背古禮，寧願去死。夫人知道後，就答應留下，終其一生，婢妾悉心供養如初，堅守禮制。她們的傳記收入了《列女傳》的〈貞順傳〉內。

Constance A. Cook

龍仁譯

◎ 劉向，《列女傳》，見《四部備要》本，卷4，頁7上–8上。
◎ O'Hara, Albert R. *The Position of Woman in Early China According to the Lieh Nü Chuan, "The Biographies of Chinese Women."* Taipei: Mei Ya, 1971; 1978, 119-21.

171 文姜，魯桓公夫人 Wen Jiang

　　文姜（公元前673年卒），魯國（今山東境內）桓公（公元前719-697年在位；一說公元前711-694年在位）的妻子，才能卓越的姜氏女子。她是齊國（今山東境內）王室之女，又稱姜氏。齊國受到北方戎族侵襲之後，文姜的父親幾次三番要將她嫁給鄭國（今河南境內）太子，因為鄭國給了齊國軍事援助。但對方不答應，文姜的父親於公元前709年將她嫁給魯桓公。三年後，文姜生下兒子，又過了十二年，她陪同丈夫回到家鄉齊國，在齊國她受到兄長襄公的誘姦。醜聞洩露後，襄公聽從父親的勸告，設宴招待妹夫桓公，以平息他的怒火。在酒宴上，桓公被灌得酩酊大醉，襄公的兒子（有說是異母兄弟）趁機殺了他。桓公死後，文姜的兒子繼位為魯莊公（公元前692-661年在位；一說公元前693-662年在位）。至於文姜的去向，有資料說她留在齊國，亦有資料說她隨丈夫靈柩返回魯國。還有資料稱她在返回魯國途中，停留在齊魯邊界上，並給兒子帶信說打算在那裡住下。兒子就為她興建住房，她便在那裡終老。

　　她的傳記以〈魯桓文姜〉為題收入《列女傳》的〈孽嬖傳〉之內。根據這傳記，她嫁給魯桓公前，已和兄長（後來的襄公）有亂倫的關係，後來同丈夫回齊國時，和襄公又再續舊情。襄公於公元前685年去世，在此前後，她周遊了各國（包括齊國在內），按此推斷，她在政壇上應該頗有權勢，連魯國的史

官提到她時也稱為「我小君」。

Constance A. Cook
龍仁譯

◈ 劉向，《列女傳》，見《四部備要》本，卷7，頁5下–6上。
◈ 《春秋左傳》，桓公3年、6年、18年；莊公1–2年、4–7年、15年、21–22年，台北：鳳凰出版社，1977年，卷1，頁28、32–33、45、46–48、51–53、62、67–68。
◈ 瀧川龜太郎，《史記會注考證》，台北：洪氏出版社，1977年，卷33，頁28；卷42，頁10。
◈ 關四平，《后妃的命運》，濟南：山東文藝出版社，1991年，頁190–195。
◈ O'Hara, Albert R. *The Position of Woman in Early China According to the Lieh Nü Chuan, "The Biographies of Chinese Women."* Taipei: Mei Ya, 1971; 1978, 193-94.
◈ 魯桓公，參見 https://baike.sogou.com/v444378.htm；https://baike.sogou.com/v444368.htm?fromTitle=%E9%B2%81%E5%BA%84%E5%85%AC。

172 文季姜 Wen Jijiang

文季姜，活躍於二世紀末期，梓潼（今四川境內）人，廣漢（今四川境內）王敬伯的後妻。王敬伯在朝任將作大匠。文季姜很有感召力，而且宅心仁厚，人們都稱讚她孝順長輩，並能以身作則，培養出懂得尊重別人的子女。

文季姜應該來自書香門第。據說她小時飽讀儒家經籍，對《詩經》和《禮記》尤為嫻熟。王敬伯的前妻留下一子一女，子名博，女名紀流。文季姜先後生下三子三女。她對八個孩子一視同仁，一樣愛護。她對長輩也十分孝順。她初嫁到王家時，王敬伯的祖母尚健在。這位老太太對犯錯的兒孫皆從嚴處置，男的即使已是高官，也照樣杖責，而女的則在堂前罰跪。對這位暴戾乖桀的老祖母，文季姜不僅不嫌棄，還照顧周到，或許這正是她明智之處。王敬伯先後在五個郡當官，文季姜每次都帶著這位老祖母與孩子同行。後來祖母年事已高，難以隨行，文季姜便經常留下服侍她。

繼女王紀流出嫁，文季姜派自己的婢女隨嫁。繼子王博喜習書法，她就親手為他製作書寫工具。她以禮待人，為人設想，全家深為所動，從此凡事都互相謙讓。王博的妻子楊進、媳婦張叔紀，都聽從文季姜的教誨，以賢慧知名；三人被譽為「三母堂」，人所稱羨。文季姜的三個媳婦對長嫂楊進，像對公婆等長輩一樣敬重。她們的德行，為王家上下樹立了很好的榜樣。

文季姜活到八十一歲才去世，四個兒子都放棄官職為她服喪守孝，四個女兒也跟從兄弟們一起守孝。喪禮備極哀榮，前來弔祭的官員多達百餘人。根據

傳統說法，王家世代興旺，全仗文季姜持家有道、悉心照顧家人。

王步高

◇〈閨媛典・閨淑部〉，見陳夢雷編，《古今圖書集成》，上海：中華書局，1934年，冊396，頁57下。
◇常璩，〈梓潼士女志〉，見陶宗儀編，《說郛》，台北：台灣商務印書館，1985年，卷58。

173 吳夫人，蜀先主 Wu Furen, Shu Xianzhu

穆皇后吳氏（先主穆皇后，約190-245年），陳留（今河南洛陽附近）人。219年她成為三國時期蜀漢開創者劉備（昭烈帝，又稱蜀先主，161-223；221-223年在位）的嫡妻。

吳氏和兄長吳壹（一作吳懿），幼時喪母，父親跟隨好友劉焉往蜀地（今四川境內）時，兄妹倆隨行。劉焉是漢室宗親，頗有野心，擬篡奪獻帝（劉協，181-234；189-220年在位）的皇位。一日，他聽到一位精於相面者說，年輕的吳氏有大貴之相，於是就安排她嫁給自己的兒子劉瑁。劉瑁的弟弟劉璋（219年卒），是益州（今四川境內）牧。

這是個動亂的年代，農民起義此起彼落，東漢王朝瀕臨崩潰，三國鼎立：魏國在北，蜀漢在西，吳在東南。劉備是亂世梟雄，自稱漢室宗親，在三世紀初年已取得益州。他也和吳國君主孫權（182-252；222-252年在位）結盟，並在209年娶了孫權的胞妹孫夫人。據史書的描述，孫夫人是個不容欺侮的年輕女子，她剛強勇猛，一如她四個赫赫有名的兄弟，手下有百餘手持刀槍的侍婢。據說年近半百的劉備，眼光一落在她身上，便會發抖，那怕她才二十來歲。劉備的一個主要謀士相信她有本領造反，為兄長孫權出力，便勸劉備把她送回娘家吳國。211年，孫權打聽到劉備打算西征，即派船接她回吳。212年她離去之前，曾試圖將受她監護的太子劉禪（史稱蜀後主，207-271；223-263年在位）挾持去吳國，但沒有成功。

正是在此刻，吳夫人走進劉備的生活。當時吳氏還在居孀，有人勸劉備娶她。他起初猶豫不決，顧慮著與她亡夫劉瑁是同宗骨血，二人先祖同為西漢景帝（劉啟，公元前188-141年；公元前156-141年在位），算起來她幾近兄弟的妻子，嚴格來說，他們的婚姻是傳統禮教所不容的。然而一個謀士援引春秋時代的先例，辯說娶之無妨，於是劉備將她納入後宮，封為夫人。219年，劉

備進位漢中王，封吳夫人為漢中王后。次年，漢獻帝（181-234；189-220 年在位）禪帝位給曹丕（187-226），曹丕立即自稱魏國皇帝（文帝，220-226 年在位）。劉備不欲效忠於曹丕王朝，遂指稱獻帝被人謀害，他既屬皇祚血脈、漢室正統，實受之於天，故在 221 年初建立蜀漢王朝，登基稱帝（先主），冊立一無所出的吳氏為皇后，承命宗廟，母儀天下。

劉備稱帝蜀漢僅兩年就在 223 年病故，由兒子劉禪繼位，後主親生母親甘夫人（參見甘夫人，蜀先主傳）已在兩年前去世。吳氏作為后主父親的正妻及皇后，被賜以穆太后尊號。她的兄長吳壹擢升為車騎將軍，封縣侯。穆太后活到中年，於 245 年去世，入葬惠陵（今成都境內），與劉備及其妾甘夫人同穴。

穆皇后看來是個沒有過人之處，亦非萬眾矚目的女子，只因相士預言她日後將享大富貴，於是兩個想居九五之尊的男人便都樂意娶她。她那個時代並不禁止寡婦再醮，數世紀之後就大不一樣，寡婦再嫁會遭到嚴重歧視。

秦家德
龍仁譯

◇ 司馬光，《新校資治通鑑注》，楊家駱主編，台北：世界書局，1977 年，冊 4，卷 69–78，頁 2175–2490。
◇ 《三國志》，北京：中華書局，1982 年，冊 4，卷 34，頁 906。
◇ Sima Guang. *The Chronicle of the Three Kingdoms (220–265), Chapters 69-78 from the Tzu chih t'ung chien of Ssu-ma Kuang*, trans. Achilles Fang, ed. Glen W. Baxter. Cambridge, MA: Harvard University Press, 1965, vol. 1, 44, 48, 65-67, 588-89, 696.
◇ De Crespigny, Rafe. *Generals of the South: The Foundation and Early History of the Three Kingdoms State of Wu*. Canberra: Australian National University, 1990, 204, n. 8.
◇ Chen Shou. *Empresses and Consorts: Selections from Chen Shou's "Records of the Three States" with Pei Songzhi's Commentary*, trans. Robert J. Cutter and William Gordon Crowell. Honolulu: University of Hawaii Press, 1999, 49, 116-18, 209-10.

174 吳夫人，孫破虜將軍 Wu Furen, Sun Polu Jiangjun

吳夫人（約 158-202 年），名字無記載可稽，錢塘（今浙江杭州附近）人。她嫁入的孫家，最後創立了三國之一的吳國。她去世後二十六年，次子孫權（182-252；222-252 年在位）自稱為吳大帝，追諡她為武烈皇后。

二世紀中葉以來，東漢王朝逐漸衰敗，互相對峙的三個國家崛起，該時期因之稱為三國時期。二世紀最後的十年中，曹操（155-220）對漢室傀儡皇帝獻帝（劉協，181-234；189-220 年在位）的控制越收越緊，令北方的魏國勢力

日漸穩固。西面的蜀漢，則宣稱劉備這個亂世梟雄（161-223；221-223年在位）為景帝（劉啟，公元前188-141年；公元前156-141年在位）後人，承天命繼承漢祚。地處東南的吳國，則憑孫氏家族的彪炳戰績立國，孫家聲稱是前六世紀兵家經典《孫子兵法》作者孫武的後人。

　　吳夫人一家早年從吳（今蘇州附近）遷到錢塘，父母雙亡後，和弟弟吳景（204年卒）生活在一個舊式大家庭中。錢塘吳家雖不入江南顧陸朱張四大家族之列，但社會地位頗高。所以，當十九歲的軍人孫堅（155-192）在174年向吳家求親時，遭到吳家拒絕。當時他駐守鹽瀆（今江蘇鹽城附近），吳家嫌他「輕狡」（輕浮狡猾之意）。不過吳氏對家人說，她願意嫁他，假若婚姻不諧，她會負全責，於是吳家最終答應婚事。他們的婚姻看來十分美滿，人們常援引吳氏作為統治者妻子的典範。孫堅最後升任為破虜將軍，故又名孫破虜。

　　吳夫人生有四子：孫策（175-200）、孫權、孫翊（184-203）和孫匡（190年生？）。她另有一女（孫夫人，約189年生）。孫堅與其他女人也育有子女。吳夫人懷上長子時，夢見明月入懷；懷次子時，夢見旭日入懷。孫堅解夢說，日月是陰陽之本，夢是預示他們的後代必是權貴之人。這種詳夢之談，無非是預告長子和次子能成大器，在史書上留名，但亦有可能是後人編造出來，使他們問鼎的野心更有理據。

　　孫堅南征北戰之時，一般把家人留在身邊；而他一直對漢室耿耿忠心。184年，他在鎮壓黃巾起義軍的重大戰役中，於壽春（今安徽境內）升任高級將領。兩年後任議郎，家人前往北都洛陽與他重聚。之後，孫堅改任長沙太守，當時長沙郡是漢室重鎮，是京官外放的要缺，吳夫人和子女們又遷去長沙。190年，孫堅領兵攻打欲篡漢自立的邊境將軍董卓（192年卒），吳夫人及子女被送到舒縣（今安徽境內）。當地世家周氏將她們安置在一所大宅內。吳夫人長子孫策，就是在此認識了未來的將軍周瑜（175-209），當時兩人均是十五歲，自此成為終身好友。與此同時，孫堅將隊伍依於袁術（199年卒）麾下，袁氏是出身豪門的軍閥，但忠於漢室。他們在191年攻下洛陽。當年年底，孫堅在一場夜戰中，中箭身亡，後屍體運送回家，葬於丹陽郡（今江蘇境內）的曲阿。吳夫人與眾兒女遷居到江北廣陵江都縣，即今江蘇揚州之南，此時長子年僅十六歲。

　　兩年後，十八歲的孫策聚集父親舊部，過江投靠舅父吳景。吳景時為丹陽太守，他一如乃姊吳夫人，不遺餘力地鞏固孫氏家族的實力。他是孫堅重要的

謀士兼盟友，被任命為騎都尉，孫堅死後支持孫策，幫他攻克歷陽（今安徽境內），乃至江東的大片地盤。（江東字面上為長江以東，實為今蘇、皖、浙三省交匯一帶。長江在蕪湖與南京之間，自西南偏南流向東北偏北，其南岸稱為江東，因為事實上是江的東面。三國時期，江東之地即指吳國國土。）196年，孫策將母親和弟妹們移居到江東，給十四歲的弟弟孫權一個空銜，大概是為了顯示他的地位，而不是要他處理政務，同時又令心腹張昭輔佐這不更事的少年。

孫策孫權能夠建功立業，母親吳夫人起了關鍵作用。她深明孫策的短處，他性格暴烈，經常在盛怒下妄下決定，不計後果。為此她經常婉言規勸。有兩件為人稱道的事，足可反映出她不但聰明機智還宅心仁厚。196年，孫策俘獲一名叫王晟的老者，是南方的合浦郡太守，正要行刑之際，吳夫人為之求免，她說：「昔日王晟曾像你父親一樣，追求過我。如今他兒子、兄弟全死了，只剩他一個孤老頭，還怕他什麼？」孫策聽從了她，赦免了王晟。另一件事是說有一人名為魏騰，正待處死，因他曾頂撞過孫策。孫策對所有求情的話一概充耳不聞。「夫人乃倚大井而謂策曰：『汝新造江南，其事未集，方當優賢禮士，捨過錄功。魏功曹在公盡規，汝今日殺之，則明日人皆叛汝。吾不忍見禍之及，當先投此井中耳。』（這時吳夫人立在一口深井旁，對孫策講，你業已在江南有安身立命之地了，然事業遠未完成；此正是禮賢下士、禮待下屬之時，對部下要恕其過、念其功。功曹只是履行職責，你今日殺了他，明日人人就會背你而去。我不忍見此災禍臨頭，不如先跳井一死！）」母親的話，如醍醐灌頂，孫策領悟良多，就把魏騰放了。

孫策死於200年，年二十五歲。他死後吳夫人同樣繼續輔助十八歲的次子孫權，直到她在兩年後離開人世。後人讚揚她給孫權進言，要他不要屈從曹操的要求，派人質去朝廷，儘管曹氏大權在握，如日中天。即使在臨終前，吳夫人仍參與政務，一直與張昭等人共商國事。她死因不詳，死後與丈夫合葬於高陵。孫堅於229年追諡為武烈皇帝，兒子孫策同時追諡為長沙桓王。

吳夫人顯然是個堅強能幹的女子，是女兒孫夫人值得效仿的榜樣。大概是在209年，孫夫人遠嫁西部蜀漢君主劉備。她的隨身侍婢達百人，均手持刀劍，據載她本人也如其兄弟一樣剛強勇猛。這對老夫少婦的婚姻內情，外人不得而知，傳說年已半百的劉備見到二十歲的孫夫人便發抖。蜀漢和吳國關係開始惡化後，孫夫人被接回吳國。蜀國認為她有本事發動政變，將她留下會有風險。

事實證明蜀國判斷正確。她在 211 或 212 年離開劉備回國前，試圖劫持劉備的稚子即太子劉禪，但未能成功。孫堅還有個妹妹，名字不詳，也精於武事。史書說她與兒子徐琨同行途中，建議他砍割蒲草和蘆葦來編織草筏，以補充船隻不足，運送兵馬渡江。她兒子將這建議轉告孫策，孫策最後調兵遣將，修好灘頭陣地迎擊敵軍。

吳夫人兩個孫女：孫魯班（參見該傳）和孫魯育（參見孫魯班傳）在政治上都野心勃勃。但她們不像吳夫人那樣，能夠直接參與朝廷事務，而只能在廢立太子一事上，對某個覬覦者表示支持，伺機干預朝政。她們的所作所為帶來了災難性後果。

將吳夫人形容為創出新天地的女領頭人，頗為貼切。她看來已為一代傑出婦女的行止設定了基調。從另一角度看，她可能只是吳孫兩家內有過人膽識、積極參政的女眷中一個典型例子。這兩家女眷只因出生時地的關係，比絕大多數其他婦女，更能充分發揮天賦。她們身處亂世，適逢新國初立，又發覺自已站在社會之巔，於是就抓緊機會，發揮影響，謀求權力。

秦家德
龍仁譯

◇ 楊晨，《三國會要》，台北：世界書局，1975 年，冊 1，頁 9。
◇ 司馬光，《新校資治通鑑注》，楊家駱主編，台北：世界書局，1977 年，冊 4，卷 69–78，頁 2175–2490。
◇ 《三國志‧吳書》，北京：中華書局，1982 年，冊 5，卷 46，頁 1093–1113；卷 50，頁 1195–1196。
◇ Sima Guang. *The Chronicle of the Three Kingdoms (220–265), Chapters 69–78 from the Tzu chih t'ung chien of Ssu-ma Kuang*, trans. Achilles Fang, ed. Glen W. Baxter. Cambridge, MA: Harvard University Press, 1965, vol. 1, 302.
◇ De Crespigny, Rafe. *Generals of the South: The Foundation and Early History of the Three Kingdoms State of Wu.* Canberra: Australian National University, 1990, 85-86, 128-29, 134-36, 147-48, 152-53, 163, 165-67, 207 n. 91, 223-24, 294 n. 8, 511, 522.
◇ Chen Shou. *Empresses and Consorts: Selections from Chen Shou's "Records of the Three States" with Pei Songzhi's Commentary*, trans. Robert J. Cutter and William Gordon Crowell. Honolulu: University of Hawaii Press, 1999, 47，50-51，55-56，122-24，163，212-16.

175 西施 Xi Shi

西施（約公元前 503-473 年），美貌出眾，素享中國古代四大美人之首的美譽，其餘三美指王昭君（參見該傳）、貂蟬（參見該傳）和楊貴妃（719-756，

參見《中古（唐至明）婦女傳記辭典》。西施原名施夷光，又叫西子、先施。她是南方越國的苧蘿村人（在今浙江諸暨南面）。苧蘿山麓兩個村子的村民絕大多數姓施，夷光家境貧寒，父親賣柴，母親織布，一家住在西村，故人稱西施。據說西施曾當浣紗女，自幼即以天生麗質而名聞遐邇，因生活在春秋時代的後期，她的一生，正好反映了吳（今江蘇安徽）越（今浙江）兩國的盛衰。

春秋五霸相繼死去後，吳越兩國的爭鬥日趨激烈。公元前494年，吳國擊潰了越國。戰敗的越國國君勾踐撤退至會稽（今浙江紹興），為保家國，他願意把自己交給吳王夫差，以求吳王不滅越國。為此他帶上妻子和大臣范蠡前往吳國，給吳王充當賤役，養馬三年。公元前491年，勾踐被釋放回國，發奮復仇雪恥。他向忠心耿耿的范蠡和文種兩位大夫問計。他們提出多項計策，其中包括挑選一批美女獻給夫差，目的是讓夫差荒廢政務，不去關心越國的動態。這樣一來，越國便可以在相對安寧的條件下休養生息、操練兵馬、恢復經濟以及重建綱紀秩序。

勾踐同意獻出美女，他們開始尋找適合的人選，結果西施和女友鄭旦都被選中。公元前487年，她們經過三年的禮儀和歌舞訓練後，由范蠡護送到吳國。據說范蠡和西施在途中墜入愛河，但他們以愛國為先，拋下私情，按原計劃到達吳國。正如他們所料，夫差為西施的美色所惑，不能自拔，千方百計討她歡心，以示愛之深切。他揮霍資財，大興土木，在姑蘇（今江蘇蘇州）城南的硯石山（今靈巖山）坡上建「館娃宮」；又在宮內設「響屧廊」，在廊下掛上數以千計的陶缸，當西施和其他宮女在其上行走或跳舞時，便會發出悅耳的回音。鄭旦於公元前486年去世，而西施繼續向夫差獻媚，使他終日如癡如醉，不理朝政，還給越國很多好處，大概是以此感謝越國送來西施。他變得十分昏庸，公元前484年，還處死了忠臣伍子胥，伍子胥曾經進諫，要他提防西施。自此以後，吳國日益變弱而越國日益變強。

據說西施曾積極進言夫差，修建運河，將姑蘇和太湖（在今江蘇南部）連接起來，屆時到太湖遊玩，便更為方便。運河剛一竣工，西施就繪製好一份姑蘇地形和軍事設施詳圖，折成一朵白花私下交給一個越國同鄉，要他轉交范蠡。勾踐根據這圖定下戰略，於公元前473年攻打吳國，夫差大敗，逼得自盡。

滅吳後，范蠡急流勇退，隱居於五湖地區；但西施的命運卻說法不一。相信她與范蠡為愛侶者，稱她追隨范蠡一同引退，為這對愛國鴛鴦鋪排了一個美滿的下場。也有人說，她被拋入江中淹死，暗示著她在政治上或其他方面已

無利用價值；同時暗指范蠡、勾踐及其妻子都有可能是下手之人。後一種說法驗證了所謂鳥盡弓藏的殘酷現實。第三種說法由她的鄉人提出，說她回到苧蘿村，浣紗時不慎落水淹死。有資料指她在公元前473年去世，正是越國殲滅吳國那年。

在中國傳奇美女中，西施顯得與別不同，她並未因傾覆一個國家而受到譴責，這現象也很合理。不論是十八世紀的《東周列國志》，還是現代評論家魯迅（1881-1936），都說她是中國古代的女中豪傑，視她如希臘特洛伊木馬式的臥底人物。這個論調，與一貫把美女看作「紅顏禍水」的傳統觀念截然相反。

無論西施做了多少事，歷史只專注於她的容貌；她是作為絕色美女的代號而載入史冊的。相當於西方諺語 "beauty is in the eye of the beholder" 的中國說法是「情人眼裡出西施」，在這話裡，西施等同美人。不少詩詞、繪畫、故事和戲劇作品都描述了她，不少著名詩人如王維、李白和蘇東坡，均把她寫入詩中。蘇東坡還將天下皆知的杭州最美景點西湖和她比擬，稱西湖為西施湖、西子湖。據載她天生麗質，不論一顰一笑，都一樣迷人；且身材勻稱，完美無瑕。

中國許多旅遊景點、食品、化妝品都冠以西施的名字，主要是為了吸引顧客和推廣銷售。諸暨一個公園中，立有西施和其他三大美人的塑像，這公園在一個巴士站之前，位處上海以南約二百五十公里。諸暨還建有華麗的西施殿。

有關西施的故事，虛構和事實兩種成份都有，反映出中國百姓的傳統心態：婦女若要獲得讚賞，必須長得漂亮；若要受到尊敬，則必須貞潔而聰穎，還要顯示出有勇氣有能力，去完成男人加諸其身的任務。西施迷住了吳王，最後使他走向末路。她這樣做，可幫助母邦越國聚集力量，使她的國君勾踐得以雪恥。就她而言，事情既能圓滿結束，便顯得她的手段合理。從她的故事看出，雖然社會一向要求女性貞潔、坦誠、內斂和不干預政事，對中國史家來說，在忠君愛國面前，這些都可以讓路。在人們筆下，西施是位奇女子，機敏果斷，甘願獻身，一往無前地邁向目標。不過，人們卻為她的故事寫下不同的結局，當中揭示出不同的心態：應讓一位愛國可敬的女子得到回報，和心愛的男子如願相聚，攜手淡出江湖，還是應由政治現實和人性弱點去詮釋她的下場呢？

有關西施最早最可信的資料，是東漢的《吳越春秋》和《越絕書》。它們成書之時，西施已離世數百年。雖然它們在細節上不盡一致，但加插了民間故事、傳說或道聽塗說，內容無疑豐富了，亦可能變得雜亂了。因此，與其費力釐清虛實，不如通過前人對西施的討論，探察中國人的價值觀，也許這樣更有

收穫。

陳玉冰

龍仁譯

◆ 〈美女愛國話西施〉，見馬兆政、周苐棠，《中國古代婦女名人》，北京：中國婦女出版社，1988年，頁27–30。
◆ 劉士聖，《中國古代婦女史》，青島：青島出版社，1991年，頁57–60。
◆ 徐天嘯，《神州女子新史》，台北：稻鄉出版社，1993年，第一部，頁18–19。
◆ 張覺譯注，《吳越春秋全譯》，貴陽：貴州人民出版社，1993年，頁1、6、217、356、420。
◆ 陳瑋君，《西施》，杭州：浙江文藝出版社，1995年，頁4–5，876–877。
◆ 俞紀東譯注，《越絕書全譯》，貴陽：貴州人民出版社，1996年，頁170、231–232、310。
◆ 馮夢龍、蔡元放編，《東周列國志》，下冊，香港：明亮書局，出版日期不詳，頁797–843。

176 冼氏，譙國夫人 Xian shi

冼夫人（522-602），高涼（今廣東境內）人，是今廣東一帶的軍政領袖。她並非漢人，乃屬華南的越族，或稱南越族、俚族。這個民族的文化與中原漢族迥然不同，發展尚在部落階段，據稱是與生俱來的遊擊戰士。冼夫人家族世代為越族首領，管治的部落達十餘萬戶。因此她自幼就被訓練成為首領和戰士。據說她深得麾下戰士的信任和愛戴，並因精通軍事，在所有的越族部落中享有聲名。她的兄長是梁朝的南梁州刺史，他權重財厚而驕橫自大，經常侵擾鄰近地區，造成社會不寧，經冼夫人反覆規勸，最終改過自新。此後民怨止息，連隔海相望的海南島百姓，亦願意歸順冼氏家族。

535年，冼夫人嫁入馮家，馮氏是五世紀初北燕王朝的皇室後人。北燕潰亡後馮氏家族一個小分支乘舟南下，定居於今廣東地面。因其昔日顯赫的背景，南朝各代均給予特殊的禮遇，委任他們為地方官員。然而，當地百姓來自多個少數民族，馮家不諳民情，覺得難以管理。羅州（今廣東境內）刺史馮融聽說冼夫人聲望高、能力強，便為兒子馮寶求親，馮寶其時任冼夫人家鄉高涼的刺史。婚後，冼夫人襄助丈夫執行公務。她約束本宗百姓，引導他們遵紀守禮，還與丈夫共同聽審案件，確保酋長、頭人亦遵守法律。不久當地就秩序井然。

548年，叛將侯景圍困梁朝都城建康，遠處南方的許多軍閥都打算趁機漁利。馮寶上司李遷仕號召他一同發兵勤王，但冼夫人勸馮寶不要輕舉妄動，她指出李遷仕若果真心勤王，就會在一開始調動兵馬時召喚馮寶，而不是半途駐

兵後再來相召。她懷疑李遷仕想造反，勸丈夫不如靜觀其變。幾日後，李遷仕果如她所料舉兵叛變。她進而分析道，李遷仕主力已趕赴另一城邑，他自己的城池也就兵力有限，遂建議馮寶致信李遷仕，為早先未能響應發兵表示歉意。馮寶還在信中說，他不敢擅離職守，但會派妻子帶上禮物前來謝罪。李遷仕大喜，允准洗夫人帶領千名隨從進城，這些人看來都挑著重禮。一待入城，洗夫人號令出擊，一下就將李遷仕逐出城去。她於是領兵與梁將陳霸先會師，共同馳援朝廷。這次是她初遇這個重要人物，此後兩人成為朋友。

此後十年間，自548至557年，社會紛亂，梁朝迅速衰敗。一直到557年，陳霸先（武帝，503-559；557-559年在位）才建立陳朝。在這段權力真空時期，廣東地區持續動盪不寧。期間洗夫人丈夫去世，守土保安之責便由她肩負。陳霸先取代梁朝建立陳朝後，洗夫人派兒子馮僕，率領越族各首領前往京城，向這位新的漢族君主申表忠順。當時馮僕只是一個八歲小兒，但也被封為陽春（今廣東境內）太守。這個安排，無非是為了獎掖洗夫人，感謝她率領廣東百姓歸順陳朝。過後不久，廣州刺史叛陳，並劫持馮僕強迫他一起造反。洗夫人不受威嚇，統率各越族酋長，攻打廣州，擊敗了叛軍。由於她立了大功，兒子被賜以中郎將銜並獲委任為石龍（今廣東境內）太守。她本人則被賜中郎將、石龍太夫人銜，獲賞禮儀裝備，包括一乘配以繡花帳幔的馬車，一支吹鼓樂隊，以及旌旗與節符儀仗。

馮僕在六世紀八十年代末亡故，那時陳朝氣數殆盡，廣東百姓不知應向誰效忠。有數郡推舉洗夫人為共主，稱她為聖母。在動盪的年代，她成就了保境安民的功績。

581年，北周皇帝將皇位禪讓給他的外祖父、重臣楊堅（541-604），楊堅取而代之稱帝（文帝，581-604年在位），改國號為隋，北周歸於滅亡。文帝已掌控華北，於是轉征南方滅陳。他派遣兵馬攻取廣東，但洗夫人因僻處最南之地，並不知曉陳朝業已覆亡，還在繼續效忠。隋軍面對頑強抵抗，停滯不前，奏報朝廷。文帝的兒子命陳朝舊主寫信給洗夫人，說明陳朝確已失國，勸其放棄頑抗。送信的同時，亦送去往日她獻給朝廷的犀角杖及陳朝兵符，作為信物。洗夫人接信後，召集千餘當地頭人，哭了整日。她明白與新的朝廷對抗實屬徒勞之舉，便派孫子馮魂迎接隋軍。因了她的遠見卓識，隋軍兵不血刃，佔領了廣東全境，百姓免受戰火荼毒。

不久，本地人王仲宣叛亂反隋，洗夫人派遣孫子馮暄協助朝廷軍馬平亂，

但他與其中一個叛亂者有交情,遲遲不肯進軍。冼夫人得知後大怒,將他下獄,另派孫子馮盎前去,將叛亂者擊敗。當冼夫人身披鎧甲,與隋朝使節巡視諸郡時,四方(今兩廣之地)首領紛紛前來參謁,足見她已是群龍之首,地位無可置疑。

隋文帝對冼夫人的領導才能大感驚訝。他擢升她兩個孫子馮暄(即使曾犯錯)和馮盎為刺史,追謚她丈夫為譙國公,再賜給她譙國夫人的尊號,又特許她設置幕府,配備屬官。此外,頒給她印章以掌握六州兵馬,在緊急情況下可權宜行事。

冼夫人認真履職。有位官員貪污受賄,對民兇殘,已造成多起少數民族百姓叛逃。她奏報皇上,皇帝派員調查清楚後將犯官繩之以法。之後她受命招撫叛逃者,她就帶上皇帝的詔書,到過十多個地區,宣揚皇帝的意旨。叛者紛紛投降來歸。皇帝大悅,另行賜給她湯沐邑一千五百戶。她於602年亡故,皇帝贈賻物一千件,賜諡號誠敬夫人。

冼夫人以一個少數民族婦女,能調遣兵馬,設置府衙,這些特權,對當時的漢族婦女來說,也是不可企及的。她之能得享特權,全賴她天賦的領導才能與軍事天分;同樣重要的是,她無懼風險,敢於迎難而上。尤其重要的是,她是非分明,勇於改過。可能正是她這種性格贏得百姓,特別是少數民族的信任和愛戴。憑藉這點,她能改善漢族和少數民族之間的關係,給所有人帶來和平。

以往的史家都強調冼夫人向在位的君主忠心耿耿,以致當代學者批評她的忠君情操顯得狹隘。現代學者甚至會質疑,她幫助漢族殖民者來統治本族人民是否有虧於道義。不過也可以這樣理解:她認為漢族政權一統天下的話,舉國便能安享太平,這總比越族人爭鬥不休的好。不論從那個角度看冼夫人,她是一位傑出的婦女,乃是不爭之事實。

蕭虹
龍仁譯

◇《隋書》,北京:中華書局,1973年,冊3,卷80,頁1800–1803。
◇ 區建芝,《中國歷代女政治家》,香港:上海書局,1978年,頁51–64。
◇ 劉士聖,《中國古代婦女史》,青島:青島出版社,1991年,頁177–179。

177 蕭皇后，隋煬帝 Xiao Huanghou

蕭皇后（約 570-630 後），是隋朝第二代皇帝煬帝（楊廣，569-618；605-617 年在位）的皇后。她的名字在史書上沒有記載。

蕭氏家族來自南蘭陵（在今江蘇境內），家族中文人學者輩出，卓有成就，遠近知名。高祖父蕭衍在六世紀初建立南梁朝，在位四十七年，諡為武帝，其長子蕭統（501-531）編纂了頗負盛名的文學選集——《文選》。梁朝被陳氏打敗之後，蕭氏隨家人逃到北周。父親蕭巋在北周當官，封梁王，治下的梁國先後是北周和隋朝的藩屬。祖父與父親留下來許多學術及文學著作，儘管他們僅屬宗藩，隋文帝（楊堅，541-604；581-604 年在位）對他們恩禮有加。

蕭氏出生年份未見諸史料，據說是在陰曆二月出生。按江南風俗，這個月出生的女子不吉利，不是送走就是殺掉。因此蕭巋將女兒送給無子女的堂弟蕭岌，蕭岌就視如己出地撫養她。但她八歲時，蕭岌夫婦雙雙去世。從那時起，她改由母舅張軻收養。張家十分貧苦，需要她操持所有家務。

583 年，隋文帝與獨孤皇后（參見獨孤皇后，隋文帝傳），擬為次子晉王楊廣選妃。他們屬意於附庸的梁國，因為江南出美女，天下皆知。但派出選妃的使者，每次為備選佳麗卜問時，結果都是不吉利。後來蕭巋從張軻家接回女兒，帶到使者跟前，使者為她卜出的結果是吉，於是將她送入宮中。她與楊廣成婚當上了王妃。

史稱蕭妃溫婉和順，知書達禮，是個勤於求知、工於文辭的年青女子。文帝夫婦對這段婚姻十分滿意，楊廣也喜歡新婚妻子。但好景不長，《隋書》用曲筆寫道，604 年文帝病重，楊廣派心腹前往行刺。父親死後，楊廣登基，蕭妃晉為皇后。過不多久楊廣便惡名遠播，變成人所熟知的隋煬帝，他窮奢極欲，大興土木，開挖由北通至江南的大運河，向百姓橫徵暴斂，肆意揮霍。

煬帝喜歡帶上皇后嬪妃到處遊玩，不惜財力物力。曾沿運河三下江南，來到江都（今江蘇揚州）。為此，他建造大型豪華遊船，高達數層，由數萬人身穿錦緞拉縴；隨行船隊包括千艘以上大小不等的船隻。他還不止一次巡視西北邊地的突厥轄地（今甘肅境內），在其中一次，蕭皇后結識了義成公主（隋宗室女，嫁給了啟明可汗），這份友誼後來對蕭皇后幫助很大。

蕭皇后曾多次勸誡煬帝改過從善，但都無濟於事。最後怕惹他發怒而獲罪，就作了一篇〈述志賦〉，來表述自己的觀點與立身準則。言辭中流露出對

隋末政治形勢憂心忡忡:「夫居高而必危,慮處滿而防溢。」煬帝臨朝十四年,國家瀕臨崩潰,到處農民起義、士兵嘩變,但他仍不理朝政,繼續放縱作樂。有宮人向蕭皇后報告,百姓已在議論造反。蕭皇后叫她直接奏報皇帝。可憐的宮人不知就裡,依言面奏皇帝,煬帝聽後大怒,將她殺掉;大概她想不到這樣也會招來殺身之禍。後來又有人報告說,宮中侍衛亦在談論謀反,蕭皇后只歎息一聲說:「天下事一朝至此,勢已然,無可救也。何用言之,徒令帝憂煩耳。」此後,宮中諸人都噤若寒蟬。

616年,政局已岌岌可危,煬帝不顧社稷安危,又與蕭皇后、嬪妃和近臣再次作江都之遊。在江都時,因糧食不足,他便打算前往更南的地方遊幸。但他的士卒多來自北方,思鄉心切,所以當宇文化及發動兵變時,他們迅速加入。煬帝在內外夾擊下,已無生路。煬帝被殺後,蕭皇后要隨從用床席裹屍埋葬,另有資料稱隨從用床板為他做了具薄棺。

煬帝大多數子女在兵變時被殺,但蕭皇后得到倖免。宇文化及把她帶到北方,但不久宇文亦被軍閥竇建德殺死,昔日的蕭皇后便落在竇建德手中。此時突厥的啟明可汗已死,兒子始畢可汗不但繼承了王位,連父王後宮也全接管下來,義成公主因而成為新王的妻子。她為蕭氏求情,讓突厥要求竇建德釋放蕭皇后。後來突厥派出使者,迎來蕭氏。她從長城以北來到塞上,居住了十四年左右。

蕭皇后生有二子。長子是太子楊元德,歿於隋亡之前。日後的唐高祖李淵曾奉楊元德的兒子為帝,但這個傀儡皇帝做了沒多久,李淵就自立為帝。次子齊王被宇文化及殺害,他的遺腹子楊政道隨她流亡突厥,受到可汗的優厚待遇。可汗恩准她們定居定襄(今山西境內),管轄當地隋朝遺民。唐太宗(李世民,599-649;627-649年在位)於630年攻破突厥,為她的命途帶來最後一次重大轉折。唐王為了維護她昔日的皇后尊榮,按禮節將她與孫子楊政道由突厥遷回京師。蕭皇后在長安宮中度過晚年,安然離世。

蕭皇后是個悲劇人物,畢生淒苦漂泊。她有過丈夫、家庭,有過舒適美好的生活。但一夜間一切幾乎化為泡影。以她的聰慧,她能看出丈夫的惡行會導致惡果,可惜她無法改變他,也無力挽回頹勢。她目睹丈夫和子女受戮;自己又被叛將擄走,離鄉背井,顛沛流離,還由一個又一個的主子輪流擺佈。命運如此悲慘,只因她嫁給了煬帝楊廣,而這又不是她所能控制的。

龍茵
龍仁譯

◇ 《周書》，北京：中華書局，1971年，冊2，卷48，頁863–865。
◇ 《隋書》，北京：中華書局，1973年，冊1，卷4，頁93；冊2，卷36，頁1111–1113。
◇ 《舊唐書》，北京：中華書局，1975年，冊4，卷67，頁2479。
◇ 司馬光，《新校資治通鑑注》，台北：世界書局，1977年，冊9，卷180，頁5621，5630，5634，卷181，頁5647；冊10，卷185，頁5775–5782；卷193，頁6073。
◇ 關四平，《后妃的命運》，濟南：山東文藝出版社，1991年，頁154–158。
◇ 林世敏、李洪法，《歷代名后妃秘傳》，濟南：山東文藝出版社，1991年，頁97–105。
◇ 劉士聖，《中國古代婦女史》，青島：青島出版社，1991年，頁192–197。
◇ 李顯深，《中國后妃佚聞》，瀋陽：瀋陽出版社，1992年，頁195–201。

178 謝道韞 Xie Daoyun

謝道韞（340前-399後），東晉王朝的詩人、散文作家、學者、書法家，長於清議，極富辯才。就中國文學來說，她早已被視為文學創作者的楷模。但她最為時人與後世稱道的，還是她坦率直言、膽識過人、恪守道義的品格。

謝道韞來自陳郡（今河南境內）的陽夏謝家。謝家是當時最有名望的兩大家族之一，祖上多輩已聲名遠播；另一家是琅琊王家，也是謝道韞的夫家。謝道韞的伯祖父謝鯤（280-322）是位名士，是謝家首個有名望的人物。當時王敦（266-324）打算發兵謀反東晉，身為謀士的謝鯤反對，亦是唯一的一個，盡顯謝鯤的與別不同。王敦倒台後，朝廷對謝鯤和謝氏家族大加封賞，感謝他為人剛正不阿。從謝道韞一生的為人處事看，她似是遺傳了謝鯤的道德勇氣。

謝鯤之子謝尚（308-357），繼承了他的職位，之後官運亨通，權力更大，威望更高。然而，謝尚沒有子嗣，死後官位和爵位就轉到謝道韞這一支的男子身上：官位給了謝道韞父親謝奕（358年卒），爵位則由她的兄弟謝康承襲，謝康是在謝尚死後被指定為他的嗣子。謝奕並未以傑出文人或官聲聞名，但弟弟謝安（320-385）倒是攀上了政治和文化的頂峰。謝安本是隱士，淡泊名利，目睹當官的兄弟們或是去世或是失勢後，才返回世俗，踏上仕途，重振謝氏家聲，並迅速晉升至等同宰相的高位。前秦由少數民族氐人建立，位處東晉北面。前秦入侵東晉之時，都城建康（今南京市）全城百姓陷於一片驚恐中。謝安善於謀略，能安定民心，派遣弟弟謝鐵和姪子謝玄（343-388，謝道韞的弟弟）守衛北部邊界。383年發生著名的淝水之戰（戰場在今安徽淮南附近），謝氏在此戰役將入侵者擊退，使邊境恢復安寧。文化上，謝安極有辯才，善清談玄學，對公眾輿論影響很大。

有關謝道韞母親的資料不多，僅知道她生有七個子女。四個兒子都有名字

可考，包括謝泉、謝康、謝靖和謝玄，但三個女兒中，僅謝道韞留名。謝玄是淝水之戰的英雄人物，在兄弟中名望最高。

謝道韞是謝安鍾愛的侄女，較之父親，她可能與謝安更為親近。這是因為家族其他男人或從政或從軍，長居外地，而謝安卻隱居在家，有大量時間和家人相處，特別是嫂子、侄子侄女們。謝安也樂於和年青人相聚，和他們聊文學、玄學，又經常出題考問他們，借此找出何人更為出眾。謝道韞回答這類問題時，都表現得十分優異。這些聚會中最膾炙人口的一次，發生在一個冬日，謝安問這些年青人，紛紛揚揚的雪花像什麼。堂弟答得很一般，謝道韞接著答道：「未若柳絮因風起。」這是千古傳誦的佳句，深得叔父讚賞。這個小故事也成了年輕才女的經典例子。多少年來，謝道韞和「絮」字，總是意味著女性的文學天賦與成就。

約在360年，謝道韞嫁入聲名顯赫的王家，成為王凝之的妻子。可是這椿婚事並不稱她的心，有日回到娘家時，向家人抱怨夫婿，對他甚是不滿。出於關切，叔父謝安試圖安慰她，指出王凝之是著名書法家王羲之（309-約365）的兒子，本人也不壞。謝道韞爭辯說，她和兄弟和堂兄弟等年青男子一起成長，怎樣也想不到天地間竟有王某這樣的人。謝道韞嗔怪王凝之沒有出息，史料卻說明王凝之仕途順遂；據現存的文字片斷和信劄來看，他亦文筆流暢，文章格調優美。此外他亦擅長書法，一如大名鼎鼎的父親、兄弟。他似乎是五斗米道的虔誠信徒，這也是王家屢代的信仰。

儘管謝道韞看不起王凝之，她仍留在他身邊，為他生了幾個兒子，和至少一個女兒。看來丈夫對她沒有任何約束，她繼續享受相對自由自在的生活。她會參與辯論，有次是給被賓客難倒的小叔王獻之解圍，那是個人們熟知的例子。她坐在翠帷之後，發揮王獻之原來的詰難議題，儘管來客全是名士，卻無人能駁倒她。她自動請纓參加辯論，在這個由男人主導的鬥智活動中獲勝，勇氣和天分缺一不可。看樣子她絲毫不把女人要謙恭、溫順這一套訓導放在心上。

王凝之去江州（今江西境內）赴刺史任時，謝道韞與子女隨往，這時她已有外孫，想必已屆晚年。399年，宗教首領孫恩率領叛軍作亂，華東局勢極其動盪，亂事蔓延到江州。王凝之身為刺史，沒有盡責備戰守土，反而在亂軍逼近時進入靖室祈禱，向上仙求援，然後出來告訴手下將佐，已求得鬼兵下凡相助。不難想像，叛軍迅速攻佔該地，將王凝之和兒子們殺害。謝道韞聽到噩耗，

命膽大的婢女抬著自己拔刀突圍,在殺死數名亂兵之後被擒。她的外孫劉濤與她一起生活,叛軍威脅要殺死這孩子時,她氣憤地說:「事在王門,何關他族?必其如此,寧先見殺。」據稱孫恩雖兇狠殘暴,亦被她的勇氣打動,將幼兒釋放了。這時的謝道韞已非年輕,面對殺夫戮子的人,她展現出無比的勇氣,令橫行一方的強盜改變主意,不傷害她的外孫。她的丈夫如此走火入魔,而她卻如此膽識過人,著實對比鮮明;她之如此鄙視他,或許便不難理解了。

丈夫死後,謝道韞在會稽(今浙江境內)夫家祖屋過寡居生活,其家規嚴肅,治理有方。雖然如此,她並未完全放棄社交生活。當會稽太守劉柳請求與她探討哲理時,她答應了。她將頭髮盤成圓髻,坐在簾後素布軟墊上;劉柳則袍服整齊,端坐椅中。她的傳記對這次見面有這樣的描述:

> 道韞風韻高邁,敘致清雅,先及家事,慷慨流漣。徐酬問旨,詞理無滯。柳退而歎曰:「實頃所未見,瞻察言氣,使人心神俱服。」

對一個寡婦來說,不論以何種尺度衡量,在無家人在場,這樣與從未謀面的男子談話,且落落大方,侃侃而談,真是不同尋常。據我們的資料,時人似未有為此事非議過她。

據載謝道韞還曾與另一男子對話,他就是後來篡晉的桓玄(369-404)。此人出身武夫家庭,靠武力奪得權柄。他渴望取得像謝安一樣的崇高威望,無法如願時就心生妒忌,一有機會就貶損謝安。他最愛用的伎倆之一,就是譏諷謝安不甘隱居,到後來要出來做官。桓玄要求謝道韞解釋她叔父為何如此時,她加以反駁,大意是說,對一個志存高遠的人來說,出世入世,不過是同一事情的正反兩面,並無優劣之分。這樣一來,桓玄對她叔父的含沙射影,就被她抹得一乾二淨。

《晉書》卷九十六專門講述列女,其中有關謝道韞的傳記,是該卷最長的一篇,反映出她不但為時人所重視,在646-648年間編《晉史》的唐代史家眼中,她也極有分量。前面所述的軼事,大多來自這部正史,看來史家對她不同凡俗的行為是肯定的。她的傳記中稱她的詩、賦、誄、頌流傳於當世。成書於656年的《隋書・經籍志》著錄《謝道韞集》二卷,現已散佚。目前只能從多方資料中找到她的斷簡殘篇,難於據以評價她文字的優劣,但仍可看出她作品的體裁和題材十分廣泛,包括所謂「玄言詩」,以及與當時追求永生的熱潮有

關的詩作、關於儒家經典的論述，後者可能反映了她對祖上習儒的傳承。

謝道韞的個性與思想中，有濃厚的道家傾向。她被時人稱為女「名士」。「名士」這個詞在魏晉時期有獨特含意，一般指名門飽學之士，因擅於清談和辯詰玄學而飲譽當世。有次，一位可以自由進出名門大宅的女尼，被問到如何評價當代兩名才女謝道韞與張玄的妹妹（名字不詳）。該女尼的回話，非常精妙：

> 王夫人神情散朗，故有林下風氣。顧家婦清心玉映，自是閨房之秀（王夫人［指謝道韞］散淡開朗，大有竹林七賢之風；而顧太太［指張玄之妹］聰明伶俐，無疑是閨中鳳凰）。

上述對謝道韞的評價，言簡意賅，讓她的風範如在眼前：閒逸而曠達。但這樣的描述，一點也不女性化，最多也只能說是個中性形象；而在中國古代社會，甚至可算略有鬚眉之態。竹林七賢是魏晉時期的一批男性名士，世人皆知他們深受道家思想影響，舉止放浪形骸，將她和他們相提並論，可見她與道家頗有淵源。

在文學上，謝道韞是才女的象徵。她在後世成了標誌性的人物，許多前現代的女詩人，將她的「韞」字或「絮」字嵌入自己的名字或詩集的標題中。唐人所編的書法論著，亦將她歸入女書法家之列。她的事蹟還編入了《三字經》裡，可見她名望之盛，因為《三字經》是中國歷來家家必備的兒童啟蒙讀物。明朝（1368-1644）有首中國古琴曲〈雪窗夜話〉，就是根據前述她和叔父謝安、諸兄弟輩冬日小聚的故事改編而成。

蕭虹
龍仁譯

◇ 《晉書》，北京：中華書局，1974年，冊4，卷79，頁2069–2080；卷80，頁2093–2104；卷96，頁2516–2517。
◇ 劉義慶，《世說新語箋疏》，余嘉錫撰，北京：中華書局，1983年，2，頁131–132；19，頁697–699。
◇ 陳邦炎主編，《十大才女》，上海：上海古籍出版社，1991年，頁38–54。
◇ 謝無量，《中國婦女文學史》，鄭州：中州古籍出版社，1992年重印，第2編中，頁8–10。
◇ Liu I-ch'ing [Yiqing]. *Shih-shuo Hsin-yü: A New Account of Tales of the World,* trans. Richard B. Mather. Minneapolis: University of Minnesota Press, 1976, 64, 354-55.
◇ Lee, Lily Xiao Hong. "Xie Daoyun: The Style of a Woman Mingshi." In her *Virtue of Yin: Studies on Chinese Women.* Sydney: Wild Peony, 1994, 25-46.

◊ Thompson, John. "Evening Talk by a Snowy Window." In *John Thompson on the Guqin Silk String Zither.* www.silkqin.com/02qnpu/16xltq/x1042-xcyh.htm, accessed 30 April 2006.

179 西王母 Xiwangmu

　　西王母是遠古的人物，最早出現在公元前三世紀的道家著作《莊子》，書中提到的西王母是有數的得道者之一，因而長生不老。據說她的來歷與結局，無人得知。公元前三世紀的儒家著作《荀子》稱，她是傳奇人物聖人大禹的老師；而大概是同時代的地理百科全書《山海經》對她的描述，令人感到她是神靈：

> 又西三百五十里，曰玉山，是西王母所居也。西王母其狀如人，豹尾虎齒而善嘯，蓬髮戴勝，是司天之厲及五殘。

　　西王母最早的畫像出現在洛陽（河南省）一座古墓的壁畫上，年代為公元前一世紀上半葉。畫面上祥雲瑞獸，她在女媧神（參見該傳）和月亮的中間，代表「陰」；男神伏羲和太陽，則代表「陽」。西王母似頭戴一種叫勝的頭飾，那是用一根直杆或棒穿著的兩個圓盤。

　　世世代代以來，西王母漸漸與極西的仙山崑崙、死亡與長生、仙界和凡間的溝通、秋天以及「陰」的力量等有了千絲萬縷的關係。她與傳說裡或歷史上的君王會面，甚至有改變天地造化之力，又被人聯繫到每年一度牛郎織女兩星的天庭相會（有民間傳說稱織女是她的孫女）。最後，她還是大慈大悲的女神，至今仍受到佛道信眾的膜拜。

　　崑崙山歷來被視作中國的西方天堂所在，也是西王母所居之處；然而最早的文獻，雖也提到崑崙，卻沒有具體說明她定居於此。公元前二世紀的《淮南子》，就說她住在「流沙之濱」（今人相信是指戈壁灘），而其他早期文獻稱她住在遙遠的西方，在神州疆域之外。司馬相如（公元前117年卒）的《大人賦》（作於公元前130至120年間）說她穴居在陰山山洞之中：

> 低徊陰山翔以紆曲兮。吾乃今日睹西王母，暠然白首戴勝而穴處兮，亦幸有三足烏為之使。必長生若此而不死兮，雖濟萬世不足以喜。

公元前一世紀的《史記》說，住在西邊的人聽說西王母住處靠近弱水和西海（可能是波斯灣），但沒有人見過她。

傳說中的崑崙山在南方的楚國（如今的河南、湖北一帶），是中國的軸心，是凡間與仙界的原始連結，這座仙山也和長生不老分不開：公元前三世紀的詩人屈原在他的作品《離騷》中，記述了他循著太陽的途徑，穿越天空前往崑崙山的日棲之處「西極」，那麼，崑崙山就應該在西部了。雖然漢武帝（公元前140-87年在位）早將黃河源頭所在的山脈命名為崑崙，但直到公元二世紀，漢人才因西王母與崑崙山都意味著長生不老，逐漸將兩者聯繫起來，進而認定西王母所在的西方極樂世界就在西方的崑崙山。她的宮中，設有寶閣朱庭，玫瑰奇苑，瑤池一方和三千載結果的桃園。

古代一些帝王沉迷於尋求長生不老，其中有秦始皇（221-210年在位）和漢武帝。傳統上，靈媒都由女巫充當，她們在神仙附體時回答凡人提出的問題。秦始皇和漢武帝卻用男巫（方士），但均未能如願，求得長生。有一段人人皆知的傳聞說，漢武帝請方士設法讓他見到死去的愛妃——李夫人（參見李夫人，漢武帝傳），是否真能見到，難以確定。此外，還有一個關於周穆王（公元前1023-983年在位）會見西王母的故事，可能更早已流傳於世。它說穆王西征抵達崑崙山，謁見了西王母，她「為天子謠曰：白雲在天，山陵自出。道里悠遠，山川間之。將子無死，尚能複來。郭璞注：將，請也。則西王母能夠賜予人年歲，使人長生。」西王母以後又作了回訪。這則簡單的故事，後來添枝加葉，在《楚辭》中加進了帝王矢志求長生不老，又在《列子》中加上方士、駿馬、瑤池邊上的歌謠互答，帝王求長生不老之藥未果而不情不願的離去；這些都成了唐詩中的經典主題。「瑤池會」成為漢語裡的詞彙，成為長生仙境，也是死後靈魂登天的同義語。

使人奇怪的是，不論文學著作或神話裡，熱衷於追尋長生之道的秦始皇，並沒有和西王母有何干連，倒是他駕崩後三百餘年，漢武帝得到了實惠，七月初七，西王母來到他的宮庭裡，送他五枚吃了可長壽的仙桃。武帝留下桃核，打算拿來種植，卻受到王母的哂笑，說這桃樹三千年才結一次果，暗示他是無法永生的。這個故事首見於三世紀的《竹書紀年》一書，到六世紀，《漢武帝內傳》和唐代詩人，又把它的內容擴充。從下面摘引《內傳》的文字中，可看到西王母已完全化身為人，變成風姿綽約的年輕女子，頭上戴的是冠冕，再不是先前的勝了：

> 王母乘紫雲之輦，駕九色斑麟，帶天真之策，佩金剛靈璽。黃錦之服，文彩明鮮，金光奕奕。腰分景之劍，結飛雲大綬。頭上大華髻，戴太真晨纓之冠，躡方瓊鳳之履，可年二十許，天姿蓭；靈顏絕世，真靈人也。

上述文字所描繪的西王母，是道教上清派的得道仙人，上清派自四世紀起在華南盛行，因上清之諸天而得名，諸神自該天下凡，向一個具卓識遠見的男青年（參見魏華存傳）口授經文。上清派膜拜西王母，視之為至高無上的女仙。她通常透過授與不老藥的仙方，讓人長生不老，也傳授天書經文；她還是幾位女仙的母親。

唐朝膜拜的西王母，其形象就如前段所述。唐朝皇室支持道教，隨著唐朝的覆滅，十世紀初有位道教學者兼作家杜光庭（850-933），千方百計保存道教的經文典籍。他其中一部的主要著作《墉城集仙錄》，便概述了一眾女仙。他寫的西王母傳，像一個傳統的聖徒傳，把她當成真實人物的去寫，說她是個得道而羽化登仙的凡人。唐代詩人對西王母也深感興趣，如杜甫（712-770）在〈秋興之五〉中，便談到夢見西王母探訪漢武帝的事：

蓬萊高闕對南山，承露金莖霄漢間。

西望瑤池降王母，東來紫氣滿函關。

雲移雉尾開宮扇，日繞龍鱗識聖顏。

一臥滄江驚歲晚，幾回青瑣點朝班。

柯素芝（Suzanne Cahill）談到唐朝時人對西王母的看法及賦予的形象時指出，西王母是當代道教的至尊女仙，人們將人生兩大渴求都寄託在她的身上，一是超脫死亡，長生不老，二是獲得完美愛情。對女子來說，她是道教中女信眾的至尊上仙，是道教女性的最高權威，也是家庭以外的婦女：包括單身女子、寡婦、尼姑、女隱士、娼妓、女藝人和女優等人的特別保護神。對男子來說，西王母可教他們升仙訣竅，她守護著仙界宮門，並掌管仙籙。

西王母大多以單身出現。初時，在一世紀的畫像中，她和箕星（司風之神）一起出現。到了漢代，星相家因深受陰陽二元對立的影響，很快便為她找到一個更適合的夥伴：東王公。在 106 年鑄造的一面銅鏡上，鑄有祝願銘文「壽比東王公與西王母」；此後在一般雕刻品上，他們都雙雙出現。不過與他獨特出

眾而又法力無邊的妻子相比，東王公僅是陪襯而已。

公元前 3 年，民間對西王母的崇拜達至巔峰。那時民眾一窩蜂的膜拜，讓西王母盛極一時，《漢書》有記載稱，在哀帝建平四年（公元前 3 年）正月，人民手持一根東西，奔走相傳，說是西王母的「詔籌」，人數以千計，釀至彼此踐踏。《漢書》接著說，那年夏天，人民在京都聚會，會上擺設賭博的用具，又安排歌舞祭祀西王母，還派發護符，說西王母稱佩戴這護符的人不會死。

這種溫和的群眾運動，以赤腳巫師和傳授經書為特色，在西漢末期爆發，預兆了東漢最後幾十年，席捲全國的五斗米道和天師道的道教農民起義。天師道主張平等，是上清派的先祖，該派視西王母為至尊女仙、經文的傳授者。

道教在唐代如日中天，此後就輝煌不再，隨著佛教的日漸興盛，兩教在多方面融合起來。佛道兩家所持的觀點明顯十分接近，例如，輪迴與長生，涅槃與無為，因果報應與業緣（緣分），這樣一來，勢必造就了它們共存於許多人的心中與生活裡。這從佛道理念的融合、儀式，乃至道家上清派的教義，都清晰可見。西王母在民間信仰中仍舊是受尊崇的神祇，她度人長生，顯示她有慈悲心腸，而大慈大悲正是佛教所弘揚的重要心性。將她的慈悲心推廣開來，她順理成章就變成慈母，更成了無生老母，為一切生靈祈求恢復本性，回歸到她的極樂仙境。

1949 年在台灣建立的慈惠堂，主祀西王母，她那時的身份是瑤池金母或王母娘娘。上世紀六十年代末七十年代初，歐大年（Daniel L. Overmyer）曾對慈惠堂作過詳細研究。西王母以外，慈惠堂還供奉觀音、玉帝、地母、女媧和九天玄女。慈惠堂的信眾，大多數是婦女，前來參拜是為了求醫或申謝、還願。西王母通過靈媒的嘴，向求問信眾提供仙囑仙方。信眾通過祭拜、修練和行善積德，便可越來越靠近王母，並能在死後西赴瑤池——那方幸福、平和及永久安康的樂土。這種修練其實就是手舞足蹈，據說請求仙人附體或仙人附體後就會這樣；明顯地和漢代以前，人們請女巫召鬼神附體的習俗，遙相呼應。它強調了西王母亙古至今的魅力，人們通過她這個管道，可不斷求得仙人的指引、安慰和治療。她就是巫師的最佳原型，協助凡間君王與神祇溝通。

Sue Wiles

龍仁譯

◈ 《穆天子傳》，見《四庫全書》本。
◈ 〈西山經〉，見《山海經》，《四庫全書》本，山海經全文見 https://www.thn21.com/wen/

- famous/hdnj/shan-2.htm，2020 年 6 月 25 日查閱。
- 《淮南子》，台北：世界書局，1974 年，卷 6，覽冥訓，頁 98。
- 《漢書》，北京：中華書局，1975 年，冊 1，卷 11，頁 342。
- 《漢武帝內傳》，見《說郛》本，又見百度百科 https://baike.baidu.com/item/%E6%B1%89%E6%AD%A6%E5%B8%9D%E5%86%85%E4%BC%A0，2020 年 6 月 25 日查閱。
- 《集仙錄》，見《太平廣記》，卷 56。
- Dubs, H.H. "An Ancient Chinese Mystery Cult." *Harvard Theological Review* 35 (1942): 221-40.
- Bodde, Derk. "Myths of Ancient China." In *Mythologies of the Ancient World*, ed. S. N. Kramer. Garden City, NY: Doubleday, 1961, 367-82.
- Loewe, Michael. *Ways to Paradise: The Chinese Quest for Immortality.* London: George Allen & Unwin, 1979.
- Jordan, David K., and Daniel L. Overmyer. *The Flying Phoenix: Aspects of Chinese Sectarianism in Taiwan.* Princeton, NJ: Princeton University Press, 1986, xvii-xix, 16-35, 129-40.
- Wu, Hung. *The Wu Liang Shrine: The Ideology of Early Chinese Pictorial Art.* Stanford, CA: Stanford University Press, 1989, 108-41.
- Cahill, Suzanne E. *Transcendence & Divine Passion: The Queen Mother of the West in Medieval China.* Stanford, CA: Stanford University Press, 1993.
- 《墉城集仙錄》卷 1.3，見 https://ctext.org/wiki.pl?if=gb&chapter=196998&remap=gb，2020 年 6 月 25 日查閱。

180 徐寶光 Xu Baoguang

徐寶光生於 470 年，錢塘（今浙江杭州）人，道教天師道信徒。她住在華南，處於宗教與社會大變遷的時代。四世紀中葉，南遷的北人將天師道帶到南方，以圖排擠本土舊有士族，並打壓當地信奉巫神的風俗。南方的道教徒為應對形勢，精心打造了一個 Stephen Bokenkamp 所稱的「新」的道教教派，名為上清教，他說，「這『新的』教派宣稱，較之天師道，它的天界更高，尊貴的神靈更多；同時它也糅進了不少天師道的教義。」當時佛教尚屬外來宗教，是比較新的宗教，但卻備受尊崇。為了提高認受性，上清教的教義也融入佛教養心修性的理論。

徐寶光本家姓張，與道教的傳奇創始人（參見張魯母傳）、第一代天師張道陵（活躍於 140 年）同姓。她三歲喪父，母親遷回約三百二十公里以南的永嘉居住，並在那裡再適他人，後夫姓徐，所以女兒改姓成為徐寶光。徐家世代以來與天師道關係密切，十歲那年徐寶光出家，準備日後追隨道師學道以獻身道教。後來她北返錢塘附近的餘姚，最後設立精舍，供作天師道的祭拜活動中心。498 年，她似乎是以一家之主的身份，收養了一歲外甥周子良（497-516）。周子良是她同父異母的妹妹徐淨光之子，周父（周耀宗，503 年卒）被她吸納為道教徒。

徐寶光受了多年的宗教訓練，研讀了南方道教主要經文，包括道教主要經典《黃庭》。她學會書寫咒語，懇求神靈幫助，如治病救人，又如推延陰司的傳召；她也學會畫符，用於擋鬼防病。她當周子良的師傅，教給他這些本領。有人形容她「性至真正」，她亦自稱從小就不傷害生靈，哪怕是一隻昆蟲，也不隨意採摘花木，且每天只進一餐。她承認自己生性古板，不苟言笑，恪守教規戒律。

她就這樣過著道教徒的簡樸生活，直到二十四年後才遭逢突變。那是504年，當時梁武帝（502-549年在位）尊佛抑道，為此下了敕令，據有關規定，她必須還俗嫁人。於是她嫁給上虞朱家男子，雖然只是形式上的婚姻，但兩人到底有肉體關係，她一生守身如玉，但求獻身道教，這對她來說，無疑是個污點，故一直心懷愧疚，終於氣結於胃，在腹部長了腫瘤。505或508年，徐寶光年近四十，生下兒子朱善生，之後離開丈夫，帶著兒子和周子良回到永嘉。

當年距都城建康（今南京）四十八多公里的茅山，是道教的活動中心。各派修行的男女隱者信士，或獨自或三五成群的在此興建道觀、寺院。道教大師陶弘景（456-536），492年退隱茅山，編輯整理一系列手稿，其中包括通靈記錄（參見魏華存傳）。他對剛轉信佛教的梁武帝影響尤深，所以504年的打壓後，茅山地區的道教活動仍得以繼續。508年起，陶弘景雲遊南方四年，雲遊不久就遇上正學習天師道的周子良，512年把他帶回茅山。一年後，徐寶光與兒子、姊妹、兄弟以及一個侄子都獲准移居茅山，住在寺廟週邊的茅屋中。徐寶光更刻苦修行，成為陶弘景教眾中的重要成員。她在茅屋中另闢一室，供奉經文。雖則陶弘景已將周子良收在門下，她與外甥還保持著師徒關係。515年中起，周子良開始「通冥」，通冥時，仙人顯身與他對話。眾仙說，他姨母徐寶光沒有大罪孽，後世或可登仙界，得永生。換句話說，她有「登仙的潛質」，但要歷二至三世方能達此境界。她被迫嫁人，致精神失衡，百病纏身。眾仙還說她病不致死，但不易復原。

徐寶光除有這種精神缺憾外，所傳播的傳統天師道儀軌，又與陶弘景信徒修持的新儀軌有衝突。那些信徒冥想時精神高度集中，常靠藥物支持；期間神遊天地，與千奇百怪的的仙人會面。在徐寶光眼中，這些人物無非是些惡鬼，而通靈手法亦存疑問。另一方面，陶弘景和周子良則認為，她的宗教信仰與活動了無新意，不外是降魔，特別是對付那些害人犯病的惡鬼，實在不如新儀軌，甚至與它有抵觸。周子良指責她想要毀掉他修行，要他寫符咒，就是迫他接觸

小鬼，從而阻攔他與上清仙人溝通。陶弘景又予聲援，說 516 年周子良服毒自殺，原因之一就是與徐寶光有衝突。

周子良記載了他死前一年的通靈經歷，有人為這份記錄作了批註，這人可能是陶弘景，批註述說了徐寶光的生平與修行經歷。從中可以發現一個自幼決意修行、誓不婚嫁的女性；一個識文斷字、獻身道教的女性；一個經歷過時代多變的女性，在這個時期，華南各方宗教勢力，包括當地的鬼神膜拜、道教各流派和佛教，正為爭奪首席之位而鬥得難解難分。

Barbara Hendrischke 及 Sue Wiles
龍仁譯

◇ 《周氏冥通記》，見《道藏》TT.152〔= HY.302〕，上海：商務出版社，1924–1926 年。
◇ Strickmann, Michel. "A Taoist Confirmation of Liang Wu Ti's Suppression of Taoism." *Journal of the American Oriental Society* 98, no. 4 (1978): 467-75.
◇ ——. "On the Alchemy of T'ao Hung-ching." In *Facets of Taoism: Essays in Chinese Religion,* ed. Holmes Welch and Anna Seidel. New Haven, CT: Yale University Press, 1979, 150-51, 158-61, 190.
◇ Stein, Rolf A. "Religious Taoism and Popular Religion from the Second to Seventh Centuries." In *Facets of Taoism: Essays in Chinese Religion,* ed. Holmes Welch and Anna Seidel. New Haven, CT: Yale University Press, 1979, 53-60.
◇ Russell, Terrence C. "Revelation and Narrative in the *Zhoushi Mingtongji.*" *Early Medieval China* 1 (1994): 34-59.
◇ Bokenkamp, Stephen. "Answering a Summons." In *Religions of China in Practice,* ed. Donald S. Lopez. Princeton, NJ: Princeton University Press, 1996, 188-202.
◇ ——. "Declarations of the Perfected." In *Religions of China in Practice,* ed. Donald S. Lopez. Princeton, NJ: Princeton University Press, 1996, 166-71.
◇ "Taoist Culture & Information Centre." www.eng.taoism.org.hk.

181 徐登 Xu Deng

徐登，活躍於約 200 年，閩中（今福建省泉州市）人。她本生為女兒身，但據說後來變性成為男人。

徐登是東漢末期人，擅長禁咒巫術。那時舉國戰亂，病疫大起。一日，在烏傷溪（今浙江境內）水之上，遇到術士趙炳。兩人相約一起以法術為人治病，並認為：「今既同志，且可各試所能。」於是，徐登以禁咒令溪水不流。趙炳則以禁咒令枯樹復生，且枝葉茂盛。二人對自己的法術非常滿意，相視大笑。

自此，他們攜手行醫。徐登比趙炳年長，所以趙炳待她如老師。他們過得簡單儉樸，每次祭神，均以清水代酒，削桑皮以代供品。接受他們治療的病人，

全都康復。徐登死後,趙炳遷往章安(今浙江省台州市)。據說他數次施展法術,轟動一時,章安令覺得他蠱惑民眾,將他拘捕處決。徐登和趙炳身處的年代,剛好是黃巾起義,迷信盛行,官員不信法術的時候。趙炳遭處決的近因,或許與此不無關係。

徐登為何由女變男,又在哪個人生階段變的,她的歷史資料都沒交代或透露。她可能是個易裝癖者,甚至可能一直是女人,只不過發覺打扮成男人,來去比較自如,施展法術也比較方便,於是便選擇這樣做。事實上,很多不同文化背景的婦女也曾這樣做。不論她是為了什麼變性,有一點可以肯定,就是她和趙炳終生相伴,摯誠相愛;兩人對求醫的人也付出真摯愛心。

沈立東

◇《後漢書》,北京:中華書局,1973 年,冊 5,卷 82 下,頁 2741–2743。

182 許皇后,漢成帝 Xu Huanghou

許皇后(孝成許皇后,公元前 10 年卒),山陽(今山東境內)人。她是成帝(劉驁,公元前 51-7 年;公元前 32-7 年在位)的皇后,平恩侯許嘉的女兒。許嘉在元帝(劉奭,公元前 76-33 年;公元前 48-33 年在位)時為大司馬。他也是元帝母親許皇后(參見許平君,漢宣帝皇后傳)的堂弟。這位許皇后在公元前 70 年被毒死。

據說元帝傷悼母親亡故,為了對許家作點補償,特意將許嘉的女兒許配給太子劉驁。元帝得知太子喜歡許氏時,還顯得十分高興。許氏沒多久就生了個兒子,但出生時即夭折。公元前 32 年,劉驁即位,是為成帝,立許氏為皇后,她之後生了個女兒,很快又死去。

許皇后聰慧知禮,熟習文史,備受成帝寵幸。不過,王太后(參見王政君,漢元帝皇后傳)及她的兄弟擔憂成帝無繼嗣,加之當時經常發生天災和異常事故,幾位重臣將此歸咎於皇后,於是成帝下詔減少皇后宮中的費用。為此,許皇后上疏辯解,但遭駁回。

其時太后的兄長,即大將軍大司馬王鳳(公元前 22 年卒)擅權。一日,出現日蝕,人們將此歸咎於王鳳,他的支持者卻將人們的矛頭轉移到許皇后身上。王鳳敵視許皇后,源於許嘉。王許兩家素來水火不容,王鳳早前與許嘉嫌隙極深。成帝身處宮中,難免受到這些陰謀詭計的左右,漸漸對許皇后失去興

趣，轉向芸芸宮人，並找到新歡。王家繼續做出針對許皇后的行動，最後將她推到刀尖風口上，指稱她涉嫌使用巫術。

公元前 18 年，成帝新寵趙飛燕（參見趙飛燕，漢成帝皇后傳）告發許皇后及班婕妤（參見班婕妤，漢成帝傳）使用道術祝詛。許皇后的姊姊許謁被指以巫蠱傷害王鳳，以及懷孕的王美人。王太后大怒，命官員查問審訊。結果，許謁被誅，許皇后廢居昭台宮，親屬皆遣返故鄉山陽，侄子平恩侯返回封地。

數年後（公元前 10 年），成帝憐憫廢后，下詔讓平恩侯及廢后在山陽郡的親屬返回京城。廢后姊許孊寡居，回京后與淳于長私通。淳于長為太后外甥，曾為趙飛燕奔走，爭取到王太后的同意，冊立她為皇后。他騙許孊說，可請求太后，重新立廢后為左皇后。廢后就賄賂淳于長，並互通書信。淳于長信中有惑亂不恭之語，被人發現，廢后再受牽連。成帝派人送毒藥，命她服毒自殺，死後葬延陵（今陝西省咸陽市西南）。她是第二位直接因為宮廷政治而被毒殺的許皇后；在她之前，即上文提及的元帝母親許皇后，也是被謀殺的，因為只有在她死後，霍家的女兒才能登上皇后的寶座（參見霍成君，漢宣帝皇后傳）。本傳的許皇后被迫自殺，王家少了她這個威脅，在朝廷的權力便更穩固了。

吳錦

◈ 《漢書》，北京：中華書局，1975 年，冊 8，卷 97 下，頁 3973–3983。
◈ Ban Gu. *Courtier and Commoner in Ancient China. Selections from the "History of the Former Han" by Pan Ku,* trans. Burton Watson. New York: Columbia University Press, 1974, 262, 265, 273.
◈ Loewe, Michael. *Crisis and Conflict in Han China: 104 BC to AD 9.* London: George Allen & Unwin, 1974, 156-57.

183 許穆公夫人 Xu Mugong Furen

許穆公夫人是宣姜（參見該傳）和衛國（今河南河北境內）昭伯的私生女兒，活躍於約公元前 660 年。後來另有版本說她是衛懿公（公元前 668-660 年在位）的女兒或妹妹。她曾向父親進言，將她嫁給齊國（今山東境內）國君，這樣便可與強大的齊國結盟，可惜父親沒有接納她的意見，約在公元前 671 年將她嫁給了許國（在衛國東南方的一個小國）的穆公（公元前 712-656 年在位）。此後不久，西邊的翟國士兵（一說狄人部落）幾乎殺盡衛國百姓。她寫了〈載馳〉一詩，得到世人稱頌。詩中敘述了她在衛國慘敗後，趕回娘家慰問衛侯，也描述了夫君對她冷漠，以及她希望返回衛國。詩中寫道：

載馳載驅，歸唁衛侯；

　　驅馬悠悠，言至於漕。

　　大夫跋涉，我心則憂；

　　既不我嘉，不能旋反；

　　視爾不臧，我思不遠。

　　人們評說她為人「慈惠而遠識」。她預言衛國沒有強大的盟友支援，易受外敵侵襲，後來的事實證明，她果真不幸而言中了。時下中國大陸的學者認為她這首詩表達出對故國熾熱的愛，還讚揚她是位愛國詩人。她的傳記以〈許穆夫人〉為題收入《列女傳》的〈仁智傳〉內。

Constance A. Cook
龍仁譯

◈ 劉向，《列女傳》，見《四部備要》本，卷3，頁2上－下。
◈ 屈萬里，《詩經釋義》，毛詩第54首，台北：華岡出版社，1977年，頁40–41。
◈ 《左傳》，閔公2年，台北：鳳凰出版社，1977年，卷1，頁83。
◈ 劉士聖，《中國古代婦女史》，青島：青島出版社，1991年，頁53–54。
◈ Waley, Arthur. *The Book of Songs.* Boston: Houghton Mifflin, 1937, 94.
◈ O'Hara, Albert R. *The Position of Woman in Early China According to the Lieh Nü Chuan, "The Biographies of Chinese Women."* Taipei: Mei Ya, 1971; 1978, 78-79.

184 許平君，漢宣帝皇后 Xu Pingjun

　　許平君（孝宣許皇后，公元前71或70年卒），昌邑（今山東境內）人，宣帝（劉詢，又名劉病已，公元前91-49年；公元前74-49年在位）的皇后，元帝（劉奭，公元前76-33年；公元前48-33年在位）的母親。

　　許平君的父親許廣漢，在武帝（公元前141-87年在位）時兩次犯了重罪，被處以宮刑，降職為暴室嗇夫。許平君十四、五歲時，許配予內者令歐侯氏的兒子，但對方在婚禮前病逝。母親（姓名不詳）為許平君問卜，卜者說平君是大貴之人。那時，掖庭令張賀宴請許廣漢，席上提親，希望他能將女兒平君嫁給皇曾孫劉詢（參見上官皇后，漢昭帝傳）。許廣漢代女兒答應了婚事。但平君的母親並不樂意，認為女兒可以嫁給更顯貴的人。劉詢雖然是武帝的曾孫，有皇室的血脈，但只是個庶人。更重要的是，他祖父劉據一家，在公元前91

年的巫蠱案中，不是死去，就是被誅，他是唯一倖存者。他有著這樣的政治背景，實在前路難料。

許平君終於嫁給了劉詢，一年後生下兒子劉奭。數月後，劉詢的案子得到平反，並即位為帝，是為宣帝。他封許平君為婕妤，而婕妤是當時最高等級的妃子。雖然，大臣們都有默契，打算擁立另一年輕女子為皇后，但宣帝建議由他的「故劍」許平君來當皇后，許氏與他在微時相遇，在他當皇帝前一直不離不棄。他的建議得到接納，許婕妤在公元前74年12月獲冊立為皇后。按照慣例，冊立皇后的同時，也會冊封皇后的父親；但許廣漢原為朝廷重犯，所以沒有立刻獲封，一年之後才封他為等級不高的昌成君。

反對封許廣漢為昌成君的大臣中，包括勢力龐大的大將軍霍光（公元前68年卒）。他的小女兒霍成君（參見霍成君，漢宣帝皇后傳），就是眾大臣原本屬意出任皇后的女子。霍光夫人顯仍希望女兒成君可成為皇后，於是買通許皇后的女醫淳于衍，對她說：「婦人免乳大故，十死一生。今皇后當免身，可因投毒藥去也，成君即得為皇后矣。」淳于衍乘許皇后分娩之後，將附子放進藥丸之中，讓許皇后服下。許皇后不久即頭腦脹痛，問淳于衍：「我頭岑岑也，藥中得無有毒？」淳于衍力辯無毒。許皇后頭痛愈來愈厲害，終於在痛苦中死去。後來（公元前71年3月初），有人上書稱，許皇后死得不明不白，有關醫師疏忽職守，沒有妥為照顧。於是，所有涉事醫師，包括淳于衍在內，都被關進牢獄審問，但因霍光干預，案件沒有審結，最後不了了之。

許皇后立三年而死，諡號恭哀皇后，葬杜南（今長安縣東少陵原之南），稱杜陵南園。

王曉雯

◇ 《漢書》，北京：中華書局，1975年，冊8，卷97上，頁3964–3968。
◇ 陳全力、侯欣一編，《后妃辭典》，西安：陝西人民教育出版社，1991年，頁15。
◇ Loewe, Michael. *Crisis and Conflict in Han China: 104 BC to AD 9.* London: George Allen & Unwin, 1974, 128-30.
◇ Ban Gu. *Courtier and Commoner in Ancient China. Selections from the "History of the Former Han" by Pan Ku,* trans. Burton Watson. New York: Columbia University Press, 1974, 257-61.

185 徐淑 Xu Shu

徐淑（約135年生），一說隴西（今甘肅臨洮）人，一說平襄（今甘肅通

渭）人。她是隴西秦嘉的妻子，「有才章」，據說與丈夫甚為匹配。

秦嘉本任上計吏，婚後獲得晉升，到洛陽赴任。這時徐淑生病，回娘家休養。臨行前，秦嘉寫了一封信給徐淑，派車到岳父母家送信，信中希望妻子能為他送行。徐淑寫了〈答夫秦嘉書〉（「知屈珪璋」），稱病重不能出門。秦嘉接到信後，又寫了〈重報妻書〉（「車還空返」）和〈贈婦詩〉，並贈以明鏡、寶釵、芳香、素琴等，以寄情思。徐淑接著寫了〈又報秦嘉書〉（「既惠令音」）和著名的〈答夫秦嘉詩〉（「妾身兮不令」）回覆秦嘉。徐淑在覆信的同時，還送去「金錯椀一枚」和「琉璃椀一枚」。秦嘉在洛陽數載，官至黃門郎，於任上病逝。

徐淑年輕守寡，兄弟迫她再婚。她寫信告訴他們，決意為亡夫守節。她還「毀形不嫁，哀慟傷生」。她沒有孩子，所以收養了一個男孩，視作己出。她死後，兒子被送回親生父母處。不過，一個官員後來把徐淑收養的兒子送回秦家，作為秦嘉的繼嗣。

徐淑一生，行誼高卓，詩文流芳，實為難能可貴。唐劉知幾（661-721）說：「觀東漢一代賢明婦人，如秦嘉妻徐氏，動合禮儀，言成規矩，毀形不嫁，哀慟傷生，此則才德兼美者也。」劉知幾特別指出，她難得之處，在於自毀容貌，杜絕別人迫她再婚的心思，好讓自己終生守節。明朝（1368-1644）末年，時人胡應麟認為，秦嘉徐淑夫婦的文學成就，堪與司馬相如卓文君（參見該傳）和魏文帝甄皇后（參見甄皇后，魏文帝傳）相提並論。但三個女子中，只有徐淑「行誼高卓」，至於其他兩人，「文君改醮，甄后不終，立身大節，並無足取」。徐淑是五位公認技巧嫻熟的女詩人之一，她們「皆工至合體，文士不能過也」。其他四位包括班婕妤（參見班婕妤，漢成帝傳）、卓文君、蘇伯玉妻（參見該傳）與王昭君（參見該傳）。

徐淑的詩「情理備至，詞氣溫雅」。〈答夫詩〉語言質樸而感情真淳，將詩人沉滯瞻望的情懷，融入哀怨詠歎的詩境。胡應麟說：「秦嘉夫婦往還曲折，具載詩中。真事真情，千秋如在，非他託興可以比肩」。〈答夫詩〉形式特異，每句中用一「兮」字連接，摘錄如下：

妾身兮不令，嬰疾兮來歸。沉滯兮家門，歷時兮不差。曠廢兮侍覲，情敬兮有違。

君今兮奉命，遠適兮京師。悠悠兮離別，無因兮敘懷。瞻望兮踴躍，佇立兮徘徊。思君兮感結，夢想兮容暉。

君發兮引邁，去我兮日乖。恨無兮羽翼，高飛兮相追。長吟兮永歎，淚下兮沾衣。

這首詩每行四字，中間加插「兮」字，雖然「兮」是助詞，嚴格來說，是沒有實義的虛詞，但後人認為這詩是介於楚辭和成熟的五言詩之間的一種過渡形態，所以論及東漢五言詩者，幾乎必引述它。隨著加添的「兮」字，詩的節奏起了變化，有學者指出這就是五言詩的濫觴。

徐淑的文章亦備受讚賞。《全上古三代秦漢三國六朝文》收錄了她三封書信，都有很高的文學價值，在文辭的運用上，更勝〈答夫詩〉。〈答夫秦嘉書〉婉轉含蓄，引喻豐富，文辭質樸優美而韻味深長。〈又報秦嘉書〉有「素琴之作，當須君歸」之句，以典型古代中國淑女的方式，表達了對丈夫的深切思念。〈為誓書與兄弟〉則有「列士有不移之志，貞女無回二之行」之句，言辭激烈，申明堅貞守節的信念。

徐淑既寫詩給丈夫，又寫信給兄弟，誓言為丈夫終身守節；而現今可見的，也就只有這些詩文。若說她寫過這些便擱筆，總讓人覺得有點奇怪。或許可以這樣看，在她的作品當中，大概只有文人青睞的那部分，才會收錄於文集，流傳後世。《隋書‧經籍志》著錄有《徐淑集》一卷，大部分已散佚。她現存的作品，散見於《玉台新詠》、《藝文類聚》、《太平御覽》和《全漢三國晉南北朝詩》諸書。嚴可均的《鐵橋漫稿》載有〈徐淑傳〉。

葉嘉瑩、祝曉風

◈ 嚴可均，《全上古三代秦漢三國六朝文》，北京：中華書局，1958 年，冊 1，卷 66，頁 833–834。
◈ 丁福保，《全漢三國晉南北朝詩》，北京：中華書局，1959 年，上冊，卷 3，頁 55。
◈ 李昉，《太平御覽》，北京：中華書局，1960 年。
◈ 劉知幾，《史通》，上海：上海古籍出版社，1978 年，卷 8。
◈ 胡應麟，《詩藪》，上海：上海古籍出版社，1979 年，卷 1，頁 125–142。
◈ 何文煥，《歷代詩話》，北京：中華書局，1981 年。
◈ 歐陽詢，《藝文類聚》，上海：上海古籍出版社，1982 年，冊 3，卷 73，頁 1261–1263。
◈ 胡文楷，《歷代婦女著作》，上海：上海古籍出版社，1985 年，頁 2。
◈ 徐陵，《玉台新詠》，吳兆宜箋注本，北京：中華書局，1985 年，上冊，卷 1，頁 32。
◈ 陸侃如，《中古文學繫年》，北京：人民文學出版社，1985 年。
◈ 梁乙真，《中國婦女文學史綱》，上海：上海書店，1990 年，頁 73–78。

◆ 謝無量，《中國婦女文學史》，上海：上海書店，1990年，頁28–30。
◆ Birrell, Anne, trans. *New Songs from a Jade Terrace: An Anthology of Early Chinese Love Poetry.* London: Allen & Unwin, 1982, 47.
◆ ——. "Response to My husband, Ch'in Chia." In her *Popular Songs and Ballads of Han China.* Honolulu: University of Hawaii Press, 1993, 47.

186 徐吾 Xu Wu

　　徐吾是個住在齊國（今山東境內）東海地區的貧苦女子，生卒年份不詳。她的左鄰右舍每到晚上就湊齊蠟燭一起紡織，共享燭光和溫暖。但徐吾的蠟燭往往比人少，所以其他人都不想讓徐吾來參與這些晚間活動。徐吾為此講出一番道理，她的能言善辯從此廣為人知。她解釋給鄰居們說，不能因為她貧窮而不讓她來，在一間點燃燈火的屋子裡，多一人不會使光線暗下來；讓一個貧婦分享燭光，其他人也無需破費分毫；況且，讓她參與，在一般人眼中，乃宅心仁厚之舉。她的傳記以〈齊女徐吾〉為題收入《列女傳》的〈辯通傳〉內，實屬當之無愧。

Constance A. Cook
龍仁譯

◆ 劉向，《列女傳》，見《四部備要》本，卷6，頁13上－下。
◆ O'Hara, Albert R. *The Position of Woman in Early China According to the Lieh Nü Chuan, "The Biographies of Chinese Women."* Taipei: Mei Ya, 1971; 1978, 182-83.

187 宣姜，衛宣公夫人 Xuan Jiang

　　宣姜（約公元前730-約690年），齊（今山東境內）侯之女，衛（今河南河北境內）宣公（公元前718-700年在位）的夫人，姜氏女子。宣姜生了兩個兒子，並渴望長子能成為太子，但是她不是宣公的正妻，而且太子伋已冊立。太子是夷姜所生，名為伋子，宣姜本來要嫁的就是伋子。因為宣姜貌美非常，宣公索性據為己有，把她娶了。伋子生母懸樑自盡後（史料未有交代她自盡的原因），宣姜便展開連串行動，貽害他人。她和次子密謀，在太子伋子前往她母邦齊國的路上，由扮作強盜的士兵把他殺死。她的長子壽和伋子顯然十分親近，壽知悉這一切後，就警告伋子。可是伋子無意避開埋伏，仍按原路線走，壽就將他灌醉，再冒充他出行。伋子醒後，趕去救援這個異母兄弟，壽已被

殺，伋子要求這幫實為士兵的盜賊也把他殺死。宣姜的次子朔於是登上太子的寶座，最後當了衛國國君，是為惠公（公元前699-697年，公元前686-669年在位）。

依《左傳》所載，惠公第一次登基時年紀尚幼，可能無法生育後代，宣姜的父親就逼迫衛國的昭伯（即她的繼子）娶她，齊侯看來是意圖通過女兒來擴大他的影響。他的策略似乎奏效，因為宣姜和昭伯的五個子女，有即位為國君的，也有和齊國鄰近小國的國君結合的。

宣姜的傳記以〈衛宣公姜〉為題收入《列女傳》的〈孽嬖傳〉內，傳中寫道：「衛果危殆，五世不寧，亂由姜起。」

Constance A. Cook
龍仁譯

◇ 劉向，《列女傳》，見《四部備要》本，卷7，頁3上－4上。
◇ 《左傳》，桓公16年，閔公2年，昭公20年，見《春秋經傳引得》，上海：古籍出版社，1983年，頁43，83–84，401。
◇ 文士丹，〈春秋變革時期婦女從政活動述評〉，見《史學月刊》，1990年5期，頁6–7，9。
◇ Legge, James. *The Chinese Classics, Vol. 5: The Ch'un ts'ew, with the Tso Chuen.* Hong Kong: Hong Kong University Press, 1960；1970, 66, 137.
◇ O'Hara, Albert R. *The Position of Woman in Early China According to the Lieh Nü Chuan, "The Biographies of Chinese Women."* Taipei: Mei Ya, 1971; 1978, 192-93.

188 荀灌 Xun Guan

荀灌（約303年生），生活在西晉覆亡東晉初立的動盪時期。她的父親荀崧在西晉為官，曾任襄城（今河南開封）太守，後調任都督荊州江北諸軍事，駐守宛城（今河南南陽）。她的父親、祖父均非出身軍伍，由其父親傳記中可知，他們精通儒學經書，以儒入仕，看來世代均效忠朝廷。她的先祖荀彧是東漢末年的實際統治者曹操（155-220）一名心腹謀士。但是曹操篡漢的野心日益明顯，荀彧公開反對他，最後被迫自殺。

約在316年，杜曾率領二千叛軍，襲擊宛城（另有資料稱是襄陽或襄城），荀灌隨父親正在城中。杜曾精於征戰，早前他雖然擊敗了幾個地方官吏，卻向荀崧投誠；荀崧本身因力薄勢單，亦需杜曾這類外援，故予收編。不久荀崧便發覺杜曾是假投降，還率叛軍圍困宛城。荀崧的防守軍力薄弱，糧草幾近罄盡，處境十分危急。窘迫中他想向昔日的部下石覽求援，此時石覽是平南將軍兼襄

城太守。

　　荀灌自告奮勇去求援，當時年僅十三歲。她率領一隊勇士，深夜攀登城牆突圍而出。敵軍緊追不放，她督促手下的人，且戰且往前走，最後擺脫了追兵，進入魯陽山區。小荀灌接著獨自面見石覽，求他派出援兵救父。她還以父親的名義寫信給南中郎將周訪，要他火速出兵馳援，應允和他結為八拜之交。周訪立即派遣兒子周撫帶領三千士兵，和石覽會合後營救荀崧。杜曾聽到風聲後，沒等到與援軍交手就引兵逃遁了。

　　《晉書》中的荀灌傳記十分簡短，沒有提到她是否曾接受軍事訓練。不過她敢這樣做，看來應是受過這方面的訓練，且勇於擔當艱巨任務。她這份膽識，或許傳自一身正氣的先祖荀彧。此外，圍城中一定還有許多男子，尤其是她父親麾下的武官，應該會自薦突圍求援。而最後決定由一個十三歲女童領兵出城，她必定習過武事，能在脫逃時且戰且走。

　　荀灌的事蹟也見於《晉書》的荀崧傳中，但細節略有出入。千百年來，每提及女子能在極端困境中有英勇表現，她就是個例證。中國歷史上，這類故事屢次出現，最膾炙人口的莫如木蘭（參見該傳）從軍。古代中國社會裡，婦女不出閨門，竟能產生像荀灌這樣的女中英傑，並備受讚揚，確是出人意表。

蕭虹
龍仁譯

◇ 《晉書》，北京：中華書局，1974年，冊4，卷75，頁1976；卷96，頁2515；卷100，頁2620。
◇ 劉士聖，《中國古代婦女史》，青島：青島出版社，1991年，頁160–161。

189 匽明 Yan Ming

　　匽明（約110-152年），河間（今河北東南）人，是東漢桓帝（劉志，132-167；147-167年在位）的母親。

　　匽明約於130年成為蠡吾侯劉翼的媵妾。劉翼已娶正妻馬氏，但未有子嗣。劉翼是章帝（劉炟，57-88；76-88年在位）的孫子，鄧太后（參見鄧綏，漢和帝皇后傳）攝政時曾經考慮由他繼承和帝的皇位，封平原王，留在京都。鄧太后121年死後，劉翼沒有繼承皇位，被降為都鄉侯，遣送回河間，130年其父河間王劉開上書，請求將河間的蠡吾分給他作為封地獲准。

劉翼和匽明的長子劉志生於132年。劉翼至少還有兩個兒子和兩個女兒，應該也是匽明所生。劉翼約於140年逝世，劉志承繼爵位，如果不是遠在京都的皇位繼承的政治考量，匽明無疑會無聲無息地渡過一生。

然而九歲的漢質帝（劉纘，138-146；146年在位）於146年在洛陽去世。年幼的劉纘是由梁太后（參見梁妠，漢順帝皇后傳）選擇繼承皇位的。梁太后與她的哥哥大將軍梁冀在順帝（劉保，115-144；126-144年在位）去世後聯手操控朝政。在沒有太子的情況下，太后得以選擇繼承皇位者。因此在順帝的唯一兒子沖帝夭亡之後，梁太后選擇了小劉纘。不過，在質帝去世之前，太后就已經把劉志召到京都並將自己的妹妹梁女瑩（參見梁女瑩，漢桓帝皇后傳）許配給他。劉纘一死，劉志（桓帝）就登上帝位，次年（147年）他和梁女瑩成婚。

桓帝的父親劉翼追尊為孝崇皇帝，（漢朝除了兩位開國皇帝之外，所有皇帝的廟號均冠以「孝」字），他在河間的墓改稱博陵。桓帝的母親匽明尊為博園貴人，貴人地位僅次於皇后。不過，博園的封號意味著匽明不能到京都和她的兒子團聚。梁氏一党無意為任何派系提供另一個權力中心，以防這些派系引導桓帝跟他們對抗。

劉翼的正妻也封為博園貴人，並負責監護桓帝的弟弟劉石（又作碩）。劉石封平原王，但因經常酗酒，不能履行職責。

梁太后於150年逝世時，桓帝已經十八歲，已有能力把母親接到京都。他派出最顯要的朝臣奉璽綬尊她為孝崇皇后，迎接到洛陽，居於永樂宮，官屬有太僕、少府以下，保護她的有羽林和虎賁衛士。她享用鉅鹿（今河北南部）九縣的稅收。以東漢來說，皇帝的母親不是先皇的皇后或嬪妃這種情況，還是第一次，而對她的封賜，則是根據西漢文獻所記載的先例。不過匽明並沒有參與朝政。

匽明於152年逝世。她的兒子劉石為喪主（主要的治喪人），從旁協助的還有另一個兒子渤海王劉悝和兩個已經封為公主的女兒。洛陽的東園為她製造裝飾華麗的棺材與玉衣等殮葬對象。葬禮備極哀榮，送葬隊伍陣容龐大，由最顯要的大臣率領，將靈柩從京都送返河間。匽太后與丈夫合葬於博陵，鄰近三百里以內的王侯官員都奉命參加葬禮。

Rafe De Crespigny
蕭虹譯

◈《後漢書》，北京：中華書局，1973 年，冊 1，卷 10 下，頁 441–442；冊 4，卷 55，頁 1809。

▥ 190 嚴憲 Yan Xian

嚴憲（活躍於三世紀），京兆（今陝西西安）人，生活於魏末西晉初，史家稱她極具真知灼見。

嚴憲十三歲時嫁給杜有道，十八歲上守了寡。她獨自撫養兒子杜植和女兒杜韡，並教之以禮法。杜植長大後遐邇聞名，被委任為南安（今陝西境內）太守；杜韡亦因賢良淑德而有好名聲。

嚴憲洞察朝中各派權力鬥爭的形勢。以下是個很好的明證。當時已是曹魏王朝末年，朝中有兩大派：一派以皇叔曹爽為首，一派以太傅司馬懿為首。兩派為爭奪最高權力而鬥得難解難分。司馬懿掌握兵權，為了讓對方誤以為勝算在握從而解除戒備，他裝病不上朝。有一個叫傅玄的人，因髮妻亡故，打算娶杜韡為繼室，便到杜家求親。可是嚴憲家人勸她不要答應。他們認為傅玄和曹爽手下的兩大紅人何晏和鄧颺不睦，兩人一旦掌權，必會加害，所以無人肯將女兒嫁給他。他們說傅玄與這兩人勢力懸殊，兩人之於傅玄，猶如「排山壓卵，以湯沃雪（大山壓向雞蛋，熱水澆於冰雪）」。嚴憲有不同的看法，她對家人說，「爾知其一，不知其他。晏等驕侈，必當自敗。司馬太傅獸睡耳，吾恐卵破雪銷，行自有在。（你們只看到問題的一面，何晏那幫人驕傲奢侈，必定自取滅亡。司馬懿是頭假寐的猛獸，就怕蛋破雪融之後，他還會是絲毫無損的。）」她二話不說便把女兒嫁給傅玄。

事情的發展一如嚴憲所料，司馬懿的兒子們發動政變，殺掉何晏和鄧颺。後來魏亡，司馬氏建立西晉，傅玄得居高位。有次，杜韡帶著傅玄與前妻所生的六歲兒子傅咸，探望嚴憲。嚴憲看出這孩子前途似錦，後來把她一個外甥女許給了他。女兒這個繼子，日後果然成了海內知名的文士，再次證明她眼光獨到。

有關嚴憲的另一記載，涉及她丈夫的姪子杜預（222-284）。杜預受到上司冤枉，嚴憲給他寫了封信，稱：「諺云忍辱至三公。卿今可謂辱矣，能忍之，公是卿坐。（常言道，屈辱忍得過，三公之位有份坐。你如今正在受辱，忍得了，將來三公的交椅就是你的。）」後來晉武帝（司馬炎，236-290；265-290 年在位）消滅吳國，一統江山，杜預在滅吳上立了大功，拜「儀同三司」，一

如嚴憲當年所料。

在嚴憲所處的時代，目光敏銳、識見高明的男子，人所敬重，至於目光敏銳、識見高明的女子，看來也備受稱羨，否則《晉書》也不會收錄嚴憲的傳記。

蕭虹

龍仁譯

◇《晉書》，北京：中華書局，1974年，冊4，卷96，頁2509。

191 嚴延年母 Yan Yannian mu

嚴延年母（活躍於公元前116-49年），東海下邳（今江蘇山東境內）人，姓名不詳，因為五個兒子都出任高官，每年各食祿二千石，人們便稱她為「萬石嚴嫗」。

嚴延年（公元前58年卒）是個酷吏，起初任涿郡太守。根據《漢書》，嚴延年運用權力，誅殺犯事的豪門大族子弟，釀成不少事故，且惹起暴亂，舉郡震恐，為怕被指偷竊，人人道不拾遺。後來，嚴延年調任河南太守，繼續嚴打豪強，扶助貧弱。貧弱的人即使犯了法，嚴延年會竭盡所能為他們開脫罪行；對那些侵犯貧弱的豪強，他總能找到很好的藉口懲罰他們。眾人認為當殺的人，嚴延年馬上放他走；眾人認為不當殺的人，嚴延年反而以詭辯將他們治罪，然後殺掉。沒有誰能夠猜到他的心意，人人懼怕，不敢觸犯禁令。他的檔案記錄，都很齊備，判詞亦周密，所以判斷難以推翻。冬天處決死囚時，竟至「流血數里」，河南百姓稱他為「屠伯」。

有一年，母親從東海下邳來探望嚴延年，準備和兒子一起過臘節。到洛陽時，剛巧看到兒子正在念死囚的名字。她大為震驚，留在旅舍，沒有前往兒子的官邸。嚴延年前來拜謁，她閉門不見。直至嚴延年脫帽叩首，她才肯見他，並嚴詞責備說：「幸得備郡守，專治千里，不聞仁愛教化，有以全安愚民，顧乘刑罰多刑殺人，欲以立威，豈為民父母意哉！」對母親的責難，嚴延年沒加辯駁，只向母親再叩首兩次，才接她回府。她在兒子的府邸過了臘祭與新正便離開，臨行前警告兒子說：「天道神明，人不可獨殺。我不意當老見壯子被刑戮也！行矣！去女東歸，掃除墓地耳。」她預見兒子將獲罪被處死，先回鄉去為他準備墳墓。

嚴延年的母親回東海後，每次見到親戚，總提到對兒子甚為失望。過了一

年多，嚴延年因犯數罪被處死，母親的話果然應驗。自此，她的睿智備受稱頌。

夏春豪

◈ 劉向，《列女傳》，見《四部備要》本，卷 8，頁 5。
◈ 《漢書》，北京：中華書局，1975 年，冊 7，卷 90，頁 3667–3672。
◈ O'Hara, Albert R. *The Position of Woman in Early China According to the Lieh Nü Chuan, "The Biographies of Chinese Women."* Taipei: Mei Ya, 1971; 1978, 226-27.

192 楊麗華，北周宣帝皇后 Yang Lihua

楊麗華（609 年卒），是北周宣帝（宇文贇，558-580；578-579 年在位）的正妻和皇后。宇文氏屬於東鮮卑的一支，鮮卑族原本是華北草原上遊牧的少數民族，曾定居於遼東，即與今朝鮮接壤的地區。楊麗華父母的家族，都曾幫助宇文氏建立北周，建國後北周定都長安（今西安）。

楊麗華的父親是漢人，原籍今陝西省。楊氏家族多人曾在北朝的少數民族朝廷為官，藉著與豪強家族聯姻來維繫權勢。楊麗華的祖父楊忠（568 年卒）效力北魏；北魏分為東魏和西魏時，他選擇了與宇文氏共命運而留在西魏。西魏改朝換代為北周後，他繼續效力宇文家族，獲封為隋國公。楊麗華的父親楊堅（541-604），十三歲入仕，在西魏末任小官，自此逐年升遷，最後獲封大興郡公。

楊麗華母親（參見獨孤皇后，隋文帝傳）的名字，史書未有載明，是獨孤信與漢族妻子崔氏所生的第七個女兒，崔氏來自華北世家。獨孤一族在少數民族中地位極高，憑著縱橫交錯的人脈關係，從四世紀到八世紀一直位高權重，屹立不倒。獨孤信一如楊家眾人，先後供職於北魏、西魏和北周各朝，到 557 年被迫自殺。

北周武帝（宇文邕，543-578；561-578 年在位）挑選楊麗華入東宮為太子宇文贇之妻。武帝對兒子極之嚴格，著力培育他治國之才，不但嚴密監督，還委派衛士留意他的言語行動，以便隨時矯正。從以下事件可看出父子間的關係如何。576 年宇文贇十八歲時，衛士向武帝報告，宇文贇行為不檢，武帝就鞭笞他，並把他身邊的屬員統統撤掉。兩年後，宇文贇登上皇位，重新起用這批被撤的人員，讓他們成為他內廷要員。

武帝於 578 年猝死，宇文贇繼位，他的正妻楊麗華獲封皇后。武帝在位時

間相對長，因為他即使在政治上讓步，也不會讓自己的權威受損；他之能做到，就是先行諮詢廷臣和皇家近親。但宣帝宇文贇沒有襲用父親那套執政方式，似有獨斷專行之風，凡作決斷只與心腹近臣商議。他致力於消滅各皇叔和先朝謀臣的政治勢力，使用的策略就是殺戮和「分而治之」。

宣帝沒有跟隨父親招撫對手的做法，卻推行對抗政策。他登基一個月就殺掉大權在握的叔父宇文憲；翌年又將餘下的五個叔父外放到四面八方的職位上。他又將武帝的心腹大臣通通殺掉。

宣帝立了五位皇后，按資歷排序，以正妻楊麗華為首，其後三人的娘家，在北周政壇均勢力薄弱。楊麗華雖是居首的皇后，卻未得皇帝的歡心，似乎他還很討厭她。有次，他藉故當眾羞辱她，想令她難堪，她卻不動聲色，從容辯解。史家稱皇帝勃然大怒，有點失措，繼而訴諸暴力，下令她自盡。她的母親獨孤氏素有權勢，聽到後，急赴皇宮，向宣帝雙膝跪下，為女兒求饒。獨孤氏承認所有過錯都是楊家所犯，並一直磕頭至前額流血。宣帝於是收回成命免楊麗華一死，但說要殺她娘家的人，一個不留。

宣帝於579年退位，由六歲兒子宇文闡（靜帝，573年生；579-581年在位）繼位，次年，宣帝去世，時年二十二歲。楊麗華以后妃之首的皇后身份，被授予太后尊號。她父親楊堅被封為攝政。楊堅操控著幼帝，最後將他廢黜，建立隋朝。楊堅自立為帝，史稱文帝（581-604年在位）。

楊堅當上隋朝的開國皇帝後，將女兒的稱號由太后改為樂平公主，賜贈大塊封地。楊麗華年齡還輕，才二十歲，母親勸她再嫁，但她不答應。那時她已有女兒名娥英，經過精心挑選，最終物色到一個叫李敏的人為婿。後來娥英與李敏至少有一個女兒，叫李靜訓，608年八歲時夭亡。這個女孩的葬禮十分隆重奢華，符合她的皇室背景。考古學家在為她精心裝飾的石棺內，找到一條鑲嵌珍珠、青金石及雞血石的金項鍊。這項鍊可能從波斯或中亞西部的絲路帶到中土。

609年，楊麗華陪伴弟弟煬帝（楊廣；569-618；605-617年在位）巡幸今甘肅地區，在河西去世。史書稱她死時四十八歲，此歲數恐不準確。因為她母親生於552年，她609年死時不應超過四十三或四十四歲。她的遺體運回都城長安，葬於定陵宣帝之側。死前，她曾要求當皇帝的弟弟照顧女兒娥英和女婿李敏。但數年後，煬帝懷疑李敏叛變，將他殺掉；數月後又鴆殺娥英。

楊麗華嫁了個殘暴不仁且喜怒無常的丈夫，已然痛苦萬分；加上父親權力

日增，丈夫又猜疑日甚，更令她深陷險境。父親奪取皇位後，她的身份變得異常尷尬：前朝是太后，當朝只是公主。父母千方百計想討好她，最明顯的一次，是不惜人力物力為她選婿，場面之盛，前所未有。楊麗華安排女婿身居要職，以保證女兒生活幸福；也懇求當皇帝的弟弟在她死後多照應這小兩口。但她生前為他們做的，盡皆徒然，後來政情險惡，最終也無法保全他們，令她已夠悲慘的一生，在走到盡頭之後，更形悲慘。

秦家德

龍仁譯

◇ 《周書》，北京：中華書局，1971 年，1974 年，冊 1，卷 9，頁 143，145–146；卷 16，頁 263–268。
◇ 《隋書》，北京：中華書局，1973 年，冊 2，卷 37，頁 1124–1125。
◇ 陳全力、侯欣一編，《后妃辭典》，西安：陝西人民教育出版社，1991 年，頁 81, 82, 83–84。
◇ Wright, Arthur E. *The Sui Dynasty.* New York: Alfred A. Knopf, 1979, 54–56.
◇ Eisenberg, Andrew. "Retired Emperorship and the Politics of Succession in the Northern Dynasties of China, 386-581." Ph.D. dissertation, University of Washington, 1991, 224-32.
◇ Xiong, Victor Cunrui. "China: Dawn of a Golden Age." *AJA Online Publications* (January 2005)，8-9. www.ajaonline.org/pdfs/museum_reviews/AJAonline_China_Dawn_of_a_Golden_Age.pdf, accessed 8 June 2005.

193 楊豔，晉武帝皇后 Yang Yan

楊豔（237-274），字瓊芝，西晉開國皇帝武帝（司馬炎，236-290；265-290 年在位）的第一任妻子和皇后，晉惠帝（司馬衷，259-306；290-306 年在位）的母親，死後謚為武元楊皇后。

楊豔是弘農郡華陰區（今陝西華陰）人，楊家四代在東漢朝廷出任高官，有官至三公者，位極人臣。東漢覆亡後，父親楊文宗出仕曹魏，任通事郎，世封蓨亭侯。楊豔母親出身天水郡（今甘肅甘谷）趙氏家族，年輕時亡故，楊豔那時還是個嬰兒，從此靠親戚撫養。小楊豔先是送往母舅家，由舅母哺奶，而舅母親生子則另僱他人餵養。父親再婚後，楊豔轉由繼母段氏的娘家照管。據《晉書》楊豔的傳記，她「少聰慧，善書，資質美麗，閑於女工。」

楊豔待字閨中時，有相士為她看相，預言她日後是個「當極貴」的女人。當時司馬昭（211-265，謚為晉文帝）在曹魏為官，權勢顯赫，他聞知此事，急忙安排兒子司馬炎迎娶楊豔。司馬炎很喜歡這個妻子，兩人有子女六人：司馬軌（毗陵悼王）、司馬衷（後為惠帝）、司馬柬（秦獻王），以及平陽公主、

新豐公主、陽平公主。266 年，司馬炎廢黜最後一位魏帝，建立晉朝，冊立楊豔為后，昔日相士所言，果真應驗。

楊后設法利用她的地位為自己和親族謀取利益。武帝未按漢律將四十個縣的湯沐地贈予她和兒子（即太子）時，她既反對又抗議，但武帝還是不肯將這些能帶來收入的湯沐地給她。不過，她倒能為曾照顧過她的親人求得一官半職。他們在她母親死後，一直照顧她，為了報恩，她為母舅謀得一份官職，並安排兩名女姓親戚入宮。

身為皇后，她會就許多家事向皇上進言，而家事有時會對政局影響至巨，其中影響最深遠的，當數選立太子。她頭胎兒子司馬軌，兩歲時即夭折；按長幼排序，次子司馬衷便該繼位。這個安排通常不會惹人非議，但朝中大臣卻質疑司馬衷的治國能力。史書稱司馬衷頭腦簡單，有幾分遲鈍，倒沒說他心智有毛病。可是他的問題確實嚴重，否則武帝也不會就皇位繼承和將這頭腦簡單的太子廢黜的事，徵詢高層官員的意見。一些高官主張立武帝弟弟齊王為太子，但武帝一向楊后提出，她就反駁說：「立嫡以長不以賢，豈可動乎（立太子要立長子，而不是立賢德的兒子。這原則難道可以改動嗎？）」她這樣說，顯然在維護自身利益，但又似乎切中要害，因為司馬衷在 267 年被立為太子。從此楊豔既是皇后又是皇儲的母親，在宮中地位穩如磐石。

在選太子妃一事上，楊豔也十分堅持己見。《晉書》指出，在司馬衷正式冊封太子之前，權傾當朝的大臣賈充（字公閭，217-282）之妻郭夫人（參見郭槐傳），曾賄賂楊后，請求把女兒選作司馬衷的妃子，楊后欣然答應。但武帝更鍾意大臣衛瓘的女兒，他指出：「衛公女有五可，賈公女有五不可。衛家種賢而多子，美而長白；賈家種妒而少子，醜而短黑。（選衛家女兒有五條理由：有遺傳的美德、能多生子女、長相美貌、身材高挑、皮膚白晰；而不選賈家也有五條理由：遺傳下的妒性、不大能生兒子、面容難看、個子矮小加上皮膚偏黑。）」為應對這個情況，楊后請來幾位心腹大臣，對她所選擇的賈南風（參見賈南風，晉惠帝皇后傳）的種種品德，大加讚頌。272 年，武帝終於讓步，按楊后的意思定下太子姻事。

這裡要提到的最後一宗軼事，足可顯示楊后甚至能操控進入武帝後宮的人選。武帝打算擴充後宮人數，於 274 年發佈詔書，禁止全國嫁娶，接著派出太監與官員，到王公貴族家，仔細查考他們的女兒，若有才、有貌或才貌兼備者，即轉送宮中再行考察。按慣常做法，挑選佳麗入宮不需皇后參與，但楊后親臨

現場，監督宮中複選過程。她只挑品行端方的成熟女子留在後宮，把年輕貌美的都打發回家。《晉書》將皇后這些作為統統歸咎於「性妒」；又說武帝迷上卞藩年輕貌美的女兒，向楊后提及此女，楊后指出卞氏有三代皇后，若把這女子選取入宮，讓她屈居皇后之下，實在虧待了她，萬萬不可，皇帝於是就把娶卞氏女的事放下了。在皇后嚴密把關之下，入宮的都是高官的女兒或近親，史載這些女子多以淑德、文采知名，外貌尚在其次。例如左芬（參見該傳），她相貌平平但文學上甚有稟賦。

這些佳麗入宮後不久，楊后即身患重病。她害怕死後丈夫會立新寵胡夫人（一名大將之女）為后，立胡夫人兒子為太子。為防此事發生，她在臨終前向武帝進言。一日，她將頭枕於武帝膝上，懇求他將堂妹楊芷（參見楊芷，晉武帝皇后傳）冊封為后，他邊流淚邊答應了。楊豔卒於274年8月22日，年三十七歲。民間傳說稱，她一聽到武帝允諾立楊芷為皇后，就在他臂中死去。她亡故後，武帝下詔令全國哀悼，將她先祖的墳塋遷至都城附近，並追諡她母親和繼母，以及她們的家族。她葬於峻陽陵（河南洛陽以北），十六年後武帝也安葬於此。

有兩篇當時的誄文保留至今。頭一篇的作者佚名，屬一貫的哀悼，沒有記載楊豔的生平事蹟。第二篇是貴嬪左芬所撰，載於《晉書》中，它論及皇后的一生、所參與的事務，包括方方面面，如讀書習文、遵從禮儀、祭祀宗廟、諫勸君王；還說她可與古代襄助帝王夫君的賢慧女子比美。

2004年出版的《中國皇后全傳》有楊豔的傳記，傳中對她的評價有些負面，說雖然有傳她才貌兼備，但卻犯有兩大過錯，給國家和家族帶來痛苦，一是冊立有智障的司馬衷為太子，二是選擇狼子野心的賈南風為太子妃。

歷來有關楊豔生平的記載，總會描繪在封建時代的中國，女子可以在多大程度上影響男人，尤其是她丈夫。不論立太子還是選太子妃，楊豔都不顧丈夫的意願，成功爭取到她想要的結果。傳統史家，以至一些現代史家，均對楊豔左右丈夫行事，頗有微詞。但從另一角度看，她這個在家庭中、在朝廷內掌權的女子，和常見的典型後宮嬪妃——無權無勢而僅能供作天子玩物的女子，有宵壤之別。她竟然有權為丈夫挑選佳麗，帶到他身邊，讓他寵幸，而這些女人基本上就是與她爭寵的對手。她選的都是德才俱佳的女子，而比她美貌的，通通送走。她政治上最後一著，是選堂妹繼她為皇后，以鎖定兒子的未來，確保他當下一任皇帝，也保障了她在史上皇母的地位。

194 楊芷，晉武帝皇后 Yang Zhi

J. Michael Farmer
龍仁譯

◇ 《晉書》，北京：中華書局，1974 年，冊 2，卷 31，頁 952–954，958–961。
◇ 司馬光，《資治通鑑》，79–80，台北：世界書局，1977 年，頁 2532–2533，2535。
◇ 趙孟祥編，《中國皇后全傳》，北京：中國社會科學出版社，2004 年，卷 1，頁 206–210。

194 楊芷，晉武帝皇后 Yang Zhi

楊芷（257-291），字季蘭，名蘭英，西晉開國皇帝武帝（司馬炎，236-290；265-290 年在位）的第二任皇后，死後諡為武悼楊皇后。

楊芷是弘農郡華陰區（今陝西華陰）人，父楊駿（字文長，291 年卒）當過幾任小官，包括高陸縣令、驍騎鎮軍二府司馬，但被視為難勝重任。楊芷母親的生平並無任何資料可稽。楊芷堂姐楊艷（參見楊艷，晉武帝皇后傳）是司馬炎的第一任妻子，晉朝 264 年立國後封為皇后。《晉書》的楊芷傳記，並無記載她的早年生活與才具。

楊芷能飛上枝頭，全賴堂姐楊艷的提攜。這位第一任皇后，臨終前懇求武帝讓楊芷接任為皇后，稱讚她「有德色（同時有婦德和姿色）」。當時楊芷是否已入後宮，或是已是嬪妃，不得而知。

兩年後（276 年），為楊艷守喪期滿，楊芷正式入主正宮。武帝向來特別喜歡年青女子，可惜之前好夢難圓。所以楊芷「甚有寵」，但成親六年卻未生一男半女。直到 282 年，她終於產下唯一的孩子司馬恢，兒子兩年後夭折，被賜以渤海殤王的諡號。

《晉書》楊芷的傳記中，描述她復行古制，於 288 年率內外命婦大隊人馬，來到西郊採桑，其後賜各人絹帛，數量不等。這項儀式類似皇帝的御耕，由后妃和各品命婦主持，旨在祈求農事和蠶桑業豐收；晉朝統治二十五年來，帝后進行這種活動還是首次。

楊芷為人，從她與兒媳賈南風（參見賈南風，晉惠帝皇后傳）的關係，可以清楚看到。賈南風是太子司馬衷（惠帝，259-306；290-306 年在位）的妻子，生性妒嫉，脾氣暴躁。賈南風曾親手將幾個懷有司馬衷孩子的宮女活活招死，原本就反對冊立她為太子妃的武帝知道後，打算立刻將她廢黜。這時楊后為賈妃說話，提醒武帝，賈妃父親賈充（字公閭，217-282）大力支持朝廷，若有

開罪，後果堪虞。武帝認為她的話有道理，便打消了廢黜賈妃的念頭。楊后明白賈妃地位不穩，多次勸誡她，希望她改掉壞脾氣，收斂行為。然而賈妃領會不到楊后的良苦用心，反視為個人攻擊，從此對楊后深懷怨恨。

楊芷封后，族人地位高了，權勢亦大了。昔日當小官的父親楊駿加官進爵，從280年起成為朝廷最有權力的人。加上皇帝晚年對政務不聞不問，楊駿及他兩個兄弟對朝廷諸事都可以為所欲為，無所忌憚。290年初，武帝臨終之前，打算對司馬衷繼位作些安排，因擔心三十二歲的太子遲鈍低能，草詔指派楊駿和皇叔司馬亮共同輔政。但楊駿在詔書發佈前，將它截留並藏匿起來。武帝病情繼續惡化，兩天後，當楊后問他是否指定楊駿為輔政時，皇帝只能點頭。《晉書》對此事寫道：「……便召中書監華廙、令何劭，〔楊芷皇后〕口宣帝旨使作遺詔。」從此可以猜測，武帝能做的只有點頭而已，因為這時他病入膏肓，既無力反駁她，也無法多加一個輔政大臣。楊后可能不知道父親把原詔書藏起來，亦不知道該詔書列明由司馬亮共同輔政，但楊駿能獨當輔政，她的提問，確實起了的推波助瀾的作用。

290年5月16日武帝去世，楊駿成了唯一的輔政大臣，楊芷晉升太后。雖皇帝業已成人，楊駿待之如傀儡，獨攬政務，並自己遷入太極殿，這是皇帝處理政務的地方，此舉等同於自稱為帝。太后楊芷究竟在乃父奪權一事中發揮了什麼作用，難以確定。

楊氏家族在惠帝朝中勢可炙手，但很快受到皇后賈南風的挑戰。一日，她聲稱接到奏報，楊駿軍事叛變，便將宗室司馬瑋的人馬召入都城。楊駿宅邸被燒，他在逃離火場時被殺。賈后立即發出文告，指控楊太后參與叛變。為此，許多廷臣和司馬家的人發表聲明，各有各說；有支持太后的，也有反對的。有的說要殺她，有的說要把她貶為庶民，有的則說只消褫奪她的皇后和太后尊號即可。最後，楊芷先被褫奪兩個尊號，貶為庶人；再遭逮捕囚禁於金墉城，這是都城洛陽郊外關押人犯之處。賈后並命人不給她食物，她因而餓死獄中。賈后還怕楊芷鬼魂在地下向武帝告狀，在棺木中置入辟邪物品，以策萬全。楊芷死時年三十四歲，在宮中十五年。

自此，有晉一代，君臣間對楊芷在楊駿奪權一事所起的作用，爭議不斷。301年，隨著賈后失勢，楊芷的皇后和太后尊號得到恢復，朝廷並單獨為她建廟接受祭祀，不過她的神位沒有放在武帝之旁。到了341年，廷臣指出，她繼堂姐而為皇后，名正言順；作亂的是她父親，她也因而受到牽連，至於她本人，

卻從沒有犯錯。平反之後,她的神位就移至武帝之側,正式以皇后的身份接受祭祀。

史官一般將楊芷視為宮廷政治的犧牲品,命途悲慘,她的諡號「悼」也強調了這一點。《晉書》為唐朝史官所編,書中說她對人毫無惡意,好心幫忙賈妃,卻反被恩將仇報。她的傳記還特別提到,她批評賈妃,後者心生誤會,由是積怨,終至殺害了她。不過《晉書》對武帝去世後,楊駿奪權中楊芷參與的程度倒是未置一詞,教人不解。

對楊芷操控惠帝的輔政人選一事,《晉書》的編者或許選擇避而不談,但同時代的其他資料卻頗有說法。有說張華可能是因為楊芷介入政事,才會寫下著名的教誨詩〈女史箴〉。這首詩告誡人們,天道臨近覆滅,後宮婦女應重德行多於外貌,勤加修煉。多數評論家認為張華勸諫的對象是賈南風,但細察原文的上文下理,便可看出他們不對。此外,另一位晉代史家特別指出,楊芷和她的親族,才是張華箴戒的對象,暗指她在父親造反一事中所起作用,可能比《晉書》她傳記中所寫的大得多。看來《晉書》的編者寧可將楊芷描繪為悲慘的受害人,而不把她寫成活躍於宮廷政治的人物,無非為了反襯賈南風的嫉妒和兇惡。但在楊芷父親的傳記中,她的政治作為就清晰一些,由此可見,《晉書》的編者前後表態不盡一致。最後歸結一句,楊芷這個人物,顯然較《晉書》所寫的、它要我們相信的複雜得多;雖則在晉朝朝政中,某個人真的做了什麼,後世可能永遠不會全然知曉。

J. Michael Farmer

龍仁譯

◇《晉書》,北京:中華書局,1974年,冊2,卷31,頁954–957;卷40,頁1177–1180。
◇ 司馬光,《資治通鑑》,79–80,台北:世界書局,1977年,頁2599–2607。
◇ 趙孟祥編,《中國皇后全傳》,北京:中國社會科學出版社,2004年,卷1,頁210–215。
◇ Farmer, J. Michael. "On the Composition of Zhang Hua's 'Nüshi zhen.'" *Early Medieval China* 10/11.1 (2004): 151-75.

195 晏子僕御妻 Yanzi puyu qi

晏子僕御妻是齊國(今山東境內)宰相晏子(公元前589-500年)的馬車夫的妻子(活躍於約公元前550-530年),住在齊國。她對丈夫的一番規勸,受到人們稱譽。她對丈夫說,他個子高,當上馬車夫,舉止浮誇,洋洋自得;

和身材矮小、行事深思熟慮且尊重他人的晏子相比，截然不同。她丈夫接受了她這番諍言，改變了自己的行為舉止。晏子察覺到馬車夫的變化，就探詢原因，明白之後向國君推薦提拔他，並頒給他妻子命婦的稱號，以表彰她的聰慧和良善。她的傳記以〈齊相御妻〉為題收入《列女傳》的〈賢明傳〉內，作為一個範例，說明妻子必須時刻勉勵丈夫，做個品德更高的人。

Constance A. Cook
龍仁譯

◆ 劉向，《列女傳》，見《四部備要》本，卷 2，頁 8 上 – 下。
◆ 晏嬰，《晏子春秋》，見《諸子集成》本，北京：中華書局，1986 年，冊 25，卷 5，頁 146。
◆ O'Hara, Albert R. *The Position of Woman in Early China According to the Lieh Nü Chuan, "The Biographies of Chinese Women."* Taipei: Mei Ya, 1971; 1978, 68-70.
◆ Teschke, R. "Zwei Frauen im *Yan zi chun qiu* und im *Lie nü zhuan*." In *Die Frau im alten China. Bild und Wirklichkeit*, ed. Dennis Schilling and Jianfei Kralle. Stuttgart: Steiner, 2001, 117-34.

196 陰麗華，漢光武帝皇后 Yin Lihua

陰麗華（光烈陰皇后，5-64），東漢開國皇帝光武帝（劉秀，公元前 6 年 - 公元 57 年；25-57 年在位）的皇后，南陽新野（今河南新野）人。她父親陰陸，富甲一方。劉秀是漢室劉氏後人，年少時至新野，聞陰麗華貌美，內心十分傾慕。後至長安，見執金吾車騎眾多，威武神氣，因此歎道：「仕宦當作執金吾，娶妻當得陰麗華。」他的這句話傳誦一時。

22 年，劉秀與兄長劉演（23 年卒）以「復高祖之業」為號召，欲推翻王莽（公元前 45 年 - 公元 23 年）政權，重建漢室，在南陽起兵。次年 6 月，在宛城當成里（今河南南陽）娶時年十九歲的陰麗華為妻。後劉秀任司隸校尉，西去洛陽，陰麗華返新野娘家，先到兄長陰識家居住，再搬往母親鄧氏的親戚家。同年底，劉秀受命率兵赴河北。

24 年，劉秀與郭聖通（參見郭聖通，漢光武帝皇后傳）成婚。郭聖通的舅舅劉楊，也是漢室劉氏後人，兩人的婚姻，旨在維護兩家的政治利益。25 年，劉秀在鄗（今河北柏鄉）稱帝，不久移都洛陽，派侍中迎回陰麗華，並封為貴人。陰麗華嫻雅寬厚，光武帝甚為讚賞，欲立之為后。但她謙辭不受，稱自己未得一子，不足以當皇后。那時，郭氏已生子劉彊，光武帝遂立郭氏為后，劉彊為太子。28 年，陰麗華隨光武帝出征彭寵，期間生子東海王劉莊。光武帝

對陰麗華的寵幸，始終如一。33年，陰麗華的母親及弟弟陰訢為盜賊劫殺，光武帝為此異常傷慟，曾下詔大司空，表明陰麗華本是他的原配，但因為離亂而分開了。由於她的品德，本來要封她為皇后，但她卻謙讓。現在她遭遇悲慘的命運，他甚為同情，因此特別封賞她的家人。

郭皇后見光武帝寵愛陰麗華母子，時有怨懟之言，光武帝為此更疏遠她。最後，在41年底，光武帝下詔廢黜郭皇后，改立陰麗華為皇后。於是，劉彊被廢為東海王，而劉莊（明帝，27-75；58-75年在位）則立為太子。

陰麗華在后位，謙恭退讓，少嗜玩，不喜笑謔；性情仁孝賢慈。她幼時喪父，已數十年，但每提及父親都會落淚，光武帝見到也歎息不已。她的兄弟亦如同她一般的謙恭，從不惹是生非。他們不似歷朝外戚每每恃寵而驕，跋扈不可一世。26年，光武帝以陰麗華的兄長陰識有戰功，打算增封其爵邑，可是陰識拒受。同樣地，在33年，光武帝欲加封陰麗華的弟弟陰興，亦遭辭謝不受。陰麗華問弟弟為何拒受，陰興的回答大意是：外戚之家得到太多榮寵，他會感到不安，徒為別人譏笑。陰麗華聽後認為有理，自此不為宗親求取官位。

陰皇后比光武帝多活七年。她在64年去世，享年五十九歲，在后位二十三年，死後諡曰光烈皇后，與光武帝合葬於原陵。陰麗華在宮中多年，以皇后之尊，手握大權，但異常克制，並沒有堅持為陰家謀取榮譽與財富。根據歷史記載，她性格善良，與郭皇后同處後宮時，顯然極力避免和對方發生衝突。當時，上幾代的皇后妃嬪以及外戚，弄權禍國，人們記憶猶新。反觀陰麗華，不論是出於仁厚，還是睿智的判斷，她處事待人，確屬禮法周全。

鮑家麟

◇《古今圖書集成》，248。上海：中華書局，1934年，3，頁1。
◇《後漢書》，北京：中華書局，1973年，冊1，卷10上，頁405–406。
◇ 司馬光，《資治通鑑》，北京：中華書局，1976年，冊2，卷40。
◇ 劉子清，《中國歷代賢能婦女評傳》，台北：黎明文化事業公司，1978年，頁108–109。
◇ 班固，《東觀漢記》，北京：中華書局，1985年，冊1，卷1，頁47。
◇ 安作璋主編，《后妃傳》，鄭州：河南人民出版社，1990年，上冊，頁134–143。
◇ 袁宏，《後漢紀》，上海：商務印書館，缺出版年份，卷7，頁54–63。
◇ Waley, Arthur. *The Book of Songs*. London: Houghton Mifflin, 1937, 102.

197 嬴氏，晉懷公夫人 Ying shi

嬴氏（活躍於約公元前650-620年），晉國（今山西河北境內）太子圉的

妻子，秦國（今甘肅陝西境內）穆公（公元前 659-621 年在位）的女兒，嬴族首領之一。公元前 643 年，圉在秦國當人質，穆公將嬴氏許配給他，他後來歸國當了國君，是為懷公，所以她又稱懷嬴。數年後（公元前 638 年）圉打算逃回晉國，他問嬴氏是否會跟他一道走，她拒絕了，並解釋說，這事令她處境很是為難。一方面父親將她嫁給他，是為了把他留在秦國，明顯地，他是留不住了，若跟他回晉國，就是背棄父親。另一方面，如果她向父親洩露他出逃的計劃，又違背了「妻之義」。她對他說，她別無選擇，只有讓他獨自外逃，並對他的計劃守口如瓶。她不隨他逃走，也可能是相信，事情一旦敗露並招致秦國責難時，他會用她作護身符。

後來，圉的叔父文公（人皆稱重耳，約公元前 696-628 年；公元前 636-627 年在位）結束流亡，歸國取代懷公為國君時，途經秦國。嬴氏和另外四人被派去伺侯重耳，重耳知道她對穆公忠心耿耿，遲疑著是否帶她回晉國。這時嬴氏斥責重耳，提醒他不要忘記她的身份地位，因他日後還需仰仗秦國的支持。後來她陪同他回了晉國，且不斷干預政治決策，盡力為秦國爭取利益。縱觀嬴氏一生，可以歸納出一點：她奉命為秦晉兩國建立起良好關係，也出色地完成任務。有文獻讚揚她處事公正，「操心甚平」。她的傳記以〈晉圉懷嬴〉為題收入《列女傳》的〈節義傳〉內。

Constance A. Cook 及 Barbara Hendrischke
龍仁譯

◈ 劉向，《列女傳》，見《四部備要》本，卷 5，頁 2 下 –3 上。
◈ 《左傳》，僖公 17 年、23 年、24 年、33 年，台北：鳳凰出版社，1977 年，卷 1，頁 113、122、123、142。
◈ 瀧川龜太郎，《史記會注考證》，台北：洪氏出版社，1977 年，卷 39，頁 66。
◈ O'Hara, Albert R. *The Position of Woman in Early China According to the Lieh Nü Chuan, "The Biographies of Chinese Women."* Taipei: Mei Ya, 1971; 1978, 131.
◈ Ptak, R. "Huai Ying." In *Die Frau im alten China. Bild und Wirklichkeit*, ed. Dennis Schilling and Jianfei Kralle. Stuttgart: Steiner, 2001, 25-52.

▌ 198 友娣 Youdi

友娣，字季兒，西漢（公元前 206 年 - 公元 8 年）郃陽（今陝西大荔）人，嫁同鄉任延壽為妻，育兩子一女。郝繼隆（O'Hara）稱任延壽在郃陽當官。

友娣的父親去世後，她的兄長季宗與延壽為下葬的事發生爭執，延壽後

來竟與友人田建聯手殺死季宗。事情敗露後，田建被處決，延壽則得到赦免，重獲自由。回家後，延壽將事情始末告知友娣，她悲憤莫名，怒道：「嘻，獨今乃語我乎！」言罷振衣拂袖，疾步而去，行前問延壽：「所與共殺吾兄者為誰？」延壽答道：「田建，田建已死，獨我當坐之，汝殺我而已。」友娣內心交戰，對延壽說：「殺夫，不義；事兄之讎，亦不義。」延壽顯然很同情她，表示願意把車馬及家中財物全送給她，由她決定去留。可是，友娣明白，處身如此困境，實由丈夫一手造成，他提出的解決方法不可行。她說：「吾當安之？兄死而讎不執，與子同枕席而使殺吾兄……」兄長被害，仇讎消遙法外，她不能因夫害兄而捨家離去，又不應與仇人共枕，既矛盾復痛苦，最後延壽羞慚不已，離家遠走，沒有告訴妻兒會到何處。

至此，友娣囑咐長女道：「汝父殺吾兄，義不可以留，又終不復嫁矣，吾去汝而死，善視汝兩弟。」接著便自縊而死。當時馮翊王劉讓聽聞友娣的節行，深受感動，命縣令免友娣三個孩子的賦役，並為之表墓鐫碑，永彰德義。

友娣被男性親人陷於兩難境地，對娘家和婆家都盡不了道德義務。不過，她的處理方式與丈夫截然不同，她認為既是自己的道德責任，便應面對。按現代感情的尺度，或許不能把她的行為形容為「嘉行」，但她不惜用自己的生命去了結問題，所表現出來的道德勇氣與人性尊嚴，實在教人敬佩。

沈劍

◈ 劉向，《列女傳》，見《四部備要》本，卷 5，頁 10–11。
◈ O'Hara, Albert R. *The Position of Woman in Early China According to the Lieh Nü Chuan, "The Biographies of Chinese Women."* Taipei: Mei Ya, 1971; 1978, 150-51.

199 虞姬，齊威王夫人 Yu Ji, Qi Weiwang furen

虞姬活躍於公元前四世紀。她來自虞國（今山西境內）的姬族，本名娟之，是齊國（今山東境內）威王（公元前 378-343 年在位）的妻子。虞姬對威王不理朝政很是憂心，試圖勸他撤換現任相國，另行任命一位賢德的相國；因為現任相國貪佞諂媚，把持朝政已有九年之久。這位奸相害怕失去自己的職位，又要報復虞姬，就誣衊她早年名聲狼藉，與她舉薦的賢人有過曖昧關係。威王在調查此事時將虞姬幽禁在一座九層高台中，而奸相又賄賂負責調查的官員，讓他指證虞姬有罪。幸而威王親自訊問虞姬，她侃侃而談，列舉歷代先例，清楚

說明事件始末，令到誹謗她以圖加害於她的有權有勢者，不能得逞。人們都說她「好善」。她讓威王醒悟過來，重整朝綱；自此之後，齊國大治，為此獲得後人稱譽。她的傳記以〈齊威虞姬〉為題收入《列女傳》的〈辯通傳〉內。

Constance A. Cook
龍仁譯

◆ 劉向，《列女傳》，見《四部備要》本，卷 6，頁 7 下 –8 下。
◆ O'Hara, Albert R. *The Position of Woman in Early China According to the Lieh Nü Chuan,* "The Biographies of Chinese Women." Taipei: Mei Ya, 1971; 1978, 169-71.

200 虞姬，西楚霸王妃 Yu Ji, Xichu Bawang fei

虞姬（公元前 202 年卒），西楚霸王項羽（公元前 232-202 年）的寵姬。一說她姓虞，但一般意見認為她名虞。年代與她相近的《史記》稱她為美人，名虞。

秦朝末年，政局動盪，楚（長江下游）項羽揮戈倒秦。《史記》說：「有美人名虞，常幸從」。秦亡後，項羽開始與漢王劉邦（公元前 256-195 年）相爭，逐鹿中原。公元前 202 年，項羽駐紮垓下（今安徽靈壁東南），兵頹糧盡，為劉邦軍重重圍困。深夜時份，項羽聽到四面漢軍皆作楚歌，懷疑手下兵將已投奔劉邦，楚地亦為劉邦所得，驚惑大勢已去，於是夜起帳中，和一直追隨左右的虞姬飲酒，並作〈垓下歌〉云：

> 力拔山兮氣蓋世，
>
> 時不利兮騅不逝，
>
> 騅不逝兮可奈何，
>
> 虞兮虞兮奈若何！

項羽吟唱數回，歌聲慷慨悲愴，虞姬亦作〈和垓下歌〉云：

> 漢兵已略地，四面楚歌聲。
>
> 大王意氣盡，賤妾何聊生？

她的歌聲悽楚哀戚，項羽哭了，左右的士兵無不悲痛流淚。她歌罷便拔劍自刎。據說項羽不欲被擒，也自刎身亡。相傳這些都在濠州定遠縣（今安徽鳳陽）發生；而定遠以東六十里，有虞姬墓。後來，虞姬的故事刻在碑碣，安放於靈璧縣，千百年來，供人瞻仰。

虞姬身為女子，竟能隨愛人戎馬倥傯，征戰南北，已屬難能。但她之能傳芳千古，乃在於項羽敗亡之時，她不願失節受辱，毅然殉之。她的故事與歌被編成戲劇《霸王別姬》；此劇又給後人靈感，在 1993 年拍攝了一部同名電影，由鞏俐（參見《二十世紀婦女傳記辭典》）主演，並且獲獎。

蘇者聰、 沈立東

編者按：後世也有學者認為，虞姬是因為明白到，項羽會擔心她能否在他死後守節，才不得不在他死前自殺。若然，其實是大男子主義心理作祟，使得一條鮮活的女子生命無端犧牲了。

◇ 《史記》，北京：中華書局，1973 年，冊 1，卷 7，頁 295–339。
◇ 馬兆政、周苕棠，《中國古代婦女名人》，北京：中國婦女出版社，1988 年，頁 35–37。
◇ 陳全力、侯欣一編，《后妃辭典》，西安：陝西人民教育出版社，1991 年，頁 11。
◇ 劉士聖，《中國古代婦女史》，青島：青島出版社，1991 年，頁 82–84。

201 袁齊媯，劉宋文帝皇后 Yuan Qigui

袁后（文帝袁皇后，405-440），本名袁齊媯，是南朝劉宋王朝第三任皇帝文帝（劉義隆，407-453；424-453 年在位）的正妻。劉宋的開國皇帝劉裕（武帝，363-422；420-422 年在位）曾在東晉領軍東征西討，但他在 420 年推翻了晉朝政權，廢黜了最後一位東晉皇帝，自立為帝，國號宋。

袁齊媯生於陽夏（今河南境內）的一個世家。曾祖父與父親均在東晉為官，曾祖父任歷陽太守，父親袁湛任左光祿大夫。儘管家勢顯赫，袁齊媯卻在貧困中長大，因為她的母親只是袁家婢女。由於袁家結交的都是高門望族，她沒有久居困境，還因姿色過人，許配給了武帝第三子劉義隆。雖然劉義隆是幼子，並非皇位繼承人的首選，但袁齊媯作為他的正妻，仍有王妃的頭銜。劉義隆有十九個兒子，她生下的劉劭（426-454）是長子；又生女兒英娥，日後封東陽獻公主。後來廷臣將劉義隆長兄劉義符（少帝，422-424 年在位）廢黜，改立劉義隆為帝，袁齊媯順理成章當上皇后。六歲的兒子劉劭被立為太子。

史載袁后常向文帝要錢接濟娘家，袁家並未因她貴為皇后而受惠，一直處

於貧困中。文帝卻把錢攢得很緊，往往給錢不過三、五萬，布帛不過三、五十匹。可是他對寵姬潘淑妃（453 年卒）卻毫不怠慢，出手大方。袁后為試探皇帝的態度，借潘氏的口向皇上要三十萬錢，只一天就全數到手。這件事使袁后極其惱怒，她藉口生病不見文帝。440 年，她病情沉重，史載文帝來到病榻旁邊，握住她的手，流下淚來。袁后盯住他看了很久，未發一言，然後用被子蓋臉。此後不久就離世，時年三十六歲。據稱文帝對袁后的薨逝十分悲痛，命著名學者兼文學家顏延之撰寫誄文。

袁后死後十年多，她的兒子劉劭和女兒據說迷上了巫蠱，還允許巫婆嚴道育住在家中。劉劭的異母弟、文帝第二子劉濬亦牽涉其中，這件事令文帝大為震怒。潘淑妃是劉濬的母親，她聽說文帝打算懲治兩個涉及巫蠱的兒子，不是殺掉就是貶謫，於是轉告兒子，他隨之告訴劉劭。劉劭謀弒了父親和潘淑妃；他認為母親之死全因她所致，對她早已懷恨在心。接著劉劭登基，但是劉駿（孝武帝，430-464；454-464 年在位）興兵討伐，將他擊敗並將他全家斬盡殺絕。劉駿旋即登上大位。

據稱袁后死後，出現過一些小小的靈應。有一樁是文帝賜妃子沈美人（414-453）自盡。她走到昔日袁后所居住的宮殿，乞求袁后幫助，說自己沒有犯罪，不該赴死，話音剛落，便聞一聲巨響，宮殿窗戶豁然而開。文帝得知這事後，便改變主意，赦免沈美人一死。宮中嬪妃人等大概都認為文帝對袁后不公，十分同情她，所以指稱她的魂魄可以庇護無辜婦女。這也許是老百姓賴以表達意見的一種方式吧。

Chan Hui Ying Sarah、Au Yeung Ka Yi 及秦家德
龍仁譯

◇ 《宋書》，北京：中華書局，1974 年，冊 2，卷 41，頁 1283–1301；冊 3，卷 52，頁 1497。
◇ 《南史》，北京：中華書局，1975 年，冊 1，卷 11，頁 320–321；卷 14，頁 386–395。
◇ 陳全力、侯欣一編，《后妃辭典》，西安：陝西人民教育出版社，1991 年，頁 58–59。
◇ 朱銘盤，《南朝宋會要》，見《續修四庫全書》，上海：上海古籍出版社，[1995]–2002 年，頁 767，483，532。
◇ Giles, Herbert A. *A Chinese Biographical Dictionary.* Taipei: Chengwen Publishing, 1971, 499, 507, 520.

202 越姬，楚昭王夫人 Yue Ji

越姬活躍於公元前五世紀初，姬族婦女，越（今浙江）王勾踐的女兒。她

嫁給了楚國（當時的大國，在今長江以北華中一帶）的昭王（公元前515-488年在位）。昭王還有一個妻子叫蔡姬。越姬與昭王成親不久，昭王率妻妾出遊，楚王問身旁的妻妾，大家相處甚歡，是否願意和他共死呢？蔡姬信誓旦旦地表示會與他共死，而越姬卻表示不會，因為他並沒有證明自己是個有德行的君主。二十五年之後，昭王在一場戰事中，身染沉痾，命在旦夕，但他不容許大臣和將軍犧牲他們的生命來挽救他自己的生命。越姬覺得他品德高尚，深為感動，決定殉身以袪除太陽周邊惡毒的紅雲（預示君王駕崩的不祥之兆），並為他清除到黃泉路上的狐狸。自殺前，她告訴昭王，她不願為他的愛好而死，但願意為他的仁義而死。反之，蔡姬並沒有履行多年前的許諾，追隨昭王於地下。由於越姬的忠心，她的兒子被推選為繼任的楚王。她的傳記以〈楚昭越姬〉為題收入《列女傳》的〈節義傳〉內。

Constance A. Cook
龍仁譯

◇ 劉向，《列女傳》，見《四部備要》本，卷5，頁4下–5上。
◇ O'Hara, Albert R. *The Position of Woman in Early China According to the Lieh Nü Chuan, "The Biographies of Chinese Women."* Taipei: Mei Ya, 1971; 1978, 131-34.

203 樂羊子妻 Yue Yangzi qi

樂羊子的妻子，姓名不詳，東漢（25-220）人，祖籍現今河南。

一日，樂羊子在路上拾得金子一塊，回家交給妻子，她說：「妾聞志士不飲盜泉之水，廉者不受嗟來之食，況拾遺求利，以汙其行乎！」羊子聽後十分慚愧，就把金子扔至野外，從此遠遊尋師求學。一年後，羊子停學回家，妻子詢問返家的原因。羊子答道：「久行懷思，無它異也。」妻子聽罷，就拿起刀，快步走到織布機前，告訴他機上織成的布來自蠶繭，在織機梭上一根根地積累，而他，學到半路廢棄，就好像切斷所織的絲一樣浪費時間。羊子被妻子一番勸說打動，返回求學之所，完成學業，一去七年沒有回家。妻子在家操持家務，勤勞節儉，奉養婆母；還能接濟遊學遠方的丈夫。

有一次，鄰居有一隻雞錯入羊子家院中，羊子母偷偷抓來殺掉煮好。羊子妻對著煮熟的雞流淚不吃，婆母奇怪地問她為何如此。羊子妻答道：「自傷居貧，使食有它肉。」婆母聽了，竟羞愧得棄雞不吃。

後來，有盜賊欲強犯羊子妻，於是先劫她婆母，羊子妻見到之後，就拿起

刀衝了出來，盜賊要脅她，逼她放下刀，聽從他的話，否則，就殺她婆母。羊子妻仰天長歎一聲，舉刀自殺；盜賊大驚，放下人質，逃之夭夭，後來被捉拿歸案，關進牢獄。為了表示對羊子妻的敬重，太守送來絹帛，以禮殯葬，並表彰贈號曰：「貞義」。

王麗華

◇ 《後漢書》，北京：中華書局，1973 年，冊 5，卷 84，頁 2792–2793。
◇ 劉子清，《中國歷代賢能婦女評傳》，台北：黎明文化事業公司，1978 年，頁 131–133。
◇ 劉士聖，《中國古代婦女史》，青島：青島出版社，1991 年，頁 138。

204 越女 Yuenü

越女又名阿蓼，是一位技藝高超的女劍客。據說她是春秋時期的人，住在南方的越國（今浙江境內）。父親是個獵戶，她從小就隨父親外出打獵，大概是在這環境下，練得一手好劍法，射箭功夫亦了得。

由於她武功高強，故名聲遠播，連越王也知道了。越王矢志報仇雪恥，正想方設法擊敗鄰國吳國，於是宣召越女入宮，讓她展示武藝。越王詢問她劍術之道時，她說：「其道甚微而易，其意甚幽而深。道有門戶，亦有陰陽，開門閉戶，陰衰陽興。凡手戰之道，內實精神，外示安儀。見之似好婦，奪之似懼虎。布形候氣，與神俱往。斯道者，一人當百，百人當萬。」大意是：擊劍這項技藝，看上去似乎微不足道，易如反掌，其實它是門艱深的學問，不易精通。劍道有如一道門扇，可開可關，可分陰陽，格鬥之道，概括地說，是要信心百倍，表面上神態自若，猶如一個溫文爾雅的女子，格鬥時卻如同猛虎，做到這樣，便可以一以當百，以百當萬。越王聽了之後，賜給她「越女」的稱號，將她的使劍技藝引用到軍隊訓練上面。

越女論劍是最早闡述劍道的文字記述，中國後來的武術理論也多所參照。

蕭虹
龍仁譯

◇ 馬兆政、周苔棠，《中國古代婦女名人》，北京：中國婦女出版社，1988 年，頁 31–32。
◇ 牟楊珠、楊鴻台，《中國女界之最》，上海：上海人民出版社，1993 年，頁 215。
◇ 趙曄，《吳越春秋全譯》，張覺譯注，貴陽：貴州人民出版社，1993 年，卷 9，頁 366–70。

205 宇文氏，北周千金公主 Yuwen shi

千金公主（593年卒）姓宇文，584年後改稱大義公主，本名無從稽考。她是北周統治家族的近親：父親趙王是兩任北周皇帝的兄弟。579年，她的堂兄北周皇帝，打算將她嫁給東突厥他鉢可汗，並已安排妥當。北周是用她來交換當時在東突厥避難的敵方北齊王子。千金公主由長安跋涉到東突厥王廷（今蒙古哈拉和林附近）後不久，就聽到父親、三位兄弟、兩位叔叔在長安被隋朝殺害的消息。楊堅在581年滅了北周，建立隋朝。

身為東突厥可汗的妻子，千金公主對朝中軍政多少有點影響。她鼓動丈夫反隋，581至583年與第二任丈夫沙鉢略可汗一起時，仍主張他反隋。然而由於東突厥國勢轉弱，她在584年與隋締結和約，根據該和約，隋朝給她一個新的身份，封她為大義公主，隋朝亦取代北周作為和親的一方與東突厥結盟。沙鉢略可汗去世後，587年她又嫁給他兒子（她的繼子）都藍可汗。長期以來，她惱恨隋室令她國破家亡，對隋朝深惡痛絕。兩年後，隋朝滅了國祚短暫的陳朝，得到一道本屬陳朝皇室的屏風，隋帝把它送給千金公主。她在屏風上題詩，悼念陳朝的覆亡，還以陳朝自況，悲歎身為北周亡國公主的命運。原詩如下：

盛衰等朝暮，世道若浮萍。榮華實難守，池台終自平。

富貴今何在？空事寫丹青。杯酒恆無樂，弦歌詎有聲。

余本皇家子，飄流入虜廷。一朝睹成敗，懷抱忽縱橫。

古來共如此，非我獨申名。唯有明君曲，偏傷遠嫁情。

隋帝知道了這首詩後大為不悅，加上流言四起，說千金公主幫助隋的一個叛徒，與西突厥密謀反隋，於是他賄賂她丈夫的堂兄弟突利可汗去殺害她。593年，都藍為了與隋議和及與另一位隋公主聯姻，答應隋的條件，將千金公主殺掉。

儘管千金公主在東突厥王廷生活十四年，先後嫁了三任可汗，也積極參政，但一生沒有實權。她頭一次婚姻由北周朝廷安排，目的是交換人質；她之死則是屠殺她家族的隋朝所造成。如今無從查考她是否留有後代或生育過子女，留在史冊上的，只有她身為和親公主（參見王昭君傳）的悲慘生涯，那份淒苦，一如她詩中所言。

Jennifer W. Jay
龍仁譯

◈ 司馬光，《資治通鑑》，北京：中華書局，1956 年，冊 12，卷 175，頁 5449；卷 178，頁 5542–5543。
◈ 《周書》，北京：中華書局，1971 年，冊 1，卷 13，頁 202–203；冊 2，卷 50，頁 912。
◈ 《隋書》，北京：中華書局，1973 年，冊 1，卷 1，頁 3；冊 3，卷 84，頁 1864–1872。
◈ 林恩顯，《突厥研究》，台北：台灣商務印書館，1988 年，頁 190–191。
◈ 林恩顯、崔明德，〈論中國古代和親的功能及影響〉，見《人民學報》3，20 期 (1996)，頁 1–37。
◈ Jagchid, Sechin and Van Jay Symons. *Peace, War, and Trade Along the Great Wall. Nomadic-Chinese Interaction Through Two Millennia.* Bloomington: Indiana University Press, 1989, 147-50.
◈ Pan, Yihong. "Marriage Alliances and Chinese Princesses in International Politics from Han through T'ang." *Asia Major* 10, no. 1-2 (1997): 95-131.
◈ ——. *Son of Heaven and Heavenly Qaghan: Sui-Tang China and Its Neighbors.* Bellingham: Center for East Asian Studies, Western Washington University, 1997.

206 臧孫母 Zang Sun mu

臧孫母是魯（今山東境內）大夫臧孫的母親，活躍於公元前七世紀，住在魯國。臧孫又名臧文仲（公元前 617 年卒），為官仗勢欺人，令人無法忍受，因而四處樹敵，甚至他母親也說他：「刻而無恩」（為人刻薄，不講仁厚。）當他以使節的身份被派往相鄰的齊國時，他母親估計他會受到傷害。當時齊國正與魯國一些大臣串通，籌劃攻伐魯國，他們認為若將臧孫拘留，既能報復他平日的刻毒，又可激起兩國之間的糾紛，收到一箭雙雕之效。臧母竭其所能的幫助兒子，鼓勵他改掉劣行，並勸他結交一些有權勢的人。後來，臧母所擔心的，果真發生，臧孫被齊國拘留了。他給魯國寄出了一封信，用密碼寫就，只有他母親可以解讀。這信揭露了齊國入侵魯國的計劃，他母親因之解救了國家免遭侵略，又爭取到臧孫獲釋，自齊返國。為此，臧母被譽為「識高見遠」，她的傳記以〈魯臧孫母〉為題收入《列女傳》的〈仁智傳〉內。

Constance A. Cook
龍仁譯

◈ 劉向，《列女傳》，見《四部備要》本，卷 3，頁 5 上–6 上。
◈ O'Hara, Albert R. *The Position of Woman in Early China According to the Lieh Nü Chuan, "The Biographies of Chinese Women."* Taipei: Mei Ya, 1971; 1978, 86-88.

207 湛氏，陶侃母 Zhan shi

　　湛氏（活躍於三世紀）是陶侃的母親。我們只知道她的姓，因為史籍沒有記載她的名字。江西新淦人，生活於西晉末東晉初。人們記得她，是因為她不惜任何犧牲也要將兒子送上仕途，然而當兒子用不正當途徑得來的東西孝敬她時，她又批評他。

　　湛氏是陶丹將軍的侍妾，生養了兒子陶侃（259-334），陶侃後來成為東晉名臣。陶丹死後，家道中落，湛氏以紡織維持家計。不過她決意要讓兒子出人頭地，從而使全家脫貧，進而成為仕宦之家。根據《世說新語》，一個寒雪天，剛被舉孝廉的范逵經過陶家往京都洛陽去謀職。被舉孝廉意味著有做官的機會。當時陶家空無一物，招待不了客人和他的隨從和馬匹，但湛氏明白，這位客人不久便會當官，若兒子能與他結交，他日定能為兒子謀得官職，她不願失去這機會，於是吩咐兒子留客吃飯。她剪下自己的長髮做成兩個假髮，賣了買幾斗米，然後把兩根柱子砍下（可能是偏房的）劈作柴火，又把稻草褥子切碎餵馬。當晚她奉上一桌豐盛的飯菜，連隨從都吃得很飽。范逵本來就欣賞陶侃的才華與辯才，得到他盛情款待，便更心生感激。次日陶侃送范逵上路，一程又一程，范逵說「請回吧，我到洛陽後會在眾人面前為你美言的。」范逵沒有食言，陶侃的名聲傳遍京中名士，後來其中一人推舉他為小中正，從此踏上仕途。

　　從現代讀者的眼光看來，這對母子的行為有些過分，甚至難以置信。故事可能由於流傳久了，漸漸被誇大或文飾了。然而，它至少可以反映出，在晉代這個等級森嚴的社會裡，有些人為了提高自己的社會地位，會作出怎樣的努力。

　　雖然湛氏試圖提高陶家的社會地位，但她並不貪圖為官可以得到的小利。另一則軼事敘述陶侃管理魚池的時候，叫人送一些鹹魚給母親。湛氏原封退回，連同一封信，責怪兒子把公家的東西給她。要指出一點是：另有說法認為這個故事是三國時吳國官員孟宗和他母親的故事。

　　據說湛氏還教育陶侃飲酒過度的害處。陶侃後來與朋友和下屬喝酒時都很有節制。如果有人勸他多喝一點，他會說曾經因喝醉犯錯，雙親要他立誓永不再喝醉。他的父親既然在他很小的時候就去世了，因此讓他謹守誓言的應該是他母親了。

陶侃在歷史上是個好官，剛正不阿，勤勉清廉。史家往往將此歸功他的母親，是她給他良好教育，教會他道德準則。關於湛氏還有一件有意思的事：她可能屬於中國少數民族。有論文談及陶侃的族屬，隱然指出他是傒族。該族是紀元初在現今江西活躍的少數民族。果真如此的話，他的母親該是傒族，因為她是江西人，而他父親的家族來自現今湖北的鄒陽。

蕭虹

◇ 陳寅恪，〈魏書司馬睿傳江東民族〉，見《陳寅恪先生論文集》，《中央研究院歷史語言研究所特刊》3（1971），頁408–409。
◇ 《晉書》，北京：中華書局，1974年，冊4，卷96，頁2512。
◇ 劉義慶，《世說新語箋疏》，余嘉錫撰，北京：中華書局，1983年，19，20，頁690–693。
◇ 劉士聖，《中國古代婦女史》，青島：青島出版社，1991年，頁164–165。
◇ Liu I-ch'ing [Yiqing]. *Shih-shuo Hsin-yü: A New Account of Tales of the World,* trans. Richard B. Mather. Minneapolis: University of Minnesota Press, 1976, 350-52.

208 張魯母 Zhang Lu mu

張魯的母親，二世紀末人，活躍於今四川成都，天師道創始時期的一個重要人物。至於她本人得到天師的稱號，可算是個罕見的例子。現代道教研究者司馬虛（Michel Strickmann）在討論道教的獨身主義時引用東晉陶弘景（參見徐寶光傳）所編的作品說，「三師是指天師、女師和系師（一般對張魯的稱號）。她是一個神秘但重要的人物。她很可能就是歷史上所說與益州牧劉焉有交情的張魯母。」一般人都假定張魯母是道教創始人張道陵（活躍於140年）的兒媳，那她的兒子就是張道陵的孫子。然而，據載張道陵唯一的兒子是張衡，他的名字從未和張魯母聯繫在一起。因此可能張魯母其實是天師道傳統早期的修煉者，史家寧可將她的兒子視作張道陵的親屬，而不願承認她直接傳道給兒子，以免她享有這份功勞。

《後漢書》形容張魯母「有姿色，兼挾鬼道，往來焉家。」所謂鬼道，大概就是指巫術。當時的益州牧劉焉（194年卒）出身皇族，她常出入劉家，憑著雙方的交情，她的兒子張魯（活躍於188-220年）成為劉焉的下屬，並擁有一定的勢力，可以在中國的西北建立一個道教的團體或勢力範圍，猶如一個小國，由各級人員如祭酒等，用天師道的教義治理，包括為人醫病和提供福利。祭酒是世襲的，婦女也要參加宗教和管理工作，尤其是招攬新的信徒。

因此張魯母在建立這個道教團體上起了很大作用。這個團體一直維持了

三十年之久，沒有受到漢朝政府多少干擾。劉焉死後，他的兒子劉璋試圖控制張魯，利用張母和其他親屬威脅他，最後把張母等人殺死。張魯繼續增強他在漢中地區（今陝西省）道教勢力，令它更為獨立，從而提高它在歷史上作為中國唯一本土宗教的發源地的地位。天師道今天在中國仍然有信徒。第六十四代天師定居台灣。他的侄兒在中國大陸。由於政府對道教的包容，國人對道教的興趣有復蘇的現象。

Barbara Hendrischke 及 Sue Wiles
蕭虹譯

◇ 《後漢書》，北京：中華書局，1973 年，冊 5，卷 75，頁 2432 及以下，2435 及以下。
◇ 《三國志》，北京：中華書局，1982 年，冊 1，卷 8，頁 263 及以下；冊 4，卷 31，頁 867。
◇ Schipper, Kristofer. "The Taoist Body." *History of Religions* 17 (1978): 375.
◇ Strickmann, Michel. "A Taoist Confirmation of Liang Wu Ti's Suppression of Taoism." *Journal of the American Oriental Society* 98, no. 4 (1978): 469-70.
◇ Stein, Rolf A. "Religious Taoism and Popular Religion from the Second to Seventh Centuries." In *Facets of Taoism: Essays in Chinese Religion,* ed. Holmes Welch and Anna Seidel. New Haven, CT: Yale University Press, 1979, 60-62.
◇ Bumbacher, Stephan P. *The Fragments of the Daoxue zhuan: Critical Edition, Translation, and Analysis of a Medieval Collection of Daoist Biographies.* Frankfurt/Main: Peter Lang, 2000, 513-17.

209 張氏，苻堅妾 Zhang shi

張氏（383 年卒）是苻堅的妾侍，名字籍貫不詳，屬漢族或是少數民族亦不得而知。她因洞悉政情，精於判斷而聞於世。

苻堅（338-385；357-385 年在位）是氐族軍閥，簒了前秦苻生厲王（355-357 年在位）的王位後，自立為大秦天王，成為位處中國北方的前秦的第三位君王。他在北方稱雄後，便打算侵佔長江以南的東晉王朝，很多朝臣都加以勸阻。他卻堅持要實現自己統一中國的夢想。《晉書》中張氏的傳裡引述她勸諫苻堅的話，大意與眾臣相仿。這段話是她直接對苻堅說的，還是出自她寫的奏章，無從得知，但從風格來看，更像是文章，茲摘錄如下：

> 今朝臣上下皆言不可，陛下復何所因也？《書》曰：「天聰明自我民聰明。」天猶若此，況於人主乎！妾聞人君有伐國之志者，必上觀乾象，下採眾祥。天道悠遠，非妾所知。以人事言之，未見其可。

（大意說統治者應該聽從人民的意見，有意征戰的人應該觀察天象，下察民意。

總之，她認為這件事不可以做。）

苻堅說女人不應該參與軍事決策。他還是南征東晉，張氏請求同行。正如她所料，苻堅在安徽壽春的「淝水之戰」吃了大敗仗。她的傳記說，之後她自殺，但並沒有說明原因。我們只能揣測可能是因為苻堅不聽她的勸告，憤而自殺。

平心而論，我們必須指出張氏的傳記是站在東晉的立場寫的。作為苻堅的敵國，強調張氏最後判斷正確，可能是為了貶低苻堅。

蕭虹

◆ 徐天嘯，《神州女子新史》，上海：神州圖書局，1913 年；台北：稻鄉出版社，1993 年重印，頁 68。
◆ 謝無量編，《中國婦女文學史》，上海：上海中華書局，1916 年；鄭州：中州古籍出版社，1992 年重印，第 2 編，頁 77。
◆ 《晉書》，北京：中華書局，1974 年，冊 4，卷 96，頁 2522–2523。

210 張湯母 Zhang Tang mu

張湯的母親（約公元前 165-110 年），長安杜陵人，姓名不詳。丈夫任長安丞，兒子張湯（公元前 115 年卒）在武帝（公元前 140-87 年在位）時官至御史大夫。張湯鐵面無私，執法嚴苛，尤擅推行經濟改革。

武帝時期，北方的匈奴經常滋擾邊境，十餘年間（公元前 129-119 年），武帝多次出兵征討，耗費龐大；加上東北的山東水災後又旱災，貧民迫得到處流徙，向各地縣官求助，但因需求日增，一眾縣官亦無力長久支援。武帝擔心國庫終會不支，認為有必要推行經濟改革，並將這重任委派給張湯。張湯於是「請造白金及五銖錢，籠天下鹽鐵，排富商大賈，出告緡令，鉏豪彊並兼之家」，意圖使國家富強。張湯成為權傾朝野的大臣，所有要事都由他決斷，而非呈交丞相青翟處理。張湯的經濟政策，雖獲武帝首肯，但不難想像，凡在新政下利益受損的官員，必竭盡所能阻撓新政。就如縣令，不會在新政下受惠，於是有些官員便逼窮人借錢，然後從中侵奪漁利。張湯沒有畏縮，並將違規者依法懲治，遂成眾矢之的。

張湯擔任御史大夫七載，終於被丞相的三個心腹朱買臣（參見朱買臣妻傳）、王朝、邊通謀陷，令武帝不再信任他。大概是覺得大勢已去，他自殺身

亡（公元前 115 年）。這三人指控張湯把朝廷的經濟決策轉告友人，讓他「居物致富，與湯分之」。然而張湯死後，查得他家財不過五百金，均來自俸祿與武帝賞賜，沒有來路不明的積蓄。

張湯無辜而死，兄弟子侄欲予厚葬。張湯的母親反對，她說：「湯為天子大臣，被惡言而死，何厚葬為！」於是葬禮從簡，棺木無槨，以牛車裝運。據說武帝聽到她的話後，慨歎道：「非此母不生此子」，對母子二人褒揚備至。後來，謀陷張湯的三人被處決，丞相自殺。張湯任御史大夫期間，嚴苛剛直；日後兒子張安世（公元前 62 年卒）貴為富平侯，食邑萬戶之際，仍是「夫人自紡績」，家童「皆有手技作事」，在在都與張湯的母親的方正不苟、嚴加管教兒孫有關。

夏春豪

◊ 劉向，《列女傳》，見《四部備要》本，卷 8，頁 3。
◊ 《漢書》，北京：中華書局，1975 年，冊 6，卷 59，頁 2637–2652。
◊ O'Hara, Albert R. *The Position of Woman in Early China According to the Lieh Nü Chuan, "The Biographies of Chinese Women."* Taipei: Mei Ya, 1971; 1978, 221.

211 張嫣，漢惠帝皇后 Zhang Yan

張嫣（孝惠張皇后，公元前 163 年卒），生年不詳，惠帝（劉盈，公元前 210-188 年；公元前 194-188 年在位）的皇后。她經歷了高祖、惠帝、高后、文帝四朝皇帝，命途坎坷，又默默無聞。

張嫣的父親為趙王張敖，母親為漢高祖與呂后（參見呂雉，漢高祖皇后傳）的長女魯元公主。張嫣雖身為公主之女，卻在童年時期就經歷了家庭的變故與動盪。公元前 200 年底，高祖率兵征伐匈奴，途中路過趙地，張敖以子婿之禮迎見，甚為謙恭。高祖卻一副高傲無禮的樣子，不將張敖放在眼裡，趙國丞相貫高、趙午大為不滿，密謀叛漢，但張敖堅決反對。謀反之事敗露後（公元前 198 年），張敖等人被捕。呂后數次為張敖求情，但高祖不聽。有關官員調查後證實，張敖確未參與策劃謀反。張敖獲釋後，高祖仍廢除他的王位，降為宣平侯。那時的張嫣年紀尚幼，目睹父母小心處事、謹慎為人，對外祖父畢恭畢敬的舉止，大概便因此形成一生怯懦、服從的性格。

張敖降職三年之後，呂后的兒子劉盈繼位，是為惠帝。惠帝是個仁慈柔弱

的年輕人,即位不久,便發生呂后殺害高祖寵姬戚夫人(參見戚夫人,漢高祖傳)與她兒子趙王如意的事。在這場宮廷爭權奪利的鬥爭中,呂后手段極其殘忍,把惠帝嚇壞了。在大病一場之後,他選擇了不問國事,縱情酒色。已被尊為皇太后的呂后,實際上掌握著朝政。她為了穩固兒子的帝位,一方面千方百計剷除可能對惠帝造成威脅的劉姓諸王;另一方面,積極籌劃為惠帝冊立皇后。為了親上加親,保住政權,她最終決定讓自己的親外孫女張嫣,嫁給惠帝為皇后。

公元前191年底,張嫣被正式冊立為皇后。這一年,惠帝二十一歲,張嫣尚未成年。甥舅成婚,為禮法不禁,但終究是有悖人倫之事。朝野上下礙於呂后的威嚴,竟無人敢反對。

張嫣與舅舅惠帝的婚姻生活如何,史書並無記載。《漢書》的孝惠張皇后傳中,只提到婚後的張嫣「萬方終無子,乃使陽為有身,取後宮美人子名之」。《資治通鑑》中也提到「呂太后命張皇后取他人子養之,而殺其母,以為太子。」張嫣婚後三年,惠帝駕崩。太子劉恭(少帝,公元前184年卒)即皇帝位,因年幼,呂太后正式臨朝稱制。而做了三年皇后的張嫣,仍繼續在宮中過著與世無爭的生活。

呂太后以女主身份臨朝稱制八年。年輕的少帝得知生母被殺真相,心生怨懟。呂太后遂暗地殺掉少帝,另立惠帝子義為帝,仍獨掌朝政。同時大封諸呂氏為王,引起眾大臣不滿。這一切均與張嫣扯不上關係,她既不參與朝政,更無任何政權。

呂太后死後,劉姓諸王聯合起來,誅殺諸呂,重新擁立劉邦之子代王劉恆為帝,史稱文帝。此時生活在後宮的張嫣雖不在被誅之列,卻也因其屬呂后一黨,而被廢置北宮。此後的十六年,張嫣如何生活,從史料中無從得知。公元前163年春,張嫣去世,結束了這位皇后乏善足陳的一生。

臧健

◊ 司馬光,《資治通鑑》,北京:中華書局,1956年,冊1,卷12,頁418。
◊ 《史記》,北京:中華書局,1973年,冊1,卷8,頁386;冊1,卷9,頁395–412;冊4,卷49,頁1969;冊5,卷89,頁2583-2585。
◊ 《漢書》,北京:中華書局,1975年,冊1,卷2,頁90;冊8,卷97上,頁3940。
◊ 陳全力、侯欣一編,《后妃辭典》,西安:陝西人民教育出版社,1991年,頁12。

212 趙氏（鉤弋夫人），漢武帝妾 Zhao shi

鉤弋夫人（孝武鉤弋趙婕妤，公元前 113-88 年），河間（今河北獻縣東）人，姓趙，名字不詳。她的父親犯法，被處以宮刑，做了宦官，在京城長安任官階不高的中黃門。

武帝（劉徹，公元前 156-87 年；公元前 141-87 年在位）在河間巡狩，望氣者表示，東北處有個姓趙的年輕奇女子。武帝召見她，來到時，兩手皆握拳。武帝輕撫一下，她的手便張開。武帝納她為妃，封她為鉤弋夫人（拳夫人）。沒多久，便晉升為婕妤，遷城外甘泉宮內的鉤弋宮。據說她懷孕十四個月後，生下兒子劉弗陵（昭帝，公元前 94-74 年；公元前 87-74 年在位）。又因堯帝據說亦是母親懷胎十四個月才出生，武帝便將劉弗陵所生之門命名為堯母門。

劉弗陵出生不久，宮廷大亂，數百人因被指涉及巫術而遭處決，而他們極有可能是被人誣陷冤死的。在這場政治鬥爭當中，太子劉據與母親衛皇后（參見衛子夫，漢武帝皇后傳）都受到牽連，雖然兩人並沒有造反作亂或施行巫術，但都在 91 年底被迫自殺。太子既死，鉤弋夫人的兒子便有機會競逐皇位。武帝有兩子早死，就是王夫人所生劉閎（公元前 109 年卒）和李夫人（參見李夫人，漢武帝傳）所生的劉髆（公元前 88 或 86 年卒）；另有兩子均驕縱荒唐，不在考慮之列，就是李姬所生的劉旦及劉胥。劉弗陵雖年僅六歲，但身體強壯，博學多才。武帝覺得小兒子像自己，而且他孕期達十四個月，與眾不同，所以特別喜歡他。

可是，武帝認為鉤弋夫人年紀尚輕，擔心她會憑藉兒子獨攬大權，因此在冊立劉弗陵為太子一事上，猶豫不決。武帝後來決定將皇位傳給劉弗陵，由霍光（公元前 66 年卒）輔政。武帝命人繪了一幅周公負成王朝諸侯的畫，再將畫送給霍光。這樣一來，群臣及鉤弋夫人都明白，武帝打算讓劉弗陵繼位。數日後，武帝病倒，病中仍憂慮鉤弋夫人會因兒子即位而獨攬大權。為此，武帝召見鉤弋夫人，嚴辭斥責。鉤弋夫人不知所措，急忙脫下頭簪耳環，叩頭謝罪，請武帝息怒。武帝命人將她送往掖庭監獄。她走前回望武帝，他卻說：「趣行，女不得活！」意思是要她趕快走，說她活不了。後來她死了。根據與她年代接近的《漢書》，她是焦慮致死；司馬光的《資治通鑑》則稱她被「賜死」。

鉤弋夫人死後，武帝曾問左右：「人言云何？」左右回答說：「人言且立其子，何去其母乎？」武帝續道：「然，是非兒曹愚人所知也。」他繼續解釋說，年輕的太后會攬權亂政，呂后（參見呂雉，漢高祖皇后傳）便是個例子。

武帝對待鉤弋夫人的手法，後人一直毀譽參半，有指責他殘忍狠毒的，亦有稱讚他深謀遠慮的。可是，他「驕蹇淫亂」，與弄權的皇太后無異，如此虛偽，應予揭露，但從來沒有人直斥其非。

千百年來，人們寫了很多故事，述說鉤弋夫人的死。其中一個說，由她去世到下葬的一個月期間，屍體飄香，十餘里外亦可聞。另一個載於宋朝的《太平御覽》，稱她在世時，曾對武帝說：「妾相運應為陛下生一男，男七歲，妾當死。今年必死，宮中多蠱氣，必傷聖體，言終而臥，遂卒。」又一個說，她死後葬在雲陽，但後來打開靈柩，裏面卻是空的。《雲陽記》又說，武帝思念鉤弋夫人，在甘泉宮搭建通靈台，常有一青鳥飛來台上；劉詢（宣帝，公元前91-49年；公元前73-49年在位）登基後，青鳥便沒有再出現。

昭帝在繼位那年的陰曆七月，追尊鉤弋夫人為皇太后，並派出二萬士兵為母親興建雲陵，將三千戶安置在當地，以守護陵墓。又追尊外祖父為順成侯，賞賜金錢、奴婢與宅子給外祖父的姐姐，贈送禮物給趙家子弟，不過，除趙父外，趙家無人獲賜官職封號。

黃嫣梨

◇ 李昉，《太平御覽》，北京：中華書局，1960年，冊1，卷136，頁661。
◇ 《史記》，北京：中華書局，1973年，冊4，卷49，頁1967–1986。
◇ 《漢書》，北京：中華書局，1975年，冊6，卷68，頁2932；冊8，卷97上，頁3956–3957。
◇ 司馬光，《資治通鑑》，北京：中華書局，1976年，卷1，頁22。
◇ 張華，《博物志》，北京：中華書局，1985年，冊1，卷2，頁7–15。
◇ 畢沅校正，《三輔黃圖》，北京：中華書局，1985年，卷3，頁23–27。
◇ Ban Gu. *Courtier and Commoner in Ancient China. Selections from the "History of the Former Han" by Pan Ku,* trans. Burton Watson. New York: Columbia University Press, 1974, 251-53.
◇ Loewe, Michael. *Crisis and Conflict in Han China: 104 BC to AD 9.* London: George Allen & Unwin, 1974.

213 趙娥 Zhao E

趙娥（龐淯母趙娥，活躍於179年），皇甫謐（215-282）《列女傳》作龐娥親，名不詳，字娥，人皆以此稱之。她是福祿（今甘肅酒泉）縣民趙安（一作君安）的女兒，魏文帝（曹丕，187-226；220-226年在位）時關內侯龐淯的母親。

據《後漢書‧列女傳》、《三國志‧魏書‧龐淯傳》及皇甫謐《列女傳》

記述，趙娥的父親趙安為同縣仇家李壽所殺，趙娥三個弟弟都想報仇，但因李氏早有防備，始終未能成事。後來酒泉地區病疫流行，趙娥的三個弟弟均染病去世，李氏知道後十分高興，邀約族人一起慶祝，並說：「趙氏彊壯已盡，唯有女弱，何足復憂。」自此，戒備之心日漸鬆懈。龐淯將李氏的話告訴母親趙娥。她早有為父報仇之心，聽後更加激憤，哭著發誓說：「李壽，汝莫喜也，終不活汝！……焉知娥親不手刃殺汝，而自儌倖邪？」

趙娥暗中購賣名刀，晝夜磨礪；扼腕切齒，志在報仇。李氏為人兇悍，聽到趙娥這番話後，騎馬外出時重新帶刀，鄉人都很怕他。隔壁的徐氏婦人擔心趙娥不但不能復仇，反為李氏所害，常加勸止。徐氏對趙娥說，李壽是個男子，素來兇惡，且又帶刀在身，而她是女兒身，雖然意志堅定，但強弱懸殊，到頭來非但殺不了他，還會累及全家，惹來無盡苦痛與羞辱。趙娥應道：「父母之讎，不同天地共日月者也。李壽不死，娥親視息世間，活復何求！今雖三弟早死，門戶泯絕，而娥親猶在，豈可假手於人哉！」家人及鄰居都嘲笑她，但她依然說：「卿等笑我，直以我女弱不能殺壽故也。要當以壽頸血污此刀刃，令汝輩見之。」

從此，趙娥什麼事也不做，天天乘著小車出外，靜待李壽出現。

179年陰曆二月上旬的一天，天氣晴朗，她終於在酒泉都亭看到李壽，便下車抓住他的馬，並大聲叱罵他。李壽大驚，回馬欲逃，趙娥挺身舉刀奮力砍下，傷及李壽與馬，馬驚，李壽摔在道旁溝中，趙娥衝上去再次用刀猛砍，情急之下刀砍在樹上而折斷，李壽受傷未死，趙娥欲奪其刀殺之，李壽反抗且大聲呼救，跳起欲逃，趙娥奮力用左手抵住他額頭，用右手猛擊他咽喉，反覆數次，他終於被擊倒在地，趙娥用他的刀割下他的首級。

趙娥殺了李壽後，即往縣衙領罪，且從容緩步走向牢房。縣令尹嘉不忍心定其罪，欲掛印辭官，縱其逃走（一說欲與之一起逃走）。

可是，趙娥決意為自己的行為負責，不肯逃走。她說報仇是她的本分，按照法典判刑是縣令的職責，她不能貪生枉法。這個時候，得知此事的人，全都趕過來，圍觀者無不為她感慨嗟歎。連守衛也同情她，暗地對她說，若她逃走，他們會視而不見。趙娥卻高聲說：「枉法逃死，非妾本心。」守衛還是不同意，她又說：「匹婦雖微，猶知憲制。殺人之罪，法所不縱。今既犯之，義無可逃。乞就刑戮，隕身朝市，肅明王法，娥親之願也。」她越說越激昂揚厲，面無懼色。守衛知道不宜往下說，便用車把她強行送回家。另有一說指她確實入獄，

但後遇赦歸家。

涼州刺史周洪、酒泉太守劉班等共同上表，稱頌趙娥剛烈大義，並為之刊石立碑，表彰事蹟，光耀她家門庭。太常張奐對趙娥的行為亦十分讚賞，送她二十匹絹帛。趙娥正義復仇之舉，史冊彪炳，廣為流傳，乃至後世文人亦為所動，紛紛為之立傳賦詩。東漢末黃門侍郎梁寬即曾追述趙娥事蹟，為其作傳。三國時左延年作樂府〈秦女休行〉以頌其大義。西晉著名文學家傅玄亦以〈秦女休行〉為題，直接以趙娥（詩中稱龐氏婦）事蹟為情節，描述一個不畏強權，為父報仇雪恥之後毅然投案的女子。詩人一反世俗偏見，高歌「百男何當益，不如一女良。」

皇甫謐在《列婦傳》中評價趙娥說：「父母之讎，不與共天地，蓋男子之所為也。而娥親以女弱之微，念父辱之酷痛，感讎黨之凶言，奮劍仇頸，人馬俱摧，塞亡父之怨魂，雪三弟之永恨，近古已來，未之有也。詩云：『修我戈矛，與子同仇』，娥親之謂也。」

唐代詩人李白（701-762）亦曾以〈秦女休行〉為題，賦詩頌揚趙娥的義行。

沈立東

◇《後漢書》，北京：中華書局，1973年，冊5，卷84，頁2796–2797。
◇ 郭茂倩，《樂府詩集》，北京：中華書局，1979年，卷3，頁887。
◇ 皇甫謐，《列女傳》，見裴松之注，《三國志》，北京：中華書局，1982年，卷18，頁548-550。
◇《三國志》，北京：中華書局，1982年，冊2，卷18，頁548。

214 趙飛燕，漢成帝皇后 Zhao Feiyan

趙飛燕（孝成趙皇后，公元前43-1年），據說原籍江都（今江蘇揚州），本姓馮名宜生（一作宜主）。她本以能歌善舞而聞名，成為成帝（劉驁，公元前51-7年；公元前32-7年在位）的皇后之後，更是無人不知。她的妹妹趙合德（參見趙合德，漢成帝妾傳），也是成帝的寵妃，有資料稱她亦擅長歌舞。

馮宜生出生時，馮家清貧，父母想拋棄她，不予照顧，但過了三日，她還沒有死去，父母因此改變主意，決定把她養大。父親馮萬里（一作馮萬金），是個音樂師，在她很小的時候便死去，從此她和妹妹流落長安。後來，她們被城中一戶豪門的管家趙臨收養，並得到良好的教育。她們改姓趙，初以刺繡為生，因趙臨的關係，有機會到陽阿公主家當婢女，同時學習歌舞。趙宜生舞姿

輕盈，體態苗條，跳舞時身輕似燕，人稱「飛燕」，這也是她最為人熟知的名字。一天，成帝來陽阿公主家作客，在宴席上初遇趙飛燕，看到她表演跳舞，被她嬌美的身材和舞姿所吸引。返宮後，即召趙飛燕入宮，封為婕妤，對她寵愛非常。

元帝、成帝二朝，外戚勢力日盛，霍氏、許氏、王氏先後秉政，出身寒微的趙飛燕為了保住地位，將妹妹趙合德引薦給成帝，趙合德舞姿華美，亦深受成帝寵愛。政壇波譎雲詭，公元前20年，許皇后（參見許皇后，漢成帝傳）成了受害人，不但失寵，還被指責不能為皇帝產下子嗣。公元前30年前後，京都水災，異象頻生，皆被視為不祥之兆。趙氏姊妹開始參與宮廷的明爭暗鬥。公元前18年，她們在王太后（參見王政君，漢元帝皇后傳）及其家族支持下，指控許皇后和班婕妤（參見班婕妤，漢成帝傳）使用巫蠱，詛咒後宮和皇帝。終於許皇后被廢，班婕妤十分聰明，求往侍奉太后，實際上便是離開後宮。王太后對冊立趙飛燕為皇后的事，有點猶豫，因為趙飛燕出身寒微，但由於侄兒淳于長從中調解，她最後答應了。公元前16年，趙飛燕被立為皇后，而義父趙臨則獲封為成陽侯。

趙飛燕成為皇后，住進金碧輝煌的昭陽殿，與她同住的趙合德，很快成為成帝的新寵。趙合德十分尊敬姐姐，在成帝面前常常維護她，因此她的地位未因皇帝移寵而動搖。趙飛燕也盡力爭取成帝的寵愛。有一個人所皆知的例子，就是當她知道成帝喜歡偷窺趙合德出浴，便自行邀請成帝觀浴。此外，為了重奪成帝的歡心，她謊言自己懷孕。趙氏姊妹專寵十多年，始終沒有懷孕。她們深切明白，成帝步入中年，若再未能為他生下子嗣，在宮中的地位便岌岌可危。據說趙飛燕為了能受孕，還與其他男人發生關係。趙合德則買通宦官，嚴密監視其他妃嬪。公元前12年，宮人曹宮為成帝誕下兒子。曹宮雖與趙氏姊妹一樣出身寒微，但她讀書識字，一度教導趙飛燕學習經籍。趙合德迫成帝處死這個嬰兒。一年後，許美人為成帝誕下兒子，同遭殺害。當時民間流傳著以下童謠，諷刺趙氏姊妹的所作所為：

木門倉琅根，

燕飛來，啄皇孫，

皇孫死，燕啄矢。

公元前 7 年一個早上，成帝猝逝。由於他並無患病，有人便認為他死於縱慾過度，矛頭立時指向趙合德。王太后一宣佈要徹查此事，趙合德即自盡。

公元前 6 年，哀帝（劉欣，公元前 25-1 年；公元前 6-1 年在位）即位，封趙飛燕為皇太后，封其義兄趙欽為新成侯。數月後，調查有了結果，聲稱趙合德涉及成帝的死，哀帝遂剝奪趙家子弟的封號，並廢為庶人。哀帝當初曾因趙飛燕的幫助，得立為太子，所以頗為照顧，沒讓她受絲毫影響。趙飛燕也和哀帝的祖母傅太后（參見傅昭儀，漢元帝傳）、母親丁姬結盟禦敵。可是，在這場鋪天蓋地的權利鬥爭中，最後的贏家卻是王太后。

哀帝駕崩後，九歲的劉衎（平帝，公元前 8 年 - 公元 5 年；公元前 1 年 - 公元 5 年在位）繼位。大司馬王莽立刻請求姑母王太后下詔追查趙飛燕的事，沒多久，趙飛燕被貶為孝成皇后，遷往北宮。一個月後，再有詔書，指斥趙飛燕「失婦道，無共養之禮，而有狼虎之毒。」同時將她廢為庶人。同日，趙飛燕在宮中自殺，在后位十六年。

區志堅

◈ 劉向，《列女傳》，見《四部備要》本，卷 8，頁 8 上－下。
◈ 王藩庭，《中華歷代婦女》，台北：商務印書館，1966 年，頁 26–29。
◈ 伶玄，〈趙飛燕外傳〉，見《筆記小說大觀》本，台北：新興書局，1974 年，頁 5493–5497。
◈ 《漢書》，北京：中華書局，1975 年，冊 8，卷 97 下，頁 3988–3999。
◈ 司馬光，《資治通鑑》，北京：中華書局，1976 年，卷 31，頁 999–1002。
◈ 葛洪，《西京雜記》，北京：中華書局，1985 年，卷 1，頁 5–8。
◈ 孟昕伯、劉沙，《二十三個后妃》，長春：吉林文史出版社，1986 年，頁 56–63。
◈ 馬曉光，〈宮中誰第一，飛燕在昭陽——漢代皇后趙飛燕的一生〉，見《文史知識》，1 期，1988 年，頁 82–86。
◈ 李安瑜，《中國歷代皇后之最》，北京：中國友誼出版社，1990 年，上冊，頁 85–97。
◈ 殷偉，《中華五千年藝苑才女》，鄭州：中州古籍出版社，1992 年，頁 31–35。
◈ O'Hara, Albert R. *The Position of Woman in Early China According to the Lieh Nü Chuan,"The Biographies of Chinese Women."* Taipei: Mei Ya, 1971; 1978, 235-38.
◈ Ban Gu. *Courtier and Commoner in Ancient China. Selections from the "History of the Former Han"by Pan Ku,* trans. Burton Watson. New York: Columbia University Press, 1974, 266-77.
◈ Loewe, Michael. *Crisis and Conflict in Han China: 104 BC to AD 9.* London: George Allen & Unwin, 1974, 87, 157.

215 趙佛肹母 Zhao Foxi mu

趙佛肹母就是趙國（小國，在今山東山西南部）人佛肹的母親，活躍於公元前五世紀末。她因兒子謀反受到株連，但憑著辯才，逃過一死。佛肹原來是

趙國中牟（今河南開封市）的主管官員。佛肸據中牟反趙，造反失敗，罪當滅門。但佛肸的母親反對，說她不應當受死。趙國國君襄子答應接見她，會面時，她解釋說，她兒子一旦成人之後，其所作所為不再由她負責，而應該由國君負責；她說：「妾能為君長子，君自擇以為臣⋯⋯此君之臣，非妾之子。君有暴臣，妾無暴子。」她還指出，身為寡婦，她要遵循禮教夫死從子，不能要求兒子從母。襄子聽後十分動容，認為她說得很有道理，沒有罰她，就把她釋放了。她的傳記收入《列女傳》的〈辯通傳〉內。

Constance A. Cook
龍仁譯

◇ 劉向，《列女傳》，見《四部備要》本，卷 6，頁 7 上－下。
◇ 論語，〈陽貨〉，17，見《諸子集成》，上海：上海書店，1986 年，冊 1，頁 371。
◇ O' Hara, Albert R. *The Position of Woman in Early China According to the Lieh Nü Chuan, "The Biographies of Chinese Women."* Taipei: Mei Ya, 1971; 1978, 167-69.

216 趙夫人，代王 Zhao Furen

趙夫人（約公元前 490 年生）是代（小國，在今浙江境內）王的妻子，趙簡子（約公元前 517-458 年，有資料稱他在公元前 476 年前後去世）的女兒，趙襄子（約公元前 480-425 年）的姐姐。趙襄子在父親趙簡子死後不久，喪服未除之時，便殺了代王，舉兵滅了代國，還要求姐姐趙夫人歸國。十餘年前她就嫁給了代王。她婉拒了。從她的話，可以看出趙襄子是要迎娶她，是亂倫的行為。她說：「今代已亡，吾將奚歸？且吾聞之，婦人執義無二夫。吾豈有二夫哉！欲迎我何之？以弟慢夫，非義也。以夫怨弟，非仁也。吾不敢怨，然亦不歸。」她悲痛號哭，呼喚蒼天，用磨尖的髮簪自盡了。為此，她受到後世稱頌。

趙襄子打算迎娶姐姐的亂倫行為，沒有受到譴責。趙夫人因為「稱說節禮」，以及在自殺前對襄子不表怨恨，而得到人們讚賞。她的傳記以〈代趙夫人〉為題列入《列女傳》的〈節義傳〉內。

Constance A. Cook
龍仁譯

◇ 劉向，《列女傳》，見《四部備要》本，卷 5，頁 5 下－6 上。
◇ O' Hara, Albert R. *The Position of Woman in Early China According to the Lieh Nü Chuan, "The Biographies of Chinese Women."* Taipei: Mei Ya, 1971; 1978, 138-39.

217 趙括將軍母 Zhao Gua Jiangjun mu

趙括將軍的母親活躍於公元前三世紀，住在趙國（今山西境內）。丈夫趙奢是位將軍，得到趙王賞賜一個叫馬服的小封地，封號為馬服君。他們的兒子趙括也是將軍。當趙王派趙括出征時，趙母向趙王懇求，不要派兒子前去，因為他不像父親，既貪財且不勝任。她說：「父子不同，執心各異，願勿遣。」但趙王堅持己見，於是趙母指出，敗軍之將的家人一般都會處死，而她肯定兒子會戰敗，所以希望到時候能免他家人死罪。公元前246年，趙括與秦軍對陣時果然被殺，趙國全軍覆沒。由於趙母高瞻遠矚，趙氏一家未因趙括戰敗而遭到屠戮。可能趙母看出，趙國軍隊在攻無不克的秦軍面前必然敗陣，故而貶低兒子的能力，以圖幫助他逃過戰敗必死的下場。不論她的動機如何，至少她救了全家。她的傳記以〈趙將括母〉為題收入《列女傳》的〈仁智傳〉內。

Constance A. Cook
龍仁譯

◇ 劉向，《列女傳》，見《四部備要》本，卷3，頁10下-11上。
◇ O'Hara, Albert R. *The Position of Woman in Early China According to the Lieh Nü Chuan, "The Biographies of Chinese Women."* Taipei: Mei Ya, 1971; 1978, 100-101.

218 趙合德，漢成帝妾 Zhao Hede

趙合德（孝成趙昭儀，公元前7年卒），據說原籍江都（今江蘇揚州），成帝（劉驁，公元前51-7年；公元前32-7年在位）寵妃，惡名昭彰。她是趙飛燕（參見趙飛燕，漢成帝皇后傳）的妹妹。有資料稱她能歌善舞。

趙合德家境清貧，父親馮萬里（一作馮萬金），是個音樂師，她本名馮合德。父親死後，她和姐姐被城中一戶豪門的管家趙臨收養，並得到良好的教育。她們改姓趙，初以刺繡為生，因趙臨的關係，有機會到陽阿公主家當婢女，同時學習歌舞。趙飛燕輕盈苗條，趙合德則白皙豐腴。

趙飛燕率先入宮。成帝到陽阿公主家作客，在宴席上看到趙飛燕表演跳舞，返宮後，即召入宮。趙飛燕從此成為成帝的寵妃，後獲封為婕妤。沒多久，趙飛燕向成帝引薦趙合德。成帝傾倒於趙合德的美色，也封她為婕妤。當時在宮中任教的淖方成（淖夫人），曾警告成帝說：「此禍水也，滅火必矣。」但成帝十分迷戀趙合德，所以對淖夫人的話充耳不聞。公元前18年，趙氏姐妹

指控許皇后（參見許皇后，漢成帝傳）和班婕妤（參見班婕妤，漢成帝傳）使用巫蠱，詛咒後宮。終於許皇后被廢，班婕妤求往侍奉太后，實際上便是離開後宮。成帝請求王太后（參見王政君，漢元帝皇后傳）准予冊立趙飛燕為皇后，王太后猶豫過後，也答應了。公元前 16 年，趙飛燕獲封為皇后，可是，自此最得成帝寵幸的卻是趙合德。成帝封趙合德為昭儀，將她安置在極盡奢華的昭陽宮，「其中庭彤朱，而殿上髹漆，切皆銅沓黃金塗，白玉階，壁帶往往為黃金釭，函藍田璧，明珠、翠羽飾之」。

趙氏姐妹，尤其是趙合德，專寵後宮逾十年，但兩人一直未有懷孕，更遑論生下子嗣。她們沒有兒子，地位便岌岌可危。趙合德對有兒子的妃嬪十分嫉妒，據說她策劃謀害這些妃嬪與她們的孩子，遭毒手的包括最少兩個男嬰，一個在公元前 12 年由宮人曹宮所生，另一個在一年後由許美人所生。《漢書》載有對趙合德的調查結果，證實她犯了殺害妃嬪與孩子的罪，情節詳盡，頗不尋常。公元前 7 年春一個早上，成帝猝逝。由於他並無患病，有人便認為他死於縱慾過度，矛頭立時指向趙合德。王太后一宣佈要徹查此事，趙合德即自盡。

劉欣（哀帝，公元前 25-1 年；公元前 6-1 年在位）繼位不久，便收到一份調查報告，詳細交代成帝猝逝的因由。報告稱趙合德「傾亂聖朝，親滅繼嗣，家屬當伏天誅。」哀帝遂將趙家子弟貶為庶人。至於趙飛燕，哀帝當初曾因她的幫助，才得立為太子，所以頗為照顧，沒讓她受絲毫影響。可是，一俟九歲的劉衎（平帝，公元前 8 年 - 公元 5 年；公元前 1 年 - 公元 5 年在位）繼位，王太后便立刻下詔將趙飛燕貶為孝成皇后。詔書指責趙氏姐妹不但專寵，且殘害皇嗣、危及宗廟；還說趙飛燕不宜當皇后。一個月後，趙飛燕被廢為庶人。她終於步妹妹的後塵，自殺身亡。

沈劍

◇ 劉向，《列女傳》，見《四部備要》本，卷 8，頁 8。
◇ 伶玄，〈趙飛燕外傳〉，見《顧氏文房小說》本，台北：新興書局，1960 年，頁 273。
◇ 《漢書》，北京：中華書局，1975 年，冊 8，卷 97 下，頁 3988–3999。
◇ 安作璋主編，《后妃傳》，鄭州：河南人民出版社，1990 年，頁 130–131。
◇ 陳全力、侯欣一編，《后妃辭典》，西安：陝西人民教育出版社，1991 年，頁 18。
◇ O'Hara, Albert R. *The Position of Woman in Early China According to the Lieh Nü Chuan, "The Biographies of Chinese Women."* Taipei: Mei Ya, 1971; 1978, 235-38.
◇ Ban Gu. *Courtier and Commoner in Ancient China. Selections from the "History of the Former Han" by Pan Ku,* trans. Burton Watson. New York: Columbia University Press, 1974, 266-277.

▎ 219 趙姬 Zhao Ji

趙姬（約公元前 280-228 年），本人姓名不詳，嬴政（秦始皇帝，公元前 259-210 年；公元前 221-210 年在位）的母親。嬴政統一了中國，成為中國的第一個皇帝。她也是有份把他扶上皇位的人。

公元前三世紀中，即戰國時期，強大的秦國就要侵吞其他六國。根據《史記》，來自趙國的歌舞伎趙姬，成為富商呂不韋（公元前 239 年卒）的情婦。當時，秦國有一個公子，名子楚（莊襄王，公元前 281-247 年；公元前 249-247 年在位），在趙國當人質，他是秦昭王（公元前 324-251 年；公元前 306-251 年在位）的孫子。精明的呂不韋抓住機會向子楚提出一個計劃，保證他會繼承秦國的王位。呂不韋表示會將他的錢財投資在這個計劃上。他提議子楚返回秦國，一切開支由他負責。子楚返國後，須向秦王的正妻華陽夫人表示親善，華陽夫人自己沒有兒子。他又會送給她很多禮物，說服她認子楚為兒子。

呂不韋讓趙姬和子楚相見，子楚喜歡上趙姬，要求呂不韋將趙姬給他。子楚和趙姬在趙國生活了數年，生下一個兒子叫嬴政，也就是未來的秦始皇帝。有一個時期，這個在趙國生下的孩子叫做趙政。《史記》甚至說，呂不韋把趙姬送給子楚的時候，她已經懷了他自己的孩子。不過現代學者，特別是西方學者，懷疑這個說法，認為純屬虛構，目的在詆毀嬴政，指他並非系出正統，因為很多人都惱恨他滅了六國。然而，這始終還只是一種懷疑。

秦國屢次侵犯趙國，趙國打算殺掉秦國的人質子楚，呂不韋實現他的諾言，幫助子楚逃回秦國。子楚後來做了秦國太子，趙國把趙姬和她的兒子送回秦國與子楚團圓，大概是想向秦國示好。《史記》認為趙國沒有殺趙姬母子，是因為她是「豪家女也」，但這個說法與她先前歌舞伎的身份有點矛盾。

公元前 249 年，子楚繼承了父親的王位，是為秦莊襄王。為了報答呂不韋，新的秦王給了他一個很大的封邑並任命他為相國，將國事交給他。秦王三年後就亡故了。他的兒子嬴政於公元前 246 年繼位，趙姬就升任為太后。由於嬴政當時只有十三歲，還未成年，趙姬和相國呂不韋共同掌管朝政。嬴政尊稱呂不韋為仲父，是叔父或二父的意思。《史記》說呂不韋繼續和太后趙姬私通。但是當嬴政日益年長的時候，呂不韋對兩人間的私情，顯然有些顧慮，這個想法以後證明並非空穴來風。於是他介紹嫪毐給太后，讓他代替自己的位置，趙姬對他很癡迷，據稱他擁有極大的權力，但遠不如呂不韋機智。

趙姬和嫪毐的醜聞暴露是必然的事，嬴政知道後，就殺死嫪毐，並把母親送往雍（今陝西鳳翔）的一個古舊宮殿居住，不過不久她又被召回京都，迎回位於咸陽的甘泉宮。這是因為一個齊國訪客說服了嬴政，他說在秦國統一六國的當兒，秦國的統治者卻將母親放逐，會招人話柄。趙姬因此得以舒適平安地終其一生，在公元前 228 年病逝。

呂不韋也在此案中受牽連，但因為他扶助嬴政的父親登上王位有功，得到赦免。另一個原因可能是由於他擁有大量的賓客。可是，他覺得早晚都會被誅滅，所以在公元前 239 年自盡。

蕭虹

◇《史記》，北京：中華書局，1973 年，冊 1，卷 6，頁 223-227，頁 230，注 23；冊 5，卷 85，頁 2505-2514。
◇ 司馬光撰、胡三省注、章鈺校記，《新校資治通鑑注》，台北：世界書局，1977 年，冊 1，卷 6，頁 213-214。
◇ 劉士聖，《中國古代婦女史》，青島：青島出版社，1991 年，頁 77-80。

220 甄皇后，魏文帝 Zhen Huanghou

甄皇后（文昭甄皇后，182-221），名字不詳，中山無極（今河北境內）人，魏文帝（曹丕，187-226；220-226 年在位）的皇后，魏明帝（曹叡，205-239；226-239 年在位）的母親。

甄家世代出仕漢朝，屬省級官員。甄氏為太保甄邯之後，上蔡令甄逸（185 年卒）之女。甄父有四子五女，甄氏為家中最小的女兒。她三歲喪父，這對她的打擊很大。據說她每次入睡時，家人都仿佛見到有人拿著一件玉衣覆蓋在她身上。一日，有個叫劉良的相士來為甄家九個孩子看相，他特別指出甄氏日後貴不可言。《三國志·魏書》說她不好玩耍，九歲識字後便愛寫作，還多次使用哥哥們的筆硯寫字。她告訴他們，古時候賢德的女子，都通過學習歷史來改善自我，所以她必須識字，讀好歷史。甄氏十四歲時，哥哥甄儼去世，甄氏對年輕的寡嫂謙恭有禮，盡心照顧哥哥留下來的孩子，還勸母親不要對兒媳過分嚴厲。她與寡嫂一起生活，關係親密。

甄氏生逢東漢末年政局動盪之際，目睹三國冒起，繼而鼎立：北有魏，西有蜀漢，東南有吳。隨著東漢日漸瓦解，舉國饑饉，百姓爭相變賣珠寶家當以換取糧食。當時甄家糧倉充沛，可用糧食去收購人家的珠寶家當以圖利。據說

當時只有十多歲的甄氏卻另有看法。她對母親說:「今世亂而多買寶物,匹夫無罪,懷璧為罪。又左右皆饑乏,不如以穀賑給親族鄰里,廣為恩惠也。」全家都認為她的話有道理,隨即將糧食分發給饑民。

二世紀最後十年,戰事日趨激烈。甄氏嫁給了軍閥袁紹(202年卒)次子幽州(今河北遼寧兩省境內)刺史袁熙,並留居冀州侍奉婆婆。204年,與袁紹爭天下的曹操(155-220)攻佔冀州。當時曹操長子曹丕進入袁府,碰上花容失色的甄氏,覺得她姿容絕倫,立刻納她為妻,自此對她寵愛有加。她生下明帝曹叡及東鄉公主。有一點值得留意,曹丕娶她時,她仍是袁熙的妻子,屬於重婚。《三國志》也對曹叡的血緣有所質疑,說他可能在204年出生,而曹丕可能到205年初才娶她。

220年,曹丕南下征討羽翼未豐的吳,甄氏留守鄴城(今河南臨漳西南)。同年,曹丕廢漢獻帝(劉協,181-234;189-220年在位),滅了氣息奄奄的漢朝,隨即建魏稱帝,改元黃初,立甄氏為皇后。以後,甄后如何對待曹丕眾多的妃嬪,眾說紛紜,相互矛盾。據稱她勸勉得寵的妃子;安慰不受寵幸的妃子。又有說她鼓勵丈夫多納妃子,好讓他有更多兒子。以下是個好例子:有一次,曹丕打算將任夫人驅逐出宮,因為她為人魯莽,不夠婉順,還常惹他生氣。但甄后不同意,對他說:「任既鄉黨名族,德、色,妾等不及也,如何遣之?」她接著解釋道,如果任夫人被逐,旁人會認為是她的意思,對她不滿,以後她在後宮就舉步維艱了。可是曹丕沒有聽她的。後來她失寵了,行事態度也變了。已退位的漢獻帝將二個女兒送給曹丕,他不但迷戀她們,對郭氏、李氏及陰氏三個妃嬪的寵愛亦勝於對她。她得知曹丕擬冊立郭夫人為后(參見郭皇后,魏文帝傳)時,便更感失意,漸有怨言,文帝聽到後大怒,派人賜死。221年,甄后奉旨自盡,卒年四十歲,死後遭「被髮覆面,以糠塞口」,葬於鄴城。六年後,曹叡(明帝)即位,因懷疑生母死狀,向郭太后查問。太后稱甄后之死,與她無關,甄后是被先皇所殺。史載明帝差人殺死或嚇死郭太后,她死後,才有人敢將甄后下葬情況告訴他。他下令以同一方式埋葬郭太后。231年,他將生母遷葬於更具氣派的朝陽陵。他追諡生母為文昭皇后,追贈其父兄家人,並親自參加了外祖母的葬禮。

關於甄后死亡前後的記載,有一則與其他說法頗有抵觸,亦非人人認同。此則說法稱,文帝行將冊立皇后之時,送了封蓋上御璽的信給甄氏,請她接受冊封為后。她拒絕了,理由是她沒有資格,暗示他應該找個賢良淑德的女子來

當皇后，又說她有病在身，未能勝任如此高位。據說她三度婉拒，不多久便去世。文帝為此十分悲傷，以策書贈皇后璽綬。但是，明帝認為生母受盡委屈才含恨而終，於是費盡心思為她討回公道，從他的行徑看，人們一般認同她確實奉旨自盡。

甄后從小喜愛文學，失寵後曾作樂府詩〈塘上行〉一首。此詩可見於《昭明文選》和《玉台新詠》這兩部早期作品，它們同稱甄后為作者。詩中以茂密的蒲草自況，傾訴寵盛而驟衰，初受冷落，終遭見棄的哀怨。全詩悽愴悲苦，令人動容，後世常以它暗指棄婦哀情。詩文載錄如下：

> 蒲生我池中，其葉何離離。
>
> 傍能行仁義，莫若妾自知。
>
> 眾口鑠黃金，使君生別離。
>
> 念君去我時，獨愁常苦悲。
>
> 想見君顏色，感結傷心脾。
>
> 念君常苦悲，夜夜不能寐。
>
> 莫以豪賢故，棄捐素所愛？
>
> 莫以魚肉賤，棄捐蔥與薤？
>
> 莫以麻枲賤，棄捐菅與蒯？
>
> 出亦復苦愁，入亦復苦愁。
>
> 邊地多悲風，樹木何修修！
>
> 從軍致獨樂，延年壽千秋。

最後一點，就是甄后與小叔曹植的浪漫故事。據說這位天才橫溢的詩人愛上嫂子，好夢自然難圓，遂寫下〈洛神賦〉，將心愛之人比作虛無縹緲的洛神。即便此說並無根據，歷代騷人墨客仍愛對這浪漫愛情故事歌之頌之，讓它流傳至今。

秦家德、沈立東

◈ 徐陵編，《玉台新詠》，見《四部備要》本，卷2，頁2下–3上。
◈ 司馬光，《新校資治通鑑注》，楊家駱主編，台北：世界書局，1977年，冊4，卷69–78，頁2175–2490。
◈ 郭茂倩編，《樂府詩集》，北京：中華書局，1979年，卷2，頁521–522。
◈ 《三國志・魏書》，北京：中華書局，1982年，冊1，卷5，頁159–164, 166–167。
◈ 沈立東編撰，《歷代后妃詩詞集注》，北京：中國婦女出版社，1990年，頁90–93。
◈ 劉士聖，《中國古代婦女史》，青島：青島出版社，1991年，頁149–151。
◈ Sima Guang. *The Chronicle of the Three Kingdoms (220-265), Chapters 69-78 from the Tzu chih t'ung chien of Ssu-ma Kuang,* trans. Achilles Fang, ed. Glen W. Baxter. Cambridge, MA: Harvard University Press, 1965, vol. 1, 37-38, 40, 48, 68-71, 373, 483.
◈ Birrell, Anne, trans. *New Songs from a Jade Terrace: An Anthology of Early Chinese Love Poetry.* Boston: Allen & Unwin, 1982, 64-65.
◈ Chen Shou. *Empresses and Consorts: Selections from Chen Shou's "Records of the Three States" with Pei Songzhi's Commentary,* trans. Robert J. Cutter and William Gordon Crowell. Honolulu: University of Hawaii Press, 1999, 72-76; 95-105; 199-201.

221 貞姜，楚昭王夫人 Zhen Jiang

貞姜是姜氏女子，楚（在今長江以北華中一帶）昭王（公元前515-489年在位）的夫人，貞姜是她的諡號。她活躍於公元前五世紀初，原是齊（今山東境內）侯的女兒。她寧願淹死也不肯違反約定，以免被人指責有失誠信。

有一次，楚昭王外出遊玩，將妻子留在宮中。當他得知河水正在上漲，妻子身陷險境時，就派遣一名官員去接她。原先他和妻子約好，前來向她傳遞他命令的官員，必須帶著符信，以證實其身份。那日他大概忘記了提醒那官員帶上符信，由於那官員沒有符信，貞姜拒絕和他一道上路。她說寧願留下赴死，也不會破壞約定，背信棄義；還說：「勇者不畏死」。等到那官員拿著符信回來時，她已被河水沖走淹死。昭王讚頌其妻「守義死節」，自此她被人推崇為具有「婦節」。為了婦節而做出這種自我犧牲的極端行為，對於現代人來說，顯得毫無道理，但她題為〈楚昭貞姜〉的傳記卻因此收入《列女傳》的〈貞順傳〉內。

Constance A. Cook
龍仁譯

◈ 劉向，《列女傳》，見《四部備要》本，卷4，頁6上–下。
◈ O'Hara, Albert R. *The Position of Woman in Early China According to the Lieh Nü Chuan, "The Biographies of Chinese Women."* Taipei: Mei Ya, 1971; 1978, 117-18.

222 徵側徵貳姊妹 Zheng Ce, Zheng Er

徵側徵貳姊妹（43年卒），東漢交趾（今越南河內東北）人。她們被視為漢代女英雄，不過，近代越南史家卻認為，她們是為早期越南民族主義而奮鬥的人。

徵側徵貳姊妹是越南貴族之後，家境富有；父親是麓泠縣雒將，徵側的丈夫詩索也是雒將的兒子。交趾區未納為秦漢郡縣前，當地人稱雒民，區內各地仿漢制度，各設軍隊，由雒將統領。徵氏姊妹是雒將的女兒，徵側之雄猛，可能是受父親影響。

40年，即漢光武帝（25-57年在位）年間，徵氏姊妹率眾作亂。根據《後漢書》，徵側的丈夫詩索因行事不符漢法，被交趾太守蘇定所殺；徵側為報夫仇，遂與妹妹徵貳一起叛變。交趾、九真、日南，合浦等郡蠻夷響應，由是整片紅河三角洲都有反抗漢民族的叛變。徵側攻佔嶺外六十五城後，自立為王，都麓泠，交趾刺史及各郡太守僅能自守。

翌年，光武帝遣伏波將軍馬援、樓船將軍段志，率萬餘官兵討伐徵氏姊妹。首批漢軍抵達合浦不久，負責海軍的段志病卒，馬援兼掌海軍，緣海挺進。到了42年，馬援已行軍數千里，終於在浪泊與徵氏姊妹交戰，打敗她們後，將她們逾千個追隨者處決，部分被斬首，同時俘虜萬餘人。徵氏姊妹退守禁谿，因山間險阻，瘴氣薰蒸，作戰非常艱難。43年，徵氏姊妹勢孤力弱，糧餉不繼，頑抗乏力，終致被擒處決，首級送往洛陽。

徵氏姊妹的叛變，固然寫下嶺南古代婦女史上光輝燦爛的一頁，也反映出婦女在早期越南社會舉足輕重。《南越志》提到另一個越南女子趙嫗，在馬援平亂時，率眾叛變。徵氏姊妹在越南史上被視為民族主義的先驅者。光武帝年間，越南的農田由地方刺史及太守管治，這些官員濫用特權，用人唯親。此外，漢朝在越南不斷擴張殖民與積極推行漢化。為配合這些政策，漢朝推展同化措施，將漢人的文字、語言、習俗、衣飾、農耕技術與婚姻制度引進越南。一直以來，越南人都抗拒這種文化霸權主義。一般相信，徵氏姊妹叛變，應起於文化衝突，而非經濟因素。

徵氏姊妹叛變一事，意義不在於揭露漢朝官吏虐民，或作為農民起義的例證；真正的意義在突顯交趾一帶婦女的社會地位極高，影響力大，這情況與當時中原的社會文化環境截然不同。

黎明釗

◇ 《後漢書》，北京：中華書局，1973 年，冊 2，卷 24，頁 838-840。
◇ 吳士連著、陳荊和編，《大越史記全書》，東京：東京大學東洋文化研究所，1984 年。
◇ 陳玉龍，〈中國和越南、柬埔寨、老撾文化交流〉，見周一良主編，《中外文化交流史》，鄭州：河南人民出版社，1987 年，頁 670-742。
◇ 童恩正，〈試論早期銅鼓〉，見《中國西南民族考古論文集》，北京：文物出版社，1990 年，頁 186-199。
◇ ——，〈再論早期銅鼓〉，見《中國西南民族考古論文集》，北京：文物出版社，1990 年，頁 163-185。
◇ 劉士聖，《中國古代婦女史》，青島：青島出版社，1991 年，頁 131-134。
◇ 麥英豪，〈西漢南越王墓隨葬遺物的諸文化因素〉，見鄧興華主編，《嶺南古越族文化論文集》，香港：香港市政局，1993 年，頁 124-139。
◇ Nguyen, K.K. *An Introduction to Vietnamese Culture.* Tokyo: Centre for East Asian Studies, 1967.
◇ Duiker, W.J. *The Rise of Nationalism in Vietnam, 1900–1941.* Ithaca, NY: Cornell University Press, 1976.
◇ Taylor, K.W. *The Birth of Vietnam.* Berkeley: University of California Press, 1983.
◇ Népote, J. *Vietnam,* trans. E.B. Booz and S. Jessup. Hong Kong: Odyssey, 1992.

223 鄭瞀，楚成王夫人 Zheng Mao

鄭瞀是楚（大國，在今長江以北華中一帶）成王（公元前 671-626 年在位）的妻子。鄭瞀又名子瞀，活躍於公元前七世紀，鄭國（小國，在今河南境內）嬴氏女子。楚成王迎娶鄭國國君的女兒，鄭瞀以媵妾身份隨嫁，由於她堅守禮義，被立為夫人，地位大為提高。

鄭瞀到楚國不久，成王來到高台看望後宮，宮中婦女人人抬頭仰視成王，唯獨鄭瞀沒有理會他。鄭瞀的舉動令成王不解，想試探一下她的為人，於是提出若她能停下來看他，就封她為夫人，可是她仍不看他；成王又提出賜予千金、給她父兄封爵，她還是不肯對他一顧。於是成王走下台來問她，她解釋說，若接受他的提議，當上夫人、收受金錢，且為家人取得爵位，那就是貪圖富貴，背棄禮義。成王認為她誠實正直，心中大悅，下旨封她為夫人。

大約一年之後，成王想立兒子商臣為太子，並徵詢令尹的意見。令尹不贊成，說擔心商臣什麼事都幹得出來：「[其人]蠭目而豺聲；忍人也，不可立也。」大意是：此人眼如黃蜂，聲似豺狼，是個殘忍的人，這種人不能立為太子。成王又去問子瞀，她和令尹的想法一致。但成王把兩人的話置於腦後，一意孤行地立商臣為太子；後來商臣誹謗令尹，將戰事失誤的罪責推在他身上，然後將他處死。

後來，成王打算另立幼子職，代替商臣為太子，職是妃子所出。子瞀深恐

這會引發叛亂，後果嚴重，只好再次進諫成王，請他不要另立太子，但他不聽。於是她告訴保母，成王一定以為她不是太子生母，所以說太子壞話，她既然被懷疑，只有一死，她最後的那些話，才能傳到成王耳裡，於是她自盡了。子瞀顯然十分瞭解當時的政治形勢。她死後不久，商臣就領兵叛亂，成王被迫自殺。她的傳記以〈楚成鄭瞀〉為題收入《列女傳》的〈節義傳〉內。

Constance A. Cook
龍仁譯

◈ 劉向，《列女傳》，見《四部備要》本，卷 5，頁 1 下 –2 下。
◈ O'Hara, Albert R. *The Position of Woman in Early China According to the Lieh Nü Chuan, "The Biographies of Chinese Women."* Taipei: Mei Ya, 1971; 1978, 128-30.

224 支妙音 Zhi Miaoyin

支妙音（活躍於 372-396 年），東晉末人，月氏系的女尼。她的俗家姓名與籍貫都無從查考。她曾在京都建康（今南京市）居住，且與朝廷關係密切，所以應該是南方人，甚至是京都人。她深為孝武帝（司馬曜，362-396；372-396 年在位）以及東晉貴族所敬慕，因此享有不小的政治權力。

《比丘尼傳》的支妙音傳記形容她聰穎過人，熟讀佛家與俗家的經典，而且善於文辭。孝武帝和其弟會稽王太傅司馬道子（364-403）都很敬重她。孝武帝那時已將國事完全交付給司馬道子。她經常與他倆和朝臣一起清談與寫作；頗有文名。

司馬道子於 385 年為支妙音建簡靜寺，並任命她為住持，掌管尼眾一百餘人。由於她和權勢熏天的司馬道子的關係，很多人拜在她門下，以圖結交道子。捐給她的尼寺的財物不絕於路，她成為京都富人。各類人物都想盡辦法拜她為師，據說每天門前經常停了百餘輛馬車。

支妙音在政治上的影響力可以從以下事件看出。荊州刺史王忱去世時，據稱孝武帝已選出王忱的同宗王恭來接任，但王恭是以紀律嚴明聞名的，因此受荊州刺史管轄的太守桓玄，對此甚感不安。桓玄是個軍閥，曾在王忱的手下受過苦，不願王恭任刺史，而屬意殷仲堪，因為此人遠較王恭軟弱，於是派人去見支妙音，希望她能幫忙安排。後來孝武帝果然問支妙音們認為誰應該做荊州刺史，她先假意推說不願干政，後來還是告訴皇帝輿論偏向殷仲堪。孝武帝果真指派殷仲堪接任時，眾人就都認定支妙音對朝廷有巨大的影響力，無不對

她敬畏有加。

支妙音的政治活動還可以從《晉書》司馬道子的傳記中找到旁證。其中引述一本奏章，批評司馬道子縱容大批僧尼，讓他們披上宗教外衣，卻不奉行基本教規。又提到有人參了司馬道子門生王國寶一本。王國寶驚恐萬分，遂通過朋友請求支妙音寫信給太子的母親，證實他忠心耿耿。

誠然，支妙音並非第一個擁有而且利用了政治影響力的女尼。《比丘尼傳》說，晉明帝（司馬紹，323-325年在位）時，女尼道容就曾得到皇帝的信任，多年後到司馬昱（簡文帝，371-372年在位）即位時，道容通過一個只能說是真正的奇跡，說服他捨棄道教，轉信佛教。《比丘尼傳》的道容尼傳甚至認為，佛教之所以在中國南方盛行都是因為她。這個說法雖無法證實，但無可否認的是，道容受過明帝、簡文帝，以及其子孝武帝東晉三朝皇帝的禮敬。

蕭虹

◇ 寶唱，〈支妙音尼傳〉，見《比丘尼傳》，卷1，載《大正新修大藏經》，高楠順次郎、渡邊海旭、小野玄妙編，東京：大正一切經刊行會，1924–1929，冊50，頁936。
◇ 《晉書》，北京：中華書局，1974年，冊3，卷64，頁1734；冊4，卷75，頁1971。
◇ 寶唱，〈支妙音尼傳〉，見《比丘尼傳》，卷1，載〔梁〕慧皎等撰，《高僧傳合集》，附一，上海：上海古籍出版社，1991年，頁965。
◇ 洪丕謨，《中國名尼》，上海：上海人民出版社，1995年，頁16。
◇ Tsai, Kathryn Ann. "The Chinese Buddhist Monastic Order for Women: The First Two Centuries." In *Women in China: Current Directions in Historical Scholarship,* ed. Richard W. Guisso and Stanley Johannesen. Youngstown, NY: Philo Press, 1981, 1-20.
◇ Baochang [Shih Pao-ch'ang]. *Lives of the Nuns: Biographies of Chinese Buddhist Nuns from the Fourth to Sixth Centuries: A Translation of the Pi-ch'iu-ni chuan,* trans. Kathryn Ann Tsai. Honolulu: University of Hawaii Press, 1994, 33-34.

225 智勝 Zhisheng

智勝（427-492）是劉宋到南齊時期的女尼，俗姓徐。家族源於長安，但移居會稽已經三代。她為佛經撰述義疏（注釋），並以此聞名於世。

她六歲時，正值劉宋時期，祖母帶她到京都建康（今南京市）的瓦官寺去。該寺輝煌的建築與精美的裝飾，包括東晉名畫家顧愷之（345-406）所繪《維摩詰示疾圖》壁畫，吸引了年幼的她，她當場就要出家。祖母不答應，說她年齡太小。到二十歲那年，她才能出家。動盪的政治與社會局勢未讓她立時如願，但她顯然有機會受到一定的教育，這對她日後的寺院生活有很重要的意義。

她在京都的建福寺出家。周圍的人漸漸對她的智慧、強記、德行、虔誠、慷慨和謙退留下深刻的印象。她拒絕想要玷污她的人，嚴守寺院的紀律，以誠心感應到神異的事情，佈施財物，捨己為人，為佛教及君主建寺立像。她不像別的女尼般喜歡穿家走戶，三十年都只住在寺裡，謹守寺院的職責。太后十分敬重她的行事為人，任命她為建福寺的住持。

記載說她讀過大般涅槃經，以及關於戒律的書籍。南齊武帝（483-493年在位）的長子文惠太子（458-493）曾不只一次請她講解眾經。她所著數十卷佛經義疏，據說文字精煉，內容玄遠而精妙，可惜都未流傳下來。

她在世和涅槃之時都曾有神跡出現。她死於492年的佛誕日（陰曆四月初八），享年六十六歲。

Kathryn A. Tsai

蕭虹譯

◎ 高楠順次郎、渡邊海旭、小野玄妙編，《大正新修大藏經》，東京：大正一切經刊行會，1924–1929。
◎ 寶唱，〈智勝尼傳〉，見《比丘尼傳》，卷3，載《大正新修大藏經》，高楠順次郎、渡邊海旭、小野玄妙編，東京：大正一切經刊行會，1924–1929，冊50。
◎ Soper, Alexander Coburn. *Literary Evidence for Early Buddhist Art in China.* Ascona, Switzerland: Artibus Asiae, 1959, 35–36, 63.
◎ Tsai, Kathryn Ann. "The Chinese Buddhist Monastic Order for Women: The First Two Centuries." In *Women in China: Current Directions in Historical Scholarship,* ed. Richard W. Guisso and Stanley Johannesen. Youngstown, NY: Philo Press, 1981, 1-20.
◎ Baochang [Shih Pao-ch'ang]. *Lives of the Nuns: Biographies of Chinese Buddhist Nuns from the Fourth to Sixth Centuries: A Translation of the Pi-ch'iu-ni chuan,* trans. Kathryn Ann Tsai. Honolulu: University of Hawaii Press, 1994, 73-76.

226 智仙 Zhixian

智仙（活躍於541-574年），俗姓劉，蒲阪（今陝西境內）人氏。早年出家，七歲開始打坐，煉就預知成敗吉凶的能力，所言無不應驗。她負責養育幼年的楊堅，即後來隋朝的開國君主隋文帝（541-604；581-604年在位）。因此，隋文帝成為佛教的虔誠支持者。

楊堅541年出生於同州馮翊（今陝西境內）般若寺（一說出生後養於般若寺）。當時，智仙忽然到來對孩子的父親楊忠說，「你的兒子是天和佛保佑的，無須為他擔憂。」她為孩子取名那羅延，意思是好像金剛那樣不可毀壞。

她又說這個孩子的來處非比尋常，不宜在一個普通家庭長大，會代為養育。於是楊忠就把私宅的一部分改建成般若尼寺。在那裡楊堅與智仙一起生活，直到他十三歲。

一日，楊堅的母親呂氏過來餵奶的時候，看見他突然變成一條龍，滿身龍鱗，頭上還長出一隻角。她驚嚇得把孩子掉在地下。智仙認為這是楊堅將來會做皇帝的預兆。楊堅七歲時，智仙對他說佛教將被摧毀，而他會令佛教重生。

智仙雖沉靜寡言，但所作預言都一一實現。從 574 年起，北周武帝（561-578 年在位）迫害佛道兩教信眾，智仙就隱匿在楊堅的家中。因為楊家與北周皇族有姻親關係，所以能為她提供一個安全的避難所，她在此還可以秘密地繼續修煉。

楊堅登基以後，時常和群臣談起當年在般若寺中由智仙照顧的童年生活。他大力支持佛教，卻又嚴加管控。他在全國各地大興佛寺，使周武帝毀壞的一切得以恢復，從而鞏固自己的政權。他在晚年（601，602 和 604 年）三次分送舍利到各州並建塔收藏，並下令在塔中繪上智仙的畫像。

據載，智仙在般若寺住了三十多年，直到 574 年佛道兩教被禁。她大概是在這之後，楊堅稱帝（581）之前去世。隋文帝後來命史官王劭為智仙立傳。

Kathryn A. Tsai
蕭虹譯

◇ 高楠順次郎、渡邊海旭、小野玄妙編，《大正新修大藏經》，東京：大正一切經刊行會，1924–1929。
◇ 道世，《法苑珠林》，卷 40，見《大正新修大藏經》，高楠順次郎、渡邊海旭、小野玄妙編，東京：大正一切經刊行會，1924–1929，冊 53，頁 601 及以下。
◇ 道宣，《廣弘明集》，卷 17，見《大正新修大藏經》，高楠順次郎、渡邊海旭、小野玄妙編，東京：大正一切經刊行會，1924–1929，冊 52。
◇ ——，《集古今佛道論衡》，卷 2，見《大正新修大藏經》，高楠順次郎、渡邊海旭、小野玄妙編，東京：大正一切經刊行會，1924–1929，冊 52，頁 379a。
◇ ——，《續高僧傳》，卷 26，見《大正新修大藏經》，高楠順次郎、渡邊海旭、小野玄妙編，志磐，《佛祖統紀》，卷 39，見《大正新修大藏經》，高楠順次郎、渡邊海旭、小野玄妙編，東京：大正一切經刊行會，1924–1929，冊 49，頁 359b。
◇ 《隋書》，北京：中華書局，1973 年，冊 1，卷 3，頁 69。
◇ 《北史》，北京：中華書局，1974 年，冊 2，卷 11，頁 399，424。
◇ 震華，《續比丘尼傳》，見《高僧傳合集》，慧皎等撰，上海：上海古籍出版社，1991 年，附二。
◇ Wright, Arthur F. "The Formation of Sui Ideology, 581-604." In *Chinese Thought and Institutions*, ed. John K. Fairbank. Chicago: The University of Chicago Press, 1957, 71-104.

227 仲子，齊靈公夫人 Zhong Zi

仲子，子姓女子，活躍於公元前六世紀中葉。她是宋（今山西境內）侯的女兒，齊（強國，今山東境內）靈公（公元前 581-554 年在位）的妻子。

據稱她和妹妹戎子是靈公的侍女。實際上，她們都是靈公的姬妾。仲子生下一個名為牙的男孩，交由戎子照料，而戎子正得到靈公的恩寵。戎子懇求立牙為太子，並廢黜靈公嫡妻聲姬所生的太子光。（有一份較早的文獻稱，太子光其實是聲姬侄女的兒子，這侄女當年從魯國隨聲姬陪嫁來到齊國。另有說法指靈公的嫡妻是懿姬，聲姬是她的陪嫁侄女。）戎子的請求得到了靈公恩准，但孩子的生母仲子不答應，稱這樣做會惹來禍端。她說：「妾非讓也，誠禍之萌也。」她雖有先見之明，但靈公沒有接受她的意見。靈公一死，各人奪取他的爵位，隨即爆發了一場流血爭鬥。原本就是太子的光登基掌權後，立即將戎子處死；而人們都記得仲子是個善良、有智慧和深明事理的女子。她的傳記以〈齊靈仲子〉為題收入《列女傳》的〈仁智傳〉內。

Constance A. Cook
龍仁譯

◇ 劉向，《列女傳》，見《四部備要》本，卷 3，頁 4 下 –5。
◇ 《左傳》，襄公 19 年，台北：鳳凰出版社，1977 年，卷 2，頁 16，27–28。
◇ O'Hara, Albert R. *The Position of Woman in Early China According to the Lieh Nü Chuan, "The Biographies of Chinese Women."* Taipei: Mei Ya, 1971; 1978, 85-86.

228 鍾離春，齊宣王夫人 Zhongli Chun

鍾離春活躍於公元前四世紀，家住齊國（今山東境內）無鹽村。她已年近四十歲，又其貌不揚（據稱是「其醜無比」），嫁杏無期。她對此並不在意，一日直接去找齊宣王（公元前 342-324 年在位），自薦枕席，要當他的夫人。她大概知道宣王對隱身術很感興趣，於是讓他親睹她的隱身技藝，吸引他的注意。首先她在他跟前消失，讓他大吃一驚，證明她確有隱身秘技。當宣王再次召見她，想多點瞭解她的本領時，她就乘機向他進諫，提醒他目前有四件事情，威脅到國家的安危。一是強鄰虎視眈眈而朝政腐敗，他不立太子卻沉迷女色；二是他大興土木，奢侈浪費，令百姓疲憊不堪；三是朝中多佞諂獻媚之輩，忠言不能上達；四是他耽於享樂，朝政廢弛。她的一番分析和勸諫，深深觸動了

宣王。他立刻整飭內廷，振興經濟，強化軍隊，修築城門；還冊立太子，封鍾離春為王后，從此齊國大治。鍾離春的傳記以〈齊鍾離春〉為題收入《列女傳》的〈辯通傳〉內。她的故事走進了戲劇及其他文學體裁，世代流傳，在漢朝的畫像磚上也能找到她的事蹟。

Constance A. Cook
龍仁譯

◈ 劉向，《列女傳》，見《四部備要》本，卷 6，頁 8 下 –10 上。
◈ 關四平，《后妃的命運》，濟南：山東文藝出版社，1991 年，頁 68–71。
◈ 劉士聖，《中國古代婦女史》，青島：青島出版社，1991 年，頁 66–67。
◈ O'Hara, Albert R. *The Position of Woman in Early China According to the Lieh Nü Chuan, "The Biographies of Chinese Women."* Taipei: Mei Ya, 1971; 1978, 171-74.

229 周青，東海孝婦 Zhou Qing

周青（活躍於約公元前 104 至約 86 年），東海郡（今江蘇山東境內）人，人稱東海孝婦。她因被誣衊有失孝道而遭處決。到了元朝，關漢卿將她的事蹟寫成雜劇《竇娥冤》，從此世人皆知。

周青嫁後早寡，未有子女，一直留在夫家，悉心照顧婆母。婆母不想她孤獨終老，屢勸她改嫁，她始終不肯。這位婆母很體諒人，自覺「已老，何惜餘年，久累年少」，於是自縊而死，以絕周青後顧之憂。然而小姑誣告周青殺了婆母。周青雖是無辜，但不堪拷打審問，終於把罪認了。在郡府辦案的于公為她說話，認為「此婦養姑十餘年，以孝聞，必不殺也」，然而太守不聽，竟處死周青。行刑前，周青指著身邊的竹竿說：「青若枉死，血當逆流。」據說，行刑後，「其血青黃，緣旛竹而上標」，果然應驗了她的話。

周青死後，「郡中枯旱，三年不雨」。後來，新任太守到任，卜問旱災原由，于公告訴他，周青本不應處決。為此，太守殺牛祭奠，為周青修墓。接著天降甘霖，人們終於迎來豐收的一年。這正好證明，周青確屬無辜，而她的孝行亦毋庸置疑。

夏春豪

◈ 關漢卿，《竇娥冤》，見《元曲選》，臧晉叔（臧懋循）編，北京：文學古籍刊行社，1955 年，冊 4，頁 1499–1517。
◈ 《漢書》，北京：中華書局，1975 年，冊 7，卷 71，頁 3041–3042。

◎ 干寶，《搜神記》，北京：中華書局，1985 年，冊 3，卷 11，頁 76–77。

230 周南大夫妻 Zhounan dafu qi

　　周南大夫妻是周南（華中，今湖北河南境內）一位大夫的妻子，生卒年不詳。她為后人所知，是因為她向鄰居說的一番話。她說平日經常鼓勵丈夫，在艱難的時刻，也應向國君盡忠職守；亦經常提醒他，必須勤奮工作，才能供養父母。她的丈夫被派去治水。當他未能按時回家時，她深怕他疏忽職守，就將自己的見解告訴鄰居，她援引傳說中的英雄舜為例，說他從事種種粗活，為的是贍養父母。她明白，圖輕鬆、避禍害，是人之常情，但任何決定都應以父母為先。她又吟詠了幾句詩來說明其中道理，該詩的主題是，無論身處何種困境，都必須恭謹地孝順父母：

　　魴魚赬尾，王室如燬

　　雖則如燬，父母孔邇

　　《詩經》的英譯者理雅各說，這首詩（毛詩第 10 首）寫的是汝河（今河南境內）上的妻子們對丈夫的愛戀，並心繫他們的榮辱。他還摘引了評論家的說法，指出魴魚尾巴紅得不自然，一定是在淺水中簸動所致。這是比喻丈夫們離鄉背井的在外勞役，嘗盡艱辛。這詩被視為旨在勸勉丈夫們為商朝盡忠，免使父母蒙羞，即使末代國君紂王暴虐邪惡，也該如是。

　　這篇傳記以〈周南之妻〉為題收入《列女傳》的〈賢明傳〉內，它強調的，是必須全心全意侍奉雙親這個觀念。或許周南大夫妻並非真有其人，不過她該可代表汝河一帶的婦女。

Constance A. Cook
龍仁譯

◎ 劉向，《列女傳》，見《四部備要》本，卷 2，頁 4 上－下。
◎ 屈萬里，《詩經釋義》，毛詩第 10 首，台北：華岡出版社，1977 年，頁 7–8。
◎ Waley, Arthur. *The Book of Songs*. London: George Allen & Unwin, 1937；1969, 152.
◎ Legge, James. *The Chinese Classics, Vol. 4: The She King, or the Book of Poetry*. Hong Kong: Hong Kong University Press, 1960；1970, Part 1, 18.
◎ O'Hara, Albert R. *The Position of Woman in Early China According to the Lieh Nü Chuan, "The Biographies of Chinese Women."* Taipei: Mei Ya, 1971; 1978, 58-60.

231 周主忠妾 Zhouzhu zhongqie

周主忠妾就是周（在今華中一帶）大夫主父的夫人的陪嫁女僕，生卒年不詳，隨女主人住在衛國主父家中。主父遠在周朝為官期間，女主人與鄰人私通。兩年後主父回家，女主人為防止姦情敗露，將預先製備好的毒酒命女僕遞給主父喝。女僕思索再三，假裝失手將酒傾覆，使主人不被毒害。主父大怒，給她一頓暴打，對她的良苦用心卻渾然不知。女主人更是大發雷霆，又害怕真相大白，也將她毒打，以圖滅口；即使如此，她始終守口如瓶，情願以死保全女主人的顏面。主父的弟弟知道事情的始末，向主父揭露他妻子的姦情和詭計，救回女僕的性命，女主人卻被丈夫打死。後來主父要將女僕納為妻子，讓她的地位得到提升，但她寧願自盡也不肯接受。主父敬重她為人忠義，以豐厚的禮金將她嫁予他人。她的傳記收入《列女傳》的〈節義傳〉內。

Constance A. Cook
龍仁譯

◈ 劉向，《列女傳》，見《四部備要》本，卷 5，頁 7 下 –8 上。
◈ O'Hara, Albert R. *The Position of Woman in Early China According to the Lieh Nü Chuan, "The Biographies of Chinese Women."* Taipei: Mei Ya, 1971; 1978, 143-44.

232 竺道馨 Zhu Daoxin

竺道馨（活躍於四世紀下半期），山東泰山人，是由印度僧人傳授的女尼，也是記載中最早講經的女尼。俗姓羊，名字不詳。

竺道馨生性嚴謹，專注力特別強。她從不得罪別人，所以跟所有人關係都很融洽。還是沙彌尼的時候，她常為其他的女尼做事。一邊做事一邊念經，因此她二十歲時就能背誦《法華經》和《維摩詰經》。受具足戒以後，她謹守戒律，並一絲不苟地探尋佛法的真理。隨著年齡的增長，她的苦行就越精進。

竺道馨所在的洛陽東寺雖在北方，但南方盛行的清談也傳到這裡。清談是三世紀興起的一種知識階層的活動。它的內容包含當時士大夫所服膺的老莊道家學說，夾雜一些法家和名家的元素。佛教漸漸盛行後，佛教的一些概念也被加進清談中。東晉時期，在南方的僧人，也有一些女尼，參與了這些文人的清談活動。竺道馨雖然身在北方，但她也是清談的高手，尤其善於小品，並以此聞名。小品是佛經簡略的版本。據說她「貴在理通，不事辭辯」，意思就是她

的清談重邏輯而不重詞藻和巧辯。全州的士人都尊她為宗師。在清談中她講解小品，或許也提及其他佛經，因此是記載裡最早講經的女尼。

當時有個叫楊令辯的女人，篤信黃老學說，修習煉氣之術。在洛陽也有很多徒眾。不過，366-371年間，她的追隨者漸少，這恰與竺道馨開始享譽的時間吻合。楊令辯藉口和竺道馨同宗（楊羊同音），企圖接近她。楊令辯因嫉妒竺道馨，想伺機暗中加害她。自此，二人曾數度互訪。終於機會來了，楊令辯在竺道馨的食物中下毒，竺道馨食後病倒，藥石無效。身為名尼，竺道馨經常應邀到信眾家裡去，有徒弟問她生病前到過誰家。竺道馨回答說，「我知道是誰。全因孽緣。即使有用，我也不會告訴你們，何況說了也無濟於事，我更不會告訴你們的。」據說竺道馨到死都沒有說出這個秘密。也就是說，她傳記的作者是從其他來源知曉事情的經過。

竺道馨在學術上的成就反映了中國人眼中的女尼。後世很多女尼都跟隨這個學術傳統的腳步，直到二十一世紀仍然不息。

蕭虹

◇ 寶唱，〈竺道馨尼傳〉，見《比丘尼傳》，卷1，載《大正新修大藏經》，高楠順次郎、渡邊海旭、小野玄妙編，東京：大正一切經刊行會，1924–1929，冊50，頁936。
◇ 洪丕謨，《中國名尼》，上海：上海人民出版社，1995年，頁12–13。
◇ Tsai, Kathryn Ann. "The Chinese Buddhist Monastic Order for Women: The First Two Centuries." In *Women in China: Current Directions in Historical Scholarship,* ed. Richard W. Guisso and Stanley Johannesen. Youngstown, NY: Philo Press, 1981, 1-20.
◇ Baochang [Shih Pao-ch'ang]. *Lives of the Nuns: Biographies of Chinese Buddhist Nuns from the Fourth to Sixth Centuries: A Translation of the Pi-ch'iu-ni chuan,* trans. Kathryn Ann Tsai. Honolulu: University of Hawaii Press, 1994, 29-30.

233 竺淨檢 Zhu Jingjian

竺淨檢（約292-約361年）是受業於印度僧人的女尼。她被公認為中國的第一位女尼，俗名叫種令儀，原籍彭城（今江蘇山東境內）。父親種誕是武威太守（今甘肅武威），武威離家鄉很遠。她是否在父親的駐地武威住過，不得而知，但武威和彭城都位處絲綢之路，而佛教就是循此路傳入中國。因此竺淨檢很可能是在其中一個城市生活時，初次接觸到佛教。相對彭城，武威更接近西域，也就是現在的中亞地區，很多僧侶都是從中亞到中國來傳教的。不過她後來移居晉代的東都洛陽，在那裡度過大半生的寺院生涯。

竺淨檢的傳記說她自幼愛讀書。她出身仕宦家庭，懂得琴棋書畫是很自然的事。後來她還要靠這些技能來維持生計。她很年輕就結婚，但也很早守寡。她丈夫的名字和職業不詳，但十有八九是京都的官吏。她守寡後家境貧困，不得已要以教授洛陽的富家子弟為生。

竺淨檢對佛教的教義認真探討也許也是在洛陽開始。雖然她從佛教的教義得到撫慰，但卻無從知道更多。建興年間（313-317），一個叫法始的僧人，在洛陽宮城西門建寺。他對佛教經典和修行都有極深的造詣，竺淨檢去見他，聽過他說法之後，對佛教的真理有了更深的認識。她的誠心日益增長，促使她進一步尋求佛法的益處。她向法始借經書回家研讀，從中得到佛教的精髓。

她問法始，經書中的「比丘」和「比丘尼」是什麼意思，法始答道，在印度有兩類僧眾，一類是男性；另一類是女性，叫做比丘尼，或者叫女尼。不過當時中國沒有女尼的律法。法始又解釋說，僧眾的律書和尼眾的不同，因為他沒有合法的文本，他不能教授女尼。女性只可以從一位僧人受基本的十條戒律，若沒有女尼作為戒師，便沒有人能將她培訓成為女尼。竺淨檢當即剃髮接受了十條戒律。她與二十四個與她有相同志向的女性一起在洛陽西門創立了竹林寺。由於這二十四人沒有女師，於是就跟竺淨檢學習。據說她的教導比得道高僧更為優越。竺淨檢對於徒眾的教養，著重清雅有節。她每次宣講佛法，均被形容為「如風靡草」，即受教者無不傾倒，得益匪淺。

咸康年間（335-342）僧建和尚從月支（月氏）國獲得一本大乘的女尼戒律。這本戒律在 357 年於洛陽譯成漢文。有一位外國沙門（出處不明）築了一個為女尼受戒的高台。但有個叫道場的中國僧人提出異議，原因是根據律法，在尼眾受戒時必須有尼眾在場，既然中國沒有尼眾，受戒的典禮就不能舉行。然而他的反對，阻礙不了女尼受戒。《比丘尼傳》的淨檢尼傳說她和其他四位女性，是按照那本新譯成漢文的戒律，在泗水船上受戒的，對於這事，有一種看法認為，也許正是由於這個反對意見，她們才必須這樣做。竺淨檢因此享有中國第一位女尼的榮譽。

竺淨檢謹守戒律，勤學佛法。信眾給她很多捐助，但她收到就都隨即分發出去。總是先照顧別人的需要才想到自己。她於升平（357-361）後期逝世，享年七十歲。

竺淨檢並非只有中國第一位女尼的美譽，她的首創精神和對目標鍥而不捨的毅力，亦受人崇敬。別人都認為做不到的，她做到了。是好奇心導致她發現

女性出家追求宗教生活的概念，也是由於堅持，她一步步地克服了這條路上的所有障礙。雖然她的受戒從技術上說並不算完全合法，要等到多年以後才有一批女尼符合了所有的規定，成為所謂「真正的女尼」（參見慧果傳）。但對大多數人來說，竺淨檢依然是中國的第一位女尼。

蕭虹

◆ 寶唱，〈竺淨檢尼傳〉，見《比丘尼傳》，卷1，載《大正新修大藏經》，高楠順次郎、渡邊海旭、小野玄妙編，東京：大正一切經刊行會，1924–1929，冊50，頁934–935。
◆ 李玉珍，《唐代的比丘尼》，台北：台灣學生書局，1989年，頁126–137。
◆ 洪丕謨，《中國名尼》，上海：上海人民出版社，1995年，頁3–5。
◆ Tsai, Kathryn Ann. "The Chinese Buddhist Monastic Order for Women: The First Two Centuries." In *Women in China: Current Directions in Historical Scholarship,* ed. Richard W. Guisso and Stanley Johannesen. Youngstown, NY: Philo Press, 1981, 1-20.
◆ Baochang [Shih Pao-ch'ang]. *Lives of the Nuns: Biographies of Chinese Buddhist Nuns from the Fourth to Sixth Centuries: A Translation of the Pi-ch'iu-ni chuan,* trans. Kathryn Ann Tsai. Honolulu: University of Hawaii Press, 1994, 17-19.

234 朱買臣妻 Zhu Maichen qi

朱買臣妻（活躍於約公元前130年），姓名、里籍不詳。丈夫朱買臣（公元前115年卒）為吳（今江蘇蘇州）人，家貧，以打樵賣薪為生，從不謀求財富。然性好讀書，常擔柴行賣時邊走邊讀，妻子亦常背著柴枝跟在後面。妻子認為他把讀書看得比賣柴還重要，十分不高興，多次勸止。他不但不聽，且更加高聲誦讀，妻子引以為羞，請求離去。他對妻子說：「我年五十當富貴，今已四十餘矣，女苦日久，待我富貴報女功。」妻子見他這樣漫不經心，大怒說：「如公等，終餓死溝中耳，何能富貴？」妻子離去後，改嫁給一個農夫。此後，買臣依然打柴賣柴，在路上誦讀。一日，他背柴路過墓地時，遇到前妻和她新任丈夫。前妻可憐他餓寒不堪，讓丈夫給他一些食物。

後來，朱買臣在同鄉侍中嚴助推薦下，獲得武帝（公元前140-87年在位）召見，使談《春秋》、《楚辭》，武帝甚悅，封他為中大夫。其後，他又向武帝陳說平定東越之策，被拜為丞相長史、會稽（今浙江紹興）太守。他到會稽赴任後，重返吳郡故鄉探望。縣吏聽聞太守將至，徵召百姓修整道路，安排官員迎接，車輛有一百多乘。他踏入吳界，見到前妻、她丈夫等一群工人在修築道路，便命人用後面的車載上他們夫婦，送到太守官舍，供給酒食。過了一個月，前妻對自己以前的行為羞慚難當，自縊而死。他給她丈夫不少銀兩，讓他

安葬妻子。

後人取其夫妻離異事，創作了《爛柯山》一劇，而後來的「朱買臣休妻」、「馬前潑水」等民間故事也是由此劇衍生而來。這些故事都描述妻子請求重回朱買臣身邊時，他將一桶水潑在馬兒前面的地上，然後要求她把覆水重收，她答說做不到，他隨即表示他們之間亦一樣。朱買臣妻的故事世代相傳，旨在教訓世人，不論丈夫際遇好壞，妻子都應不離不棄。雖然故事中也說到妻子善良的一面：她在朱買臣饑寒交迫之際，施以援手；但一直以來，人們都批評她離棄丈夫、自行改嫁。最後，值得一提的，就是漢朝女子要合法的離異，看來困難不大，這故事就是一個明證。

楊海明

◇ 《漢書》，北京：中華書局，1975 年，冊 6，卷 64 上，頁 2791–2794。
◇ 劉士聖，《中國古代婦女史》，青島：青島出版社，1991 年，頁 112-114。

235 莊姪，楚頃襄王夫人 Zhuang Zhi

莊姪（活躍於約公元前 260 年），本是個村姑，是楚（大國，在今長江以北華中一帶）頃襄王（公元前 298-263 年在位）的夫人。有資料說，「姪」字可能是「行」字之誤，如果屬實，「姪」可能是人名，而不是「侄女」的意思；另有資料稱，她是個叫莊的人的侄女。莊姪住在楚國的都城地區，當時的國君頃襄王身邊的臣子，都被強敵秦國（今甘肅陝西境內）所收買。那些忠心耿耿的臣子，包括以剛正不阿而名垂千古的屈原，都接近不到頃襄王，更遑論警告他秦國正密謀推翻他。當受賄的大臣鼓動頃襄王去都城以南五百多里的唐地遊玩時，莊姪想到，他們要趁頃襄王不在時，發動政變。莊姪雖然只有十二歲，但她看出國家陷於險境。她想見頃襄王，勸他改過，不能再疏於政務。母親不許她外出，她沒有聽從，跑了出去坐到路邊，舉著一面紅旗，希望頃襄王路過時注意到她。

頃襄王果然留意到她，命人將她帶到跟前。於是她就向他解釋，他正身處險境，還警告他勞民傷財、興建亭台樓榭會危及朝廷。儘管兩人的年齡、地位差距很大（莊姪時年十二歲，頃襄王四十多歲），頃襄王還是聽進她的話，掉頭返回都城。正如莊姪所料，叛兵已關上都城的城門。頃襄王就調集地方勤王軍隊，平定叛亂，封莊姪為王后。她的傳記以〈楚處莊姪〉為題收入《列女傳》

的〈辯通傳〉內。

Constance A. Cook
龍仁譯

◈ 劉向，《列女傳》，見《四部備要》本，卷 6，頁 12 上 –13 下。
◈ O'Hara, Albert R. *The Position of Woman in Early China According to the Lieh Nü Chuan, "The Biographies of Chinese Women."* Taipei: Mei Ya, 1971; 1978, 179-82.

236 卓文君 Zhuo Wenjun

　　卓文君（約公元前 179-117 年後），蜀郡臨邛（今四川成都邛峽）人，西漢辭賦大家司馬相如（字長卿，公元前 179？-117 年）的妻子。她的事蹟最早見於史家司馬遷（公元前 145-86 年？）的《史記‧司馬相如列傳》，其後在一世紀成書的《漢書》，也有相同的記載。他們的浪漫故事，她的大膽熱情，成為不少後世小說與戲劇的題材。現將他們的事蹟簡述如下。

　　卓文君在丈夫死後，搬回在蜀郡西部的娘家。父親卓王孫富甲一方。與此同時，一介文人司馬相如因已無人可以投靠，遂返回蜀郡，窮得家徒四壁，無以為生，只好依靠舊友臨邛令王吉。卓王孫聞王吉有貴客，遂設下盛宴，邀請司馬相如鼓琴助興。司馬相如似對卓文君的才色早有所聞，有意藉王吉的關係走進卓府接近卓文君。司馬相如的琴音，很快教卓文君神魂顛倒，愛上了他。「文君竊從戶窺，心說而好之，恐不得當也。」。那晚，事情發展迅速。宴後，司馬相如賄賂卓文君的侍從，代為轉達傾慕之情。卓文君當夜即與司馬相如私奔，一起回到司馬相如在成都的家。卓王孫大怒，誓言不給女兒分文家財。

　　司馬相如與卓文君從邂逅、互生情愫，到一起生活，過程浪漫，但貧無立錐的生活過久了，卓文君開始不滿，提議返回臨邛，向兄弟表親借錢。司馬相如同意，於是二人回到臨邛。不過，他們沒有借錢，卻把車騎賣了，買回一間酒舍，由卓文君賣酒，司馬相如負責鋪務，「相如身自著犢鼻褌，與庸保雜作，滌器於市中。」後世文士，描寫卓文君復返臨邛的原因，每多溢美之辭。其實，這可能是因為卓文君生於富貴之家，忍受不了貧賤生活；也可能是他們已窮困至極，朝不保夕；又有可能是卓文君不忍丈夫懷才不遇。不論他們為了什麼原因這樣做，卓王孫都深以為恥，閉門不出。後經親友多番勸解，卓王孫終於讓步，將家僕百人，錢百萬，連同女兒出嫁時所備衣被財物，全送給她。卓文君與夫婿回到成都，買下田宅，過上有錢人的生活。由此可見，卓文君非常瞭解

父親。

　　數百年以後，江南的道教學者葛洪（283-343）為他們的故事加枝添葉，詳述她的姿色、體態、性情，以至二人之縱慾，多加渲染。他的《西京雜記》說：「文君姣好，眉色如望遠山，臉際常若芙蓉，肌膚柔滑如脂，十七而寡，為人放誕風流，故悅長卿之才而越禮焉。長卿素有消渴疾，及還成都，悅文君之色，遂以發痼疾。乃作〈美人賦〉，欲以自刺，而終不能改，卒以此疾至死。文君為誄，傳於世。」葛洪又稱，司馬相如顯貴後，欲納妾，卓文君作〈白頭吟〉一詩責之，並要求分手。司馬相如大為感動，打消納妾的念頭。

　　〈白頭吟〉最早見於六世紀初問世的《宋書》，被形容為「漢世街陌謠謳」。據說屬「古詞」，不著撰人，與「棹歌」同調。〈白頭吟〉亦見於稍後（六世紀中葉）成書的《玉台新詠》，以〈皚如山上雪〉為題，仍不著撰人。《樂府詩集》亦收入兩首以〈白頭吟〉為題的詩歌，不著撰人，稱「古辭」。由此可見，前人多不以〈白頭吟〉為卓文君之作。但後世以他們為題材的戲曲與小說，多引用這篇文君要與相如決絕的〈白頭吟〉，流傳既久，抄錄如下，文本據《玉台新詠》所載：

> 皚如山上雪，皎若雲間月。
>
> 聞君有兩意，故來相決絕。
>
> 今日斗酒會，明旦溝水頭。
>
> 躞蹀御溝上，溝水東西流。
>
> 淒淒復淒淒，嫁娶不須啼。
>
> 願得一心人，白頭不相離。
>
> 竹竿何嫋嫋，魚尾何簁簁。
>
> 男兒重意氣，何用錢刀為！

　　據說，卓文君曾兩次修書，責司馬相如薄情，今人一般認為，此等書信非她手筆。葛洪稱，卓文君曾為司馬相如寫誄，此誄最早見於明朝，題為〈司馬相如誄〉，篇幅頗長，但不詳所本，清嚴可均認為是後人假託之作。

孫康宜、嚴志雄

- 《史記》，北京：中華書局，1973 年，冊 6，卷 117，頁 3000–3001。
- 《宋書》，北京：中華書局，1974 年，冊 1，卷 19，頁 533–563。
- 《漢書》，北京：中華書局，1975 年，冊 6，卷 57 上，頁 2530–2531。
- 郭茂倩編，《樂府詩集》，北京：中華書局，1979 年，冊 2，卷 41，頁 599–613。
- 汪民繁、王瑞芳，《中國歷代才女小傳》，杭州：浙江文藝出版社，1984 年，頁 1–7。
- 葛洪，《西京雜記》，台北：台灣商務印書館，1985 年，卷 2、3，頁 5–11。
- 徐陵，《玉台新詠箋注》，北京：中華書局，1985 年，冊 1，卷 1，頁 14–15。
- 劉士聖，《中國古代婦女史》，青島：青島出版社，1991 年，頁 110–112。
- Birrell, Anne. *Chinese Love Poetry: New Songs from a Jade Terrace: A Medieval Anthology.* London: Penguin, 1995, 44-45.

237 珠崖二義 Zhuya eryi

珠崖二義，珠崖（今海南境內）兩個堅守節義的女子。據說她們是西漢時人，一個名初，是珠崖縣令的十三歲女兒，另一個是該縣令的後妻，初的繼母，姓名不詳。

據《列女傳》記載，珠崖縣令的原配妻子死後，留下一女，尚在襁褓，名初。縣令再娶，後妻生一男，比初少四歲。其後，縣令病故，那時初十三歲，繼弟九歲。繼母準備率子女將亡夫歸葬大陸故鄉。當時珠崖多產珍珠，但官府明令禁止私運珍珠往大陸，違者處死。繼母平日喜將珍珠串結繫於臂上，為免觸犯禁令，在離家返鄉前脫下臂上串珠，放在一邊，打算將它留在珠崖。小兒子出於好奇，拿起來放在母親的鏡奩內，初和繼母都不知此事。經過海關時，關員在繼母的鏡奩內搜得珍珠十枚，隨之追查涉事者。

初挺身而出，聲言罪責在她，並解釋說，繼母在父親死後，已脫下珠串，但她覺得可惜，「心惜之，取而置夫人鏡奩中，夫人不知也。」繼母聽到後，急忙問初，說的是否實情，初答確實是她做的，所以應受懲罰。繼母相信了初的話，但出於對初的憐愛，不想初被處決，故此對關員說，是她而不是初做的：她放在鏡奩中，卻忘記了。初立刻抗辯，聲稱確屬她所為。繼母一再堅持，事情是她做的，初不過是為了保護她才代她承擔過錯。說罷淚如雨下。初續說：「夫人哀初之孤，欲強活初身，夫人實不知也。」言罷亦失聲痛哭。

送葬者盡皆痛哭，旁觀者亦莫不心酸落淚。關員難以下筆記錄，關長亦哭了，不忍心作判決。最後，關長宣佈：「母子有義如此，吾寧坐之，不忍加文。且又相讓，安知孰是？」意思是他眼見她們彼此互讓，他雖不知道實情如何，但不忍心判她們的罪。他於是棄掉珍珠，釋放母女二人。後來，才發現母女倆

都沒有私藏珍珠，肇事者實為那九歲男孩，而他也不是故意的。

《列女傳》內〈珠崖二義〉篇末評論指出，繼母愛護繼女，繼女孝順繼母，兩人都不惜捨命救對方，其義舉足為后世典範。無疑地，〈珠崖二義〉歌頌儒家宣導的家庭價值：只要同屬一家，即使沒有血緣關係，各成員都應終其一生，上慈下孝。

沈立東

◆ 劉向，《列女傳》，見《四部備要》本，卷5，頁9–10。
◆ O'Hara, Albert R. *The Position of Woman in Early China According to the Lieh Nü Chuan, "The Biographies of Chinese Women."* Taipei: Mei Ya, 1971；1978，147-49.

238 左芬 Zuo Fen

左芬（約 252-300 年）亦稱左九嬪，山東臨淄人，生活於西晉時期。她的家庭是儒學世家，但地位不高。她的父親左雍從一個低級文官升至殿中侍御史。她母親早喪，她和哥哥左思（306 年卒）由父親撫育成人。左雍給予兒子和女兒同樣良好的教育，因此左芬雖是女孩，在文學和歷史方面也得到極其優良的鍛煉。

左芬以才學聞名於世。她在272年被選入宮，成為西晉開國君主晉武帝（司馬炎，236-290；265-290年在位）的妃子，但份位不高。武帝已有皇后楊豔（參見楊豔，晉武帝皇后傳），而且甚為寵愛她。然而天下承平已久，武帝開始耽於享樂，他下令在全國選出良家美女，並禁止民間定親和結婚，直到他選定為止。武帝賦予楊皇后最後的選擇權，據說她不願有人與她爭寵，因此選了一些並不美貌的女子。左芬是這次選美選出的，所以她被選中，不是因為容顏，據《晉書》中她的傳記載，是因為武帝聽說她甚有才學，善為文。起初封為修儀，後升為貴嬪。由於她相貌醜陋，武帝無意讓她侍寢。不過，她才情高，受到尊重，獲准住在蠶房。蠶房是宮中養蠶的地方，比別處溫暖，適合像她這樣體弱多病的人居住。每次武帝去華林園的時候，都會繞道去看她，與她講論文學和哲學。據說她說話優雅，隨行的人員聽了也莫不稱讚不已。

身為皇帝的御用文人，左芬常常要奉召作文，也就是按照皇帝指定的題目來撰寫詩文。她初進宮時，武帝命她做一篇悲傷的賦。當時她離開家人不久，她就抒寫自己的感情，寫成了〈離思賦〉。從她其他的作品可以看出，每當皇

帝收到什麼新鮮或從異國進貢的東西，都會召她來寫些紀念的文字，所以她寫過關於孔雀和鬱金香之類的賦。她也曾奉召為《列女傳》裏面的古代女性寫贊。她最重要的作品，是為楊皇后和萬年公主逝世而寫的誄；她們都是武帝最愛的人。這兩篇誄自須文情並茂，且所表達的感情不是她自己的，而是武帝的。她能把別人的感情寫得真切動人，可見技巧之高。

讀者可以通過她較為私人的作品瞭解她的感情，例如上文所說的〈離思賦〉。她入宮不久，哥哥左思升任職銜頗高的秘書郎。他移居妹妹所在的京都洛陽，但宮廷的規矩森嚴，他還是不能見到她。她為此沉痛萬分，並借〈離思賦〉反映出心中感受。她還寫了兩首詩答左思所寫的〈感離詩〉。她的詩〈答兄感離詩〉充分表達了她的孤寂和對兄長的思念，以及渴望能再相見的心境。對某些人來說，被選為妃嬪，就得享榮華富貴，但對左芬和她的家人，卻只帶來哀傷。這時兩人的父親可能已經去世，兄妹是世上僅存的親人，因此傷痛更加深切。

左芬於 300 年逝世，那時應該是八王之亂長期混戰時期。她的墓碑 1930 年在洛陽出土，上面記載了她的終年。

左芬擅長多種文體，包括賦、誄、頌，以及四言和五言詩。由於她的作品大多是應制而作，所以語言很嚴謹，甚至有時古樸，但還是文采斐然。她那些個人的作品中的感情非常動人，而且歷久彌新。即使是一些短小的作品有時也含有哲理。譬如她的〈鬱金頌〉影射宮中寂寞的美女，像鬱金花一樣，開得燦爛卻無人欣賞。她的〈啄木詩〉是她那個時代文士的隱喻。由於貴族家庭把持官場，加之政局多變，政治環境險惡，文人只好隱居起來，不與別人來往。她在詩末委婉地提出警告：不像啄木鳥一樣清純的人，終會受到屈辱。

依照傳統的分類，左芬是屬於「宮體文學」的作家。這種文體的主題以宮中生活為中心：可以包括宮中宴會、節日、器物、建築，之後也包括宮中的女性和她們的生活。可是她突破了那個模式而寫出真實的感情，她的作品有多層次的意義。她的文學成就不應該因為她的處境而被輕視。

左芬被選入宮，是因為才學而非容顏，是否亦屬榮寵，見仁見智，但與她際遇相同的女性肯定為數不多。這也證明在她的時代，「女子無才便是德」這種歧視才女的觀念還未出現。

本傳記取材自劉婉君在筆者指導下所撰寫的論文。

蕭虹

◈ 謝無量編，《中國婦女文學史》，上海：中華書局，1916 年；鄭州：中州古籍出版社，1992 年重印，第 2 編中，頁 10–19。
◈ 《晉書》，北京：中華書局，1974 年，冊 2，卷 31，頁 957–962。
◈ 江民繁、王瑞芳，《中國歷代才女小傳》，杭州：浙江文藝出版社，1984 年，頁 48–52。
◈ 徐傳武，〈左芬在古代婦女文學史上的地位〉，見《文史哲》，1996 年 6 期，頁 71–74。
◈ Lau, Winnie Yuen Kwan. "Links in an Unbroken Chain: The Poetry of Zuo Fen and Bao Linghui of the Six Dynasties." Bachelor of Arts (Honors) thesis, The University of Sydney, 1996.

人名筆畫索引

本索引內單字的筆畫數目與字詞的排序，主要以《漢語大詞典：附錄‧索引》（海外版）（香港：三聯書店（香港）有限公司、漢語大詞典出版社聯合出版，1995年）為依據。為方便查閱，中文名字旁列漢語拼音。凡本辭典未有採用的傳主名字，均以較小字體顯示。

二畫
丁夫人，魏王曹操 Ding Furen /40

三畫
大任 Tai Ren/198
大姒，周文王妻 Tai Si/199
大姜 Tai Jiang/197
上官皇后，漢昭帝
　　　Shangguan Huanghou/180
女宗，鮑蘇妻 Nüzong/169
女媧 Nü Wa/166

四畫
支妙音 Zhi Miaoyin/311
木蘭 Mulan/161
王政君，漢元帝皇后
　　　Wang Zhengjun/218
王貞風，劉宋明帝皇后
　　　Wang Zhenfeng/217
王昭君 Wang Zhaojun/212
王皇后，新莽
　　　Wang Huanghou, Xinmang/209
王皇后，漢平帝
　　　Wang Huanghou, Han Pingdi/207
王皇后，漢宣帝 Wang Huanghou, Han Xuandi/208
王翁須 Wang Wengxu/210
王陵母 Wang Ling mu/210
王娡，漢景帝皇后 Wang Zhi/220
王章妻 Wang Zhang qi/211
王霸妻 Wang Ba qi/206
友娣 Youdi/280
公孫述妻 Gongsun Shu qi/74
毛皇后，魏明帝 Mao Huanghou/151
卞夫人，魏王曹操 Bian Furen/14
文季姜 Wen Jijiang/234
文姜，魯桓公夫人 Wen Jiang/233
孔伯姬 Kong Bo Ji/107

五畫
甘夫人，蜀先主 Gan Furen/72
左芬 Zuo Fen/326
田稷母 Tian Ji mu/205
令宗 Lingzon/118
召南申女 Shaonan Shennü/182
司馬氏，楊敞妻 Sima shi/185

六畫
老萊子妻 Lao Laizi qi/107
西王母 Xiwangmu/251

上古婦女傳記辭典

西施 Xi Shi/239
朱買臣妻 Zhu Maichen qi/321
伏壽，漢獻帝皇后 Fu Shou/64
伏羲娥 見宋氏，宣文君 Song shi/187
仲子，齊靈公夫人 Zhong Zi/315
江乙母 Jiang Yi mu/101
宇文氏，北周千金公主 Yuwen shi/287
安令首 An Lingshou/02
如姬 Ruji/177

七畫

李夫人，漢武帝 Li Furen/108
李絡秀 Li Luoxiu/110
李穆姜 Li Mujiang/111
步夫人，孫權 Bu Furen/21
吳夫人，孫破虜將軍
　　　Wu Furen, Sun Polu Jiangjun/236
吳夫人，蜀先主
　　　Wu Furen, Shu Xianzhu　/235
呂母 Lü mu/142
呂雉，漢高祖皇后 Lü Zhi/144
呂嫛 Lü Xu/143
伯姬，宋恭公夫人
　　　Bo Ji, Song Gonggong Furen/19
伯嬴，楚平王夫人 Bo Ying/20
宋氏，宣文君 Song shi/186
阿谷處女 Agu chunü/01

八畫

叔姬 Shu Ji/184
卓文君 Zhuo Wenjun/323
竺淨檢 Zhu Jingjian/319
竺道馨 Zhu Daoxin/318
周主忠妾 Zhouzhu zhongqie/318
周青，東海孝婦 Zhou Qing/316
周南大夫妻 Zhounan dafu qi/317
冼氏，譙國夫人 Xian shi/242
京師節女 Jingshi jienü/105

法淨 Fajing/54
定姜，衛定公夫人 Ding Jiang/41
孟光 Meng Guang/153
孟姜女 Meng Jiangnü/156
孟姬，齊孝公夫人 Meng Ji/155
孟軻母 Meng Ke mu/158
妹喜 Meixi/152

九畫

柳下惠妻 Liuxia Hui qi/131
胡氏，北魏宣武帝妃 Hu shi/85
南子，衛靈公夫人 Nanzi/166
荀灌 Xun Guan/264
匽明 Yan Ming/266
貞姜，楚昭王夫人 Zhen Jiang/308
秋胡妻 Qiu Hu qi/177
皇甫規妻 Huangfu Gui qi/91
哀姜，魯莊公夫人 Ai Jiang/02
姜后，周宣王 Jiang Hou/100
宣姜，衛宣公夫人 Xuan Jiang/264

十畫

珠崖二義 Zhuya eryi/325
班昭 Ban Zhao/07
班婕妤，漢成帝 Ban Jieyu/04
桓氏，劉長卿妻 Huan shi/90
袁齊嬀，劉宋文帝皇后 Yuan Qigui/283
華容夫人，漢燕刺王 Hua Rong
　　　Furen/89
莊姪，楚頃襄王夫人 Zhuang Zhi/322
馬皇后，漢明帝 Ma Huanghou/149
晉弓工妻 Jin gonggong qi/103
晏子僕御妻 Yanzi puyu qi/277
徐吾 Xu Wu/264
徐淑 Xu Shu/261
徐登 Xu Deng/257
徐寶光 Xu Baoguang/255
郭氏，西晉 Guo shi/82

人名筆畫索引

郭皇后，魏文帝 Guo Huanghou, Wei Wendi/78
郭皇后，魏明帝 Guo Huanghou, Wei Mingdi/77
郭槐 Guo Huai/75
郭聖通，漢光武帝皇后 Guo hengtong/80
高行，梁國寡婦 Gao Xing/73
唐山夫人，漢高祖 Tangshan Furen/200
唐姬，漢弘農王 Tang Ji/199
陸令萱 Lu Lingxuan/136
陳思謙 Chen Siqian/29
陳寡孝婦 Chen guaxiaofu/27
陳嬌，漢武帝皇后 Chen Jiao/28
陳嬰母 Chen Ying mu/29
陰麗華，漢光武帝皇后 Yin Lihua/277
陶荅子妻 Tao Dazi qi/203
陶嬰 Tao Ying/204
孫叔敖母 Sunshu Ao mu/196
孫壽 Sun Shou/195
孫魯育 見孫魯班 Sun Luban/193
孫魯班 Sun Luban/192
娟，趙津吏女 Juan, Zhao jinli nü/106
娥皇、女英 Ehuang, Nüying/53

十一畫

接輿妻、於陵妻 Jieyu qi, Yuling qi/102
曹節，漢獻帝皇后 Cao Jie/25
曹僖氏妻 Cao Xi shi qi/26
戚夫人，漢高祖 Qi Furen/172
婁昭君，北齊神武帝皇后 Lou Zhaojun/132
許平君，漢宣帝皇后 Xu Pingjun/260
許皇后，漢成帝 Xu Huanghou/258
許穆公夫人 Xu Mugong Furen/259
清，巴蜀寡婦 Qing/175
淳于緹縈 Chunyu Tiying/30
宿瘤女 Suliu nü/191

梁女瑩，漢桓帝皇后 Liang Nüying/116
梁妠，漢順帝皇后 Liang Na/113
張氏，苻堅妾 Zhang shi/291
張湯母 Zhang Tang mu/292
張嫣，漢惠帝皇后 Zhang Yan/293
張魯母 Zhang Lu mu/290
婧，傷槐衍女 Jing, Shanghuai Yan nü/104
婧，管仲妾 Jing, Guan Zhong qie/104
婦子 Fu Zi/66

十二畫

敬姜 Jing Jiang/104
越女 Yuenü/286
越姬，楚昭王夫人 Yue Ji/284
智仙 Zhixian/313
智勝 Zhisheng/312
傅昭儀，漢元帝 Fu Zhaoyi/65
貂蟬 Diao Chan/39
馮昭儀，漢元帝 Feng Zhaoyi/62
馮皇后，北魏文成帝 Feng Huanghou, Beiwei enchengdi/56
馮皇后，北魏孝文帝 Feng Huanghou, Beiwei Xiaowendi/59
馮嫽 Feng Liao/61
道瓊 Daoqiong/32
湛氏，陶侃母 Zhan shi/289

十三畫

楊芷，晉武帝皇后 Yang Zhi/274
楊麗華，北周宣帝皇后 Yang Lihua/270
楊艷，晉武帝皇后 Yang Yan/272
甄皇后，魏文帝 Zhen Huanghou/305
蓋將妻 Gai jiang qi/71
賈南風，晉惠帝皇后 Jia Nanfeng/95
楚野辯女 Chuye biannü/31
虞姬，西楚霸王妃 Yu Ji, Xichu Bawang fei/282

上古婦女傳記辭典

虞姬，齊威王夫人 Yu Ji, Qi Weiwang furen/281
慎夫人，漢文帝 Shen Furen/183
塗山女 Tushan nü/205

十四畫

蔡人妻 Cairen qi/25
蔡琰 Cai Yan/22
趙夫人，代王 Zhao Furen/301
趙氏（鉤弋夫人），漢武帝妾 Zhao shi (Gouyi Furen)/295
趙合德，漢成帝妾 Zhao Hede/302
趙佛肸母 Zhao Foxi mu/300
趙括將軍母 Zhao Gua Jiangjun mu/302
趙飛燕，漢成帝皇后 Zhao Feiyan/298
趙姬 Zhao Ji/304
趙娥 Zhao E/296
臧孫母 Zang Sun mu/288
僧敬 Sengjing/178
齊女傅母 Qinü fumu/175
齊姜，晉文公夫人 Qi Jiang/173
齊義繼母 Qi yi jimu/173
鄭瞀，楚成王夫人 Zheng Mao/310
漆室女 Qishi nü/176
漂母 Piao mu/171
鄧曼，楚武公夫人 Deng Man/32
鄧猛女，漢桓帝皇后 Deng Mengnü/33
鄧綏，漢和帝皇后 Deng Sui/36
綠珠 Lüzhu/147

十五畫

慧果 Huiguo/92
樊姬，楚莊王夫人 Fan Ji/55
黎莊公夫人 Li Zhuanggong Furen/112
徵側徵貳姊妹 Zheng Ce, Zheng Er/309
衛子夫，漢武帝皇后 Wei Zifu/230
衛宗二順 Weizong ershun/232
衛姬，齊桓公夫人 Wei Ji/225

衛寡夫人 Wei guafuren/222
衛鑠 Wei Shuo/228
劉元 Liu Yuan/130
劉令嫻 Liu Lingxian/122
劉英媛 Liu Yingyuan/129
劉細君 Liu Xijun/127
劉解憂 Liu Jieyou/119
劉嫖，長公主 Liu Piao/125
劉蘭芝 Liu Lanzhi/121
魯之母師 Lu zhi mushi/141
魯公乘姊 Lu Gongcheng zi/135
魯孝義保 Lu Xiao yibao/140
魯義姑姊 Lu yi guzi/141
褒姒，周幽王妻 Bao Si/11
潘夫人，孫權 Pan Furen/169
樂羊子妻 Yue Yangzi qi/285

十六畫

薄皇后，漢景帝 Bo Huanghou/17
薄姬，漢高祖 Bo Ji, Han Gaozu/17
蕭皇后，隋煬帝 Xiao Huanghou/245
霍成君，漢宣帝皇后 Huo Chengjun/94
黔婁妻 Qian Lou qi/174
曇羅 Tanluo/203
曇備見曇羅 Tanluo/203
穆姜，魯宣公夫人 Mu Jiang/160
穆姬，秦穆公夫人 Mu Ji/159
獨孤皇后，隋文帝 Dugu Huanghou/50
鮑令暉 Bao Linghui/09
嬴氏，晉懷公夫人 Ying shiV/279

十七畫

韓氏，東晉 Han shi/84
韓娥 Han'e/85
韓蘭英 Han Lanying/83
魏芒慈母 Wei Mang cimu/226
魏曲沃婦 Wei Quwo fu/227
魏華存 Wei Huacun/223

魏節乳母 Wei jie rumu/226
鍾離春，齊宣王夫人 Zhongli Chun/315
謝道韞 Xie Daoyun/247

十八畫
簡狄 Jiandi/99

十九畫
蘇伯玉妻 Su Boyu qi/188
蘇蕙 Su Hui/190
麗玉 Liyu/131
嚴延年母 Yan Yannian mu/269
嚴憲 Yan Xian/268

二十畫
竇賢 Baoxian/13
竇妙，漢桓帝皇后 Dou Miao/43
竇皇后，漢章帝 Dou Huanghou/42
竇猗房，漢文帝皇后 Dou Yifang/46

二十九畫
驪姬，晉獻公夫人 Li Ji/109

非傳主名錄

本名錄按首字拼音排序。為方便查閱,中文名字旁列漢語拼音。

01.	伏羲娥	見宋氏,宣文君	Song shi	187
02.	孫魯育	見孫魯班	Sun Luban	193
03.	曇備	見曇羅	Tanluo	203

編者簡歷

■ 英文版

　　總主編蕭虹生於中國江西，1949 年以後曾在香港、英屬馬來亞、新加坡及美國生活，自 1971 年起定居澳洲。早年投身圖書館工作，取得博士學位後，便在悉尼大學亞洲研究學院（即今語言文化學院）任教，至 2003 年退休。現為該學院的榮譽研究員，繼續從事研究並發表著作。所出版的六部專著，中英各佔一半，包括英文的 The Virtue of Yin: Studies on Chinese Women，Women of the Long March 和 Oral Histories of Tibetan Women: Whispers from the Roof of the World；與中文的《陰之德——中國婦女研究論文集》、《世說新語整體研究》和《探索世說新語——史證與文跡》。曾在中國婦女及魏晉文學兩個領域，為多部學術論文集及學術期刊撰寫多篇研究論文。近年更將研究範疇擴及絲綢之路。

　　總主編 A.D. Stefanowska 生前在悉尼大學任高級講師，教授中國古典文學，並專注於宋代文學的研究，凡三十餘年，退休後成為該大學的榮譽研究員。曾擔任澳大利亞東方學會會刊編輯。2008 年病逝悉尼。

　　副總主編 Sue Wiles 從事翻譯、研究及編輯的工作，與悉尼大學和西悉尼大學均有學術淵源。她在悉尼大學取得博士學位，研究課題是早期道教上清派的女性神靈。《中國婦女傳記辭典》共四卷的英文版編輯工作，她都有參與。曾任澳大利亞東方學會會刊編輯，現為悉尼大學語言文化學院榮譽研究員。已出版的譯作包括 T'ai Chi 與 Witnessing History（原著為曾錚的《靜水流深》）。此外，也參與翻譯加州大學聖塔芭芭拉分校的《台灣文學英譯叢刊》、《台灣民間故事集》與《台灣兒童小說集》內台灣作家撰寫的短篇故事與散文。她一直專注於研究魏晉時期的道教婦女。

　　Elizabeth Childs-Johnson 是 Old Dominion University 藝術與文學學院副研究教授、藝術史與亞洲研究系兼職副研究教授。她是漢學家，專門研究新石器時代到周朝期間的中國藝術及考古，撰寫了不少有關商代宗教與藝術、中國玉器時代的專著與文章。著作包括 The Chinese Jade Age: Early Chinese

Jades in American Museums〔中英雙語〕和 *The Meaning of the Graph Yi and Its Implications for Shang Belief and Art(East Asia Journal Monograph)*。曾參與拍攝述說考古的紀錄片,其中 2000 年播出的 PBS 紀錄片 *Great Wall Across the Yangtze* 可算是代表作。

Constance A. Cook 是賓夕法尼亞州 Lehigh University 中國語言文學教授、亞洲研究主任。專門研究中國上古出土文獻,出版了 *Death in Ancient China: The Tale of One Man's Journey* 一書。另與 John Major 合編 *Defining Chu: Image and Reality in Ancient China,* 同時為該書撰文。又發表多篇文章,論述上古的銘文、人物、食物、醫藥和儀式。

黃嫣梨是香港浸會大學歷史系教授。生於廣東,小時隨家人移居香港,在香港長大。1992 年取得香港大學博士學位,專門研究中國思想史與文化史。自 1980 年起在香港浸會大學任教,曾任耶魯大學及北京大學訪問學人。重要著作包括《朱淑真研究》、《漢代婦女文學五家研究》、《清代四大女詞人:轉型中的清代知識女性》等。

中文版

總主編蕭虹,見上。

副總主編陳玉冰,香港中文大學文學士、翻譯碩士,悉尼大學哲學碩士,參與《中國婦女傳記辭典》中英文版編撰工作多年。

國家圖書館出版品預行編目資料

上古婦女傳記辭典／蕭虹 總編纂, 陳玉冰 副總主編 --
初版. --台北市：蘭臺出版社, 2025.06
面； 公分. --（婦女研究；5）
ISBN：978-626-98677-6-9（平裝）
1.CST: 女性傳記 2.CST: 詞典 3.CST: 中國

782.22104　　　　114004818

婦女研究5

上古婦女傳記辭典

編　　者：總編纂蕭虹、副總主編陳玉冰
編　　輯：盧瑞容
美　　編：陳勁宏
校　　對：楊容容、沈彥伶、古佳雯
封面設計：塗宇樵
出　　版：蘭臺出版社
地　　址：台北市中正區重慶南路1段121號8樓之14
電　　話：（02）2331-1675或（02）2331-1691
傳　　真：（02）2382-6225
E—MAIL：books5w@gmail.com或books5w@yahoo.com.tw
網路書店：http://bookstv.com.tw/
　　　　　https://www.pcstore.com.tw/yesbooks/
　　　　　https://shopee.tw/books5w
　　　　　博客來網路書店、博客思網路書店
　　　　　三民書局、金石堂書店
經　　銷：聯合發行股份有限公司
電　　話：（02）2917-8022 傳真：（02）2915-7212
劃撥戶名：蘭臺出版社 帳號：18995335
香港代理：香港聯合零售有限公司
電　　話：（852）2150-2100 傳真：（852）2356-0735
出版日期：2025年 06 月初版
定　　價：新台幣1800元整（平裝）
ISBN：978-626-98677-6-9

版權所有・翻印必究